桂林理工大学文化旅游产业学院资助项目

旅游研究理论一本通

Tourism Research Theories:
A Comprehensive Guide

徐尤龙　李竹韵　胡敬天　等 编著

经济管理出版社
ECONOMY & MANAGEMENT PUBLISHING HOUSE

图书在版编目（CIP）数据

旅游研究理论一本通 / 徐尤龙等编著. -- 北京 ：
经济管理出版社，2025. 7. -- ISBN 978-7-5243-0292-6

Ⅰ. F590

中国国家版本馆 CIP 数据核字第 2025NE5401 号

组稿编辑：梁植睿
责任编辑：梁植睿
责任印制：张莉琼

出版发行：经济管理出版社
（北京市海淀区北蜂窝 8 号中雅大厦 A 座 11 层 100038）
网　　址：www. E-mp. com. cn
电　　话：（010）51915602
印　　刷：北京飞帆印刷有限公司
经　　销：新华书店
开　　本：787mm×1092mm/16
印　　张：22. 25
字　　数：501 千字
版　　次：2025 年 7 月第 1 版　　2025 年 7 月第 1 次印刷
书　　号：ISBN 978-7-5243-0292-6
定　　价：88. 00 元

序

在浩瀚的学术海洋中，旅游研究犹如一艘不断探索的航船，承载着人类对美好世界的向往与追求。随着全球旅游业的蓬勃发展，旅游研究也日益成为学术界关注的焦点。然而，在众多的旅游研究著作中，系统梳理并介绍旅游研究理论的书籍却是凤毛麟角。正是在这样的背景下，《旅游研究理论一本通》应运而生，为旅游行业的学者、从业者以及广大爱好者提供了一份宝贵的理论指南。

作为一本旨在全面、系统地介绍旅游研究理论的著作，《旅游研究理论一本通》无疑填补了当前旅游学术界在理论梳理方面的空白。该书从旅游管理的交叉学科特性出发，体现了旅游研究对多学科理论的依赖与借鉴。经济学、管理学、市场营销学、传播学、地理学、心理学、社会学与人类学、生态学、文化学……这些看似与旅游无直接关联的理论，在旅游研究的广阔天地中却发挥着举足轻重的作用。本书犹如一座桥梁，将这些散落的理论珍珠串联起来，形成了一幅璀璨夺目的旅游研究理论图谱。

在撰写过程中，作者对众多旅游研究理论进行了精心筛选与梳理。尤为值得一提的是，作者并未止步于对现有理论的简单罗列，而是深入挖掘了这些理论的内涵、来源、发展、用途与价值，为读者呈现了一个个立体、生动的理论形象。这种深度与广度的结合，使《旅游研究理论一本通》不仅是一本工具书，更是一本能够激发读者思考、引导读者深入探索的旅游研究理论宝典。

此外，该书还融入了作者提出的三个原创性旅游理论——旅游掐尖理论、旅游火山理论和游客“唐僧肉”现象。这些理论不仅是对现有旅游研究理论的补充与拓展，更是作者多年学术研究与实践经验的结晶。它们的提出，无疑为旅游研究注入了新的活力与灵感，也为旅游行业的创新发展提供了有力的理论支撑。

在结构安排上，《旅游研究理论一本通》按照学科方向划分理论章节，条理清晰、层次分明。无论是旅游经济学的乘数效应、吸引物权理论，还是旅游管理学的系统理论；无论是旅游市场营销的传播学理论，还是旅游地理学的生命周期理论……每一个章节都紧密围绕该学科的核心理论展开，既保证了内容的全面性，又突出了重点与特色。

最后，我想说的是，《旅游研究理论一本通》的问世，不仅是作者个人学术生涯的一个重要里程碑，也是我国旅游研究领域的一项可喜成果。它不仅为旅游管理专业师生提供了理论参考与便利，更为整个旅游行业的创新发展提供了有力的智力支持。我相信，随着该书的广泛传播与深入应用，它必将在推动我国旅游研究走向更高水平、促进旅游产业实现更高质量发展中发挥承前启后的作用。

在此，我衷心祝贺《旅游研究理论一本通》的出版，并期待它在未来的学术研究与实践中绽放出耀眼的光芒！

田卫民

云南大学特聘教授

教育部高校旅游管理类专业教学指导委员会主任

2025 年 4 月 18 日

前　言

理论是以概念、模型和观点为核心的解释某种现象和规律的知识体系。在开展旅游研究时，无论是写论文，还是申报课题，都需要理论的指导。旅游研究要用到的理论很多，而旅游学的原创理论较少，多是基于其他学科进行理论拓展和应用研究。究其原因，旅游管理是一个交叉学科专业，偏应用，学术共同体成立时间较晚。因此，旅游研究经常会涉及或借鉴较为成熟的经济学理论、管理学理论、市场营销学理论、传播学理论、地理学理论、心理学理论、社会学与人类学理论、生态学理论、文化学理论等。作为一名旅游管理专业的大学老师，在指导研究生和本科生写论文时，经常遇到一个问题：该选用哪些理论？

一个理论犹如一棵树，有生老病死。理论需要经验的验证，理论的适用性和解释力决定了其地位。一般而言，经典著作是理论的根基和主干，学术论文是理论的枝叶。理论可以不断发展，就如同开枝散叶。有的理论可以成长为参天大树，有的却只是灌木或苗木，有的甚至会夭折，被其他理论代替。随着人文社会科学的发展，众多理论学说俨然已经形成一片茂密的森林。要在众多理论中寻找适宜的理论，需要广博的理论认知。

任何理论都有适用的边界，要根据研究对象和内容，具体问题具体分析。理论犹如黑夜里的路灯，有的离你近而明些，有的离你远而暗些，要根据你的位置（研究的对象与内容）发现和选择能照亮你前进道路的理论。每一个理论往往只能照亮一段路程。因此，一个完整的研究有可能需要用到多个理论，需要明白这些理论的具体使用场景。

在我国，介绍研究方法的书有很多，但是介绍研究理论的书却很少见。对于一名非资深的旅游专业的研究者，往往会陷入“只见树木，不见森林”的理论认知障碍。理论是人类文明的成果。我们要想站在前人的肩膀上创新和发展理论，就必须对现有理论进行梳理，以看清理论森林的“庐山真面目”，避免误入歧途和做重复的无意义研究。

农民主要从事粮食生产，工人主要从事商品生产，研究人员则主要从事知识生产。知识生产主要是提出并界定新概念或发现概念之间新的联系，进而形成和发展理论。除知识生产外，知识梳理、知识传播和知识应用也是研究人员的本职工作。知识的生产创新是人类文明进步的根本。知识的梳理是知识普及传播和应用的重要步骤，起到凝聚智慧结晶、继往开来的作用。孔子整理的“六经”，李时珍编撰的《本草纲目》，清代时组织大量知识分子编撰的《四库全书》，都对我国文明成果起到了极大的传承作用。本书的主要目的是通过系统梳理和介绍旅游管理专业研究过程中可能会用到的理论，为旅游管理专业师生论文写作提供理论参考，方便理论选用，填补旅游研究理论的认知空白。同时，本书也融入了本人提出的旅游掐尖理论、旅游火山理论和游客“唐僧肉”现象三个原创性理论，以供旅游学界进行学术交流，通过抛砖引玉，助力旅游理论创新。本书所涉及的理论特指宽泛意义的理论，不仅包括已被广泛接受的传统理论，也包含尚待检验的新兴理论和若干“效应”“原理”“规律”“现象”。

本书按照学科方向划分章节，介绍理论如下：旅游经济学理论 24 个，其中包括旅游乘数效应、旅游吸引物权理论和游客“唐僧肉”现象共 3 个旅游原创性理论；旅游管理学理论 21 个，其中包括 1 个旅游原创性理论即旅游系统理论；旅游市场营销和传播学理论 11 个；旅游地理学理论 20 个，其中包括昂普理论、环城游憩带理论、旅游地屏蔽理论、旅游孤岛效应、旅游地生命周期理论和旅游火山理论共 6 个旅游原创性理论；旅游心理学理论 22 个，其中包括旅游形象屏蔽理论、旅游掐尖理论和旅游体验理论共 3 个旅游原创性理论；旅游社会学与人类学理论 17 个，其中包括 1 个旅游原创性理论即旅游凝视理论；旅游生态学理论 7 个；旅游文化学理论 4 个。本书总共 8 章、126 个理论，其中旅游界学者原创旅游理论 14 个，本人原创旅游理论 3 个。

本书的理论选用标准：该理论必须已有学者在旅游研究中应用一次以上（本人原创旅游理论除外）。每个理论内容包括基本概念、理论来源与发展、用途与价值、理论模型与主要观点、旅游研究应用。力求回答该理论是什么？是谁在哪一年最早提出来的？谁做了哪些理论拓展？该理论有哪些用途？应用于哪些领域？有什么价值？理论模型和主要观点介绍该理论的主要内容，原则上选用比较权威的或经实证检验过的模型与观点。旅游研究应用主要阐述研究者运用该理论在哪些方面开展了旅游理论或应用研究。已有理论的梳理主要参考相关文献，并借助讯飞星火、文小言等 AI 软件辅助完成，务求准确客观。

本书由本人带领研究生撰写完成，历时三年。具体的分工大致如下：徐尤龙负责统筹协调、理论筛选、范例制定、第一章及统稿校对；李竹韵负责第二章、第五章；胡敬天负责第三章、第四章；朱丽芬负责第六章；贾煜负责第七章、第八章。我曾指导的已毕业研究生明瑶和黄维参与了初稿的撰写工作。在此，一并表示感谢！

本书既是系统梳理旅游研究理论并开拓创新的学术著作，也是旅游管理专业理论学习的工具书，能够大幅提升旅游管理专业师生理论查找、学习和引用的便利性。本书可以作为我国众多院校旅游管理专业研究生教育的教材，也可以作为旅游学术界通晓主流理论的工具书，又可作为其他文科专业和社会各界人士的学习参考资料。受本团队能力和认知的局限，本书在撰写过程中难免有所疏漏。诚请专家读者们不吝赐教，以便日后完善，造福旅游管理学术界和产业界。

本书获得了桂林理工大学广西普通本科高校示范性现代产业学院——文化旅游产业学院的出版资助。感谢桂林理工大学旅游与风景园林学院和经济管理出版社的大力支持！

徐尤龙

写于桂林理工大学屏风校区

2025 年 4 月 8 日

目 录

第一章 旅游经济学理论

一、比较优势理论

（一）基本概念

比较优势理论（Comparative Advantage Theory）是一项解释国际贸易基础和贸易利得的重要经济理论。大卫·李嘉图认为，如果在本国生产一种产品的机会成本低于在其他国家生产该种产品的机会成本，则这个国家在生产该种产品上就拥有比较优势。如果每个国家都出售本国具有比较优势的产品，则两国间的贸易能使两国都受益。也就是说，无论国家处于何种经济发展水平，都可以根据“两利相权取其重，两弊相权取其轻”的原则，进口该国具有比较劣势的产品，生产和出口具有比较优势的产品，从而在国际贸易中获利。周怀峰和廖东声（2007）把比较优势定义为由于成本或非成本价格的因素，具有生产或提供消费者偏好购买的产品或服务的能力系统，并把比较优势分为成本价格的比较优势和非成本价格的比较优势两大类。

（二）理论来源与发展

比较优势理论是19世纪初兴起的一种具有重要影响力的经济学理论，其根源可追溯到18世纪亚当·斯密的绝对优势理论。亚当·斯密认为，每一个国家都在国际贸易中生产具有绝对优势成本的产品，然后彼此交换，从而实现社会财富最大化。由于绝对优势理论无法解释很多国家在产品成本没有绝对优势的情况下仍然进行贸易往来的现象，大卫·李嘉图在其1817年出版的《政治经济学及赋税原理》一书中突破了亚当·斯密绝对优势理论的局限性，提出了比较优势理论。

李嘉图的比较优势理论是建立在单要素基础之上，而在实际的国际贸易中，往往涉及多要素生产。20世纪初，赫克歇尔和俄林创建了要素禀赋理论，将比较优势扩展至多要素（土地、资本和劳动）分析。此后，里昂惕夫、迈克尔·波特等不少学者对一国比较优势的形成进行了多视角探讨，提出了诸多关于比较优势形成的理论假设。20世纪末，在中国学者中，以杨小凯为代表的新兴古典经济学（NCE）发展了基于分工的比较优势理论，以林毅夫为代表的新结构经济学（NSE）发展了基于要素禀赋结构的比较优势理论，洪银兴（1997）、王佃凯（2002）等提出了比较优势陷阱，丰富和完善了比较优势理论。比较优势理论经历了绝对优势理论、相对优势理论、要素禀赋论、基于规模经济的比较优势理论、基于分工的比较优势理论、发展中国家的比较优势理论六个发展阶段。理论演进过程中，其假设条件由完全竞争市场到不完全竞争市场，从完全分工到不完全分工；分析视角从单因素到多因素，由注重外生转向内外生并存，从静态到动态，从产业间到产业内。

（三）用途与价值

比较优势理论不仅可以对国际贸易的本质和成因进行解释，同时也可以对国际贸易的各种现象进行分析，成为当前各个国家进行国际贸易的主要指导标准（黄伟先，2012）。比较优势理论不仅应用于国际贸易领域，而且广泛应用于国内体育、农业、文化产业、城市定位、旅游开发等研究。

比较优势理论在长期内构成了国际分工与贸易理论的主流，同时也成功地解释了现实中的某些贸易格局，有助于促进全球资源优化配置和推动区域经济一体化，为各收入阶段的国家开展国际贸易提供了指导。比较优势理论从不同的角度体现出新的活力，通过对多种因素的综合研究，增强了比较优势理论模型对国际经济的解释力（郭界秀，2013）。

（四）理论模型与主要观点

比较优势理论侧重于不同国家或地区之间土地、劳动力、资本、自然资源等基本生产要素的静态比较，是一种天然的竞争力。比较优势理论认为，国际贸易的基础是生产技术的相对差别（而非绝对差别），以及由此产生的相对成本的差别。比较优势理论的核心在于各收入阶段的国家应按照比较优势的原则参与国际分工与国际贸易，从而从贸易中获利，提高国家整体福利水平。比较典型的比较优势理论模型是赫克歇尔—俄林的 H-O 模型以及迪克特和斯蒂格利茨的 DS 模型。此外，洪银兴和王佃凯等的比较优势陷阱学说也具有代表性。

1. H-O 模型

H-O 模型又称 H-O 理论、要素禀赋理论，该理论假定各国的劳动生产率相同，产品成本差异的原因在于各国要素价格的差异，而要素价格的差异又在于各国要素禀赋的差异，进而认为要素禀赋的差异是比较优势形成的原因。Romalis（2004）认为，H-O 模型是国际贸易理论的一个基石。

要素禀赋理论认为，要素禀赋的差异引发生产要素的价格差异，从而导致各国商品生产相对成本的差异。也就是说，一国某种要素越是丰裕，其生产要素的价格就越低，从而生产成本也就越低，在国际贸易中就越具有比较优势，越有利于出口。因而主张中低收入国家积极出口具备比较优势的劳动密集型产品或资源密集型产品，高收入国家因其资本丰裕，应从事资本密集型产品的出口。从这一点上说，国际贸易本质上是“丰裕的生产要素同稀缺的生产要素相交换”的过程。该理论通过假定各国技术的同一性，排除内在的相对劳动生产率差异，将多要素的禀赋差异视为贸易产生的根源。要素禀赋理论强调了贸易对国家的有利性，并认为贸易不仅使资源在一国范围内得到优化配置，而且推进各要素以产品的形式在世界范围内优化配置，所有国家都能在贸易中获利。

2. DS 模型

迪克特和斯蒂格利茨（Dixit & Stiglitz，1977）引入规模经济来分析比较优势，构建了 DS 模型，又称 DS 框架。他们认为：即使两国的初始条件完全相同，没有李嘉图所说的外生比较优势，但如果存在规模经济，则两国可以选择不同的产业，从而产生内生的绝对优势。赫尔普曼和克鲁格曼（Helpman & Krugman，1985）发展了该模型，认为规模报酬和市场规模内生决定了产品种类的多样性。在封闭经济条件下，一个国家生产的产品种类往往比较少，而进行自由贸易则会增加可供选择的产品种类。贸易会促进消费者的需求弹性增加，进而提升企业的规模效率，促进该企业在国际市场中确立竞争优势。

3. 比较优势陷阱

“比较优势陷阱”又称“比较利益陷阱”，是指一国完全按照比较优势原则，生产并出口初级产品和劳动密集型产品，而在以技术和资本密集型产品出口为主的经济发达国家的国际贸易中，虽然能获得利益，但贸易结构不稳定，总是处于不利地位，从而落入“比较利益陷阱”（王佃凯，2002）。洪银兴（1997）最早提出“比较利益陷阱”的概念，认为以出口劳动密集型产品、自然资源密集型产品为主的国家总是在世界贸易中处于不利地位。“比较优势陷阱”存在两种类型，分别为初级产品的比较优势陷阱和制成品的比较优势陷阱。初级产品的比较优势陷阱是指由于中低收入国家运用廉价的劳动与自然资源参与国际分工与贸易时，不仅只能获得较低的利润，而且此战略的长期实施还会使这些国家在低附加值分工环节固化下来。制成品比较优势陷阱则是指即便这些国家通过利用模仿、引进先进技术的方式来致力于工业制成品的出口，以改善其在国际分工中的地位，但此方式由于对技术引进的过度依赖而无法使自主创新能力得到提高。

比较优势陷阱发生的原因概括起来主要是以下三点：第一，中低收入国家由于其在劳动要素、自然资源要素上较为充裕，按照比较优势理论大力生产劳动密集型产品和资源密集型产品，容易引发“荷兰病”等现象。随着经济的发展，制造业劳动力成本势必不断上升，持续地削弱制造业的比较优势，而自然资源的出口带来外汇的增加可能引发本币升值，也抑制了本国制造业的发展，使中低收入国家在初级产品的出口比较优势逐渐丧失，容易陷入比较优势陷阱。第二，中低收入国家生产劳动密集型、资源密集型产品的附加值低、利润微薄，同时其进入门槛低，产品被替代的可能性大，竞争优势不够稳定；而发达国家利用资本优势生产高附加值资本密集型产品，获得高额利润，在国际贸易中占据主导地位，其产品优势稳定性强。第三，发达国家为保护其国内劳动密集型产品的发展，促进国内就业，对中低收入国家的劳动、资源密集型产品采取各种贸易壁垒措施限制进口，使中低收入国家的贸易条件进一步恶化，在贸易中处于不利地位。

比较优势陷阱论一定程度上基于 20 世纪 50 年代普雷维什和辛格提出的贸易条件恶化论。比较优势陷阱是基于传统比较优势理论对不发达国家的长期适用性问题的思考，国内外学者对于是否存在该陷阱一直颇有争论。主要存在两条论证思路：一条思路是通过马尔科夫链模型来考察比较优势是否具有强流动性。若是比较优势具有强流动性，则说明比较优势并不存在固化倾向，比较优势陷阱也就不存在；相反，若是不具有强流动性，则说明陷阱是存在的。另一条思路是通过考察比较优势是否转向更高的技术含量的产品来进行判断（张薇，2017）。

（五）旅游研究应用

比较优势理论在旅游研究中的应用主要表现在以下三个方面：一是区域旅游资源开发，如刘国炳和黄大学（2009）以比较优势理论研究荆门市的区域旅游资源开发；二是旅游产业分析，如付帅和李龙（2013）以辽宁省为例，基于区位商研究旅游产业区域的比较优势；三是旅游教育研究，如刘静佳和韦明体（2015）基于比较优势理论，研究旅游类高职院校特色建设。

二、边际效应理论

（一）基本概念

边际效应（Marginal Effect），也称为边际效用或边际贡献，指的是在其他投入固定不变时，连续地增加某一种投入，所新增的产出或收益反而会逐渐减少的现象（高晋华等，2015）。在经济学中，它特指每单位新增消费或生产所带来的额外效用或收益。换句话说，当某一项活动的数量增加一个单位时，对总体效用的影响即为边际效用。当边际效益曲线与边际成本曲线逐渐相交于一点时，该点则为消费者消费该产品或服务的最大效用水平或满足程度的均衡点（聂承静和程梦林，2019）。

（二）理论来源与发展

边际效应理论最早由德国经济学家戈森在其1854年出版的《人类交换规律与人类行为准则的发展》一书中正式提出，主要指“消费者在每增加一个单位消费品的时候，带来的单位效用变化”。19世纪70年代初，英国的杰文斯、奥地利的门格尔和法国的瓦尔拉斯三位经济学家以不同的术语和方法论证了同一个原理，即商品价值取决于其边际效用。19世纪末，西方经济学家利用数学原理，采用边际分析法对“生产”和“消费”两个领域进行研究：在生产理论中研究边际成本和边际效益，在消费理论中研究边际收益（王鑫和郭迎清，2015）。

随着资本主义社会的发展和马克思主义的广泛传播，边际效用学派的理论得到了进一步的丰富和发展。在研究方法上，边际效用学派逐渐形成了两大分支：一支着重以心理分析方法建立理论体系，以奥地利学派的门格尔的继承人维塞尔和柏姆-巴维克以及美国的克拉克为代表；另一支则强调运用数学方法进行表述和论证，以瑞士洛桑学派奠基人瓦尔拉斯及其直接继承者帕累托为代表。

（三）用途与价值

边际效应理论是现代经济学中的一个重要理论。它解释了在其他投入固定不变时，连续增加某一种投入所带来的新增产出或收益递减的现象。通过理解边际效用的递减规律、最优决策原则及其在市场均衡、资源配置和公共政策等方面的应用，我们可以更好地理解经济行为背后的逻辑和规律。

边际效应理论的用途体现在指导消费决策、优化资源配置、影响政策制定等方面。在现代经济学中，边际效应理论不仅用于解释消费者行为和市场均衡，还广泛应用于生产、投资、资源配置以及公共政策等多个领域。企业可以通过边际效应理论来优化其价格策略和生产决策，以最大化其利润。

边际效应理论的价值体现在提供价值理论基础、个人及企业决策指导、推动资源有效配置等方面。它强调在有限资源下，个体或企业如何做出最优决策以最大化效用或收益，为经济学的研究提供了重要的理论框架。寻找事物边际效用的临界点，谋求效用的最大化，具有重要的价值和研究意义（陈斯娅和沈德坤，2010）。

（四）理论模型与主要观点

边际效应的理论模型主要包括边际成本与边际收益分析、边际产量分析、边际替代率等。

1. 边际成本与边际收益分析

边际成本是指生产或提供一额外单位的商品或服务所需要的成本，而边际收益是指销售这一额外单位的商品或服务所得到的收入。理性的经济决策在于比较边际成本和边际收益，只要边际收益大于边际成本，增加生产或供给就是合理的。

2. 边际产量分析

边际产量是指在一定技术水平下，增加一个单位生产要素所带来的产量增加。在一定范围内，边际产量有可能递增，但超过一定增长极限后，通常会呈现递减趋势。边际产量由边际效用决定。经济学中将增加某一单位商品所引起的总效用增量定义为该单位商品的边际效用（Marginal Utility，MU），公式为：$MU=\Delta TU/\Delta Q$。式中 ΔTU 为总效用的增量，ΔQ 为商品消费的增量（岳红记，2009）。在一定时间内，在其他商品消费数量不变的条件下，随着消费者对某种商品消费数量的增加，消费者从该商品连续增加的每一消费单位中所得到的效用增量递减，即边际效应是递减的。

3. 边际替代率

边际替代率是指在保持效用水平不变的前提下，消费者愿意交换的商品 A 的数量与商品 B 的数量之比。这一概念对于理解消费者如何做出最优消费选择具有重要意义，它帮助人们理解在资源有限的情况下如何进行有效的资源配置。

边际效应理论的主要观点是商品价值由边际效用决定，主张以最小代价获得最大欲望满足的经济行为原则，强调个体经济行为和市场价格作为买卖双方对物品效用主观评价的均衡结果。

（五）旅游研究应用

边际效应理论在旅游研究中的应用主要表现在以下两个方面：一是区域旅游资源开发，如岳红记（2009）研究了边际效用递减理论下陕西省的历史文化资源开发；二是特色旅游发展规律研究，如王鑫和郭迎清（2015）基于边际效应理论，研究了休闲体育旅游发展规律。

三、产权理论

（一）基本概念

产权（Property Rights）是指人们对某种资源的占有、使用、收益和处置的权利束。这些权利是明确的、排他的，并且可以在市场上自由转让。经济学中的“产权”，指财产的所有权，其内容包括“四权”，即所有权、占有权、支配权以及使用权。产权本质上是现实生活中人与人之间的生产关系，是社会认可的行为性关系。产权决定了资源分配中的利益归属，同时限制了利益关系的范围。在确定的产权框架内，每个利益主体必须遵守产权规则，并承担违反规则可能带来的成本。产权的主体是特定的利益集团，客体则是财产本身。产权分为私有产权和共有产权，私有产权具有排他性和可转让性，而共有产权则不具有排他性，容易导致资源的无限使用和耗尽。

产权理论（Theory of Property Rights）是研究在资源稀缺的条件下，通过界定以及变更产权关系，进而形成确定产权结构的方式协调不同主体间利益冲突，以实现降低交易成本与提高资源配置效率的目的。通过研究不同的产权结构及其激励机制以及利益主体之间的经济行为关系，探讨不同产权结构下资源配置效率并以此进行选优的理论体系，一般认为是以科斯、诺思等为代表的产权理论体系（李仂，2016）。产权理论是新制度经济学的一个重要分支，它主要关注产权、激励与经济行为之间的关系，探讨不同的产权结构如何影响报酬制度和资源配置。

（二）理论来源与发展

产权理论的研究可以追溯到18世纪中期，当时古典政治经济学的代表人物洛克等开始探讨自然状态下个人的财产权问题。洛克认为财产的产权是人类最为基础和根本性的权利，且强调价值由劳动创造。到了19世纪后半期，马克思的产权理论产生并逐渐传播开来，为产权理论的发展提供了新的视角和深度。

20世纪早期，新制度经济学派的产权理论逐渐成为主流。其中，科斯的交易成本理论为产权理论的发展做出了重要贡献。科斯认为企业存在和发展的本质是节约交易成本，而产权明晰对企业绩效起决定性作用。这一理论为现代产权理论奠定了基础。其他学者如诺思、威廉姆森等也对产权理论有所贡献，他们研究了产权与资源配置、企业组织行为的关系。这些研究共同强调了明确的、排他性的、可以自由转让的所有权对于市场运转的重要性。

随着研究的深入，产权理论逐渐形成了多个分支和学派，包括产权归属决定论和产权结构决定论等。这些理论从不同角度探讨了产权与企业绩效、激励机制、资源配置等方面的关系，为现代经济学和管理学提供了重要的理论支撑。在我国，马克思主义的产权理论和西方产权理论的研究并存。

（三）用途与价值

产权理论主要应用于经济学、法学、管理学、社会学等领域，为企业治理、市场问题诊断、市场机制设计、政策制定和制度变迁提供了分析工具。

产权理论强调了产权在经济交易中的作用，对于资源的开发利用和保护也具有重大意义，从而为社会创造更多财富，有助于理解和分析经济行为与资源配置之间的关系，对于完善社会主义市场经济体制具有重要意义。产权的基本功能主要为：减少不确定性，对主体激励和约束，确定分配关系，外部性内部化，资源配置功能（李洁真，2017）。产权理论不仅有助于理解经济行为和资源配置，还为政策制定和社会制度分析提供了重要的理论框架。通过明确和合理安排产权，可以提高资源配置效率，激励生产和创新，解决市场缺陷，并为可持续发展提供支持。

（四）理论模型与主要观点

1. 马克思主义的产权理论

马克思主义的产权理论通过深入分析产权的本质和基本范畴，探讨了财产关系在历史上特别是资本主义社会中的演变，并阐述了其对社会结构的重要影响，构筑了产权理论最基础的部分。马克思的产权理论以生产力为基础，科学预测公有产权将取代私有产权。主要观点如下：

（1）产权本质上是生产关系的总和，其本质是人与人之间在经济活动中的相互关系和权利配置。这种关系发端于物质生产过程，通过人们对生产资料的占有和产品的分配活动而形成，进而塑造了特定的利益分配格局，即所有制。为了稳固这种利益分配格局，所有者会寻求国家与法律的支持，将所有制以法律的形式固定下来，转化为所有权。所有权作为所有制的法律形态，既由所有制决定，又反映其性质与变迁。

（2）产权是社会分工的产物，属于历史范畴。随着分工的深化和拓展，产权的内容和形式也随之演变。从原始的公有制出发，那时生产力低下，分工简单，产权主要表现为共同占有生产资料。然而，随着三次社会大分工的推进，生产资料占有的不平等加剧，奴隶制应运而生，奴隶主通过国家与法律手段将私有制合法化，从而实现了从原始公有制向奴隶主私有制的转变。这一过程表明，产权制度的变迁与生产力和分工的发展水平紧密相关。

（3）产权的宏观层面包括人类社会财产制度变更的动力、规律及其对社会结构的影响。随着生产力的不断提升，新的生产方式催生与之相适应的所有制形式，这些新的财产制度往往在旧制度的内部孕育，并经过长期斗争后逐渐占据主导地位。这一过程既是生产力发展的必然结果，也是不同阶级间利益博弈的集中体现。历史上每一次社会制度的更迭，实质上都是新旧利益分配方式的更替。

（4）私有产权制度最终必然被公有产权制度取代。马克思指出，私有产权制度虽在特定历史阶段促进了生产力的发展，但随着社会分工的深入和广泛，其局限性日益凸显。特别是在资本主义社会，私有制导致生产资料高度集中于少数人手中，成为剥削劳动、追求私利的工具。同时，社会分工的深化要求更加紧密的部门间协作与调控，而私有制的逐利本性却与此相悖，从而引发经济危机等社会问题。因此，废除私有制，实现生产资料的社会化占有，以符合社会整体利益为目标，成为生产力发展的必然要求。这一过程预示着私有产权制度终将被公有产权制度所取代，这是历史发展的必然趋势（李洁真，2017）。

2. 西方经济学的产权理论

西方经济学产权理论的主要观点体现在以下三个方面：

（1）产权理论强调，市场作为资源配置的有效方式，其有效性依赖于产权的明确界定。明确的产权能够促进资源有效配置，减少交易成本，激励所有者有效地使用资源。只有当交易者对所要交换的物品拥有明确的、排他的产权时，市场才能有效运转。科斯认为，市场是一种有效的资源配置方式，但需要交易者对交换的东西拥有明确的所有权。市场交易中的摩擦和障碍源自企业产权界限的不清晰。通过明确产权界定可以降低交易成本，实现资源的有效配置，这被称为"科斯定理"。

（2）产权结构对企业内部和外部的激励机制具有重要影响。合理的产权结构能够解决激励问题，使那些与资本无关的企业成员也能分享到企业剩余价值，从而激发其工作积极性和创造力。

（3）资源配置中的外部性问题主要是产权界定不清所导致的。清晰的产权可以很好地解决外部不经济问题，即某项活动对周围环境造成不良影响但行为人并未承担成本的情况。产权作为一种社会工具，其主要功能在于引导人们在更大程度上将外部性内部化，从而提高资源配置的效率。

（五）旅游研究应用

产权理论在旅游研究中的应用主要表现在以下三个方面：一是旅游开发研究，如殷治琼（2015）在巴泽尔产权理论视阈下研究了渝东南少数民族特色村寨的创建路径；二是旅游资源保护制度研究，如贾洪琳（2019）基于产权理论研究了西藏的旅游资源法律保护制度；三是景区周边环境治理研究，如陆建城等（2020）从产权理论视角，以西湖风景名胜区为例，研究了景中村的治理困境与优化路径。

四、产业结构理论

（一）基本概念

产业结构（Industrial Structure），又称国民经济结构，是指各产业部门之间以及产业部门内部生产能力的配置构成的方式，并由此呈现的结构特征和数量比例关系（周振华，2014）。产业结构主要包括两个层次的内涵：①产业间的结构特征与数量比例关系，例如三次产业之间的相互关系；②产业内部的结构特征与数量比例关系，例如制造业内部不同行业之间的相互关系，服务业内部不同行业之间的相互关系。根据产业结构内涵可知，一个国家或地区的产业结构并非一成不变，而是伴随要素禀赋结构、供需结构、技术进步、国际贸易、体制机制等因素变动，可能处于不均衡、不合理的状态（欧进锋，2023）。根据发展经济学理论，产业结构演进主要包括产业结构的合理化和高级化两个方面。前者指各产业之间相互协调，具有较强的产业结构转换能力和良好的协同性，能够适应市场需求变化，并带来最优效益的产业结构，具体表现为产业之间的数量比例关系、经济技术联系和相互作用关系趋向协调平衡的过程；后者称产业结构升级，是指产业结构系统从较低级形式向较高级形式的转化过程，一般遵循由低级到高级的演变规律（刘琳，2016）。

（二）理论来源与发展

产业结构理论的源头可追溯至17世纪的威廉·配第，他发现了产业结构与国民收入水平差异和经济发展阶段的关联。20世纪三四十年代，学者费夏、克拉克等对产业结构理论的形成做出了贡献，特别是克拉克提出了关于三次产业划分的方法。马克思主义产业结构理论强调生产资料所有制和生产关系对产业结构的影响，重视生产力发展和阶级斗争对产业结构变动的作用。

20世纪五六十年代，产业结构理论在经济学中的地位逐渐确立。学者们研究了产业结构与经济增长、产业发展与技术进步之间的关系。随着时代的发展，产业结构理论结合国际产业转移、全球价值链分配等现实背景进行了拓展。学者注意到产业内部结构的变化及其对经济总体的影响，衍生出了产业结构演变趋势理论和产业结构调整理论等。产业结构演变趋势理论探讨产业结构随经济增长的演变，揭示如何从以农业为主的阶段过渡到以工业和服务业为主的阶段。产业结构调整理论研究政策如何影响产业结构，如优化产业间的比例关系和提升产业竞争力。

（三）用途与价值

产业结构理论的用途在于指导经济实践、分析发展趋势、制定政策策略等。产业结构理论可以用来分析不同产业间的关联性，研究产业比例变化对经济增长的推动作用；可以辅助预测产业发展的未来趋势，帮助企业和政府做出科学的产业规划和决策，提供产业优化升级的理论依据；可以指导区域发展规划，促进区域经济平衡发展。

产业结构理论的价值包括指导产业结构调整与优化、促进经济转型升级、优化资源配置、制定产业政策及提升国际竞争力等。产业结构理论有助于帮助政府更科学地制定和调整宏观经济政策，实现产业政策的精准化和高效化；有助于优化资源在各个产业之间的分配，促进新技术、新业态的发展，并为传统产业改造升级提供方向；有助于产业优化升级，创造更多就业机会，促进人才培养与产业需求的匹配。

（四）理论模型与主要观点

1. 理论模型

产业结构理论模型主要包括克拉克的三次产业划分、库兹涅茨的产业结构演变规律、罗斯托的经济成长阶段理论等。

（1）克拉克的三次产业划分。克拉克将经济活动划分为三大部门：第一产业（农业）、第二产业（工业）和第三产业（服务业）。

（2）库兹涅茨的产业结构演变规律。库兹涅茨在克拉克的基础上，进一步研究了产业结构跨时间的演变规律，尤其是在国民收入增长与产业结构变化之间的关系上提出了定量的分析。

（3）罗斯托的经济成长阶段理论。罗斯托则从经济发展的宏观视角出发，提出了经济成长的五个阶段理论，强调主导产业的变化对经济增长的推动作用。

（4）钱纳里的工业化阶段划分。钱纳里关注制造业内部的结构变化，提出随着经济的发展，制造业内部结构也会相应发生变化。

（5）霍夫曼的工业化经验法则。霍夫曼提出以资本品与消费品产值比例来划分工业化的阶段。

（6）赤松要的雁行形态理论。赤松要针对后发国家如何实现产业结构升级，提出了雁行形态理论，强调产业转移和国际分工的重要性。

2. 主要观点

产业结构理论的主要观点如下：

（1）配第—克拉克定律指出，随着经济发展和人均国民收入水平的提高，劳动力会从第一产业向第二产业转移，随后再向第三产业转移。

（2）库兹涅茨通过跨国比较和历史分析发现，随着人均收入的增加，产业结构会发生显著变化，农业部门的比重逐渐下降，工业和服务业的比重逐步上升。

（3）罗斯托认为，经济增长是由一系列主导产业的迅速扩张所驱动的，这些产业的发展还会产生对其他产业的联动效应。

（4）霍夫曼的经验法则表明，随着资本品工业相对于消费品工业的增长，一个国家或地区的工业化进程会体现出不同的发展阶段。

（5）赤松要的雁行形态理论强调，后发国家可以通过参与国际分工，借助国际产业链条的传递，实现自身产业结构的升级和优化。

（五）旅游研究应用

产业结构理论在旅游研究中的应用主要表现在以下三个方面：一是旅游产业结构升级优化研究，如王兆峰（2009）研究基于产业集群的旅游产业结构升级优化；二是旅游产业结构协调发展研究，如范艳丽等（2009）基于自组织理论，研究了旅游产业结构的协调发展；三是旅游业产业结构转型研究，如徐颐（2015）基于产业结构理论，研究了上海旅游业的转型发展。

五、产业聚集理论

（一）基本概念

产业聚集（Industrial Agglomeration）是指在产业发展过程中，处在一个特定领域内相关的企业或机构，由于相互之间的共性及互补性等特征而紧密联系在一起，形成一组在地理上集中的、相互联系、相互支撑的产业群的现象。在聚集区内，通过发挥企业间的协同作用，与外界环境的资源、能量进行交换，形成一个开放系统。产业聚集动力机制是驱动产业集群形成、演化的力量（张永强等，2014）。产业聚集理论（Industrial Agglomeration Theory）研究相关企业或机构在特定地理区域内集中的经济现象，以及这一现象对区域经济发展和竞争优势的影响。

（二）理论来源与发展

产业聚集理论最早源于20世纪30年代英国经济学家兼社会学家韦伯提出的“经济聚集”的概念，最初仅限于在地理概念中的探讨，未涉及深层的经济学分析。后来该理论经过罗煦、佛罗伦斯等的进一步拓展，到了马歇尔时代才初步成形。阿尔弗雷德·马歇尔在其《经济学原理》（1890）一书中，首次提出了产业聚集及内部聚集和空间外部经济的概念，并阐述了在外部经济与规模经济条件下产业聚集产生的经济动因。马歇尔是产业聚集理论的奠基人，他把“专业化”与“外部经济性”等概念第一次引入产业聚集理论，认为“区域竞争的优势不是来自单个企业，而是来自企业之间的合作”。到了20世纪90年代，英国经济学家迈克尔·波特在其著作《国家竞争优势》中提出了著名的“钻石理论”，把产业聚集理论与区域竞争力理论完美地结合在一起，为产业聚集的形成机制提供了新的见解。20世纪90年代，以美国经济学家克鲁格曼为代表的新经济学第一次从企业层面引入规模报酬递增和不完全竞争的理论，在分析数理模型的基础上，认为产业聚集是不完全竞争经济学、递增收益、路径依赖、累积因果关系与范围经济共同作用的结果，使产业聚集理论更具有科学性和现实性，标志着产业聚集理论进入了一个全新的发展阶段（田井泉和吕春成，2005）。

与国外研究相比，国内对产业聚集的研究起步较晚，关于这一主题的系统性研究始于20世纪90年代，当时的研究视角主要集中在产业聚集的概念介绍、形成机理及其原因等方面。仇保兴（1999）比较系统地研究了小企业在特定地点聚集的一些特征，并对小企业集群形成的原因及其演变作了分析。金祥荣和朱希伟（2002）认为，专业化产业区产业内的聚集力量来源于产品差别、集体学习和相互依赖，并用数量模型分析和论证了产业聚集的内在机制和动力。朱英明（2003）研究了产业聚集对创新和学习的影响以及产业聚集与区域发展的关系。徐康宁（2006）从自然禀赋、专业分工、外来投资和制度变迁等方面重点研究了产业聚集形成的原因，并对产业聚集对区域竞争力的影响进行了深入的研究。刘军和吉敏（2011）对产业聚集理论的形成、发展进行了较为细致的梳理与评价。

（三）用途与价值

产业聚集理论主要用于经济学领域，可用于解释产业集聚现象，为分析产业集聚区的形成、发展、演变提供了有效的分析工具，以指导区域经济发展。产业聚集理论有助于优化资源配置，提高资源利用效率；降低交易成本，提升产业竞争力；促进知识共享，增强集聚区内的创新能力；改善基础设施和公共服务，促进就业与城市化；形成增长极和品牌效应。

产业聚集是工业化过程中的必然产物，是产业国际竞争力的重要来源和集中体现。产业聚集对区域创新有正向的影响，这为各地区结合比较优势、培育特色产业集群从而促进区域创新提供了理论支持。产业聚集对一个国家或一个地区的产业国际竞争力的形成有重要影响，它通过降低成本、提高生产率、促进出口等措施来提升国际竞争力进而形成品牌效应与优势。这种竞争力是区域内企业或产业所独有的，是非集群和集群外企业所无法拥有的。

（四）理论模型与主要观点

（1）资源禀赋是产业聚集的最初诱因。特定区域的自然资源、地理位置等优势能够吸引相关产业的企业聚集。

（2）人才集聚是产业聚集的重要保障。企业聚集于一个特定的空间能够提供特定产业技能的劳动力市场，从而确保工人较低的失业概率，并降低劳动力出现短缺的可能性。

（3）成本优势是产业聚集的持续动力。企业在同一区域内聚集可以共享公共设施和服务，降低生产和运输成本。同一产业的企业聚集在一个空间，有利于生产要素如劳动力、资金、能源等的聚集，从而降低生产成本，提高企业竞争力。

（4）创新网络则是产业聚集的制度基础。企业之间的交流和合作可以促进知识和技术的扩散，提高整个产业的创新能力。产业集群为企业创新提供了有利条件，资源的集中使企业更容易获得创新所需的资金、人才和设备。企业之间可以通过资源共享，减少单一企业进行创新的风险，提高整体创新效率。

（5）政府的角色不容忽视。政府可以通过改善基础设施，创造良好的运营环境，从而吸引更多的企业加入，形成产业聚集（杨勇，2015）。

（6）产业集群内企业之间既存在竞争关系，也存在合作关系，这种竞争合作的态势激励企业加速技术创新。由于地理位置接近，一旦有创新成果出现，便会迅速在集群内扩散，促进整个集群的技术进步。

（7）产业聚集带来的规模经济和范围经济，使区域内企业能够享受递增的报酬。这种报酬递增源自生产过程中企业、机构和基础设施在某一空间区域内的联系。

总的来说，产业聚集理论强调了外部经济、规模效应、技术创新以及合作竞争等多方面因素对产业聚集现象的影响。这些因素共同作用，推动了产业集群的形成和发展，进而提升了区域经济的整体竞争力。

（五）旅游研究应用

产业聚集理论在旅游研究中的应用主要表现在以下三个方面：一是旅游聚集水平研究，如旦珍（2022）研究了旅游产业集聚水平及其绿色全要素生产率空间溢出效应；二是旅游企业生产率研究，如杨勇（2015）基于产业聚集理论，实证分析了旅游产业聚集密度对不同类型旅游企业劳动生产率的影响；三是旅游产业聚集的影响研究，如朱永文（2018）研究了旅游产业聚集对于经济流通效率所产生的积极影响。

六、产业融合理论

（一）基本概念

产业融合（Industry Convergence）是指不同产业或者同一产业内不同行业通过相互渗透、相互交叉、相互作用而最终融合产生新的产业模式。产业融合包含三种类型：

产业渗透、产业交叉以及产业重组。产业渗透通常是指高科技企业向传统产业渗透，进而提升传统产业产品和服务的价值；产业交叉是指产业之间由于功能互补和自然延伸而产生的融合；产业重组是指系统产业内子产业的重组和资源重新配置与融合。产业融合理论主张模糊和消除产业边界，强化资源以及要素的全方位自由流动，借此做大产业"蛋糕"（霍艳莲，2015）。

产业融合主要包括技术融合、产品融合、市场融合和管理融合等内容。此外，马健（2005）根据产业融合的程度和市场效果，将产业融合分为完全融合、部分融合和虚假融合。聂子龙和李浩（2003）提出高新技术的渗透融合、产业间的延伸融合、产业内部的重组融合、全新产业取代传统旧产业进行融合的四种模式。胡永佳（2007）将产业融合分为横向融合、纵向融合和混合融合；从产业融合的结果上可分为吸收型融合和扩展型融合。

（二）理论来源与发展

产业融合的思想最早可以追溯到美国学者罗森伯格于 1963 年提出的"技术融合"（Technological Convergence）概念。1978 年，麻省理工学院媒体实验室的尼葛洛庞帝用图例演示了计算机、印刷、广播业三者技术融合的模型，系统化地提出了产业融合理论（胡汉辉和邢华，2003）。之后，麻省理工学院教授普尔在《自由的技术》一书中提出了"媒介融合"的概念，萨哈尔在研究技术与创新途径的过程中提出了技术关联型产业融合的概念。

随着信息技术革命的发展，产业融合理论进一步深化，研究范围从技术融合扩展到市场融合、企业组织结构融合等多个层面。产业融合理论吸引了经济学、管理学、信息科学等多个学科学者的研究兴趣，形成了丰富的多学科交叉研究成果。现有文献中，对产业融合的研究主要集中在产业融合内涵、分类、动因、绩效及相关实证等方面。其中，对产业融合进行实证研究时，其研究视角主要是从信息化与工业化融合，文化产业与旅游产业、农业与服务业、装备制造业与生产性服务业等两类产业融合，以及从旅游、养老和物流等某个产业的融合角度出发，很少涉及对整体产业融合的研究。在产业融合测度方法方面，主要包括赫芬达尔指数法、专利系数法、投入产出法、综合指标法、产值贡献度法等（程广斌和杨春，2019）。

（三）用途与价值

产业融合理论的用途包括促进产业创新、推动区域经济发展、优化资源配置、增强产业适应性、改善就业结构等，其价值体现在提升产业竞争力、创造新的经济增长点、加快产业结构调整和推动社会可持续发展等方面。产业融合不仅有利于产业升级和民生保障，还可以通过培育统一的市场实现基础设施共建共享，从而促进资源节约和创新效率提升（裴丹和江飞涛，2021）；深入研究产业融合理论对推进产业结构的优化升级、实现发展方式的转变具有重要的现实意义（范群林等，2015）；产业融合是传统产业创新的重要方式和手段。

（四）理论模型与主要观点

1. 理论模型

产业融合理论主要包括以下几种模型：

（1）垂直融合模型，又称纵向融合模型，主要是指在产业链的不同环节中实现融合。这种融合模式强调产业链上下游之间的紧密联系和协同作用，通过加强产业链各环节之间的合作和联动，提高整个产业链的效率和竞争力。

（2）横向融合模型，主要是指不同产业之间的相互融合，形成新的产业形态。这种融合模式打破了传统产业的界限，促进了不同产业之间的资源共享和优势互补。

（3）复合融合模型，是将纵向和横向融合模式相结合，以实现产业链上下游之间和不同领域之间的联动和协同。这种融合模式具有更高的复杂性和综合性，能够创造出更多的商业机会和更强的核心竞争力。

（4）跨界融合模型，主要是指不同领域之间的跨界融合，创造出新的产业和商业模式。这种融合模式具有更高的创新性和灵活性，能够推动新兴产业的快速发展。

2. 主要观点

（1）技术进步是产业融合的内在原因，经济管制的放松是产业融合的外在原因（吴义杰，2010）。产业融合理论强调技术创新是推动产业融合的核心动力，新技术的发明和应用能够打破传统产业的边界，促进不同产业之间的相互渗透和交叉。

（2）产业融合理论认为市场需求的变化是促进产业融合的重要因素，消费者对多样化、个性化产品和服务的需求不断增长，促使企业跨越产业界限，提供更加复合的产品和服务。

（3）产业融合理论指出，企业为了适应产业融合的趋势，需要进行战略和组织结构上的调整，通过并购、战略联盟等方式实现资源和能力的整合，以跨越产业边界。

（4）产业融合理论强调在产业融合过程中，各相关方构成一个复杂的产业生态系统，各方的相互作用和依赖关系对整个系统的健康发展至关重要。产业生态系统中的各个参与者需要共同协作，通过资源共享、优势互补和风险共担，实现共生共赢的局面，推动整个产业的持续创新和升级。

（五）旅游研究应用

产业融合理论在旅游研究中的应用主要表现在以下三个方面：一是旅游产业与农业、文化、体育等其他产业的融合研究，如张新成等（2023）关于文化和旅游产业融合发展成效评估的研究综述；二是旅游业态创新研究，如李晓琴（2016）基于“产业融合”理论，研究低碳旅游业态创新路径；三是旅游目的地产业融合实践案例研究，如刘伟等（2023）基于广西的实践，研究养生、旅游与养老产业融合。

七、长尾理论

（一）基本概念

长尾理论（The Long Tail）指的是，只要存储和流通的渠道足够大，需求不旺或销量不佳的产品共同占据的市场份额就可以和那些数量不多的热卖品所占据的市场份额相匹敌甚至更大（安德森，2006）。长尾理论基于对互联网零售商销售数据的系统研究，并与传统零售商的销售数据作对比，发现了一种符合大数定律的统计规律，即需求曲线在平均销售数量和销售种类的二维空间中，呈现出长长的尾巴形状。简单地说，长尾就是数量、品种二维坐标上的一条需求曲线，由于看上去这条曲线像一条长长的尾巴，向代表“品种”的横轴尽头延伸，所以直观地称为长尾（王华平等，2010）。长尾理论可以描述为：我们的社会文化和经济重心正在加速转移，从需求曲线头部的少数大热门（主流产品和市场）转向需求曲线尾部的大量利基产品和市场。在一个没有货架空间限制和其他供应瓶颈的时代，面向特定小群体的产品和服务可以和主流热点的产品和服务具有同样的经济吸引力（唐海军，2009）。

长尾理论的一个重要特征是，它表达了一种较为平缓的帕累托（Pareto）分布现象。在传统的经济销售分布中，通常 80%的销售额来自 20%的产品，这就是所谓的“二八法则”或帕累托法则。而在长尾经济中，虽然头部（即主流产品）仍然存在，但其所占的份额远低于 80%，而曲线后面长长的尾巴则代表利基市场（朱荣亮，2020），这些市场虽然单个份额小，但总体上占据了重要的市场份额。

（二）理论来源与发展

2004 年，时任美国《连线》杂志社主编的克里斯·安德森以 Netflix、亚马逊为例，对其商业运营和经济模式进行了研究，发现并首先提出了长尾理论。

国内外大量学者对长尾理论进行了相关的研究。瑞克·弗格森和凯里·哈维卡发现，通过长尾原理，公司不仅能保留原有的顾客，而且能捕获新的顾客，特别是那部分不在头部的 80%顾客将成为利润的主要来源。吴以伦（2007）认为长尾经济是内部和外部范围经济的结合，但长尾经济却不等于范围经济甚至可以不是范围经济，而是差异经济、个性化经济、创意经济等异质性的经济。学者们围绕规模化定制、个性化需求、新经济法则研究了长尾理论原理，探讨长尾理论对“二八法则”的影响（唐海军和李非，2009）。

（三）用途与价值

1. 长尾理论的用途

长尾理论广泛应用于智力行业、新媒体行业、传统行业等，其用途主要体现在改变传统营销模式、开拓利基市场、提供个性化服务等方面。

（1）改变传统营销模式。长尾理论认为，借助网络平台，可以低成本地关注传统意义上被认为是“尾部”的小众市场，从而改变了传统的营销模式。这种模式利用互联网的广覆盖和低成本的优势，使一些在传统模式下被忽略的小众产品得以展现在更广泛的消费者面前。

（2）开拓利基市场。通过对市场的细分，企业可以针对特定的小众市场进行深入的开发。这些市场虽然单独看起来需求量不大，但众多小众市场累加起来的总量可能非常可观。这为企业提供了新的增长点和盈利机会。

（3）提供个性化服务。长尾理论强调通过满足消费者的个性化需求来实现商业价值。在这个意义上，企业可以通过收集和分析消费者数据，为消费者提供更加个性化的产品和服务选择，从而提高消费者满意度和忠诚度。

（4）扩大销售渠道。特别在出版、音乐、影视等文化产业中，长尾理论为大量的非热门作品提供了销售的可能。网络平台的存在，使这些作品能够以数字化的形式存储和传播，极大地扩展了销售渠道，并有可能带来意外的收益。

（5）促进全球化。长尾理论不仅适用于大型企业，也为中小企业甚至个人创业者提供了全球市场的准入机会。通过网络平台，任何一个创作者都可以将作品展示给全世界，这无疑加速了文化和商品的全球化进程。

2. 长尾理论的价值

长尾理论的价值体现在增强企业盈利能力、提升用户体验、促进产品创新等方面。

（1）增强企业盈利能力。长尾理论最核心的价值在于它揭示了小众市场积累起来的大市场潜力。企业通过挖掘和满足这些小众需求，可以获得与传统主流市场相匹敌甚至更大的收益，从而增强企业的盈利能力。

（2）提升用户体验。当消费者能够轻松地找到并获取他们真正需要或感兴趣的小众产品时，其购物体验和满意度将大幅提升。这种个性化的消费体验是提高用户忠诚度的重要因素。

（3）促进产品创新。长尾理论鼓励企业关注多元化的市场需求，这促使企业在产品开发和创新上不断尝试，以满足不同消费者群体的需求。长此以往，能够有效地促进整个社会的产品创新和多样性发展。

（4）减少库存风险。在传统模式下，大量存货带来的库存风险往往是企业面临的重大挑战之一。长尾理论通过网络化、数字化的存储和销售方式，显著减少了实体库存，降低了企业的经营风险。

（5）推动社会经济发展。长尾理论还可能对社会经济发展产生积极影响。它不仅增加了市场的包容性，让更多的参与者有机会贡献自己的价值，而且通过提供个性化的选择，提升了消费者的购买意愿和生活质量。

（四）理论模型与主要观点

1. 理论模型

长尾理论的基本原理：众多小市场汇聚成的市场能量可以和主流大市场相抗衡——只要产品存储和流通的渠道足够多，需求不旺或销量不佳的“冷门”产品所共同占据的市场份额可以和那些少数热销产品所占据的市场份额相匹敌甚至更大（见图1-1）。

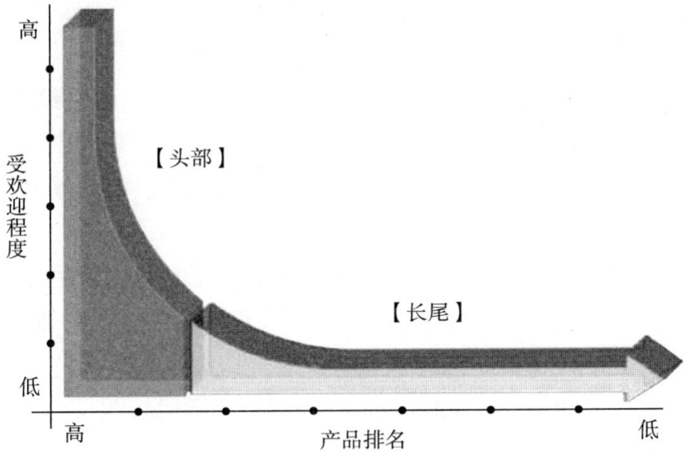

图 1-1 长尾曲线

资料来源：李彬（2018）。

关注的成本随着网络时代的来临而降低，这就使关注正态分布曲线的“尾部”要付出的成本也同样降低，甚至总体效益方面，“尾部”会超过“头部”。安德森认为，网络时代是关注“长尾”、发挥“长尾”效益的时代（李彬，2018）。

长尾理论基于以下假设：

（1）丰饶经济假设。在网络时代，商品储存和展示的场地及渠道足够宽广，商品生产成本急剧下降，几乎任何产品都有销售的可能。长尾理论阐述的实际是丰饶经济学。

（2）多样性经济假设。需求的多样性和个性化在网络时代得到了更好的满足，长尾市场正是满足这些多样需求的体现。

（3）文化经济假设。网络时代降低了人们关注和获取信息的成本，使更多小众文化产品能够被发掘和消费。

（4）大规模定制假设。技术的进步使大规模定制成为可能，进一步推动了长尾市场的发展。

2. 主要观点

长尾理论认为，在商品储存和展示场地及渠道足够宽广、商品生产成本急剧下降的情况下，几乎任何以前看似需求极低的产品，只要有人卖，就会有人买（王晓艳，2013）。该理论具有以下几个主要观点：

（1）在市场环境中，利基产品数量远多于热门产品，在生产技术越来越普及以后，利基产品的占比仍然在不断提升。

（2）利基产品的获取成本正在逐步降低。信息化的技术应用、搜索技术能力的提升将成为一种主要的变量因素，让市场经济学发生巨大的变革，目前的市场产品供应能力正是最丰富的时候。

（3）市场上更多产品种类的供应是不能对市场需求产生影响的，而是通过消费者的需求对相关产品进行选择。目前应用的产品排名、智能推荐等技术都是针对这类需求进行的，这些工具可以很好地将长尾产品推向需要它的消费者视线中。

（4）在市场上，如果有了相对丰富的产品过滤工具，那么需求的曲线将会出现扁平化的发展趋势，很多热门产品的热度就会相应出现下降，而利基产品的热度将会得到一定的提升。

（5）在实际的市场环境中，没有一个利基产品可以实现很大的销售量，但是不影响利基产品的数量提升，它们共同组合成一个可以和热门产品相抗衡的强大市场。

（6）长尾理论是蓝海战略的延续，是对“二八法则”的有益补充。长尾理论与“二八法则”殊途同归（唐海军，2009）。

（五）旅游研究应用

长尾理论在旅游研究中的应用主要表现在以下三个方面：一是旅游景区研究，如马宏丽（2014）基于长尾理论，研究我国旅游景区的盈利模式创新策略；二是旅游产品开发研究，如吴丹（2011）基于长尾理论对旅行社农民旅游产品开发进行研究；三是旅游市场发展研究，如罗美娟等（2015）基于长尾理论，研究在线旅游市场发展。

八、供求理论

（一）基本概念

供求理论（Supply and Demand Theory）是解释供给与需求关系的理论。供给是指在特定时期内，在影响供给决策的其他因素（如成本、政府政策等）保持不变的情况下，企业在某一价格水平愿意销售的商品数量。需求是指在特定时期内，在影响购买行为的其他因素保持不变的情况下，消费者在某一价格水平下愿意购买的商品数量（佩洛夫，2013）。价格是供求状况的具体反映，如果商品的供给大于需求，则卖方降低价格；相反，如果商品供给小于需求，则买方价格上涨，但最终都会实现市场的均衡状况，达到最优配置。用一句话概括就是供求关系的变化是导致价格产生上下波动的根本原因（严潘承和陈飞飞，2020）。在马克思看来，供给就是处在市场上的产品或者能提供给市场的产品。供给者就是商品的生产者或卖者，当然卖者也可能由第三者即商人来代表。需求则是商品的消费或购买，需求者就是商品的消费者或购买者。因为只有通过购买才是现实的需求，所以经济学讲的需求是指一种支付能力（罗时法，2001）。

（二）理论来源与发展

供求理论最早可以追溯到18世纪经济学家的研究，如亚当·斯密和卡尔·马克思等，他们提出了商品价格由市场供求关系决定的观点。这一理论是经济学中研究商品价格与市场供应和需求之间相互关系的基础理论，揭示了价格形成的内在机制。到了20世纪，经济学界对供求理论进行了更为深入的研究，并形成了现代的供求理论体系。部分学者对马克思的供求理论进行了丰富和完善。例如，冯根福（1992）认为马克思供求理论分为长期供求和短期供求两部分，长期供求理论是马克思供求理论的重要组成部分。梁天祥（2000）认为，马克思的供求关系分为两种关系，一是相对的供求关系，即有弹性的需求和供给之间的关系；二是绝对的供求关系，即无弹性需求和供给之间的关系。纪尽善（2002）在分析马克思供需平衡理论的基础上，将供给分为无效供给和有效供给，并分析了无效供给和有效供给在我国的具体表现；将需求分为无效需求和有效需求，认为在扩大内需的宏观经济政策中要扩大投资需求和消费需求。

新古典学派在古典经济学供求论基础上发展了供求理论，不但把供求理论发展成为"均衡价格论"，还把供求关系数量化、数学化，使之成为西方经济学万能的分析工具（萨缪尔森和诺德豪斯，1992）。新古典学派的创始人马歇尔用"均衡价格论"代替商品价值。所谓"均衡价格"是指市场需求量恰好和供给量相等时的价格（朱国栋，1994）。随着经济学研究的深入，供求理论也在不断发展和完善。例如，研究者正在开发动态供求模型，将市场动态变化纳入模型中，以更准确地预测价格波动。同时，也开始关注市场势力对价格形成的影响，探讨垄断与价格制定的关系。张锦（2011）研究了传统西方经济学"缺失"的垄断厂商供给曲线，对供求理论进行了新探索。刘子玲等（2008）讨论了非均衡经济学的建模基础——有效供求理论，并对几种非均衡模型进行了对比研究，提出了较为合理的多市场非均衡模型。

（三）用途与价值

供求理论可以用于价格决策、市场预测、政策制定、市场调节、国际贸易、产业组织等方面。供求理论不仅适用于解释商品市场价格的形成，还广泛应用于解释其他市场，如劳动力市场、货币市场、旅游市场等。

供求关系是商品经济社会最基本的经济关系，供求理论也是市场经济的基础理论。在现代市场经济条件下，宏观经济政策的制定离不开对供求关系的判断，供求平衡是宏观调控的永恒主题（李建建和叶凌寒，2021）。通过对市场供求关系分析，可以了解到影响市场运行的本质，及时对市场变动做出反应，调整和控制供给与需求结构，实现市场均衡稳定发展（郭林雨，2011）。学习和运用马克思的供求理论，对于完整理解马克思的劳动价值理论、完善市场机制运行和促进市场经济发展具有重要意义（温孝卿，2002）。合理运用供求理论，有助于稳定市场、优化资源配置、推动经济增长、提高经济效率、促进创新与技术进步等。

（四）理论模型与主要观点

供求理论主要有马克思的供求理论和新古典经济学的供求理论两种（杨继国，2000）。

1. 马克思的供求理论

马克思供求理论的主要内容包含：供给需求关系理论、有效供给理论、有效需求理论、供求关系影响理论、供求理论两大理论体系比较及供给需求理论当代价值等（任红梅，2018）。马克思的供求理论主要有以下观点（林自新，2004）：

（1）供求关系是商品经济的基本关系。商品经济的许多范畴都可以统一到供求关系之中，如生产与消费、价值与使用价值、商品与货币等相互对立的概念。

（2）供给和需求只是一个问题的两个方面，它们都由生产产生。

（3）供给和需求虽然同由生产决定，但两者在量上没有必然的联系。两者真正的联系是“社会必要劳动时间”。

（4）供求关系不决定价值，但决定价格的波动。

（5）供求关系具有社会性和阶级性。供求关系的社会性是生产关系社会性质的表现。生产的方式决定了供给的方式和供给的结构，这个结构又直接规定着需求的结构。具体来说，需求的量取决于市场上用于购买的货币量，而这个货币量最终是由一定的分配关系决定的。一定的分配关系又取决于一定的社会性质和消费者的阶级地位。

2. 新古典经济学的供求理论

新古典经济学的供求理论包括需求理论、供给理论和市场均衡三个方面，具体又分为新古典学派、凯恩斯主义和供给学派。

（1）需求理论。西方经济学把需求摆在首位。该理论认为，决定需求的因素主要有五个：市场价格、平均收入水平、市场规模、该商品的替代品的情况、消费者的选择偏好。一般假定除价格外的其他因素在一定时期和地方是相对稳定不变的，所以需求被简化成商品数量与价格的函数关系，即需求量与价格呈反比例变化。需求曲线向右下方倾斜的原因是由“边际效用递减”规律决定的。凯恩斯主义有效需求理论认为，导致经济危机发生的因素是有效需求不足，从而主张政府干预。刺激有效需求从而解决有效需求不足问题的方式是实行需求管理，政府干预采取政策调控需求量，通过运用宏观的财政政策、货币政策和政府投资的手段刺激消费，增加投资，保证充分就业（任红梅，2018）。

（2）供给理论。决定供给的因素包括市场价格、生产成本、生产要素的价格、其他商品价格的变化等。与需求类似，一般假设其他因素相对不变，只有市场价格随供给变动。正常商品价格与供给量呈正比例变化，价格越高供给量越大，价格越低供给量越少。供给学派认为“供给创造需求”，主张宏观经济理论的注意力应该放在供给方面，要解决滞胀问题，需要的是供给刺激。供给学派的供给管理理论强调减税和鼓励生产促进经济增长的作用。在生产过剩的原因分析上，强调了缺乏创造性的供给导致了生产过剩。

（3）市场均衡。同时分析需求和供给情况，将需求曲线和供给曲线置于同一坐标系内，两条曲线的交点就是市场均衡点。均衡点对应的价格就是市场均衡价格。换言之，均衡价格由需求曲线和供给曲线共同决定。均衡价格对应的产量是均衡产量，即需求等于供给的产量。如果生产在非均衡点进行，则价格会高于或低于均衡价格。如图 1-2 所示，图中价格 P 由纵轴表示，商品供给量或需求量 Q 由横轴表示，供给曲线为 S，需求曲线为 D，需求均衡点为 E，对应的均衡价格为 Pe，而均衡供给量或需求量则为 Qe。由于商品供给量与价格在供给曲线 S 上呈正相关，而相反地，商品需求量与价格在需求曲线 D 上呈负相关。需求量与价格呈反比：需求量增加则价格降低，需求量减少则价格上升。当商品价格上涨时，供给者就有足够的资本支付更多的生产要素，从而生产更多的商品；当商品价格下降时，供给者为生产要素支付的报酬将下降，从而生产的商品也将随之减少。所以当商品价格高于 *Pe* 时，市场会出现供大于求的现象；而当商品价格低于 *Pe* 时，市场则出现了供不应求的现象（潘妍君，2016）。

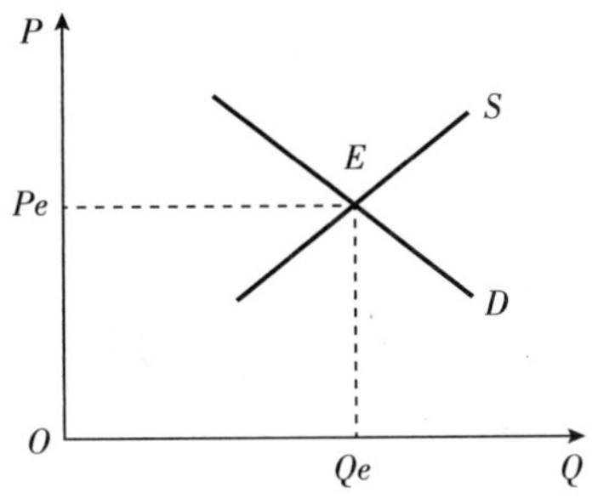

图 1-2 市场供求均衡曲线

资料来源：潘妍君（2016）。

综上可知，供给量会随商品价格的上涨而增加，随商品价格的下降而减少；而需求量却相反，呈现出随价格下降而增加、随价格上涨而减少的态势。但对于商品而言，最终的价格是供给和需求共同作用的结果，即为两者的均衡价格。相应地，当供给者所提供的商品量和需求者所需求的商品量相一致时，即为均衡总量。这种均衡状态下，不存在使价格进一步变化的压力，也不存在商品短缺或过剩现象。但这种状态只是一种趋势，是相对的，且有条件的。

（五）旅游研究应用

供求理论在旅游研究中的应用主要表现在以下三个方面：一是旅游市场供求研究，如赵仕红（2015）分析了休闲农业旅游市场供求特点；二是旅游人力资源供求研究，如陈岩峰（2005）分析了四川省旅游人力资源供求现状；三是旅游企业供求研究，如张颖和任兴月（2016）基于供求理论研究了价格杠杆对旅游景区承载力的影响。

九、后发优势理论

（一）基本概念

后发优势（Advantage of Backwardness）是指后发经济国家、地区或部门因经济发展相对落后或迟缓形成的有利条件或存在的各种机遇。或者说后发优势是指经济上落后的国家、地区或部门在处于经济绝对劣势地位的同时，又会获得一种经济发展的后发优势。这种后发优势完全由于其落后的经济地位而产生，主要源于后发国家、地区或部门对发达国家、地区或部门技术、制度和结构的低成本移植和模仿。由于学习成本大大低于创新成本，后发地区通过引进、模仿、学习，可获得后发利益，具有后发优势，如资源（人力资源、自然资源）后发优势、技术后发优势和制度后发优势等。

所以，后发优势也常常被称为“落后得益”“落后的优势”“落后的有利性”等（马凤芹，2011）。

（二）理论来源与发展

后发优势理论源于优势理论，而优势理论主要包括英国古典经济学家亚当·斯密的绝对优势理论和大卫·李嘉图的相对优势理论、瑞典经济学家赫克歇尔及其学生俄林的要素禀赋优势、德国经济学家李斯特的动态比较费用、美国经济学家迈克尔·波特的竞争优势和核心竞争力优势等。“后发优势”这一概念最早由美国经济学家亚历山大·格申克龙于1962年提出。他随后出版的《经济落后的历史透视》一书标志着后发优势理论的确立。格申克龙关于后发优势的理论和观点是在对迟发展国家工业化过程研究的基础上提出的，其理论的前提是“迟发展效应”。

在格申克龙提出后发优势假设之后，先后有众多国内外学者从不同角度对后发优势理论进行了深化和发展。伯利兹、克鲁格曼等在格申克龙后发优势理论的基础上，又提出了基于后发优势的技术发展“蛙跳”模型。

后发优势理论从20世纪90年代开始从西方引入中国，最初主要用于解释中国应该如何利用与发达国家的差距，实现跨越式发展。杨永春和张从果（2003）认为区域发展是经济持续发展、积累以及结构不断升级的实质，基于此论述了后发优势的特点和内容，并指出在利用后发优势过程中必须克服可能存在的后发劣势。王必达（2004）以技术模仿创新、制度移植变迁和结构动态优化为主要内容，揭示了区域后发优势的形成机理，并从资本形成、规模经济和要素组合等方面探讨了区域后发优势的转化条件，还对区域后发优势及其转化条件进行了实证分析。窦丽琛和李国平（2004）对技术后发优势的存在性进行了实证研究。

（三）用途与价值

后发优势理论主要应用于借鉴先进国家的经验、替代性的创新策略、技术引进与本地化、资金的引入与有效利用、教育与人力资源开发等。后发国家可以借鉴发达国家在工业化、现代化过程中积累的经验，包括有效的政策、管理模式和技术路线，从而避免重复先行者所犯的错误，减少不必要的摸索成本。后发国家可以通过引进先进的外国技术和设备，快速提升本国的产业水平。后发国家可以优先考虑教育投资，通过提高国民整体教育水平，培养适应现代产业发展需要的高素质劳动力。

后发优势理论的价值体现在促进快速工业化、降低成本和风险、增强国家竞争力、缩小与发达国家的差距、创造社会压力转化为动力等方面。通过引进已被验证的技术和管理模式，后发国家可以有效降低研发和试验的成本及风险。同时，借鉴先进国家的经验可避免走弯路，节省宝贵的时间和资源。后发优势理论提供了一个解释欠发达经济体赶超发达经济体的理论分析框架，对探求经济落后地区的经济协调发展有很大的启示作用（胡忠良和蒋茜，2014）。后发优势理论不仅为解释经济现象提供了新视角，也为政策制定和学术研究提供了有力支持。在实践中，该理论为发展中国家或地区提供了实现经济赶超的可行战略和措施，有助于优化其经济发展战略和政策，提高政策的有效性和针对性。同时，该理论也促进了国际间关于经济发展问题的交流与合作，推动了全球经济的繁荣与发展。

（四）理论模型与主要观点

1. 理论模型

后发优势理论的主要模型包括格申克龙的工业化进程模型、列维的现代化具体化模型、阿伯拉莫维茨的追赶假说以及伯利兹的“蛙跳”模型等。

（1）格申克龙的工业化进程模型。格申克龙提出，一个国家在工业化过程中，经济越落后，其工业化起步就越缺乏连续性，表现为制造业的突然大增长。他强调了落后国家对大工厂和企业的重视，以及在生产资料生产上的强调等特征。

（2）列维的现代化具体化模型。列维进一步发展了格申克龙的理论，指出后发国家可以大量借鉴先发国家的计划、技术、设备，并且可以跳越先发国家的一些发展阶段。先发国家的发展水平有助于后发国家预测自身现代化前景。

（3）阿伯拉莫维茨的追赶假说。阿伯拉莫维茨提出，一国经济发展的初始水平与其增长速度呈反向关系，但这一关系受技术差距和社会能力等限制条件影响。这表明，后发国家与先发国家之间的技术差距是经济追赶的重要外在因素。

（4）伯利兹的“蛙跳”模型。伯利兹、克鲁格曼等提出，先进国家的技术水平可能会因为技术惯性而被锁定在某一范围内，发生较小幅度的变化，后进国家可以直接选择以高新技术为起点，在某些领域、某些产业实施技术赶超，从而超过先进国家（袁广林，2013）。

（5）罗跃武的后发优势实现机制。罗跃武（2007）总结了后发优势实现机制（见图 1-3）。

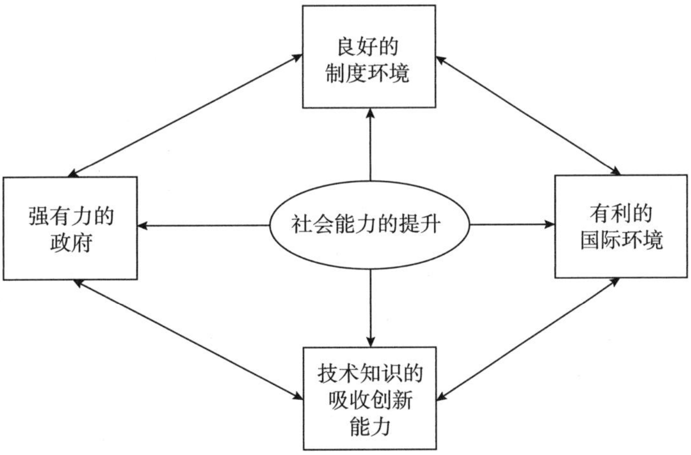

图 1-3 后发优势实现机制

资料来源：罗跃武（2007）。

罗跃武（2007）认为，发挥后发优势，需要有一个强有力的、有远见的政府；需要一定的制度基础，最为关键的是市场经济制度；需要有一定的经济基础和科学技术基础，例如要具备引进技术所必需的技术设备基础、人才条件和市场需求；需要营造一个学习型的社会，提高全社会的文化教育水平；需要一个良好的国际环境。

2. 主要观点

后发优势理论的主要观点包含替代性寻求、引进先进技术和设备、借鉴先进国家经验等方面。

（1）替代性寻求。后发国家由于缺乏某些工业化前提条件，可以创造性地寻求替代物，达到相同的工业化结果。这种替代性体现在资源条件的可选择性和时间上的节约，使后发国家能根据自身实际选择不同的发展模式。

（2）引进先进技术和设备。后发国家通过引进先进国家的技术和设备，可以节约科研费用和时间，快速培养本国人才，从而在一个较高的起点上推进工业化进程。

（3）借鉴先进国家经验。后发国家可以吸取先进国家的成功经验和失败教训，避免或少走弯路，采取优化的赶超战略，缩短初级工业化时间，较快进入较高的工业化阶段。

（4）相对落后的社会压力。格申克龙指出，相对落后的国家会产生经济发展承诺与停滞现实之间的紧张状态，激起国民要求工业化的强烈愿望，形成促进工业化的社会压力。

（5）特殊有利条件的利用。后发优势涉及时间维度上的后发展特殊有利条件，这些条件在先发国家是不存在的。它们来自落后本身的优势，与其经济的相对落后性共生。

（五）旅游研究应用

后发优势理论在旅游研究中的应用主要表现在以下三个方面：一是地方旅游业发展研究，如吴晨等（2011）基于后发优势理论，以安徽省休宁县为例对县域旅游产业发展进行研究；二是旅游资源开发研究，张河清和苏斌（2006）探讨在我国红色旅游区建设中，迟发展效应所带来的启示；三是后发旅游地赶超模式与路径研究，如彭慧慧（2022）基于多案例研究了后发旅游地赶超模式与路径。

十、交易成本理论

（一）基本概念

交易成本（Transaction Cost）又称交易费用，是新制度经济学中的一个重要概念。交易成本是指市场中转让和保护财产所需要支付的成本（申晨，2024）。本质上，当人类发生交易互换行为时就存在交易成本。交易成本产生的原因可以从以下四个维度看：交易双方的有限理性、交易的投机主义、交易的信息不对称性、交易过程的不确定性和复杂性（徐源廷，2021）。交易成本理论探讨的内容为企业是该自己生产产品，还是去市场购买（Coase，1937）。如果一家企业能够获得资源并独立生产所有产品，那么它就无须与其他企业进行交易。当某种商品或服务跨越组织边界发生转移时，便产生了交易（迈尔斯，2017）。

（二）理论来源与发展

交易成本理论主要源自科斯。1937 年，科斯发表了其代表作《企业的性质》，书中他首次对交易成本做了重要的论述。科斯认为，市场运行中由于价格机制的运作而产生的成本就是交易成本，交易成本至少包括两方面：一是为获得有关交易对象和市场价格的准确市场信息而支付的成本；二是为减少执行过程中的冲突而进行谈判和监督执行的成本。科斯指出，围绕合同签订和执行的过程，交易成本包括谈判、讨价还价、起草合同、实施监督等，以确保合同条款能够按要求履行。

阿罗、达尔曼、威廉姆森、张五常等新制度经济学家都对交易成本的内涵进行了丰富。他们提出了有限理性和机会主义行为两个基本假设，并引入了资产专用性、不确定性和交易频率等关键维度来分析交易。张五常（1999）提出，交易成本的存在是必然的，且交易双方的信息不对称现象会由于人的自私性而变得更加严重，导致交易成本上升，交易效率下降。张五常把交易成本分为鉴别、评估和衡量的成本，以及议价和使用仲裁机构的成本等。达尔曼（Dahlman，1979）指出，交易成本包括信息搜索成本、谈判和决策成本、合同成本、监管成本、实施成本和转换成本。威廉姆森（2002）将交易成本定义为经济系统运行所需要付出的成本和费用。他把交易成本分为“事前”交易成本和“事后”交易成本。

（三）用途与价值

交易成本理论主要用于企业边界决策、制度设计、公共政策制定、市场失灵分析、组织结构选择、经济效率提升、市场策略制定等方面。交易成本理论帮助企业决定是自行生产还是从市场采购某项产品或服务。企业在管理供应链时，可以利用交易成本理论决定与哪些供应商建立长期合作关系，以减少未来的交易成本。通过管理客户关系，企业可以减少与客户之间因频繁交易所产生的成本。

通过分析搜寻成本、议价成本、决策成本等因素，企业可以选择成本最低的方案。当市场上的交易成本过高时，企业可能会选择通过并购来内部化这些交易，从而降低成本。依靠体制组织、契约以及政策等制度，可以降低交易成本。这些制度能够抑制机会主义行为，减少交易双方的不信任和投机行为。采纳标准化的度量衡也是降低交易成本的有效方法，这有助于简化交易过程中的信息交换和质量监控。交易成本理论为公共政策的制定提供了经济学依据，比如，在哪些领域需要政府干预以降低交易成本，提高社会总体福利。通过分析现有政策导致的交易成本，可以提出制度改革的建议，以实现特定目标。企业可以根据交易的不确定性、资产专用性和频率选择最佳的组织结构，以实现效率最大化。通过分析交易成本，企业和市场可以找到减少成本的方法，提高整体经济效率。交易成本理论指导资源配置到成本最低、效益最高的产业，促进资源的优化配置。

（四）理论模型与主要观点

交易成本理论的理论模型包括基础理论模型、核心问题模型、交易维度模型、治理模式模型、行为假设模型等。

1. 基础理论模型

（1）科斯定理。科斯定理是罗纳德·科斯于1937年提出的，主要探讨企业存在的原因和企业的边界。科斯认为，企业能够存在是因为通过企业内部组织交易的成本低于市场上的交易成本。当企业内部组织一项交易的成本等于市场上完成相同交易的成本时，便确定了企业的边界。

（2）威廉姆森模型。奥利弗·威廉姆森进一步发展了交易成本理论，提出交易成本包括搜寻成本、信息成本、议价成本、决策成本、监督交易进行的成本和违约成本。他将这些成本分为事前和事后两大类，事前包括谈判和保障契约等成本，事后则涉及适应性、讨价还价和约束等成本。

2. 核心问题模型

（1）Make-or-Buy决策模型。这一模型回答企业应该内部生产还是外部采购的问题。根据交易的特性，企业会权衡内部管理和市场采购的成本，选择成本最低的方案。这有助于企业在资源整合和外包之间做出最佳决策。

（2）兼并与收购模型。当外部交易成本过高时，企业可能通过并购来内部化这些交易，以降低成本。这解释了为什么企业会通过兼并和收购来调整其边界，以优化资源配置。

3. 交易维度模型

（1）不确定性模型。交易的不确定性增加了交易成本。例如，供应不稳定导致的频繁更换供应商，需要重复进行搜寻和谈判活动，从而增加成本。这种不确定性需要通过长期合同或内部化来解决。

（2）频率模型。交易频率也是影响交易成本的重要因素。频繁的交易会导致更高的搜寻和谈判成本。对于交易频率高的交易，企业可能倾向于内部化以减少反复发生的交易成本。

（3）资产专用性模型。资产专用性高的交易，如专用设备或特定技术，其交易成本也高。这是因为这些资产用于其他方面的价值较低，使投资风险增加。这类交易通常需要在内部进行，以保护投资并减少合同风险。

4. 治理模式模型

（1）市场治理模型。适用于交易双方信任度高、交易频率低且资产专用性低的情况。在这种模式下，市场机制能有效协调交易。

（2）层级治理模型。适用于资产专用性高、交易频率高和不确定性大的情况。企业通过内部化交易来减少成本和控制风险。

（3）混合治理模型。介于市场和层级之间的情况，如长期合作关系或战略联盟。这种模式适用于需要一定合作但又有市场竞争存在的交易。

5. 行为假设模型

（1）有限理性模型。由于信息不对称和处理能力有限，人们在做出决策时无法达到完全理性。这导致合同设计和执行过程中需要额外成本来应对未预见的情况。

（2）机会主义行为模型。描述交易中一方可能利用信息不对称或其他优势采取欺诈、隐瞒等不公平手段。防止这种行为需要增加监督和执行成本。

（五）旅游研究应用

交易成本理论在旅游研究中的应用主要表现在以下三个方面：一是旅游回扣（佣金）问题研究，如林德荣和陈莹盈（2012）基于交易成本等理论研究了旅游回扣问题；二是旅游企业责任险制度研究，如韩玉灵和王业娜（2010）基于交易成本理论，研究了旅行社责任保险制度；三是旅游景区治理模式研究，如吴三忙和李树民（2006）基于交易成本节约视角，研究了旅游景区治理模式选择。

十一、竞争力理论

（一）基本概念

竞争力（Competitiveness）是指经济主体通过占有具有比较优势的资源，并以其为基础创造更具竞争优势的生产要素和生产环境，向市场提供高效用度和高满意度的产品及服务，并获得较高收益的能力（黎洁和赵西萍，1999）。根据不同的经济主体，可将竞争力划分为三个层次：国家竞争力、产业竞争力、企业竞争力。其中，国家竞争力属于宏观层面的竞争力，其着重强调一个国家在国际贸易、国际投资、国际资源开发等经济活动中的地位，强调一国所能提供的基础设施、整体科学技术水平、社会发展水平、当前经济发展状况，以及政府行为、政府干预等因素为各种经济活动的开展创造的客观条件。产业竞争力属于中观层次的竞争力，是一个产业在抵抗由新的对手入侵、替代品的威胁、客户的砍价能力、供应商的砍价能力以及现存竞争对手之间的竞争所构成的作用力时，综合起来决定某产业的企业获取超出资本成本的平均投资收益率的能力。企业竞争力属于微观层面的竞争力，是将企业作为经济系统，探讨其与其他经济系统竞争广义资源的能力（黄勤慧和吕军，2007）。

（二）理论来源与发展

贸易活动是竞争力理论出现的源头，随着 15 世纪西方国家贸易范围的扩张，对商品贸易竞争力的认识逐渐产生，竞争力理论研究开始逐步得到完善（王学彬，2019）。亚当·斯密最早研究了竞争力，并在他 1776 年出版的经典著作《国富论》中将其发展成一个比较完整的经济哲学理论。

大卫·李嘉图继承和发展了亚当·斯密的学说。他认为，只要竞争没有受到国家政府的干预，充分存在并发挥其应有的作用，那么供给与需求就会于无形中保持一致。迈克尔·波特是竞争力理论研究的集大成者。从 1980 年开始，波特相继出版了《竞争战略》（谈产业结构）、《竞争优势》（谈企业竞争）、《全球产业竞争》（延伸到国际竞争）等研究成果，首次提出了分析国家竞争力的"钻石模型"和分析企业竞争力的

“五力模型”，奠定了竞争力研究的理论基础。在波特之后，学者们根据不同国家的实际情况不断改进“钻石模型”，衍生出众多模型，如双钻石模型（Rugman，1991）、多因素钻石模型（Cartwright，1993）、国际化钻石模型（Dunning，1993）、九因素模型（Dong-Sung Cho，1994）等。

（三）用途与价值

竞争力理论主要应用于经济学和管理学领域，研究国家竞争力、产业竞争力、城市竞争力和企业竞争力，目前已拓展到教育、文化、环境、旅游等领域。竞争力理论可以用于评估和提升组织或个人在竞争环境中的优势和能力。竞争力的结果是可以量化的，可以从市场占有率以及利润率来检测一个产业的竞争力大小，并且这个结果可以将信息重新反馈到宏观客体及微观主体上，从而实现竞争力不断提升的目的（艾莉和杜丽萍，2010）。

竞争力的价值主要体现在：帮助组织和个人识别和提升自身的竞争力，以应对市场竞争和挑战；指导组织制定有效的战略和决策，帮助组织实现可持续发展；在商业交易和合作中，可以增强信任和互利关系，提高交易和合作的成功率。总的来说，竞争力理论是一种非常实用的理论体系，可以帮助个人和组织在竞争激烈的市场环境中获得成功。

（四）理论模型与主要观点

比较流行的竞争力模型是波特的钻石模型和五力模型。此外，韩国汉城大学教授赵东成提出的九因素模型和上海交通大学余明阳教授提出的九力模型也比较有代表性。

1. 波特的钻石模型

波特在《国家竞争优势》一书中对10多个国家存在明显竞争优势的产业进行了研究，认为产业竞争力主要是由生产要素，需求条件，相关及支持产业，企业、战略结构和同业竞争，政府，机会六个要素决定（见图1-4）。

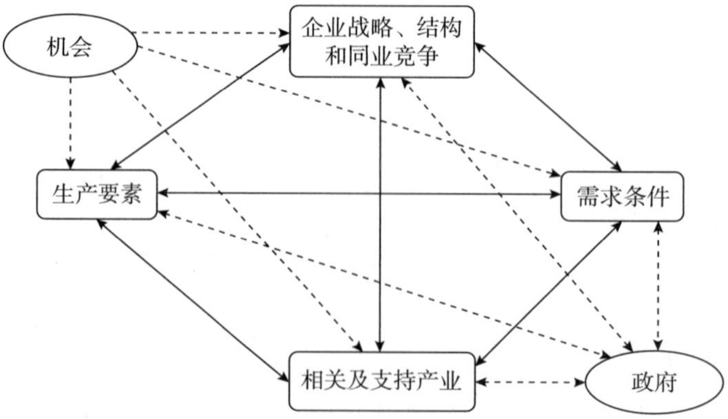

图1-4 竞争力理论的钻石模型

以上六要素又可以分为四个基本要素和两个辅助要素。四个基本要素是指资源与能力方面的要素，包括：①生产要素：根据其等级划分，又可分成低级生产要素和高级生产要素两大类，前者包括自然资源、气候、地理位置和人口统计特征，后者包括通信基础设施、复杂和熟练劳动力、科研设施以及专门技术知识（张毅和焦秀红，1998）。②需求条件：对某个行业产品或服务的国内需求性质。波特指出，国内需求的特点对塑造本国企业与产品特色、产品技术革新和提高质量等方面有着绝对的作用。③相关及支持产业：是否存在具有国际竞争力的供应商和关联辅助性行业，这些供应商和关联辅助性行业的协作发展过程的结果是一个国家成功的行业趋向聚集，形成关联行业集群，这是波特研究成果中最有影响力的发现。④企业战略、结构和同业竞争：国内支配企业创建、组织、管理与发展的机构能力和国内同行业竞争的本质。波特认为，不同国家的企业存在特色各异的“管理意识形态”，这些“管理意识形态”帮助或妨碍形成一国的竞争优势。一个行业中存在激烈的国内竞争可有效保持国内行业的竞争优势。

两个辅助要素是指机会和政府，这两个变数能够对该模型中四个基本要素的运作产生重要的影响，并且机会在国家的发展与企业的竞争中是无法控制的，政府政策的影响是不可忽视的。波特认为，一个国家在某个行业取得国际成功的可能性程度是钻石模型中四大要素和两个辅助要素综合作用的结果，并且四个基本要素应当同时存在，才能有效影响和促进竞争力的发展。另外，政府对四个基本要素中的任何一个都可以产生积极或消极的影响，是最不容忽视的要素（余韵等，2018）。

2. 波特的五力模型

五力模型（见图1-5）用于企业竞争战略的分析，可以有效地分析企业的竞争环境。根据波特的观点，一个行业中的竞争，不只是在原有竞争对手中进行，而是存在着五种基本的竞争力量，这五种基本竞争力量的状况及综合强度，决定着行业的竞争激烈程度，从而决定着行业中最终的获利潜力以及资本向本行业的流向程度，这一切最终决定着企业保持高收益的能力。“五力”分别是：供应商的议价能力、购买者的议价能力、潜在竞争者进入的能力、替代品的替代能力、行业内竞争者现在的竞争能力。五种力量的不同组合变化，最终影响行业利润潜力变化。波特五力分析属于外部环境分析中的微观环境分析，主要用来分析本行业的企业竞争格局以及本行业与其他行业之间的关系。波特的五力模型本质上是一种管理思想在企业营销管理实践活动中战略层面的应用工具，要求企业市场营销管理者从战略分析的角度来管理企业，其强调的是一种战略意识，或者说战略性思维的运用（陈德安，2024）。

3. 赵东成的九因素模型

韩国汉城大学教授赵东成（Dong-Sung Cho，1994）根据波特的钻石模型，结合韩国的实际，提出了九因素模型。他将决定产业国际竞争力的要素分为三大类、九个因素：有四种决定国际竞争力的物理因素，即资源禀赋、商业环境、相关和支持产业、国内需求；同时也有四种决定国际竞争力的人力因素，即工人、政治家和官僚、企业

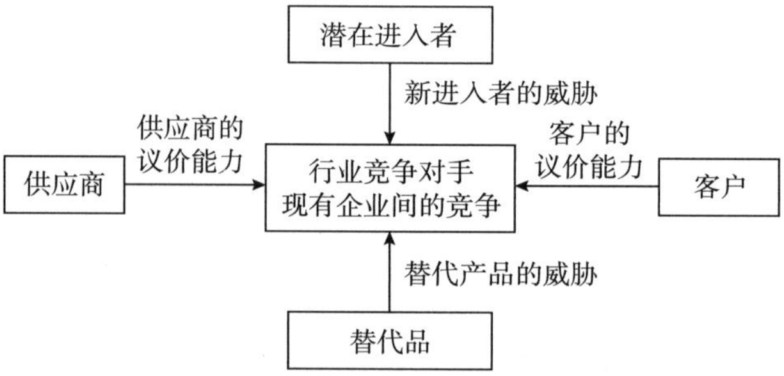

图 1-5　竞争力理论的五力模型

家与职业经理人、工程师；外部机遇是决定国际竞争力的第九个因素。该模型致力于实现以下两个目标：一是更好地评估创造欠发达国家国际竞争力的因素，二是说明一国如何增强其国家优势。

4. 余明阳的九力模型

上海交通大学余明阳教授提出的九力模型中的“九力”其实是企业外部竞争力和企业内部竞争力的总和。具体而言，“九力”中的企业内部属性竞争力包括资源力、决策力、执行力、整合力，这些因素主要是指公司本身具有的较为稳定的因素。“九力”中的企业外部属性竞争力包括：品牌力、研发力、制造力、营销力、产品力，这些是受到行业环境和社会环境影响的动态因素（余明阳和张明新，2005）。一个企业的竞争力是外部因素和内部因素共同作用的结果。九力模型的分析采用社会学中的量化分析的方法，通过对同类企业和对象企业的九项指标进行李克特量表评估，再通过数据分析，得出企业的外部竞争力和内部竞争力的数值（魏少华，2013）。

（五）旅游研究应用

1. 旅游目的地竞争力研究

国外学者较早关注旅游目的地竞争力的研究，提出了旅游目的地具备竞争力必须遵循四个原则：①把环境放在首位；②让旅游业成为主导产业和部门；③增强市场营销渠道；④建立动态的独立部门。可从设施、可达性、服务质量、整体承受力、目的地形象、气候和环境、吸引力七个方面来测度一个有竞争力的旅游目的地；提出最具竞争力的目的地就是能最有效地为其居民创造持续福利的目的地。国内学者研究旅游目的地竞争力包括旅游区域竞争力、城市旅游竞争力、乡村旅游竞争力等。黄勤慧和吕军（2007）认为，影响旅游区域竞争力的因素包括决定性因素、发展创新性因素、核心吸引性因素、支撑性因素、竞争微观环境和竞争宏观环境，并提出了一个区域旅游竞争力模型。

2. 旅游产业竞争力研究

旅游产业竞争力的研究内容包括地方旅游产业竞争力，以及海洋旅游产业竞争力、生态旅游产业竞争力等特色旅游产业竞争力，如时朋飞等（2024）研究成渝地区双城经济圈旅游业竞争力时空特征演变。

3. 旅游竞争力评价指标体系构建

众多学者尝试构建了城市旅游、县域旅游、乡村旅游等旅游目的地的竞争力评价指标体系，如王丽（2014）基于 AHP 研究城市旅游竞争力评价指标体系的构建及应用；甘雨等（2022）以 15 个旅游消费示范城市为例，研究城市旅游消费竞争力评价指标体系构建与应用。

十二、竞争优势理论

（一）基本概念

竞争优势（Competitive Advantages）是组织相对于竞争者而言，更易于获取资源的一种能力（Copeland，1934）。波特（2000）认为，竞争优势主要指的是企业的经营业绩远超同行业的其他竞争者，可以通过财务指标来观察。Peteraf（1993）从外部市场的角度定义了竞争优势，认为竞争优势体现在组织能够更有效地满足市场的需求。波特（1980）认为，组织的竞争优势主要体现在可以为客户创造更多的经济价值，而经济性可以吸引客户去重复性地购买它们的产品。当企业具备用低廉的成本获取更多价值的能力时，可以比竞争对手获取更高的利润率。

（二）理论来源与发展

竞争优势最早由英国经济学家张伯伦于 1933 年提出，最初来自产业经济学，关注外部产业结构对企业的影响。波特是竞争优势理论的开拓者与集大成者，他从企业、行业和国家层面，以及微观、中观、宏观方面，详细地阐述了如何培养国家竞争优势以及如何运用竞争战略。波特在《竞争优势》（1985）一书中指出，较低的生产成本、与众不同的产品特性及目标集聚策略是创造和维持竞争优势的三种策略。1990 年，波特又在他的《国家竞争优势》一书中把企业战略和竞争力的研究上升到产业和国家层面，形成了国家竞争优势理论，提出了著名的“国家钻石模型”。但是这种观点无法解释处于同一行业的企业之间绩效的差异，因此关注点从企业外部转向企业内部，进而形成了以资源基础观为代表的相关理论（Zollo，2018）。陈丽红（2021）从竞争优势外生论、竞争优势内生论、产业竞争优势、可持续竞争优势、瞬时竞争优势五个方面对竞争优势理论进行了梳理。

（三）用途与价值

竞争优势理论主要用于经济学、管理学和教育学领域，广泛应用于国家、产业和企业的贸易竞争和竞争力分析。对于国家或区域而言，竞争优势理论可以指导政策制定和区域经济发展，促进产业升级和创新，增强国家或地区竞争力。对于企业而言，竞争优势理论可以指导企业战略制定，优化资源配置，提升企业的竞争力。

（四）理论模型与主要观点

1. 理论模型

竞争优势的理论模型可以分为竞争优势外生论和竞争优势内生论两类（余光胜，

2002）。

（1）竞争优势外生论。竞争优势外生论的研究对象是企业，该理论认为企业的竞争优势主要来自企业外部，受产业和市场结构的影响，它的分析范式是“产业结构—企业相对位势—企业竞争优势”（肖欢，2019），并着重强调产业市场的关键作用。

（2）竞争优势内生论。竞争优势内生论的思想渊源可以追溯到学者亚当·斯密写的《国富论》。他在书中指出：企业的成长受到企业生产效率的影响，而企业的生产效率又由企业内部员工的劳动分工决定。这一观点认为企业的生产会产生异质性，从而使某一企业在某一方面的发展更具优势。

2. 主要观点

竞争优势理论侧重于不同国家或地区之间体制机制、管理水平、人力资本、品牌营销、技术创新等高级要素的动态比较，是先天禀赋与后天努力综合形成的竞争力。波特认为，一国的贸易优势并不像传统的国际贸易理论宣称的那样，简单地取决于一国的自然资源、劳动力、利率、汇率，而是在很大程度上取决于一国的产业创新和升级的能力。由于当代的国际竞争更多地依赖于知识的创造和吸收，竞争优势的形成和发展已经日益超出单个企业或行业的范围，成为一个经济体内部各种因素综合作用的结果，一国的价值观、文化、经济结构和历史都成为竞争优势产生的来源（闫胜利，2014）。

竞争优势强调的是一种动态发展，一个国家的竞争优势主要受国家创新机制、发展层级和后期进取发展精神的影响（黄梓豪，2018）。竞争优势理论认为一个产业或一个企业要想获得竞争优势，可以采用总成本领先战略、差异化战略以及专一化战略这三个主要的发展战略。以这些发展战略为基础，竞争优势理论提出了广为人知的企业价值链概念，并认为企业要通过一系列相互连贯的经济活动，才能提供给顾客相应的产品或服务并促成产品的差异性的出现，在提升产品价值的同时也建立了企业或行业的巨大竞争优势。企业的价值链往往会和供货商以及顾客的价值链紧密相连，从而构成一个完整的产业价值链，并成为产业发展的重要途径和方式（尹兴宽，2015）。

竞争优势主要来自四个方面：一是产品成本和质量，二是企业拥有的特殊资产和专门知识，三是通过设置障碍来阻止竞争对手进入，四是借助更多的资源或者更大的投入从而在市场上挤垮竞争对手（胡召燕，2018）。陈梦馨（2021）通过对竞争优势进行分析，发现目前关于竞争优势来源的观点主要分为五种：环境与战略选择观、资源基础观、资源能力观、核心能力观和动态能力观。

对于竞争优势的评估主要涉及了财务、绩效、战略和市场等指标要素。从宏观角度来说，竞争优势主要体现在效率、功能和持续性这三个方面。效率主要从成本角度出发，评估企业的投入产出比；功能主要是从资源角度出发，分析资源与竞争优势之间的影响机制；持续性主要从组织内外的影响因素来分析企业竞争优势的可持续性（董保宝，2010）。

(五) 旅游研究应用

竞争优势理论在旅游研究中的应用主要表现在以下四个方面:一是旅游目的地竞争优势,如陈思源(2012)用空间聚类法分析浙江省的区域旅游目的地竞争优势;二是旅游产业竞争优势,如马立强(2015)从产业集聚的视角研究构建海洋文化旅游休闲产业竞争优势;三是旅游企业竞争优势,如谭丽林(2005)讨论了旅游企业竞争优势的创造;四是旅游资源竞争优势,如张春香(2006)分析了河南省文化旅游资源竞争优势。

十三、可持续生计理论

(一) 基本概念

生计指的是人们为了生存以及改善生活质量所需要的各种资源和从事的活动。所需要的资源包括人们为了谋生所需要的能力、资本等,从事的活动可以包括农业、牧业、渔业、务工、自我就业等。可持续生计(Sustainable Livelihood Framework)是生计概念的进阶,旨在阐释什么样的生计是可持续的。当一种生计能够应对外部风险并且可以在压力下调整和恢复、产生、维持甚至不断积累其能力和资产而不会对环境造成生态破坏,则该生计是可持续的(丁慧敏等,2019)。可持续生计理论有别于传统反贫困理论之处在于,其关注贫困主体自身的发展而非单凭外力援助的暂时性脱贫,要求贫困主体取得长期性发展而非一时的经济收入增长,注重政府与社会在反贫困领域的互动合作,以广泛动员社会、人力、金融、物质等多种形式资本,协作反贫困(汪超,2019)。

(二) 理论来源与发展

可持续生计观念系统形成于20世纪末至21世纪初。20世纪80年代,在联合国举行的世界环境与发展大会上明确提出了可持续生计观念,其含义是"具备维持基本生活所必需的充足的食品与现金储备量以及流动量"。1992年,英国学者钱伯斯等在此基础上特意将能力因素加入此观念之中。1995年,《哥本哈根宣言》所提出的社会发展八大目标中较全面地体现了可持续生计观念的内涵。英国国际发展部(DFID)在1997年提出了著名的可持续生计框架,即SLA框架。该框架系统地梳理了影响生计的多种因素,为可持续生计理论提供了操作性强的分析工具(王三秀,2010)。

近年来,可持续生计理论在我国反贫困的实证研究中越来越多地被重视起来。有一部分学者较为侧重于从可持续生计理论中各项生计资本的整体性,来研究我国农村贫困问题或者某一区域的贫困问题。例如,何仁伟等(2017)基于可持续生计理论,对我国农村贫困治理事业进行了综合研究。同时,我国也有一部分学者较为注重从可持续生计理论中的某一项生计资本作为出发点,来研究该项生计资本的变动对于当地居民生计资本的影响效果。例如,唐国建(2019)研究发现在资源型社区中,以自然资源为主体的自然资本的变动,对当地居民生计策略的影响是基础性的。

（三）用途与价值

1. 可持续生计理论的用途

（1）指导经济欠发达地区的发展。可持续生计理论为经济欠发达地区提供了一种综合性的发展策略，通过改善生计资源、能力和活动，帮助该地区人口实现长期发展。

（2）促进环境保护。该理论强调在改善生计的同时保护生态环境，避免因短期经济利益而过度开发自然资源，从而实现生计与环境的和谐共生。可持续生计理论为理解和应对气候变化对生计的影响提供了框架，通过提高生计的适应性和韧性，减少气候变化带来的负面影响。

（3）增强社会包容性。通过关注弱势群体和边缘人群的生计需求，可持续生计理论研究有助于减少社会不平等，促进社会的公平与包容。

（4）推动可持续发展目标实现。可持续生计理论与联合国可持续发展目标（SDGs）高度契合，特别是在消除贫困、饥饿，实现性别平等，促进可持续城市和社区，以及实现气候行动等方面。

2. 可持续生计理论的价值

（1）提供全面分析工具。可持续生计框架（即 SLA 框架）为研究者和决策者提供了一种系统分析生计问题的工具，有助于识别关键影响因素和潜在解决方案。

（2）强调参与式发展。该理论倡导利益相关者的广泛参与，确保发展活动更加符合当地实际情况和需求，提高项目的成功率和可持续性。

（3）提升政策有效性。通过深入理解生计的复杂性和动态性，政策制定者能够设计出更加精准和有效的政策措施，减少资源的浪费和滥用。

（4）增强地方自主能力。可持续生计理论鼓励地方社区参与自身发展的规划与实施，提升地方自主发展和自我管理的能力。

可持续生计理论对政府扶贫能力的转型的研究提供了有益启示。不仅能带来合理的逻辑基点和有效的路向设计，而且能为实践意义提供价值依据（王昶和王三秀，2021）；可持续生计理论方法不仅可以应用于城市务工的半城镇化农民，服务于有序推进中国的城镇化，而且可广泛应用于中国西部农村地区和农户的研究，服务于农村可持续发展（汤青等，2018）。

（四）理论模型与主要观点

1. 理论模型

可持续生计理论的理论模型主要包括以下几种：

（1）英国国际发展部（DFID）的可持续生计理论框架。这是最经典的可持续生计理论模型，也被称为 SLA 框架。它提供了一个分析和发展贫困地区可持续生计的系统方法，强调了五大生计资本（人力资本、社会资本、自然资本、物理资本和金融资本）的重要性（孙海兵和段跃芳，2014），以及这些资本如何通过政策、机构和过程等中介条件影响生计策略的选择和实施，从而产生不同的生计成果（见图 1–6）。

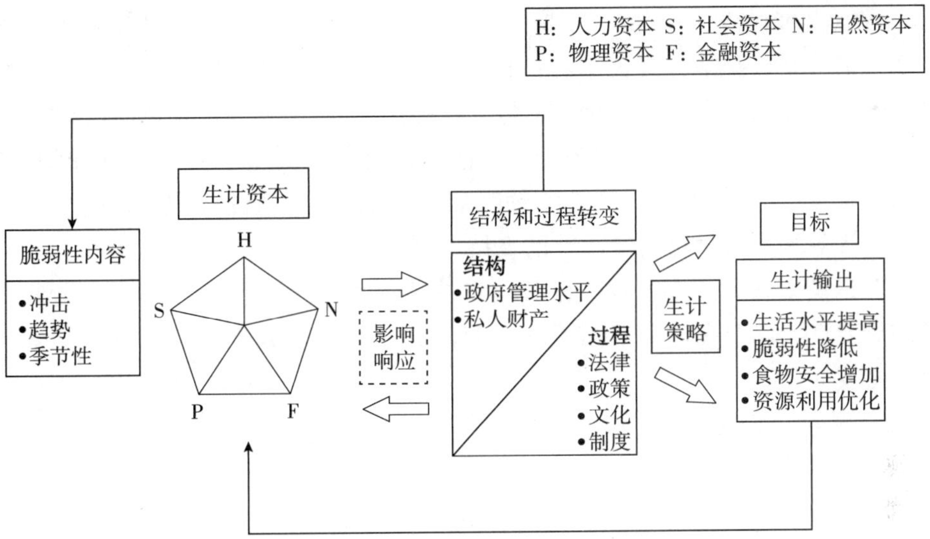

图 1-6 DFID 的可持续生计理论框架

资料来源：华汛子（2019）。

DFID 框架可以洞察关于生计的复杂性和影响贫困的主要因素。图 1-6 揭示了一个理解贫困的框架，也指出了根除贫困的潜在机会。通过勾绘家庭如何追寻宽广的生计出路从而促进发展的机会就显而易见。图 1-6 中显示出人们如何利用大量的财产、权利和可能的策略去追求某种生计出路的途径。当然，财产投资和总体生计战略取决于个人偏好，但也被周围的生存环境所驱动，而这些环境往往由外来的力量控制。DFID 模型最有特色的地方是其分析框架以贫困农户为中心，将维持其生计可运用的五类资本，即人力资本（H）、社会资本（S）、自然资本（N）、物理资本（P）、金融资本（F）组合构成一个“生计五边形”（华汛子，2019）。

（2）联合国环境与发展大会的可持续生计模型。该模型源于 1992 年，该会议提出了《21 世纪议程》，强调了可持续发展的重要性。此模型关注环境变化对生计的影响，以及如何通过整合资源管理和市场参与来实现生计的可持续性。

（3）瑞士国家农业研究学院的可持续生计安全框架。这个模型侧重于农业生产系统和农户生计的可持续性，特别是在面临气候变化和市场波动的背景下。它探讨了如何通过改善农业实践、增强市场接入和建立社会网络来提高生计安全。

（4）美国国际开发署的可持续生计模型。该模型强调了在发展干预中考虑跨领域的可持续性，包括经济、社会和环境方面。它提倡通过促进经济增长、社会公平和环境保护的协同作用来实现可持续生计。

（5）国际乐施会的可持续生计方法。该方法关注贫困和不平等问题，强调了赋予贫困人群权利和提升其生计策略的重要性。该方法通过促进包容性增长、制度变革和权力再分配来支持贫困人群实现生计的可持续性。

（6）澳大利亚国立大学的可持续生计框架。该框架将可持续生计与灾害风险管理和气候变化适应联系起来，考虑了在不同环境和社会经济背景下，如何通过生计多样化、风险管理和能力建设来提高生计的持续性和韧性。

（7）联合国开发计划署的可持续生计路径。该路径侧重于人类发展和能力建设，认为提高个体和社区的能力是实现生计可持续性的关键。该路径强调教育、健康、社会保护和治理等因素对于可持续生计的支持作用。

这些理论模型虽然各有侧重，但共同点在于都强调了多维度的资本和资源对于生计策略的重要性，以及在应对环境变化、市场波动和社会变迁时，维持和提升生计可持续性的必要性。

2. 主要观点

可持续生计理论的主要观点如下：

（1）可持续生计理论的核心观点在于通过优化和使用个人或家庭的资产与能力来改善生活状况，同时保护和增值这些资产与能力以应对未来的不确定性。

（2）可持续生计理论寻求实现贫困的减少和消除，并且支持个人或集体能够更好地应对生活中的各种压力和冲击，如经济波动、环境变化和社会冲突。

（3）人力资本是实现可持续生计的关键性资本，包括教育、技能、知识和健康。教育能提高个人就业和创业能力，技能与知识有助于提升生产效率，而健康是确保持续劳动和创造收入的基础。

（4）可持续生计理论强调了在确保当前需求得到满足的同时，不损害后代满足自身需求的能力，注重自然资本的保护与利用。自然资本涉及自然资源的存量和流动，如土地、森林、水源等，强调在使用自然资源时需考虑其可再生性和长期生态平衡，避免过度开发导致资源枯竭。

（5）通过综合运用人力资本、社会资本、自然资本、物理资本、金融资本这五种资本，加强生计策略的多样性和适应性，既可以提高个人和家庭的生活水平，也能够为子孙后代留下更加宜居和富有生产力的环境。

（五）旅游研究应用

（1）可持续性生态旅游的生计转型和社区参与研究。例如，丁慧敏等（2019）以秦岭地区为例，研究可持续生计理论下的社区生态旅游参与。

（2）乡村旅游农户可持续生计和内生发展研究。例如，全千红和沈苏彦（2020）基于扎根理论，研究南京高淳大山村的乡村旅游可持续生计。

十四、旅游乘数效应

（一）基本概念

旅游乘数是用以测定旅游消费所带来的全部旅游经济效应大小的系数（吴伯磊，2008）。旅游乘数效应（Tourism Multiplier Effect）是指由于旅游消费而引起的国民经济各个部门相关经济量的最终变化结果。旅游乘数效应是旅游消费所引起的连锁反应在经济中的体现，它源于旅游消费的直接和间接作用，通过产业链的传导作用带动了其他相关行业的发展。

旅游乘数的大小主要受旅游消费的直接效应、间接效应以及诱导效应的影响。直接效应是指旅游消费对经济系统中直接给旅游者提供相应产品和服务的企业或部门在产出、就业方面造成的影响。这种影响主要体现于接待旅游者的人数以及旅游收入的多少，而接待旅游者的人数以及旅游收入又取决于旅游业本身的发展水平。间接效应是指直接旅游收入在目的地经济流转过程中对当地相关企业或部门的收入、就业的影响（李天元，2011）。诱导效应是指所有直接和间接向旅游者提供产品或服务的企业或部门的职工，把其以工资或其他形式分享到的旅游收入用于当地的生活性或服务性消费支出时，对当地相关部门和企业产生的影响（张小利，2007）。

（二）理论来源与发展

旅游乘数效应的理论基础可以追溯到经济学中的乘数理论。1931 年，英国经济学家卡恩首次提出了乘数理论。乘数理论反映了现代经济的特点，即由于国民经济各部门的相互联系，任何部门最终需求的变动都会自发地引起整个经济中产出、收入、就业等水平的变动。自 20 世纪 50 年代以来，随着全球旅游业的快速发展，旅游乘数效应逐渐受到人们的关注。经济学家们开始运用乘数理论来分析和评估旅游经济对国民经济的影响，从而形成了旅游乘数效应的理论体系。

国外对于旅游乘数效应的研究起始于 20 世纪 70 年代，研究对象主要集中在酒店行业。1982 年马西森和沃尔提出旅游乘数，指最初旅游消费和它相乘后能在一定时期内产生的总收入效应。20 世纪 90 年代后，旅游乘数效应的研究开始兴起，研究对象主要集中在旅游目的地的经济影响上，Wall（1997）对这一期间旅游乘数效应研究进行了归纳分析。进入 21 世纪以来，国外对于旅游经济效应的研究热点开始转向旅游消费与经济增长的关系研究。

20 世纪 80 年代末期，旅游乘数研究开始引起我国学者的注意。张凌云（1988）发表的《旅游业乘数效应的几个问题》是我国旅游乘数研究的早期成果。匡林（1996）在国内较早介绍了旅游乘数类型及相关测算模型。左冰（2002）测算了我国的旅游产出乘数和国内旅游就业乘数、国际旅游就业乘数、我国旅游综合就业乘数以及云南省就业乘数。进入 21 世纪以来，更多学者将注意力放在旅游产业关联和产业波及效应的研究上，投入产出分析方法在旅游乘数效应研究中得到了广泛的应用（刘益和张梦帆，2017）。

（三）用途与价值

旅游乘数效应可以用于衡量旅游经济影响，指导旅游规划和政策制定，评估旅游投资效益。旅游乘数效应已成为衡量旅游经济影响的重要指标之一，在旅游研究和决策中发挥着重要作用。乘数理论可以解释旅游发展对地区经济的推动，游客在旅游目的地的消费都是对旅游行业的投入，这些投入流入目的地的经济系统中会直接或间接地引起一系列生产部门和非生产部门经济运转，从而通过旅游经济的运行和社会经济活动的连锁反应，导致社会经济效益的增加（喻江平，2010）。旅游乘数效应是研究旅游活动在旅游目的地经济中影响的一个有用的工具，能够帮助人们客观地认识和掌握旅游活动所产生的经济效应。旅游乘数效应可以促进内需，提升消费，创造就业，提高居民收入，增加政府税收，促进旅游业及其相关产业发展。

（四）理论模型与主要观点

1. 理论模型

比较典型的旅游乘数效应理论模型是 Lunberg 模型、Archer 的 Adhoc 模型和 Brownrigg-Creig 模型（吴伯磊，2008）。

（1）Lunberg 模型。Lunberg 以凯恩斯的乘数模型为基础，提出了计算旅游收入的模型：

$$TIM=\frac{I-TPI}{MPS+MPI}$$

其中，TIM 为旅游收入乘数，I 为旅游者的支出，TPI 为旅游者的进口倾向，MPS 为目的地居民的边际储蓄倾向，MPI 为目的地居民的边际进口倾向。Lunberg 认为，首先，旅游目的地企业为了维持其未来的营业活动，必须进口一定数量的商品和服务。这些进口将降低旅游者消费支出对目的地经济的影响。其次，当地居民的储蓄倾向导致他们将其所得到的一部分旅游收入从目的地经济的循环中退出，从而进一步降低旅游者在目的地消费对目的地经济产生的效应。最后，目的地居民为了满足其家庭需要而购买某些进口的商品和服务的行为，也会降低旅游者对目的地的经济效应。

（2）Archer 的 Adhoc 模型。Archer 在凯恩斯乘数理论的基础上，提出了 Adhoc 模型。该模型是国内外旅游经济学界普遍采用的旅游乘数模型之一。该模型由两部分组成，首先计算旅游者在目的地一个单位支出所产生的直接和间接经济影响，然后计算旅游消费的诱导效应。

（3）Brownrigg-Creig 模型。英国旅游学家 M. Brownrigg 和 M. A. Creig 在研究苏格兰 Skye 岛的旅游支出效应时提出了与 Adhoc 模型相似的乘数模型。该模型与 Adhoc 模型都被称为新凯恩斯区域乘数模型。但是，与 Adhoc 模型不同的是，Brownrigg-Creig 模型由两个子模型构成，一个是旅游收入乘数模型，另一个是旅游就业模型。

2. 主要观点

旅游乘数效应的主要观点如下：

（1）旅游乘数效应是通过旅游消费对目的地产生直接和间接影响，进而引发更广泛的经济推动效应。旅游乘数效应可以在三个阶段产生作用：直接效应阶段、间接效应阶段和诱导效应阶段。

（2）旅游乘数可以从多个角度进行测算和分析，包括旅游收入乘数、旅游产出乘数、旅游就业乘数、旅游投资乘数和旅游进口乘数等。

（3）旅游乘数的大小受到边际消费倾向、边际储蓄倾向、边际进口物资倾向等因素的影响。当边际消费倾向较大时，旅游收入中用于消费的比例越高，旅游乘数就越大。反之，较高的边际储蓄倾向和边际进口物资倾向则可能减少本地经济的流转额和流转次数，降低旅游乘数效应。

（4）旅游乘数效应不仅反映了旅游活动对目的地经济的直接影响，还包括了由此引发的间接效应和诱导效应，从而全面评估了旅游活动对经济系统的作用。通过合理利用和提高旅游乘数效应，可以有效促进目的地的经济发展和就业增长。

（五）旅游研究应用

旅游乘数效应在旅游研究中的应用主要表现在以下三个方面：一是衡量旅游经济影响，如韩彩霞（2022）分析了双循环发展背景下旅游消费与扩大内需的乘数效应；二是指导旅游政策制定，如刘益和张梦帆（2017）研究了世界自然遗产景区消费对区域经济的综合乘数效应与扩散路径；三是评估旅游投资效益，如张小利（2007）评估了我国西部旅游发展的乘数效应。

十五、旅游吸引物权理论

（一）基本概念

旅游吸引物权是指一种由土地及其附属物的旅游吸引价值转化而来的土地级差收益及其权利。这一概念强调了土地及其附属物在旅游活动中所展现的独特吸引力，以及由此产生的经济价值和相关权益。旅游吸引物权理论（Tourism Attraction Right Theory）是研究旅游资源所有权、使用权和经营权等方面问题的理论（保继刚和左冰，2012）。旅游吸引物权具有典型物权所共有的一般特征，如排他性、可转让性等。它允许权利人在一定范围内对旅游吸引物进行占有、使用、收益和处分。旅游吸引物权不仅关注土地及其附属物的物理属性，更强调其旅游吸引价值。这种价值往往是无形的，但却能为权利人带来显著的经济利益。当土地及其附属物被开发为旅游产品时，它们就具有了双重价值——原有的生产/居住价值和新增的旅游吸引物价值。这两种价值相互依存，共同构成了旅游吸引物权的基础。

（二）理论来源与发展

中山大学的保继刚教授在2012年首次提出了“旅游吸引物权”的概念，旨在解决旅游开发中由于土地增值收益分配不合理所引发的矛盾冲突问题。保继刚在1999年对桂林龙脊梯田的考察中发现当地农民未能从旅游开发中获得应有收益，甚至出现了破坏梯田、阻止游客进入等现象。经过政府、公司与农民的多次谈判，逐步形成了一种合理的收益分配机制，让农民真正从旅游发展中获益，过上富裕的生活。这种实践为旅游吸引物权理论的提出奠定了基础。

随着旅游业的快速发展，旅游吸引物权理论逐渐受到学术界的重视。学者们从不同角度对旅游吸引物权进行了深入探讨，包括其定义、特征、重要性以及在实际应用中的挑战和对策等。辛纪元等于2014年发表的论文《旅游吸引物权的表达与实践》对旅游吸引物权做了进一步的思辨和研究。

（三）用途与价值

旅游吸引物权理论主要关注旅游资源的权益分配和利益分配，以及旅游资源的开发、利用和管理等问题。该理论在明确旅游资源权益、指导旅游资源开发、优化旅游资源配置、保护和传承传统文化、促进乡村减贫和促进旅游业可持续发展等方面具有重要的用途和价值。

旅游吸引物权是农民享有乡村旅游收益分配权的法理基础。旅游吸引物权的明确和落实，有助于保障乡村旅游的可持续发展。通过赋予村民对旅游吸引物的股份和收益权，可以激发他们的参与热情，促进乡村旅游的繁荣。旅游吸引物权的落实，有助于保障村民的合法权益，提高他们的生活水平。旅游吸引物权的引入和实施，有助于推动乡村振兴战略的深入实施。该理论有利于突破当前中国农村社区在旅游发展中面临的困境，促进中国旅游业的可持续发展。不仅有助于激励旅游吸引物所有权人（社区居民）对旅游吸引物的保护行为，也能够为其真正参与地方旅游发展奠定法律和制度基础。该理论不仅为旅游业的健康发展提供了有力支持，也为相关学科的研究提供了新的视角和方法。

云南元阳的阿者科村是旅游吸引物权理论成功应用的典型例子。2018 年，保继刚和杨兵（2022）在该村实施了“阿者科计划”，将村落、梯田、生活方式构成的旅游吸引物作价入股，成立村集体旅游公司，进行统一收费和分红。这种模式不仅显著改善了村民的生活条件，还实现了文化遗产的有效保护和乡村旅游的可持续发展。旅游吸引物权理论自提出以来，已在多个地区成功实践，有效解决了乡村旅游开发中的收益分配问题，促进了乡村减贫和可持续发展。

（四）理论模型与主要观点

1. 理论模型

保继刚和杨兵（2022）提出了旅游开发中旅游吸引物权的制度化路径（见图 1-7），具体思路如下：

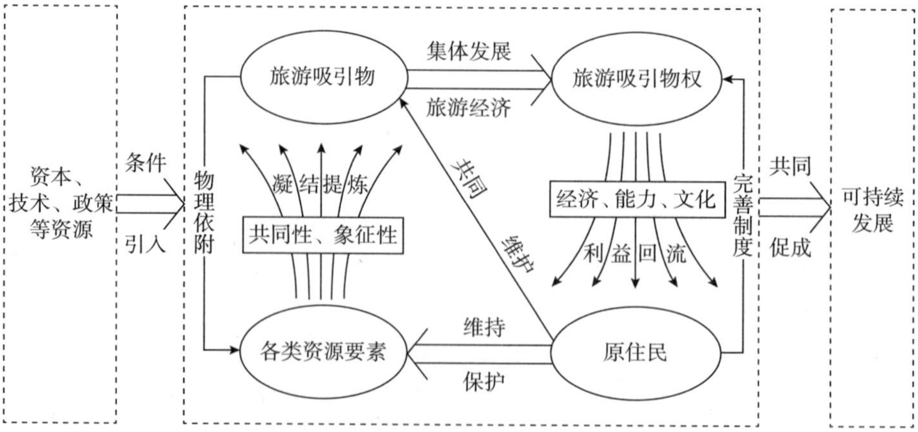

图 1-7　旅游吸引物权制度化路径

资料来源：保继刚和杨兵（2022）。

（1）旅游吸引物权的产权建构需要首先从结构层面建立兼顾利益分配和资源保护意义的制度规则体系，规则背后的核心运行逻辑是经济利益调节。制度主体由旅游吸引物的生产者、使用者、管理者等多主体构成；制度客体是从各个构成物要素凝结和提炼出的共有性整体性旅游吸引价值；制度内容是主体对旅游吸引物的占有、利用与保护责任关系集合；制度形式是在不改变现有构成物的“名义产权”制度框架下，在遵循农村集体产权传统下，建立关于新增的旅游吸引价值的“事实产权”。

（2）制度结构建立后，再从能力与文化层面建构多方主体对旅游吸引物权表达与实践的理解和认知，关键是在认知范畴上建立产权共识。旅游吸引物权表达与营造、媒体宣传、社区参与、主客互动等技术可以持续生产旅游吸引物权相关的共识性话语文本体系，调和结构层面的制度刚性。

（3）旅游吸引物权建构所需的制度、能力与文化培育可由多方外部主体援助完成，但援助的目的是催发原住民的主体性。地方政府作为土地产权的决定性主体对旅游吸引物权的理解、授权与支持是开展产权建构的根本性条件，在国家持续关切“三农”问题的政策背景下，地方政府愿意支持乡村资源产权创新实践。技术援助可由高校研究团队进驻完成，尤其是国家公办高校有责任也有能力提供社会服务，其非营利动机有助于获取信任从而开展帮扶工作。资本的引入程度与类型需要根据多方相关主体对旅游吸引物的保护与发展需求具体判断，乡村旅游开发并不一定需要大资本进驻开展“创造性破坏”。

2. 主要观点

旅游吸引物权理论的主要观点如下：

（1）村民是旅游吸引物（如梯田、古村落等）的创造者，应当享有旅游吸引物权，在旅游开发中占据主体地位，并成为旅游开发过程中的主要受益者。

（2）旅游开发的收益应公平分配给村民，确保他们从旅游发展中获益，改善生活条件，提高经济水平。

（3）在推动旅游发展的同时，要注重保护村落、梯田、生活方式等旅游吸引物，这些往往也是珍贵的文化遗产。

（4）旅游开发应采取政府、企业、非政府组织和社区的合作模式，共同推动可持续旅游的实践。

（5）在旅游开发中要特别关注妇女、青年、残疾人等弱势群体，确保他们能够平等地从旅游发展中获益，提高他们的社会地位和经济独立性。

（6）旅游吸引物权理论的应用需要适应当地的具体情况，灵活调整策略，以应对外部环境的变化，如气候变化、经济波动等。

（7）定期监测和评估旅游开发对当地生计的影响，包括经济、环境和社会文化方面，及时调整策略，确保旅游开发的负面影响最小化，正面效益最大化。

（五）旅游研究应用

旅游吸引物权理论在旅游研究中的应用主要表现在以下三个方面：一是旅游资源

产权问题的研究，如左冰和保继刚（2016）研究了旅游吸引物权具有的一般特征和独特性，包括旅游吸引物权具有排他性，可以成为其他交易的标的物，等等；二是旅游吸引物权立法研究，如保继刚和左冰（2012）呼吁为旅游吸引物权立法；三是旅游吸引物权的制度化路径与实践研究，如保继刚和杨兵（2022）以“阿者科计划”减贫试验为例，研究了旅游开发中旅游吸引物权的制度化路径与实践效应。

十六、马太效应

（一）基本概念

马太效应（Matthew Effect）指“强者愈强、弱者愈弱”的两极分化现象（默顿，2003）。个体或者群体在获得一次成功的机会后，其自信心和自尊心会备受鼓舞，这一成功将为其下一次成功做铺垫，内心的动力因素再加上社会地位的提升等光环因素的积极作用，此群体或者个体就会比没有成功过的个体或群体有着更大机会的成功。马太效应对社会声望和资源的集中化作用最终产生的不平等现象可以通过两个假说进行解释：①优势的积累假说。社会选择与自我选择、个人表现与资源分配等关系的相互作用，产生累积劣势和优势的过程，进而导致强者更强、弱者更弱。②“天分”假说。人在进行创造性劳动时存在先天的本质差距，进而造成资源分配的不平等（苏皑等，2024）。

（二）理论来源与发展

马太效应起源于《圣经》中的一则寓言故事，其中心思想是“凡有的，还要加倍给他；没有的，连他所有的也要夺过来”。在我国，两千多年前的老子也有过类似的论述：“天之道，损有余而补不足；人之道则不然，损不足以奉有余”。1968 年，美国学者家罗伯特·金·莫顿把这种现象称为马太效应。此后越来越多的研究领域也引入了马太效应的概念。

经济学对马太效应的理解可以概括为“富者愈富，穷者愈穷”的现象。在市场经济中，由于信息不对称、资源垄断等因素的存在，那些已经拥有较多财富的个体或企业往往能够更容易地获取更多的投资机会和利润来源；而那些财富较少的个体或企业则可能面临融资难、竞争激烈等问题，导致其经济状况进一步恶化。在经济实力、资源禀赋、经营能力等存在差异的客观现实下，资金表现出向优势群体积聚，强者与弱者之间的差距由于马太效应的存在而被不断拉大（李伊鑫，2021）。

（三）用途与价值

马太效应表现在社会领域的各个方面，如经济领域、社会学领域、心理学领域、教育领域、区域发展等（郑成武等，2016）。在经济学领域，马太效应被用来反映垄断经济、股市变动、市场竞争（品牌营销）以及“赢者通吃”等经济学中的不公平收入分配现象。马太效应在社会学中主要用来描述社会资源分配的不平等现象。在社会中，那些已经拥有较多资源（如财富、权力、名望等）的个体或群体，往往能够更容易地获得更多的资源，从而进一步巩固其优势地位；而那些资源较少的个体或群体，则可能面临资源被剥夺的风险，导致其地位进一步边缘化。在心理学领域，马太效应被解释为一种心理现象，即强者更容易受到关注和赞美，从而增强其自信心和动力；而弱者则可能因为缺乏关注和支持而逐渐失去信心，陷入恶性循环。这种心理现象在教育、职场等多个领域都有所体现。在网络科学中，马太效应被用于描述网络中较早节点的优先连接的现象，解释了互联网等大型网络中节点的增长规律。有研究者在探索神经架构搜索的建模过程中，也考虑到了马太效应的影响。在政治学领域，马太效应解释了各方面国情都有较为优越的初始条件的国家，专制制度的自由化更有可能成功。在教育学领域中，马太效应的一种体现是：随着个人年龄的增长，不同读者在阅读相同内容时认知方面的个体差异会变得越来越大。除此之外，马太效应还在职业体育、生物学（其在该领域内被称作“银勺效应”）等诸多领域得到了广泛的印证（李隋冰，2023）。马太效应的用途体现在揭示社会现象、分析政策效果、指导商业决策以及激发个人努力等多个方面。

马太效应有助于推动经济增长和社会进步，促进人才积累和优胜劣汰，促进有序发展和社会稳定，同时也提醒我们要关注社会公平与正义。马太效应是一种客观存在的效应，它具有广泛的影响力，有利于优化资源配置，提高生产效率。

（四）理论模型与主要观点

1. 理论模型

衡量马太效应的模型主要有计量回归模型法和 Markov 链模型法，前者使用较为广泛，后者使用相对较少（汤发庚，2020）。

（1）计量回归模型法。计量回归模型法用于量化现象中变量之间的作用方向及影响程度，研究马太效应形成因素之间的作用机理，主要以协整模型和多元非线性回归方法为代表。张丹宁和刘永刚（2017）在研究产业集群社会责任建设中的马太效应现象时，构造并定义了马太效应曲线函数模型（见图 1-8）。在图中，将 a、b 定义为临界点，将马太效应划分为区域 A 和区域 B。其中区域 A 在点 a 之上，属于“强者愈强”的正效应区域；同样地，区域 B 在点 b 之下，属于“弱者愈弱”的负效应区域。

（2）Markov 链模型法。该方法主要通过刻画状态转移概率的集聚特征来论述马太效应现象。该模型统计数据状态之间的转移概率矩阵用于刻画随机事件的演变趋势，进而判断数据所属领域马太效应现象是否突出。

此外，可以用 Gini 系数、Theil 系数、变异系数等统计指标，来测度马太效应数据分布的不均衡程度（Yang et al.，2015）。张和平等（2021）尝试构造序位波动系数和马太系数，并重构了马太指数模型。

2. 主要观点

（1）马太效应的核心在于“积累优势”。任何个体、群体或地区在某一方面（如金钱、名誉、地位等）获得成功和进步后，都会产生一种积累优势，这种优势会随着时间的推移而不断增大。

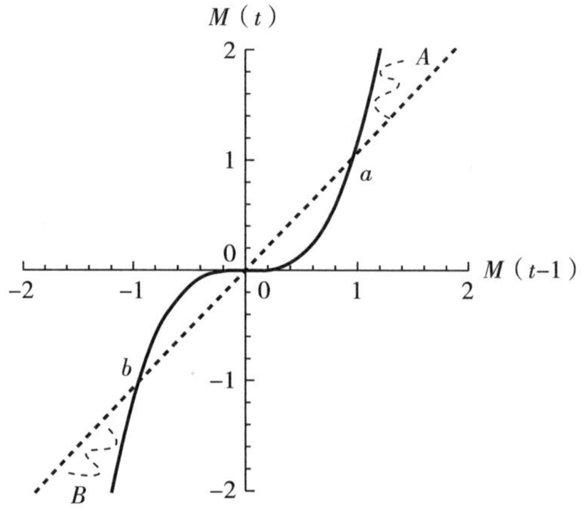

图 1-8　马太效应曲线函数模型

资料来源：张丹宁和刘永刚（2017）。

（2）在资源分配上，马太效应表现为强者获得更多的资源，而弱者则资源匮乏。这种资源分配的不均加剧了社会的不平等现象。

（3）强者愈强，弱者愈弱。马太效应揭示了强者与弱者之间的动态关系。强者因为拥有更多的资源而变得更加强大，而弱者则因为资源匮乏而逐渐衰落。

（4）马太效应的形成机制包括网络外部性、累积优势和反馈循环。网络外部性指的是产品或服务的价值随着使用人数的增加而增加；累积优势则是指初始优势随时间逐渐扩大；反馈循环则是指成功能够带来更多机会和资源，失败则导致资源减少。

（五）旅游研究应用

马太效应在旅游研究中的应用主要表现在以下三个方面：一是旅游目的地空间关系研究，如韩晶晶等（2005）讨论了旅游目的地空间关系马太效应的成因及影响；二是解释旅游资源分配的不均衡，如胡宇瑶等（2023）探讨了海南国际旅游岛战略造成了地区间城镇建设用地扩张的马太效应；三是解释旅游市场竞争的激烈化，如汪德根等（2015）以中国京沪高铁为例，研究了高铁马太效应对区域旅游流空间结构的影响。

十七、耦合理论

（一）基本概念

“耦合”（Coupling）最早是一个物理学概念，主要指两个或两个以上的系统或运动方式之间通过各种相互作用而彼此影响以至联合起来的现象，是在各子系统间的良性互动下，相互依赖、相互协调、相互促进的动态关联关系（冯红英和赵金涛，2016）。在社会科学领域，耦合理论被广泛应用于描述两种或两种以上的社会经济现象或系统通过某种关联相互影响、相互作用、相互促进，最终相互协调、联合为一个有机整体从而发挥更大效用的现象（钟秉枢等，2019）。

（二）理论来源与发展

耦合理论，这一名词最初来源于物理学，尤其被广泛地应用于电路理论中。随着研究的深入，耦合理论逐渐被应用于社会科学领域，尤其是组织管理、经济学等。1973年，加拿大心理学家格拉斯曼基于控制论中的耦合系统观点，首次提出了松散耦合理论的概念。在组织管理领域，卡尔·威克于1976年开创性地将“松散耦合”理论引入，并将教育组织视为一种松散耦合系统。松散耦合理论主张组织因共同信念、准则和制度化的预期而联结，而紧密耦合则主张组织因标准化、强相互依赖以及集权式管理而联结。他认为以往的系统理论都无法解释教育组织功能中异常复杂的多样性，而必须代之以松散耦合理论。松散耦合理论逐渐从教育组织的研究扩展到营利组织、战略联盟、产业分析等领域，成为主流的组织理论之一。在系统科学中，耦合理论与系统论的结合产生了系统耦合理论，研究不同系统间的动态关联关系。在数字时代，随着数据成为新的生产要素，人类社会、物理世界与信息空间的不断耦合形成了新的工作、生活和生产模式，推动了计算模式的演变。

（三）用途与价值

耦合理论广泛应用于经济学、工程学、生态学、信息与通信技术等领域。在实际应用中，耦合理论可以用于分析组织内部各部门之间的关系、生态系统中不同物种之间的相互作用等。

在经济学领域，耦合理论用于分析不同系统或产业之间的相互作用和关联（邹伟进等，2016）。耦合理论帮助分析不同经济要素或金融市场之间的相互影响，例如，分析全球金融市场的耦合效应，以预测和应对经济危机。在工程学中，耦合理论被用于分析和优化复杂系统中不同组件或子系统之间的相互作用。例如，在机械工程中，通过分析各部件之间的力学耦合可以提升整个系统的性能。在生态领域，耦合理论成为研究综合性、复杂性生态系统耦合问题的主要手段（李天芳，2016）。生态学家利用耦合理论来研究生态系统中生物与环境之间的相互关系，以及这些关系如何影响生态平衡和生物多样性。在信息与通信技术领域，耦合概念被用于描述不同设备或系统之间的相互作用，如无线通信系统中天线之间的耦合效应对信号传输质量的影响。城市规划者运用耦合理论来分析和优化城市各系统（如交通、能源、环境等）之间的相互作用，以实现城市的可持续发展。

耦合理论强调系统或元素之间的相互作用和关系，对于理解复杂系统的行为和性能具有重要意义。耦合理论为研究者提供了一个全面的视角，使他们能够更深入地理解复杂系统中各组成部分的相互关系。通过分析系统间的耦合关系，可以为实践中的问题提供解决方案，如优化系统设计、提高系统稳定性、预测市场走势等。

（四）理论模型与主要观点

1. 理论模型

（1）关联耦合理论。关联耦合理论中的“关联”指的是事物内部矛盾双方和事物之间互相牵连的关系，而这种关系也是普遍存在且多种多样的。“耦合”则是在“关联”的基础上，强调事物内部或事物之间的作用关系强度，并使彼此黏结成对立统一完整体的过程。关联耦合理论用来形容两个或多个系统的运动方式之间的相互作用、相互协调而联合起来的动态关联现象（杨颖，2022）。

（2）松散耦合理论。格拉斯曼认为，作为紧密耦合和非耦合的中间状态，松散耦合通常展现出一种长期的存续性。其缘由就在于，松散耦合系统的各要素在保证相对独立性的同时又能维护某种关联性，即使面临某种特定的外在输入，系统也能维持一定程度的稳定。维克（2009）指出，通过较少的共同变量或者弱小的共同变量而联结在一起的几个系统就是松散耦合的系统，这些耦合变量之间的联系是有限的，影响是微弱的，相互之间的反应也是缓慢的。当其中一个变量受到干扰时，这种干扰会被限制在一定范围内而不是扩散，即使扩散开来，影响到其他变量的效应也很微弱。这也进一步解释了松散耦合理论维持系统稳定性的作用机制，同时也指明了外界的政策或力量只有作用于全部相关要素才能发挥其效用，否则即使在同一个系统内也可能只对某一部分产生影响而对另一部分不产生影响（许悦和邵泽斌，2024）。

2. 主要观点

（1）耦合是指两个或两个以上系统或运动方式之间通过各种相互作用而彼此影响以至联合起来的现象。

（2）耦合具有关联性，系统或元素之间不是孤立的，而是相互关联的。

（3）耦合具有多样性，不同的系统或元素之间可能存在不同类型的耦合关系。

（4）耦合是协调的，系统或元素之间的相互作用可以促进整体的发展和优化。

（5）耦合是可量化的，可以通过耦合度等指标来衡量系统或元素之间的耦合程度。

（五）旅游研究应用

耦合理论在旅游研究中的应用主要表现在以下两个方面：一是研究旅游产业与其他产业的耦合，如杨光明等（2021）分析了川渝地区农业与旅游业耦合协调机理；二是研究旅游系统与其他系统的耦合，如李佳婧和陈朝隆（2018）运用耦合模型分析了广东省区域旅游系统与交通系统耦合关系的时空分异。

十八、帕累托最优理论

（一）基本概念

帕累托最优（Pareto Optimal）也称为帕累托效率，是指假定固有的一群人和可分配的资源，从一种分配状态到另一种分配状态的变化中，在没有使任何人境况变坏的前提下，使至少一个人变得更好（李绍荣，2000）。帕累托最优指的是这样一种社会状态：当且仅当不减少其他人的效用就无法增加任何一个人的效用时，这种社会状态才称为帕累托最优，也就意味着与该状态相比，不存在另外一种可选择的状态，使至少一个人的处境可以变得更好而同时没有任何其他人的处境变差。

帕累托最优的前提条件是福利经济学的两个基本定理。第一个定理是在假设市场竞争为完全竞争模式下，每一个均衡都是帕累托最优；第二个定理是指帕累托最优状态下的每一价格组合都是完全竞争均衡的。总的来说，两个定理都是经济学中的理想化模型（杨国男，2015）。

（二）理论来源与发展

帕累托最优理论由意大利经济学家维弗雷多·帕累托于1896年提出。1906年，帕累托在《政治经济学教程》一书中详细阐述了这一理论。他最初是在经济学领域探讨资源分配的一种理想状态，这种状态是在不损害任何人利益的前提下，至少使一个人的境况变得更好。

20世纪30年代末，卡尔多、希克斯、勒纳、伯格森等进一步将帕累托最优理论运用到资源配置问题上，研究实现资源配置的必要条件，称为帕累托最优化条件。这些条件包括交换最优化条件、生产最优化条件以及交换最优化条件与生产最优化条件的结合。随着时间的推移，帕累托最优理论不断得到拓展和完善，成为现代经济学和福利经济学中的重要分析工具之一。贺金社（2012）探讨了短期内经济健康运行的帕累托最优标准。

（三）用途与价值

帕累托最优理论被广泛应用于经济学、管理学、工程学、社会学等多个学科的各种经济模型和政策评估中，为资源配置和决策制定提供了新的视角，成为衡量经济效率和公平性的重要标准。研究者将帕累托最优理论应用于多目标优化问题，为复杂系统的决策提供了有效的分析工具。帕累托最优理论的用途与价值主要表现在以下三个方面：

（1）经济效率评估。通过应用帕累托最优理论，政策制定者和经济学家可以分析和比较不同经济政策或市场结构下的资源配置效率，从而指导政策调整和优化。

（2）公平与效率的平衡。帕累托最优是公平与效率的“理想王国”（夏松洁和黄明儒，2020）。帕累托最优不仅关注效率，还隐含了对公平性的考量。它要求在不损害任何人利益的前提下实现资源配置的优化，这体现了对个体权益的尊重和保护。在社会福利政策的制定中，帕累托最优可以作为一个重要的参考标准，以确保政策实施既能提高整体社会福利，又不损害任何个体的利益。

（3）决策支持工具。在多目标决策问题中，帕累托最优可以作为一种有效的决策支持工具。它帮助决策者识别那些在不损害其他目标的前提下，能够至少改进一个目标的解决方案。在工程管理、项目规划等领域，帕累托最优理论可以指导资源的合理分配和任务的优先排序，以实现整体效益的最大化。

（四）理论模型与主要观点

1. 理论模型

帕累托最优理论的主要理论模型包括帕累托改进与帕累托最优、卡尔多—希克斯改进、多目标优化的帕累托解、岭回归模型。

（1）帕累托改进与帕累托最优。根据经济学定义，帕累托最优需要同时满足交换最优、生产最优和产品混合最优三个条件。在没有人境况变坏的情况下，如果通过某种资源配置使至少一个人的情况变得更好，则称之为帕累托改进；而当不存在任何帕累托改进的余地时，就达到了帕累托最优状态。

（2）卡尔多—希克斯改进。这是帕累托改进的进化版。在现实中，部分人受益而部分人受损是常见现象。若受益部分大于受损部分，整体福利可以得到提升，这个过程称为卡尔多—希克斯改进。

（3）多目标优化的帕累托解。在多个目标存在冲突和无法比较的情况下，某一个解在某个目标上可能表现最好，在其他目标上表现最差。这种解称作非支配解或帕累托解。所有非支配解构成的集合称为帕累托最优集，在空间上形成的曲面称为帕累托前沿面。

（4）岭回归模型。这是一种统计学上用于处理多重共线性问题的线性回归模型。在多目标优化中，通过岭回归可以将多目标问题转化为单目标问题，进而求解帕累托前沿面。

2. 主要观点

帕累托最优理论的主要观点集中在资源配置的效率与公平之间的平衡，以及在不损害他人利益的前提下实现资源配置的最优化。

（1）帕累托最优追求的是在不损害其他人利益的基础上，实现资源的最优配置，从而达到社会福利的最大化。

（2）帕累托最优理论的核心在于其对效率和公平的双重关注。一方面，它强调资源的有效利用，确保社会资源的分配能够最大限度地满足人们的需求；另一方面，该理论也考虑到了分配过程中的公平性，尽可能避免在提高效率的过程中损害到任何个体的利益。这一理论假设在一个封闭的经济体系中，资源有限而人的需求无限，如何在此条件下制定出一种合理的资源分配方案，是帕累托最优理论试图解决的问题。

（3）现实中往往存在资源配置的低效或不合理现象，这就需要通过“帕累托改进”来逐步接近帕累托最优状态。帕累托改进指的是在不损害任何人利益的前提下，能找到一种方式使至少一部分人的处境得到改善。这种改进可以通过资源的重新配置、制度的优化调整或技术的革新应用等多种途径实现。

综上所述，帕累托最优不仅是一种理论上的理想状态，更是一个引导现实经济政策制定和企业管理的重要标杆。通过不断探索和实践帕累托改进的路径，可以逐步提高资源分配的效率和公平性，推动社会经济的持续健康发展。

（五）旅游研究应用

帕累托最优理论在旅游研究中的应用主要表现在以下三个方面：一是旅游市场竞争分析，如张军谋和孙国军（2017）在竞争旅游市场条件下的帕累托最优分析；二是旅游企业合作研究，如白翠玲等（2008）基于帕累托最优理论，对京津冀旅游企业合作路径选择的研究；三是旅游资源开发，如赖叔懿和陈华芳（2007）研究了生态旅游资源的价值评价与最优开发路径选择。

十九、体验经济理论

（一）基本概念

体验经济（Experience Economy）就是企业以服务为舞台，以商品为道具，以消费者为中心，创造能够使消费者参与、值得消费者回忆的一种经济形态或活动（派恩和吉尔摩，2002）。商品是有形的，服务是无形的，而创造出的体验是令人难忘的。在体验经济中，生产和消费的运行方式是：企业提供的不仅有商品或服务，而且还能够针对客户的个性需求设计出独特的体验过程，并充满了感情的力量，能够给顾客留下难以忘却的愉悦记忆（郑柏武，2011）。体验经济理论认为体验不仅是人类对外界以及自身行为的感知过程，也是一种独特的可以创造价值的产品，因而成为企业增加价值的一种新途径（冯欣欣和林勇虎，2017）。

体验经济的特征包括非生产性、短周期性、互动性、不可替代性、映像性、高增值性等。消费者消费的除了实实在在的商品外，还有一种精神上的丰富体验（邓文才，2005）。体验经济摒弃了传统的价格竞争模式和规模经济的竞争模式，从生活与情境出发，塑造感官体验及思维认同，以此抓住消费者的注意力，改变消费行为，并为产品找到新的生存价值与空间（邱云涛和王菲，2018）。消费者犹如形形色色的演员，沉醉于企业设计好的情感体验“舞台”之中，玩转着各种“道具”，获得物质与精神上的满足，进而心甘情愿地为如此美妙的心理感受支付一定的费用。

（二）理论来源与发展

体验经济的概念最早由托夫勒在其1984年出版的著作《未来的冲击》中提出。他预测后服务经济正在形成，这就是所谓的“体验产业”。直到1998年，美国经济学家约瑟夫·派恩和詹姆斯·吉尔摩发表了《欢迎来到体验经济》，体验经济才受到了公众的广泛关注，并逐渐成为一种全球趋势。体验经济理论是两人在其1999年出版的著作《体验经济》中提出的。他们在该书中系统地区分了初级产品、产品、服务和体验之间的区别，这揭示了从大规模生产到大规模定制的转变（孟思程，2020）。

在体验类型学的研究中，有许多学者提出了自己的观点，如亚伯拉罕斯（Abrahams，1986）描述的“非凡体验”。从消费者的角度来看，艾柯等（Ek et al.，2008）分析了时空体验的（前、中、后）全过程，提出消费者被动参与（即组织者控制）的娱乐和探索模式，以及消费者主动参与、自发的娱乐方式和探索。而埃利斯（Ellis，2019）提出了“结构化体验”理论，包括四种体验模式：沉浸式、吸收式、参与式和深度结构化体验。

（三）用途与价值

体验经济理论已应用于旅游业、农业、工商业、休闲产业等行业的研究。体验经济理论可以用于指导企业转型与创新，优化消费者体验，推动产业升级与变革。体验经济有助于提升企业的品牌价值，满足消费者的需求，促进经济增长。体验经济是一种新的经济形态描述，它把体验看作一种无形的商品，能够满足当今消费者日益增长的情感需求，为企业的营销方式带来了新的思路。体验经济理论弱化了以降价作为企业竞争手段的单一化模式，将使产业竞争战略的选择以满足消费者个性化需求为重要标准。体验经济的发展标志着经济运作理念的历史性超越，是市场经济成熟的标志之一，具有未来可持续发展的潜力（赵放，2010）。

（四）理论模型与主要观点

1. 四种体验类型

体验经济是继农业经济、工业经济、服务经济之后第四个经济发展阶段。体验经济讲求与消费者的开放互动，尽力满足消费者的个性化需求。约瑟夫·派恩和詹姆斯·吉尔摩（2002）从用户参与程度、用户与体验事件关系两个维度入手，将用户体验划分为以下四种基本类型。

（1）娱乐体验。在娱乐体验中，消费者受到兴趣、载体吸引，从而不自觉地被动参与到场景体验中，如观看演出、听音乐和趣味阅读等体验。随着泛娱乐化时代的到来，用户娱乐体验逐渐渗透到其他三种体验类型中。

（2）教育体验。教育体验中的用户有明确的体验动机和体验目标，往往能积极主动地参与到服务体验活动之中，积极开展头脑风暴、肢体交流、互助学习等，大大增加了体验的效果。但他们融入体验场景的关联性不强，主要以接受信息为主。

（3）逃避体验。在逃避体验中，利用消费者猎奇或摆脱现实的心理需求，通过特殊场景的设置，顾客能充分融入体验情境并沉浸其中，积极主动参与体验项目。随着互联网数字技术的兴起，逃避现实体验活动包括虚拟网络社交、电子游戏体验、主题公园中智能科幻体验项目等。

（4）审美体验。在审美体验中，运用美学和生态学原理通过视觉刺激和空间营造使消费者直观地沉浸到体验场景，更好地获得环境审美体验（寇垠和任嘉浩，2018）。

四种体验交集的部分不是体验空白区，而是集合了四种体验的优势特色，被称作“甜蜜地带”，是最有价值和最有效果的体验活动（见图 1-9）。这四种体验模式没有明确的划分，有时甚至可以组合起来产生新的体验。例如，娱乐教育是一种既有娱乐性又有教育性的体验模式（孟思程，2021）。如果某个产品或服务能够同时具备上述四个功能，则能够为消费者带来最为全面的体验满足。

图 1-9 派恩和吉尔摩划分的体验类型

资料来源：寇垠和任嘉浩（2018）。

2. 体验生产 3S 模型

约瑟夫·派恩和詹姆斯·吉尔摩还从体验经济的实现角度，将体验的生产总结为“3S”：满意（Satisfaction）、代价（Sacrifice）、惊奇（Surprise）。其中，满意是消费者期望与实际感知之间的差距，代价则是顾客需求与顾客付出的成本之间的差距，惊奇是消费者最终的感知与期望之间的差异。因此，在强化体验经济的过程中，应首先创造消费者满意的体验，然后减少消费者为该产品或服务付出的代价，最终实现惊奇。

3. 体验创造五个关键点

派恩和吉尔摩（Pine and Gilmore，1998）提出了创造体验五个关键点，以期给客人留下深刻印象，包括：①为体验构思主题；②用积极信号改善印象；③消除负面信号；④添加纪念品；⑤调动五种感官。

4. 消费者体验五个层级

海泽尔（Hetzel，2002）也强调了刺激消费者五官的重要性，并提供了五个层级来提供消费者体验：①与消费者建立联系；②利用品牌的导向性；③给消费者惊喜；④提出非凡的建议；⑤刺激顾客的五官。

（五）旅游研究应用

体验经济理论在旅游研究中的应用主要表现在以下三个方面：一是旅游体验研究，如宋蒙蒙等（2018）以槟榔谷原生态黎苗文化旅游区为例，研究少数民族地区旅游体验质量影响因素；二是旅游规划研究，如罗兹柏（2014）指出，主题引导、氛围烘托、过程设计是体验活动设计的专业内容，并提出系统性旅游体验专业设计的四个环节要求；三是旅游开发研究，如王忠和吴昊天（2017）以中国澳门非物质文化遗产的旅游开发为例，从体验经济的视角研究非物质文化遗产旅游开发。

二十、外部性理论

（一）基本概念

外部性（Externality）又称外部效应（External Effects），有狭义和广义之分。狭义的外部性主要关注市场活动，它指的是经济行为中的生产或消费主体对其他经济实体产生额外的成本或收益，导致生产和消费函数值发生变化的情况，也就是“无偿受益”或“无故受损”。而广义的外部性则包括非市场行为，涉及政府、企业和个人等行为主体，具体来说，就是那些未参与决策的人被赋予某项行动的一些收益或被施加某项行动的一些成本（沈满洪和何灵巧，2002）。外部性可以分为正外部性和负外部性。正外部性是指某一主体的生产或消费对其他主体有益但未收取费用的现象；负外部性是指某一主体的生产或消费损害了其他主体的利益但未提供补偿的现象（殷商莹，2019）。

（二）理论来源与发展

外部性理论最早由阿尔弗雷德·马歇尔在 1890 年的《经济学原理》中提出，随后其学生庇古在 1924 年的《福利经济学》中进一步研究和完善了这一概念。庇古提出了“内部不经济”和“外部不经济”的概念，并运用边际分析方法，提出了边际社会净产值和边际私人净产值的概念，从而形成了外部性理论。对于外部性问题，经济学家们提出了不同的解释和看法。奈特在1924年反对庇古的观点，认为“外部不经济”的产生是由于对稀缺资源的产权界定不清晰，如果将稀缺资源划定为私人所有，就可以克服“外部不经济”。埃利斯和费尔纳在1943年也提出了与奈特近似的看法，更关注生活中的“外部不经济”，并将污染等问题与其联系起来（秦小红，2008）。20世纪50年代之后，外部性的概念在经济学界得到了更广泛的阐释，部分学者将其与市场失灵相提并论。在这个时期，米德和贝特海姆分别在1952年和1958年提出了更广泛的外部性概念。布坎南和斯塔布尔宾于1962年通过函数表达式进一步阐述了对外部性的理解。西多夫斯基则认为，尽管外部性不等同于市场失灵，但两者之间存在某种联系。到了20世纪60年代，科斯虽然没有直接定义外部性，但他在《社会成本问题》一文中提出的“交易成本”概念，为之前埃利斯、费尔纳和奈特关于外部性的讨论提供了新的视角。1970年，张五常在《合约结构与非专有资源理论》中，对外部性提出了独到的见解。随后，鲍默尔和奥尔巴赫在1988年对各种外部性论述进行了综合性的总结，这一总结此后被许多教材在探讨外部性问题时引用（李世涌等，2007）。

（三）用途与价值

外部性理论主要应用于公共政策制定、环境保护、城市规划、税收和补贴政策设计、市场设计和法律制定等领域，其具体用途体现在资源配置优化、经济政策制定、市场失灵纠正、社会福利最大化、跨期与跨国问题处理等方面。外部性理论指导如何在存在正负外部效应的市场中进行资源配置，以实现效率最大化。例如，通过税收和补贴来调整生产与消费的外部效应，使市场达到更优的资源配置状态。外部性理论为政府制定公共政策提供了理论基础，特别是在环境管理、公共卫生、城市规划等领域。外部性是导致市场失灵的一个重要原因。在存在外部性时，市场不能有效分配资源，需要通过政府干预来调节，如知识产权的保护和环境保护。外部性理论还涉及所谓的代际外部性和国际外部性问题，强调当前行为对未来或其他国家和地区可能产生的影响。

外部性理论的价值包括提高资源配置效率、促进公平、可持续发展、经济成长、增强社会福祉等。通过识别并解决外部性问题，可以促使市场运作更加高效，避免资源浪费。例如，通过对产生负外部性的企业征税，可以补偿受其影响的社区或民众的损失，促进社会公平。外部性理论对于推动可持续发展政策至关重要。在经济发展方面，外部性理论有助于识别哪些经济活动能带来超出常规市场交易的额外利益，从而推出能够促进长期经济增长的政策，如教育、技术创新和基础设施建设。通过内部化正外部性，可以提高整个社会福利水平和人民生活质量。外部性理论是理论经济学的一大进步，具有重要的现实意义，该理论的提出不仅扩大了经济理论研究者的视野，还深化了人们对市场经济的认识，为可持续发展理念提供了关键的理论支撑，成为其核心理论基础之一（刘笑平和雷定安，2002）。

（四）理论模型与主要观点

（1）布坎南和斯塔布尔宾关于外部性的三个核心要点。第一，外部性的影响是直接的，而非通过市场价格机制间接施加；第二，外部性可以是正面的也可以是负面的；第三，外部性既可能出现在消费领域，也可能出现在生产领域。按照布坎南的定义，如果一个消费者的效用函数中包含了受控于其他经济主体的变量，就可以将该外部性表达为：

$$UA = UA(X_1,\ X_2,\ \cdots,\ X_n;\ UB)$$

式中，X_1，X_2，…，X_n 是消费者 A 所消费的商品量，UB 则是另一市场主体 B 的效用或产量。该式表明，消费者 A 的效用函数中包含了一个由市场主体 B 所控制的自变量，而 A 又没有向 B 索取补偿（负外部性）或提供报酬（正外部性）（林成，2007）。

（2）市场机制的局限性。在存在外部性的情况下，市场机制不能有效地分配资源。因为市场价格无法反映外部性所带来的社会成本或收益，所以需要政府干预来纠正这种市场失灵。

（3）政府干预的必要性。为了解决外部性问题，政府可以通过税收、补贴等手段进行干预。对负外部性制造者征税（如污染税），以减少其活动水平；或对正外部性的制造者提供补贴，以鼓励其行为。

（4）产权界定的重要性。根据科斯定理，只要产权明确界定并且交易成本为零，外部性问题就可以通过相关方的谈判得到解决，而不需要政府干预。

总之，外部性理论提供了一套分析和处理经济活动中非市场化影响的概念框架。当市场的自发作用无法有效分配资源时，适当的政府干预或明确的产权安排可以改善资源配置效率，从而增进社会福利。在设计和实施政策时，考虑外部性的具体特点和分类至关重要。

（五）旅游研究应用

外部性理论在旅游研究中的应用主要表现在以下三个方面：一是旅游产权制度创新研究，如夏梦等（2005）基于外部性理论研究了南京市旅游经济存在的负外部性问题，揭示了其产生的根源，并提出了产权制度创新的全新建议；二是景区投资方向研究，如戴春芳等（2009）运用外部性理论，分析了景区经营权转让后的变向投资行为，并提出了相关制度安排；三是生态旅游发展研究，如周丽洁（2010）基于外部性理论研究了我国生态旅游的发展。

二十一、效用理论

（一）基本概念

效用（Utility）是指一个人从消费一种物品或服务中得到的主观上的享受或有用性（萨缪尔森和诺德豪斯，1992）。效用是基于偏好关系的价值度量。一般从主体和客体两个方面讨论，从消费的主体来讲，效用是指人们从自身所从事的行为中获得的满足；

从消费的客体来讲，效用是商品满足人们欲望或需要的能力（董雪艳，2013）。效用理论（Utility Theory）又称消费者行为理论，研究消费者怎样在各种商品和劳务之间分配他们的收入，以达到满足程度的最大化（朱桃杏等，2018）。

效用可分为主观效用与客观效用两种类型。主观效用是人们从消费某产品中感觉到的满足程度，是人们的主观评价，因人、因事、因地、因时而异。客观效用是产品自然属性，独立于人的主观意识之外的客观存在，如粮食能充饥，水可以解渴（李怀兰，2004）。从测量方法来分，可以将效用分为基数效用和序数效用。基数效用就是用效用单位表示的效用。序数效用只要求决定满意程度的相对次序。

（二）理论来源与发展

效用是经济学中最常用的概念之一，最初由伯努利（Daniel Bernoulli，1736）提出，称为伯努利原理。西方经济学效用理论起源于英国功利主义哲学，以边沁（Bentham，1789）和密尔（Mill，1848）为代表。在经济学中，效用最早出现在《论货币》中，其含义为“事物能使我们获得幸福的属性”。杰文斯（Jevons，1879）这位边际效用学派的创始人在《政治经济学理论》中把效用定义为“能引起快乐或避免痛苦的东西”。

冯·诺依曼和摩根斯坦于1944年发表的著作《对策论与经济行为》明确提出规范的效用理论——冯·诺依曼—摩根斯坦效用函数理论，并指出人们是用效用期望值而不是损益值来进行决策的。裴宏和李金凤（2022）梳理了效用理论的百年流变，认为西方效用理论经历了古典基数效用理论时代（1870~1900年）、基数效用向序数效用的过渡（1900~1920年）、多种效用解释共存的“多元时代”（1920~1940年）、主流框架的“形式统一”（1940~1960年）。Niyato等（2016）首次提出数据效用函数，以数据效用衡量数据价值。

（三）用途与价值

效用理论在经济学、管理决策和人工智能等领域应用广泛，主要用来分析消费者行为、解释需求曲线、领导者决策、风险管理、人工智能决策支持系统和推荐系统。效用理论是当代西方经济学的分析起点。经济学家用效用来解释有理性的消费者如何把他们有限的资源分配在能给他们带来最大满足的商品上（郑常龙，2013）。效用作为人们价值观念的度量，体现了人们在决策活动中的倾向（成盛超等，1994）。

效用理论的价值主要体现在三个方面：一是为决策者提供了科学的决策依据。通过量化不同决策方案的效用值，决策者可以更加清晰地了解每个方案的优缺点和风险收益比，从而做出更加明智的决策。二是有助于优化资源配置。通过了解消费者对不同商品的需求和满足程度，企业可以更加合理地安排生产和供应计划，以满足市场需求并实现利润最大化。三是有助于促进理性消费。通过了解不同商品的边际效用递减规律，消费者可以更加理性地选择商品组合和购买数量，以避免浪费和过度消费。

（四）理论模型与主要观点

效用理论主要分析了决策者对待风险的态度，并提供了多种模型来理解和解释消费者行为。以下是效用理论的几个主要理论模型。

1. 效用价值论

关于商品的价值论，以马克思为代表的劳动价值理论和西方经济理论中的效用价值论是最具代表性和争议性的价值理论。在效用价值论的视角下，认为任何物品要拥有价值，必须满足以下条件：

（1）必须具有效用。即物品若具有价值，必须具备能满足消费者一定需求的效用。效用是消费者的主观感受，如果商品不能满足消费者的需求，那么这个商品对消费者来说不具备价值。

（2）必须具有稀缺性。消费者对商品的效用所做出的价值评价与商品的稀缺性相关，当商品满足消费者需求的能力越大、稀缺性越高时，消费者对其的价值评价将会越高。相反，当商品满足消费者需求的能力大，但是其不具备稀缺性时，消费者便无须通过提高价格来购买（赵晓迪，2019）。

效用量的大小由供给和需求之间的状况决定，其大小与需求强度成正比例关系。同时，物品的稀缺性也是影响效用的重要因素。只有在资源相对于人的欲望稀缺的时候，才构成人的福利或价值（黄家宝，2004）。

2. 基数效用论

基数效用论是以效用的可测量和可比较为前提的，认为效用如同长度、重量等概念一样，可以具体衡量并加总求和。这种理论主要采用边际效用分析法来研究消费者行为。

基数效用论认为，消费者消费商品所获得的满足程度即效用是可以用基数（如 1，2，3，…）来度量的，且存在边际效用递减规律，即随着商品消费量的增加，每增加一单位商品所带来的效用增量是逐渐减少的。

3. 序数效用论

序数效用论是为了弥补基数效用论的缺点而提出来的另一种研究消费者行为的理论。它认为效用的大小无法具体衡量，只能根据消费者的偏好程度进行排序。

序数效用论采用无差异曲线分析法来研究消费者行为。无差异曲线表示在消费者偏好不变的情况下，能够给消费者带来相同满足程度的两种商品的不同数量组合。通过无差异曲线和预算约束线的结合，可以分析消费者如何在有限的收入下实现效用最大化（见图 1-10）。

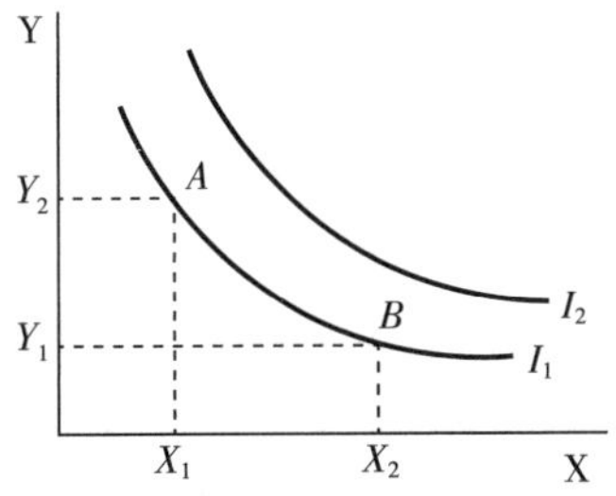

图 1-10 无差异曲线

在图 1-10 中，消费者消费 X_1 个 X 商品和 Y_1 个 Y 商品所得到的效用与消费 X_2 个 X 商品和 Y_2 个 Y 商品所得到的效用相等。这是无差异曲线的一个重要性质，我们将这个性质称为无差异曲线原理（董世琦，2023）。

4. 期望效用假说

期望效用假说是决策理论中的一个重要概念，用于描述在不确定条件下，决策者如何根据各种可能结果的效用值来做出选择。

在面临多个选项时，决策者会选择那个能够带来最大期望效用值的选项。期望效用值是各个可能结果的效用值与其发生概率的加权平均。

5. 边际效用递减规律

效用源于物品满足人类天生的欲望或需求的能力。一切物品的价值都来自它们的效用，而价值则取决于边际效用量，即满足人的最小欲望的那一单位商品的效用。

边际效用递减规律是指人们对某种物品的欲望程度随着享用的该物品数量的不断增加而递减（黄家宝，2004）。这是基数效用论中的一个重要观点，也是解释需求曲线向右下方倾斜的重要原理。

学界对于边际效应递减规律的研究主要从两个视角展开，一是从人的生理和心理的角度来进行解释，认为效用即满足度取决于人神经的兴奋程度，是一种主观感受。当外部给一个刺激时，大脑分泌兴奋物质，进而获得满足感。如果这种刺激反复进行，带给人的兴奋度和满意度就持续下降。二是从使用价值的角度出发，以商品用途的多样性特征来进行解释，认为消费者总是将第一单位的消费品用在最重要的用途上，第二单位的消费品用在次重要的用途上，如此等等。这样，消费品的边际效用，就随着消费品的用途重要性的下降而下降（王紫和殷志新，2020）（见图 1-11）。

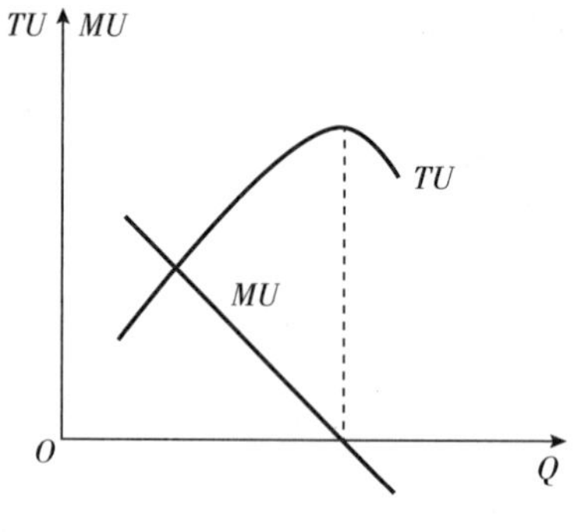

图 1-11　边际效用机制

如图 1-11 所示，*TU* 为总效用，即连续消费一定数量商品后所得到的满足度的总和。消费商品的单位量用 *Q* 表示，边际效用以 *MU* 表示。当 *MU* 大于 0 时，*TU* 随着消费单位 *Q* 的增加而增加。由于边际效用的递减规律发挥作用，*MU* 是随着 *Q* 的增加而降低的，当 *MU* 等于 0 时，*TU* 达到最大值。可以看出，持续地增加 *Q* 必然会导致 *MU*

变为负值，此时 TU 就与 Q 构成负相关关系。简单地说，我们可以把边际效用看成一种投入与产出之间的关系。开始增加投入时，投入与产出呈现正相关关系，但是当投入超过了一定的限度后则产生负效应。

除了上述主要的效用理论模型外，还有一些其他模型用于解释和预测消费者行为，如随机效用模型、后悔厌恶模型等。这些模型在特定情境下提供了更加细致和深入的分析工具。

（五）旅游研究应用

效用理论在旅游研究中的应用主要表现在以下四个方面：一是解释旅游消费行为，如汪侠等（2012）以杭州市旅游消费券为例，分析旅游消费券效用差异及其成因；二是指导旅游产品开发，如李西建（2019）探讨了以文化创意激活非物质文化遗产资源的旅游美学效用；三是分析旅游市场趋势，如朱桃杏等（2018）基于效用函数，研究京津冀高铁旅游出行需求；四是提升旅游服务质量，如杨军辉（2024）以西安景区春节倡议为例，研究居民视角下城市旅游景区“让景于客”倡议效用与影响因素。

二十二、信息不对称理论

（一）基本概念

信息不对称（Asymmetric Information）是指在交易过程中，涉及的各方所持有的信息量不等。在社会政治、经济活动等领域中，大部分社会公众往往难以获取到某些社会成员所拥有的信息，这就导致了信息的不均等分配（倪万，2017）。信息不对称理论涉及市场经济中的交易过程，其中参与交易的双方所持有的信息量并不对等，即一方可能拥有更多的关键信息，掌握更多信息的一方在交易中往往占据优势。这种信息不均等以发生的时间为界，分为交易前的信息不对称和交易后的信息不对称，这两种情况分别可能导致“逆向选择”和“道德风险”的问题（王豪和李庆雷，2019）。

（二）理论来源与发展

信息不对称理论最早由乔治·阿克洛夫于 1970 年在其论文《次品市场：质量、不确定性和市场机制》中提出。阿克洛夫指出，由于市场信息的不对称性，会导致逆向选择和道德风险等问题。这些信息不对称的情况不仅影响消费、就业和保险等领域，也对税收风险管理产生影响。随后，众多经济学家对这一现象进行了深入研究，发现在各种经济活动中普遍存在信息不对称，拥有信息优势的一方可以通过传递可靠信息给信息劣势方来获得营销上的利益（马斌斌，2020）。

英国经济学家詹姆斯·莫里斯通过三篇论文建立了信息不对称理论的基本框架，包括委托—代理模型和道德困境理论。在委托—代理模型中，莫里斯指出交易双方存在一种委托与代理的关系，其中代理人拥有信息优势，而委托人则处于信息劣势。在信息不对称的情况下，代理人可能会利用其信息优势，通过隐藏行动或目标差异等手段，损害委托人的利益以增加自身利益，从而引发道德困境。莫里斯进一步解释说，逆向选择是委托人与代理人在达成协议前由于信息不对称而进行的博弈结果（张善超和李宝庆，2021）。

（三）用途与价值

信息不对称理论作为现代信息经济学研究的核心理论，已广泛应用于现代金融市场和传统农产品市场，用信息不对称理论可以解释市场中的各种问题，如商品的市场占有、信贷配给、就业失业、股票市场的起伏、商品的促销等（赵丹华，2020）。众多专家学者从各个方面对信息不对称理论及其应用进行了研究，对我国的经济管理体制改革实践起到了很好的理论指导作用（王欣，2012）。该理论不仅丰富了我们对市场运作的理解，还为解决各种经济问题提供了有力的分析工具。信息不对称理论不仅在理论上提供了对市场经济运行机制深刻的见解，还在实际应用中指导解决了诸多经济问题。它的价值体现在对市场失灵问题的解决、资源配置的优化、经济效率的提升等方面。通过深入研究和应用这一理论，可以更好地理解和应对信息不对称带来的挑战，促进市场的公平与稳定。

（四）理论模型与主要观点

1. 理论模型

信息不对称理论的理论模型包括逆向选择与道德风险模型、信号传递模型和信息甄别模型。

（1）逆向选择与道德风险模型。逆向选择是指在交易发生前，由于信息不对称导致的市场中劣质品驱逐优质品的现象。道德风险则发生在交易后，当一方由于信息不足无法监控另一方行为时，后者可能采取对前者不利的行为。阿克洛夫强调，逆向选择问题会导致市场效率下降，甚至可能引发市场崩溃。

（2）信号传递模型。信号传递模型探讨了信息优势方如何通过发送“信号”来改善信息劣势方的状况。例如，企业通过广告和品牌建设传递产品质量的信号，求职者通过教育背景和技能证书向雇主证明其能力。这一模型在解释市场现象如股市波动、就业失业等方面具有重要价值。

（3）信息甄别模型。斯蒂格利茨提出了信息甄别模型，主要用于解决保险市场中的信息不对称问题。他建议保险公司设计不同的保险合同，让投保人根据自己的风险类型选择最合适的合同，从而揭示其私有信息。

2. 主要观点

信息不对称理论的主要观点包括信息分布的不均衡性、降低市场运行效率、信息优势方的利益最大化等。

（1）信息分布的不均衡性。信息不对称理论认为，在市场经济活动中，不同经济主体间信息的分布是不均衡的，掌握信息较多的一方通常处于有利地位。

（2）降低市场运行效率。信息不对称可能导致市场失灵，如逆向选择和道德风险等问题，从而降低市场运行的效率。为了减少这些负面影响，需要政府干预或进行有效的市场机制设计。

（3）信息优势方的利益最大化。掌握更多信息的一方倾向于利用这一优势在市场中获取更大的利益。这种动机推动了信号传递行为，以增强市场的整体效率。

（4）市场信号的作用。信息不对称理论强调市场信号在弥补信息缺失方面的重要性。通过品牌、声誉、广告等信号，信息劣势方可以更有效地识别和选择交易对象。

（5）政府和制度的重要性。为了减少信息不对称带来的市场失灵，政府应发挥重要作用，制定和实施相关法律法规，加强市场监管，确保信息披露的透明度。

（五）旅游研究应用

信息不对称理论在旅游研究中的应用主要表现在以下三个方面：一是旅游者购买决策研究，如杨晶和王佳（2013）基于信息不对称理论在不同市场信息下分析了旅游者的购买决策；二是旅游市场信息不对称研究，如汪季清和孙海燕（2009）基于信息不对称理论研究了旅游市场信息不对称的状况，并提出了相关对策；三是旅游商品市场治理研究，如赵黎明等（2002）研究了信息不对称对旅游商品市场的影响及治理策略。

二十三、循环经济理论

（一）基本概念

循环经济（Circular Economy）是指在人、自然资源和科学技术的大系统内，在资源投入、企业生产、产品消费及其废弃的全过程中，把传统的依赖资源消耗的线形增长的经济，转变为依靠生态型资源循环来发展的经济（郭伟等，2012）。它以可持续发展为指导思想，以生态经济学为理论基础，倡导一种与环境相和谐的经济发展模式（齐雯和张晓梅，2011）。循环经济是相对于传统线性经济模式而言的，“资源—产品—再生资源”的物质循环利用模式是循环经济区别于传统经济的本质特征。循环经济的本质属性是“经济”，其外延是“社会”“环境”与“经济”的关系。具体而言，循环经济的研究对象是满足人类生存和发展的资源效用的最大化与最优配置，其核心是考虑社会、环境因素影响下的资源节约。循环经济的研究范围包括资源节约与社会公平、环境保护之间的关系研究，但社会公平和环境保护本身并不是循环经济的研究内容（陆学和陈兴鹏，2014）。

（二）理论来源与发展

循环经济理论的起源可以追溯到20世纪60年代，当时美国经济学家波尔丁受到宇宙飞船的启发，提出了“宇宙飞船经济”这一概念。他指出，就像宇宙飞船必须循环利用其有限的资源一样，地球也应该循环利用资源以实现可持续发展。1990年，英国环境经济学家D. Pearce和R. K. Turner在《自然资源和环境经济学》一书中首先提出“循环经济学”的概念，发达国家的后工业化可持续发展中自此广泛地应用了循环经济的概念。同时，在资源循环利用思想替代“末端治理”成为许多国家环境与发展政策主流思想的条件下，逐渐形成了以“5R”（Reduce，Reuse，Recycle，Rethink，Repair）为基本原则，以资源循环利用和污染排放最小化为主线，与清洁生产、可持续消费等融为一体的循环经济发展战略。该理念于1998年首次被我国生态经济学和产业生态学研究者引入，并逐渐成为中国绿色发展理论研究、政策研究和社会实践的热点（恩和，2011）。

（三）用途与价值

循环经济理念与“可持续发展”和“知识经济”一脉相承，它要求尽可能以智力资源优化配置和替代自然资源，实现自然资源利用的循环。这一理念已被应用于中国的区域经济发展、城乡建设和产品生产中（吴季松，2006）。循环经济理论的用途与价值主要体现在以下几个方面：

1. 高效利用资源

循环经济致力于提高资源利用率，减少资源消耗，降低生产成本。通过循环利用和再生过程，资源能够被多次重复利用，从而减少对原生资源的开采需求，有助于缓解资源短缺问题。

2. 降低环境负荷

循环经济强调减少废弃物产生，遵循“减量、再利用、回收”的原则，最大限度地降低经济活动对环境的负面影响。这有助于减轻环境污染，降低环境负荷，促进生态文明建设。

3. 促进可持续发展

循环经济是实现可持续发展的重要手段之一。它通过改变传统的线性经济模式，将经济发展与资源消耗和环境影响脱钩，促进经济增长与环境保护的协同发展。这有助于实现经济、社会和环境的全面协调可持续发展。

4. 创造经济价值

循环经济不仅能够带来环境效益，还能够创造更多的经济价值。通过重新设计生产和消费体系，循环经济可催生出新兴的资源循环利用产业和商业化模式，为经济发展注入新的动力。

5. 提升国际竞争力

在全球范围内，循环经济已成为国际竞争的新领域。通过积极推广循环经济理念和实践，国家可以提升自身在国际舞台上的竞争力，吸引更多的绿色投资和合作伙伴。循环经济是企业提升竞争力，实现生存、发展与自然和谐统一的新型发展模式（陈婧，2011）。

（四）理论模型与主要观点

1. 理论模型

循环经济理论的理论模型包括生态学原理、3R 原则、系统分析与优化等。

（1）生态学原理。循环经济的理论基础是生态经济理论，其核心是模拟自然生态系统的循环机制，构建一个资源高效利用、废弃物最小化的经济体系。循环经济强调经济社会与生态发展的全面协调，实现生态经济的最优目标。循环经济侧重于整个社会物质循环应用，强调资源的多次重复利用。经济活动应在生态可承受范围内进行。

循环经济理论借鉴自然生态系统的循环原则，强调在经济活动中应实现资源的减量化、产品的再利用和废弃物的资源化。

循环经济将一个区域视为“生产者、消费者和分解者”相互作用的系统，倡导模仿自然界的物质循环机制以实现经济发展与生态环境保护的和谐共生。生产者主要是指利用自然资源进行生产的企业或行业；消费者则是指利用这些产品进行消费的大众；分解者则涉及对废弃物进行无害化处理和资源化再生利用的行业。

循环经济模式强调物质闭环循环和废物的零排放，实现“资源—产品—再生资源”的环形流程。这与传统线性经济模式（资源—产品—污染排放）形成鲜明对比，在生态学原理的指导下寻求经济效益、社会效益与环境效益的最大化。

（2）3R 原则。循环经济理论的核心操作原则是减量化（Reduce）、再利用（Reuse）和资源化（Recycle），被统称为 3R 原则。

减量化强调在生产过程中减少原材料的使用，从源头上降低资源消耗和废弃物产生。

再利用提倡产品应设计成可重复使用的形式，延长产品的生命周期，延缓其成为废弃物的时间。

资源化鼓励通过回收和再加工废弃物，将其转换为新的生产资源，最大限度地减少环境污染和资源浪费。

3R 原则的实施可以有效促进资源再生，创造更多的社会和经济价值，同时有助于实现碳中和目标。

（3）系统分析与优化。循环经济理论强调必须对整个经济系统的材料流动、能量流动和信息流动进行综合分析和优化。系统的每一个环节，从原材料开采、产品设计、生产制造、消费使用到废弃物处理，都应当遵循循环经济的原则，实现整体最优化。

循环经济不仅关注产品的物质流动，还包括对产品和服务的全生命周期评估，以及与其相关的环境影响和社会责任。

2. 主要观点

循环经济的模型与传统的“资源—产品—污染排放”的线性经济模型不同，它倡导的是一种“资源—产品—再生资源”的反馈式流程，其特征是低开采、高利用、低排放。这种模型强调在物质不断循环利用的基础上发展经济，以减少对自然环境的影响。

（1）经济发展与环境保护的整合。循环经济理论主张经济发展不应以牺牲环境为代价，要实现经济、社会和环境三者之间的协调和可持续发展。循环经济是一种能够实现自然资源再生、降低环境风险并提升经济效率的高级经济模式，有助于解决传统工业化带来的复合型生态环境问题。

（2）重视资源的高效利用。循环经济强调提高资源生产率，通过循环利用和节约使用资源，减少对自然资源的依赖和破坏。通过技术创新和制度创新，促进资源在经济活动中的高效流动，避免资源的无效和过度消耗。

（3）推动政策支持和制度创新。循环经济的发展需要政府通过制定相关法规和政策来提供支持，如资源循环利用的立法、经济激励机制的建立。循环经济制度化全面推进的阶段需要深化政策研究，确保基本原则和要求细化并能落实到各个实践层面。

（4）促进就业和社会发展。循环经济不仅对环境友好，还能够创造新的经济增长点和就业机会，如资源循环利用产业和环保产业的发展。通过重新设计生产和消费体系，循环经济能够带来社会就业的增加和社会服务的改善。

（5）强调全社会参与。循环经济的成功实施需要消费者、企业和政府的共同参与和责任分担。公众教育和意识提升也是推进循环经济的关键一环，只有社会各界认识到循环经济的重要性，才能促成广泛和有效的行动。

（五）旅游研究应用

循环经济理论在旅游研究中的应用主要表现在以下三个方面：一是旅游开发研究，如张文瑞（2014）运用循环经济理论研究农村休闲旅游开发；二是区域旅游发展机制研究，如朱鹏（2014）基于循环经济理论框架，对大湘西区域的生态文化旅游发展机制进行研究；三是生态旅游研究，如王晓蓉和耿宝江（2006）基于循环经济理论，探索特定区域的生态旅游发展。

二十四、游客“唐僧肉”现象

（一）基本概念

游客“唐僧肉”现象用来解释旅游目的地“宰客”问题。旅游“宰客”特指旅游目的地不法从业人员将游客当作唐僧，利用非法手法欺诈消费者，侵害消费者合法权益，获取非法利润的行为。具体表现为：价格虚高、强制推销、捆绑销售、欺骗游客、强买强卖、以次充好、短斤缺两等。董春晓和慕玲（2016）提出，“宰客”一般是指以非法手段获得消费者所不能接受的过高利润的行为，“宰客”在客观上是供求失衡导致高价所致。卢遵伟（2014）认为，旅游“宰客”就是在旅游活动中，由于政府监管不力、法律法规不健全和信息不对称等内外部因素引起的旅游产品供应商、中间商及导游人员等为了满足自己的利益而直接或间接地使旅游者花费高于正常花费的损害旅游者利益的行为和现象。

（二）理论来源

游客“唐僧肉”现象源于我国层出不穷的“宰客”事件，由本书作者徐尤龙在本书中正式提出。该理论受到经典名著《西游记》中的唐僧前往西天取经的故事启发，发现唐僧在取经途中遇到劫难的原因与游客“被宰”的原因有相似性。在故事中，“唐僧肉”因为被妖怪认为是长生不老的灵药，因此成了妖怪们争夺的对象。在旅游市场中，游客被旅游目的地的各类旅游从业者当作“行走的钱包”，因而都想“赚取”游客身上的钱财。唐僧与游客的相似处在于两者都是离开常住地，来到一个陌生的地方，对当地情况不了解，存在信息不对称，容易上当受骗。如果地方政府治理不力，游客作为处于信息弱势、势单力薄的一方就容易被欺负。

旅游“宰客”是我国旅游市场存在的一个难题，已引起国内学者们的关注，但国外学者关注较少。我国最早研究旅游“宰客”现象的学者是钱林晓（1999），其对旅游“宰客”问题的性质及原因进行了探讨。李娅（2014）基于游客感知，研究秦皇岛旅游“宰客”现象及其政府监管。张军谋和周晓唯（2018）解释了我国旅游市场欺客、“宰客”情形下博弈活动的状态及作用机理，指出个体理性、信息不对称、单次博弈、低级垄断是导致当前我国旅游市场欺客、“宰客”问题产生的主要原因。李盼（2018）探讨了旅游“宰客”现象治理中的政府责任与机制。范春梅等（2020）研究了“宰客”事件后的市场恢复策略。

（三）用途与价值

游客“唐僧肉”现象用于揭示旅游目的地“宰客”的不道德和短视行为的内在原因，为政府制定旅游市场监管政策提供理论依据和参考。政府可以根据该现象，制定更加严格健全的法律法规，加强对旅游市场的监管，提高执行力和处罚力度，规范旅游市场秩序；也可以用于消费者教育，提高游客对旅游市场的认知和警惕性，增强自我保护能力。通过严厉打击宰客行为，从而有效遏制旅游市场中的不公平交易和“宰客”现象，维护市场秩序和公平竞争，促进旅游市场的健康发展。

（四）主要观点

（1）信息不对称是导致游客“唐僧肉”现象的直接原因。游客就像旅游地许多旅游从业者眼里的“唐僧肉”，他们都想从游客身上分一杯羹，赚取游客的钱财。由于游客往往对旅游地不太了解，存在信息不对称，容易上当受骗，故赚游客的钱比赚本地人的钱更容易。

（2）“破窗效应”是导致旅游目的地“宰客”成风的根本原因。政府监管的缺失和市场治理的失效会使个别商家铤而走险，侵犯游客的合法权益，进而形成“破窗效应”，甚至劣币驱逐良币，导致“宰客”成风。即便个别人因为“宰客”受到惩罚，但多数“宰客”行为并未受到惩处，违法成本低，助长了“宰客”群体的侥幸心理。

（3）“热炉效应”是治理游客“唐僧肉”现象的根本手段。要解决这种“宰客”顽疾，需要政府加强法治建设，强化“宰客”法治宣传和市场监管，明正典刑，及时严惩扰乱旅游市场秩序的不法商家和个人，体现警示性、一致性、及时性和公平性。要切实维护游客合法权益，提高旅游从业人员的违法成本，杜绝其侥幸心理，并为诚信旅游企业和商户做信用背书，尽量为游客提供翔实可信的旅游资讯。此外，地方旅游行业协会应健全规范，促进行业自律。

（五）旅游研究应用

游客“唐僧肉”现象尚处于理论提出阶段，其概念界定、理论模型、关系假设、实证研究和案例研究都有待深入研究。通过揭示旅游目的地“宰客”的原因，并提出打造“热炉效应”等解决对策，可以应用于旅游目的地治理，根治“宰客”现象，实现旅游目的地长治久安。

第二章　旅游管理学理论

一、博弈论

（一）基本概念

博弈论（Game Theory）也被称作对策论。博弈指个人或者组织面对一定条件，基于一定规则，选取各自允许的策略并实施，进而获取相应竞争结果的过程。博弈论则是研究个体或者团队间在利益互相制约下，选取相关策略并加以实施的学科（张光生和力莎，2018）。

（二）理论来源与发展

博弈论思想在中国古代就有所体现，著名军事著作《孙子兵法》即是一部博弈论著作。孙武和其后辈孙膑在军事战略上的研究和实践，可以说是最早的博弈论案例之一。博弈论早期的应用场景主要在象棋、桥牌等娱乐项目的胜负问题上，当时人们只是凭借以往经验而达到最优结果，并未形成具体理论。

博弈论作为独立学科的形成始于20世纪初。20世纪20年代，匈牙利数学家冯·诺依曼提出了博弈论，博弈论正式诞生。1944年，冯·诺依曼和摩根斯坦的合著《博弈论与经济行为》将博弈理论与经济学相结合，博弈理论系统初步形成。他们在书中提出了博弈论的两个基本框架——非合作博弈和合作博弈，为以后的博弈理论研究奠定了一定的基础。20世纪40年代末至20世纪50年代初，博弈论研究达到高潮，在这个时期，约翰·福布斯·纳什提出了纳什均衡的概念，并证明了其存在性，纳什的贡献极大地推动了非合作博弈的发展。20世纪70年代以后，博弈论成为主流经济学研究的主要方法之一。20世纪90年代我国的张维迎教授将博弈论引入中国，从此博弈论在中国的研究开始取得了较大进展。

（三）用途与价值

博弈论的用途与价值如下：

（1）分析市场竞争，设计定价策略。博弈论通过纳什均衡等概念，帮助企业在寡头市场中制定最优的竞争策略，从而在价格战中占据有利地位。企业可以利用博弈论模型，通过模拟不同竞争策略的结果，预测和应对竞争对手的行动，设计合理的定价策略，以最大化市场份额和利润。

（2）形成社会规范，管理公共资源。博弈论有助于理解社会规范的形成和演化。通过分析个体在合作与竞争中的选择，博弈论揭示了社会规范如何在不同群体间形成并维持。同时，通过博弈论模型，可以设计有效的资源分配机制，避免公地悲剧等现象发生，实现资源的可持续利用。

（3）设计与优化算法，分析网络安全。在计算机科学中，博弈论被用于设计和优化算法，特别是在分布式计算和网络路由协议中。通过博弈论模型，可以设计出高效且稳定的算法。同时也可以帮助分析和设计防御策略，防止黑客攻击和数据泄露，有效维护网络安全。

（4）分析决策心理，培训谈判技巧。博弈论在心理学中用于分析人们的行为决策，通过心理博弈论，研究人员可以揭示人们在复杂环境中的决策过程和行为模式。而将博弈论运用于谈判中，也可以帮助制定最优策略，提高谈判效果。

（四）理论模型与主要观点

1. 理论模型

（1）囚徒困境（Prisoner's Dilemma）。囚徒困境是博弈论所涉及的一个最基础的模型，在这个假设的情境中，互相隔离的犯罪嫌疑人 A 和 B 都面临着“认罪”还是“沉默”这两个选择，而每个人行为选择的结果又取决于另一人的行为选择（见图 2-1）。作为理性自利的个体，A（或者 B）在进行决策时，其会发现如果 B（或者 A）选择“保持沉默”，则自己的最优选择就是“承认犯罪”，以争取最少的 3 个月刑期（相对于选择“保持沉默”而获刑 1 年）；而如果 B（或者 A）选择“承认犯罪”，则自己的最优选择也将是“承认犯罪”，这时候刑期相对较短，是 5 年（相对于选择“保持沉默”而获刑 10 年）。因此，对于任何一个嫌疑人来说，无论另一方的选择是“认罪”还是“沉默”，自己的最优选择都是“认罪”。这样一来，结果就是两个人都选择“认罪”，各领 5 年的刑期（陈儒丹，2014）。

		嫌疑人B	
		保持沉默	承认犯罪
嫌疑人A	保持沉默	1年 1年	3个月 10年
	承认犯罪	10年 3个月	5年 5年

图 2-1　囚徒困境模型

（2）枪手博弈（Gunfight at the O. K. Corral）。枪手博弈是一个经典的博弈模型。三人对枪自决，甲、乙、丙枪法依次为好、中、差。两种前提：同时开枪或是先后开枪，最后的结局却是无奈而神奇的：枪法最好的枪手，倒下的概率却也是最高的；而最蹩脚的枪手，存活的希望却最大。大家都会把目标定向对自己威胁最大的一个人，但没有人会把威胁最小的枪手列为首先攻击的目标（陈望东，2009）。

（3）智猪博弈（Boxed Pigs Game）。智猪博弈模型以大猪和小猪为例，代表了市场中的绝大多数人进行的市场选择行为。模型的主要内容是，在一个猪圈中有大猪和小猪各一只，由脚踏板来控制食物的进入，每踩一次，则会出现 10 个单位的食物，会耗费 2 个单位的食物。一般来说，一只猪去踩脚踏板，则另一只猪能够优先抢到食物。当大猪去踩，则小猪能够得到 4 个单位食物，大猪得到 6 个单位食物；当小猪去踩，则大猪能够得到 9 个单位食物，小猪得到 1 个单位食物。从表 2-1 中可以看出，最优策略是大猪去踩脚踏板，小猪不踩，最终均能够得到 4 个单位食物收益，总体收益为 8 个单位食物收益。这就是经济学中所说的“搭便车”的现象。因为大猪和小猪都是理性经济人，所以最终的选择是，大猪不停地去踩脚踏板，而小猪等着吃食物，这样就形成了博弈均衡。但是这种博弈均衡是不稳定、短期的，前提条件是小猪所享用的食物不会较多地占有大猪的食物。但是显然从长期来看，随着时间的推移，小猪会慢慢长大，其所需要的食物会越来越多，会逐渐影响到大猪的食物，这样双方就会选择新的博弈策略，形成新的博弈均衡（张立芳和郭华夏，2017）。

表 2-1　智猪博弈策略

<table>
<tr><td colspan="2"></td><td colspan="3">踩踏板</td><td colspan="3">等待</td></tr>
<tr><td rowspan="10">小猪</td><td rowspan="5">踩踏板</td><td></td><td>大猪</td><td>小猪</td><td></td><td>大猪</td><td>小猪</td></tr>
<tr><td>吃</td><td>7</td><td>3</td><td>吃</td><td>9</td><td>1</td></tr>
<tr><td>耗</td><td>2</td><td>2</td><td>耗</td><td>0</td><td>2</td></tr>
<tr><td>收益</td><td>5</td><td>1</td><td>收益</td><td>9</td><td>-1</td></tr>
<tr><td>总收益</td><td colspan="2">6</td><td>总收益</td><td colspan="2">8</td></tr>
<tr><td rowspan="5">等待</td><td></td><td>大猪</td><td>小猪</td><td></td><td>大猪</td><td>小猪</td></tr>
<tr><td>吃</td><td>6</td><td>4</td><td>吃</td><td>0</td><td>0</td></tr>
<tr><td>耗</td><td>2</td><td>0</td><td>耗</td><td>0</td><td>0</td></tr>
<tr><td>收益</td><td>4</td><td>4</td><td>收益</td><td>0</td><td>0</td></tr>
<tr><td>总收益</td><td colspan="2">8</td><td>总收益</td><td colspan="2">0</td></tr>
</table>

资料来源：张立芳和郭华夏（2017）。

（4）斗鸡博弈（Hawk-Dove Game）。斗鸡博弈又称鹰鸽博弈或者雪堆博弈，相比于囚徒困境更适合研究个体间竞争和冲突的实验范式，参加博弈的两个人取得集体收益最大化的条件是彼此建立良好的合作关系，轮流做出不同的选择。该博弈任务的原始情境是“飞车党徒”为了彰显勇敢，两人分别驾驶摩托车急速对撞；如果一方怕死而首先让道，那么此人就被称为懦夫；如果两人同时让道，两人均被称为懦夫；如果两人都不让道，则有可能非死即残。被称为懦夫的人在飞车党内地位低下、备受歧视；不让道的个体则会享受崇高的荣誉，受到众人的推崇。“斗鸡博弈”的双方均晓得，如果在对方选择让路的前提下，自己最好选择相撞；如果在对方选择相撞的前提下，自己最好选择让路。因此，“斗鸡博弈”中的最优选择是彼此间建立良好的合作关系，轮流做出不同的选择（李颖和张振，2014）。

（5）蜈蚣博弈（Centipede Game）。蜈蚣博弈是由罗森塞尔于1981年提出的一个动态博弈问题。蜈蚣博弈是指博弈方A和B轮流选择，可选择方案有“合作”和“不合作”两种策略。第一次博弈若A决策不合作，则A得1，B得0；若A决策合作，就轮到B决策，若B决策不合作，则B得2，A得0；若B决策合作，则又轮到A决策。A、B两方轮流决策，奖赏越来越大，谁决策不合作，谁就得到全部奖赏，而对方什么都得不到。假定N=100。如果合作到99次A仍选择合作，若B选择不合作，则B得100，A得0。蜈蚣博弈的博弈树图形像百足虫蜈蚣一样，因此被称作蜈蚣博弈（见图2-2）（姚国荣和陆林，2014）。

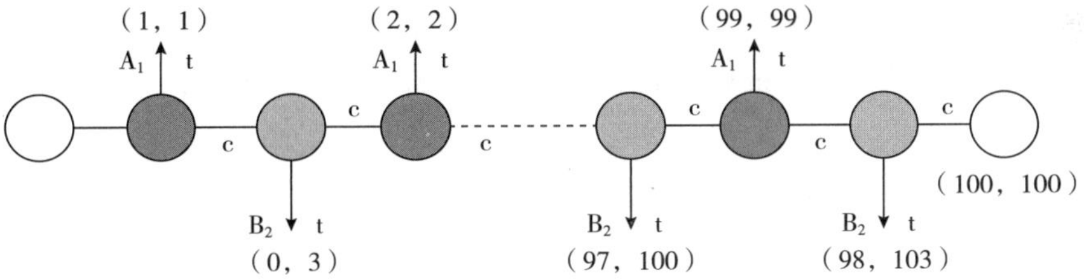

图2-2 蜈蚣博弈模型

资料来源：姚国荣和陆林（2014）。

2. 主要观点

（1）策略互动与利益最大化。博弈论强调在策略性环境中，个体的最佳策略选择依赖于他人的选择。理性个体通过策略互动追求自身利益的最大化。每个参与者在博弈中都会试图选择最优策略，以实现自身利益的最大化。这种追求不仅考虑自身行为，还需预测和应对其他参与者的可能行动。

（2）纳什均衡。博弈论的核心在于理解纳什均衡，纳什均衡是一种稳定的博弈结果，它描述了所有参与者都采取最优策略时的状态，揭示了博弈中参与者策略选择的稳定性和可预测性，对于理解博弈结果和制定策略具有重要意义。

（3）个体理性与集体理性。博弈论中的个体通常被假设为理性决策者，他们会根据自身利益做出最优选择。然而，个体理性选择有时并不一定能导致集体最优结果。囚徒困境模型就揭示了个体理性与集体理性之间的冲突，展示了合作与背叛的微妙平衡。

（4）理性思考与合作共赢。在竞争和合作的环境中，个体的最佳策略往往取决于他人的策略选择。因此，在做决策时需要充分考虑他人的可能行动及其影响，并且在特定条件下，参与者可以通过协商和合作达成更优的集体结果，从而使参与者实现共赢。

（五）旅游研究应用

博弈论在旅游研究中的应用主要表现在以下三个方面：一是旅游资源开发，如陈扬乐和方斌（2022）引入非合作博弈论，通过自然博弈和重复博弈推演，推导出南沙群岛旅游资源开发的理想模式；二是旅游市场监管研究，如周辉等（2016）基于演化博弈，研究了旅游市场监管机制；三是旅游发展中的利益博弈研究，如杨晗（2017）分析了乡村旅游发展中的利益相关主体行为博弈。

二、动态能力理论

（一）基本概念

动态指组织必须具备对不断变化的外部环境的适应性，能力指组织需要更新自身能力以满足环境变化的要求。动态能力是组织的高阶能力，它能够更新并提升存量能力，有助于组织响应环境变化，从而获得持续的竞争优势，提升组织绩效（Winter，2003）。动态能力理论（Dynamic Capabilities Theory）的核心在于，企业需要建立一种弹性能力，以便快速上市新产品、有效掌握商机，并持续地建立、调适、重组其内外部的资源和智能，以此来保持竞争优势。

（二）理论来源与发展

20世纪80年代，资源基础理论和核心能力理论等静态理论遇到了发展瓶颈，因其不能很好地解释动态市场上为什么某些企业具有持续的竞争优势，为动态能力理论的孕育和发展创造了条件。Teece和Pisano在1994年发表的《企业动态能力：导论》一文中首次提出了“动态能力”的概念。

Eisenhardt和Martin（2000）进一步扩展了动态能力的应用领域，认为动态能力不仅在动态的环境中发挥重要作用，在静态的环境中也能对企业产生重要的影响。动态能力理论在发展过程中与其他相关理论（如资源基础观、核心能力理论）进行了融合，形成了更加完善的理论体系。近年来，随着实证研究方法在战略管理领域的应用越来越广泛，动态能力理论的实证研究也得到了加强。

（三）用途与价值

动态能力理论被应用于经济、管理等相关研究领域中，企业可以通过整合内外部资源、加强创新和学习、制定灵活的战略规划等方式，不断提升自身的动态能力，以应对市场的不断变化和顾客的新需求。为企业如何在快速变化的市场环境下保持竞争力提供了有力的解释和指导。

动态能力理论的价值体现在多个维度：一是提升企业对环境变化的适应能力。动态能力理论强调企业需要具备快速适应市场变化的能力。在当前市场环境下，技术创新和消费者需求变化迅速，企业只有快速捕捉到这些变化，才能及时调整战略和资源，从而保持竞争优势。二是促进企业持续创新。动态能力具有开拓性，强调通过创新和学习不断更新企业能力，这种能力不仅关注企业内部的特有组织惯例，还强调从外部吸收新知识，促进企业的开放性创新。三是增强内部与外部资源的整合效率。动态能力理论强调企业需要有效整合和配置内外部资源，这种整合不仅包括企业内部的技术和人力资源，还包括从外部获取的关键知识和技术。四是提升企业长期竞争优势。在竞争激烈的经营环境下，企业需要不断地获取一系列暂时竞争优势。动态能力理论可以指导企业如何在多个短期优势中快速切换，从而保持长期的市场领导地位。

（四）理论模型与主要观点

Teece 把组织过程分为三种角色：重构、协调或整合、学习。重构是一个转变概念，协调是一个静态概念，学习是一个动态概念。通过协调或整合，从学习到重构，企业可以从一种状态转变为另一种状态。协调或整合能力被看成内部的，与组织内部的活动和任务相关联。外部整合角色利用一种特定的组织研究程序研究组织之间的学习（庄宁宁，2022）。在竞争变化的环境中实现竞争优势保持是动态能力理论之源；在动态中识别和塑造机会是动态能力实践之要；实现资源整合与重组优配是动态能力的作用之理（刘东风，2023）。

动态能力理论提倡：一是组织需要专注于协调和整理可用资源。其中制度是特殊的可用资源，它会影响组织行为，会使组织“改变正式结构”“采纳外部评估标准”“稳定化”，并最终促进“组织的成功与发展”。还可以通过作用于组织规则设定、组织形式、组织战略、组织决策、组织工作程序、组织结构、组织职能等方面进而对组织能力产生深刻影响（Davis and Walker，2009）。二是组织需要注重内外部学习和资源的重新配置，使能力具有动态变化的特征。动态能力与积累的内部因素的影响要素包括组织学习、组织安排以及其他诸如组织结构与认知模式等。除此之外，“信息交流、重复性的实践、为知识进行编码、不断试错、事件发生节奏的快慢、组织惯例、缄默知识等也都对动态能力的形成与提升产生促进或妨碍作用”（黄培伦等，2009）。

（五）旅游研究应用

动态能力理论在旅游研究中的应用主要表现在以下三个方面：一是旅游目的地竞争力研究，如蒋奇杰等（2018）基于动态能力理论研究了信息技术与旅游目的地竞争力之间的关系；二是旅游规划企业战略管理研究，如周密（2019）基于动态能力理论，以桂林七颗星旅游景观规划设计有限公司为例，研究了旅游规划企业战略管理；三是旅游供应链绩效研究，如 Gupta 等（2024）的研究表明，大数据分析能力（BDAC）对旅游供应链（TSC）的绩效有显著影响，而动态能力（DC）在其中发挥着关键的调节作用。

三、公地悲剧理论

（一）基本概念

公地悲剧理论（Tragedy of the Commons Theory）主要描述了公共资源在个人利益与公共利益之间的冲突，导致资源被过度使用，最终损害所有人利益的状况。主要含义是，当资源或财产有许多所有者时，每个个体基于利益最大化去使用资源，会导致资源被过度使用，最终损害所有人的利益（黄玫，2019）。

不同类型的产品都存在弱点或负效应，也可称为悲剧。其中最难解决的是公用品悲剧，即公地悲剧。具体而言，非排他性与竞争性组合，构成了过度使用性质的公地悲剧（孙放，2019）。公地悲剧理论，也称为公共资源的悲剧。公地悲剧的核心思想在于有限的公共资源注定将因为不受限制的过度使用而枯竭，公地悲剧指出在对公共资源进行分配的过程中，个体理性将导致集体非理性的困境。简而言之，公地悲剧是指具有使用上的竞争性但不具备或者缺乏排他性产权的公共资源，被过度使用的情形（阳晓伟和杨春学，2019）。公地悲剧理论揭示了公地治理中的深层问题：个体理性选择与集体行动的困境（武俊伟，2023）。

（二）理论来源与发展

“公地悲剧”一词最早由英国牛津大学政治经济学教授威廉·佛司特·洛伊于1833年在《关于人口控制的教训》一文中首次提出。1968年，加州大学生态学教授哈丁在《科学》杂志上发表了《公地的悲剧》一文，该文对“公地悲剧”的概念进行了延伸和系统性阐释。哈丁描述了受个体理性驱使的公共资源日趋枯竭的困境，多个个体基于自身利益最大化行事将造成有限的公共资源枯竭，尽管每一个体都清楚地意识到发生这样的结果不利于自身的长远利益（张新民等，2009）。公地悲剧理论自提出之后引起了学界广泛的关注，大量学者从环境科学、生态学、资源科学、社会学、政治学和伦理学等不同的学科背景，或者从跨学科的角度（如生态经济学、社会生态学等）对哈丁的观点进行了深入研究（庄淑蓉等，2023）。

（三）用途与价值

1. 用途

公地悲剧理论主要用于解释当资源或财产被共享时，个体追求最大化个人利益可能导致整体资源过度消耗或破坏的现象。这一理论在多个领域具有广泛的用途，如环境保护、公共资源管理等。

（1）解释公共资源滥用现象。公地悲剧理论能够深刻揭示公共资源因产权不明晰、管理不到位而导致的过度使用和枯竭现象，如草场退化、渔业资源枯竭等。

（2）指导环境政策制定。该理论为各国国内自然环境的治理以及环境立法提供了丰厚的理论支撑，有助于制定更有效的环境保护政策。

（3）拓展应用领域。随着理论的发展，公地悲剧理论的应用范围逐渐拓展到金融危机、国企改革等多个领域，为这些领域的问题分析提供了新的视角。

2. 价值

（1）促进资源合理配置。通过公地悲剧理论的分析，可以认识到产权界定和有效管理对公共资源合理配置的重要性，从而推动相关制度的建立和完善。

（2）增强公共意识。该理论提醒公众关注公共资源的使用和维护，增强人们的环保意识和公共责任感。

（3）推动国际合作。在国际环境治理领域，公地悲剧理论有助于各国认识到共同面临的环境挑战，促进国际合作和共同治理。

（四）理论模型与主要观点

公地悲剧理论的主要观点：其一，每一主体独占利用公地的收益，但对公地造成的损害却由全体成员承担，负外部性难以完全内化导致每一自利的经济人倾向于最大限度地攫取公地资源，直到公地受损与枯竭，由此导致公地资源的“利用悲剧”。其二，每一主体独自承担维持公地良好状态或改善公地的成本，所得收益却由全体成员共享，正外部性无法完全内化导致每一理性的经济人丧失维持公地良好状态或改善公地的动机，由此导致公地资源的“供给悲剧”。其三，目光长远的经济人对合作管理公地、避免上述“双重悲剧”无能为力。因为在“开放进入式”的公地中，范围开放且动态的使用者之间达成和履行维持公地良好状态或改善公地的协议面临高昂的交易成本，阻碍公地从损耗、枯竭的命运转向更高价值的用途。

非竞争性资源的公地悲剧不像竞争性资源那样严峻。竞争性资源的公共状态确实会导致资源的损耗与枯竭，且没人愿意从事竞争性资源的供给，因此对竞争性资源而言，利用与供给的“悲剧”同时存在，并共同提出了排他需求。但非竞争性资源不会因为需求过多而负担过重。这意味着，对非竞争性资源来说，并不存在损耗与枯竭的“利用悲剧”。不过，对经济人而言，若其不能在播种后收获，任由“搭便车”者不付成本地自由攫取，将没有人愿意从事非竞争性资源的供给，从而导致“供给悲剧”。不过，非竞争性资源的“供给悲剧”远没有竞争性资源严重。这是因为尽管“搭便车”者导致非竞争性资源的市场价值受损，但不会导致其物理损耗，也不影响生产主体自身照常利用非竞争性资源，他们并非一无所获。此外，非竞争性资源的使用者间彼此互不影响，在将非竞争性资源转向更高价值的用途前，不必征得众多其他使用者同意，因此非竞争性资源的公共状态不会招致类似竞争性资源一般的交易成本（刁佳星，2024）。

（五）旅游研究应用

公地悲剧理论在旅游研究中的应用主要表现在以下三个方面：一是研究乡村旅游中的公地悲剧，如孟凯等（2018）分析了乡村旅游地发展过程中公地悲剧的演化与治理；二是共生旅游资源开发分析，如衣传华（2011）基于公地悲剧理论，研究了环太湖旅游区的共生旅游资源开发；三是探索旅游发展的长效机制，如孟凯和张世泽（2022）以河南省重渡沟村为例，研究了乡村旅游地公地悲剧有效治理的路径与机制。

四、价值共创理论

（一）基本概念

价值共创（Value Cocreation）是指在一定规则下，由一方服务系统的资源与另一方服务系统进行整合，并为所有参与方提供经济利益的过程（Fan and Luo，2020）。随着价值的概念在价值共创理论中不断演进，它的关注逻辑已逐渐由产品主导向顾客主导方向进化。在以产品主导的价值逻辑中，企业是产品的生产者，被认为是唯一价值创造者，顾客是企业的目标市场，是价值的被动接受者，是在企业与顾客双方共同承认产品及其价值时，实现了产品的交换价值，或共创了价值（Vargo et al.，2008）；而随着市场经济竞争的日趋激烈，企业开始更加关注顾客的消费需要、消费体验和消费情境，甚至以顾客的情境价值作为重点，出现了顾客主导的价值共创过程。总体来说，价值共创以价值生产与价值消费的二元关系为着眼点，研究其互动中共同生产产品或服务的过程，从而创造价值（吴鹏泽和杨琳，2022）。

（二）理论来源与发展

随着19世纪服务经济学的兴起，拉米雷斯最早提出价值共同生产的概念，并明确了价值由企业和顾客共同生产。该逻辑表明顾客也是价值的创造者，强调企业和顾客的互动是价值创造的核心，且两者之间不是单向的传递关系，而是通过彼此之间的互动来共同创造价值。因此，顾客参与共同生产可看作价值共创早期思想的萌芽，但共同生产并不等同于价值共创。虽然共同生产已开始关注顾客在价值创造中的角色，将顾客作为一种生产要素资源，但其本质仍强调企业在价值创造中起主导作用，所以其概念介于传统价值创造与价值共创观点之间。

21世纪以来，随着网络经济及信息技术的发展，顾客在价值创造中发挥着越来越重要的作用，并开始主动参与到合作创新中。为满足消费者的需求及更好地服务于消费者，企业开始与消费者合作共同创造价值，由此，价值创造的研究开始由企业导向转为顾客导向。现有价值共创理论主要源自两个流派：服务主导逻辑和顾客主导逻辑（余义勇和杨忠，2019）。

（三）用途与价值

价值共创理论的用途和价值如下：

（1）提升服务质量与降低成本。通过直接让消费者参与产品或服务的开发和设计，企业能够更好地满足客户需求，从而提升服务质量。同时顾客的参与可以有效减少因市场需求评估不准确而造成的返工和浪费，从而降低研发成本。

（2）提高效率与发现市场机会。通过顾客的参与，企业能更精准地了解市场需求，从而提高生产和服务的效率。在顾客参与价值共创的过程时，往往会带来意想不到的创意和需求，为企业开辟新的市场机会。

（3）提高品牌知名度与提升品牌价值。顾客的积极参与不仅能提升品牌的市场认知度，还能通过口碑效应扩大品牌影响范围。价值共创能让顾客感受到企业对他们的重视和尊重，从而提升品牌的整体价值。这种价值不仅体现在经济收益上，还包括品牌忠诚度和用户满意度的提升。

（4）提高顾客购买意愿与忠诚度。顾客在参与价值创造的过程中获得了更好的体验和满意度，这会直接影响他们的购买决策，提高再次购买的意愿。通过价值共创，企业与顾客之间建立了更为紧密的联系和信任关系，有助于提高客户的忠诚度。长期来看，这将为企业带来稳定的客户群体和持续的收入流。

（5）促进行业创新与提升社会价值。价值共创的理念可以推动整个行业的创新和进步。当多数企业都采用价值共创模式时，行业整体的竞争力和创新能力将得到提升。价值共创不仅有利于企业和消费者，还能推动社会的可持续发展。通过共同创造价值，各方利益相关者都能获得更大的满足感和幸福感，从而提升整个社会的价值。

（四）理论模型与主要观点

1. 生产领域的价值共创：共同生产

生产领域的价值共创主要指企业作为价值创造的主导者，以对象性资源为主，积极吸引顾客参与价值创造并共创价值的过程。其主要关注点是如何使顾客参与到价值创造中，重点强调顾客作为共同生产者与企业如何互动并创造价值的过程。因此，生产领域的价值共创也被称为价值共同生产，其价值来源是顾客的使用价值（Vargo and Lusch，2008），而需求则源于企业感知到的顾客需求。该领域的价值创造活动范围较窄，主要集中在价值链上相邻或有接触的企业之间，其研究主要集中于新产品开发环节，顾客参与新产品开发可以提高信息共享、增加顾客与供应商的协作等，进而实现价值的共同生产（Hoyer et al.，2010）。

2. 消费领域的价值共创：服务主导逻辑

消费领域中服务为顾客和企业间互动提供了途径，其价值共创研究主要集中在顾客与企业、顾客与顾客之间互动的共创价值。在服务主导逻辑下，顾客是价值共创的主导者，顾客专用性知识和技能成为企业竞争优势的关键来源，顾客与企业联合并共同整合资源以创造价值（Vargo and Lusch，2016）。由于服务情境不尽相同，该逻辑认为企业与顾客共创的价值是顾客在消费过程中实现的使用价值与情境价值。因此，企业不应再把顾客简单视为营销对象，而是应将顾客看作主控资源，顾客可以对企业营销过程、消费过程和交付过程作出贡献；企业也不再是单纯地制造产品或服务，而是在价值创造过程中利用自身的专业知识和技能，协助顾客使用产品及服务，尽可能为顾客提供帮助（Vargo and Lusch，2008）。

3. 网络环境下的价值共创：顾客主导逻辑

网络经济的兴起与发展不仅使消费者变得更加活跃、连接和知情，而且使顾客多样化的个性需求更易感知与传递。消费者交往范围也从现实转向网络，基于社交平台和虚拟网络的虚拟品牌社区由此产生。网络环境下的价值创造主体变得更为复杂，平台或虚拟品牌社区为顾客与企业、顾客与顾客互动提供了更开放自由的空间，提供了比线下更大范围的交互机会（Prahalad and Ramaswamy，2004），供应商、商业伙伴、合作者和顾客等不同主体都可以参与其中并自由互动、分享个人体验（Pinho et al.，2014），实现了生产领域与消费领域相统一的价值共创模式。网络环境下的价值共创以顾客主导逻辑为依据，以顾客体验为价值基础（简兆权等，2016），通过互动积极挖掘顾客潜在需求，满足顾客潜在需求，进而实现价值共创的过程。因此，该逻辑下的价值共创既属于生产领域又属于消费领域，既有顾客与企业/平台服务人员之间的互动，也有顾客与顾客之间的互动。

（五）旅游研究应用

价值共创理论在旅游研究中的应用主要表现在以下三个方面：一是旅游景区价值共创，如徐尤龙等（2025）以桂林龙脊梯田景区为例，研究了旅游景区价值共创模型与实现机制；二是旅游信息生态系统价值共创，如许孝君和臧晓文（2021）融合价值共创，研究了旅游信息生态系统模型；三是旅游品牌价值共创，如邓良柳（2021）研究了在网络用户参与品牌价值共创视域下，民族文化旅游品牌的发展策略。

五、价值网络理论

（一）基本概念

价值网络（Value Network）是指公司为创造资源、扩展和交付货物而建立的合伙人和联盟合作系统。它涵盖了公司的供应商、供应商的供应商、下游客户以及最终顾客，同时还可能包括其他有价值的关系，如大学里的研究人员和政府机构等。价值网络强调通过多方合作和资源整合，共同满足市场需求并创造价值。价值网络的主要特点包括以顾客需求为中心、高度协作、快速反应、低成本、动态性等。

价值网络理论是关于企业如何通过构建合作伙伴和联盟系统来创造、扩展和交付价值的一个理论框架。价值网络理论是在信息革命和模块化时代背景下产生的新兴战略理论。价值网络理论有三个关键环节：一是逻辑起点，始终围绕顾客需求（客户价值）；二是作用过程，各主体之间相互联结合作，形成关系网络；三是产生效果，实现价值外溢，形成价值网络。在关系网络中，由客户需求激发形成价值网络创新的动力，核心企业掌握关键资源与能力，协调、带动节点企业合作互补，从而共创价值（易开刚和厉飞芹，2017）。

（二）理论来源与发展

价值网络理论源于价值链理论。传统的价值链经过解构、整合和重建，形成具有差异化竞争优势的价值链。价值网络的概念最早可追溯至 Branden-Burger 和 Nalebuff（1996）合著的《竞合战略》（*Co-opetition*）中，两位学者在该书中率先提出了价值网络是由企业、顾客、竞争者、供应商和互补商组成的五要素模型。Slywotzky 等（1998）在《利润区》（*The Profit Zone*）一书中进一步指出价值网络的本质是为实现客户价值最大化而重构价值链。美国学者大卫·波维特进一步发展了价值网概念，在其论著《价值网》（*Value Nets*）中提出价值网是一种新业务模式，能够将顾客苛刻的要求与灵活、有效率、低成本的产品提供连接起来。

随着研究的不断拓展和深化，各位学者从顾客价值创造、网络组织形态、利益相关者、多重经济关系和群体创新性等多个视角对价值网络的概念进行更加丰富的理论阐释，从不同侧面揭示价值网络的内在特征（顾恩澍，2022）。

（三）用途与价值

（1）提升企业竞争优势。价值网络理论强调企业在网络中通过优化合作关系来获得竞争优势。通过这些合作，企业可以快速响应市场变化，推出创新产品，从而在竞争中占据有利位置。

(2) 促进创新与技术发展。当顾客出现新的价值需求时，价值网络成员可以联合起来进行研发，迅速地满足这些需求。这种基于双赢思想的紧密合作，能够实现成员公司之间核心能力的优势互补，共担风险和成本，共享市场和顾客忠诚。

(3) 提高供应链效率。价值网络理论提出将传统的供应链转变为价值网，采用数字信息快速配送产品，避开了代价高昂的分销层。这种模式不仅提高了供应链的效率，还显著降低了运营成本。

(4) 提供个性化价值，提升客户满意度。通过充分整合价值网络中相关成员的价值创造能力，可以更好地为顾客提供个性化的价值。同时，价值网络中的企业可以通过与客户的互动获取实时反馈，及时调整产品和服务以满足客户需求。这种个性化不仅提升了客户的满意度，还增强了品牌忠诚度。

(5) 管理多方关系，实现多方共赢。价值网络包括公司的供应商和供应商的供应商以及它的下游客户和最终顾客，还包括其他有价值的关系。通过有效管理这些利益相关者的关系，企业能够更高效地利用外部资源，提升自身的市场竞争力。同时在企业间的合作竞争中，不仅能避免零和博弈，还能通过共赢策略实现长期可持续发展。

(四) 理论模型与主要观点

1. 理论模型

Basole 和 Rouse (2008) 提出了一个适合服务型市场的价值网络模型，这一模型将参与者分为五类：消费者、服务提供者、层次 1 参与者、层次 2 参与者和辅助参与者。除了这五类参与者，社会及经济等外在环境也同样影响着价值网络的构成。这五类参与者的定义是，消费者：使用服务提供者提供的产品和服务，他们引发了价值网络中的相关活动；服务提供者：他们直接向消费者提供服务和产品，在此模型中，服务提供者还充当消费者和两层参与者的中间人；层次 1 参与者：他们直接向服务提供者提供产品和服务；层次 2 参与者：他们向层次 1 参与者提供服务和产品；辅助参与者：他们是一类对整个经济系统产生影响的参与者，如政府机构（王乔娅和黄奇，2009）。

2. 主要观点

价值网络理论主张具有不同核心能力的企业把各自的价值链连接起来，形成包含上下游企业、顾客及竞争者在内的关系网络，从而共同创造差异化、整合化的客户价值，最终获取群体竞争优势、网络结构优势和抗风险能力（易开刚和厉飞芹，2017）。

(1) 以顾客价值为中心。价值网络的核心是创造和提供卓越的顾客价值。这要求企业超越传统的供应链管理模式，将关注点从单纯的成本降低转向如何更好地满足顾客的个性化需求。

(2) 高度协作。价值网络中的企业需要高度协作，共享信息、资源和能力。这种协作不限于供应商和客户之间，还包括竞争对手和其他互补性组织。通过协作，企业能够更有效地利用网络中的资源，共同创新，以满足市场的需求。

（3）快速响应。价值网络强调对市场的快速响应能力。网络中的企业需要建立灵活的流程和结构，以便快速适应市场变化，包括新产品的开发、生产和交付。

（4）低成本。尽管价值网络强调顾客价值，但成本控制仍然是重要的考量因素。通过优化网络结构、提高运营效率和降低交易成本，企业可以在保持高质量服务的同时降低成本。

（5）资源共享。价值网络中的企业通过网络共享关键资源，如技术、市场信息、生产设施。这种共享机制不仅提高了资源的利用效率，还促进了知识和技术的快速传播。

（6）适应性。价值网络需要不断适应外部环境的变化，包括技术进步、市场需求的变化以及竞争态势的演变。企业需要不断评估和调整其在价值网络中的角色和策略，以保持竞争力。

（7）平台思维。价值网络理论认为，企业应该建立或参与平台，这些平台能够连接不同的参与者，促进资源和信息的流动。平台可以是实体的，也可以是数字化的，关键在于它们能够为网络中的企业提供价值。

（8）生态系统观。价值网络理论将企业视为生态系统的一部分，强调企业与环境和其他组织的共生关系。企业的成功不仅取决于自身的能力，还取决于其在生态系统中的位置和作用。

（9）数据驱动。在价值网络中，数据是关键的驱动因素。企业需要利用数据分析来洞察市场趋势、顾客需求和运营效率，从而作出更加精准的决策。

（10）持续创新。价值网络鼓励持续创新，包括产品创新、流程创新和商业模式创新。企业需要不断地探索新的价值创造方式，以适应快速变化的市场和技术环境。

综上所述，价值网络理论为企业在复杂多变的市场环境中提供了一种有效的业务模式。它要求企业以顾客价值为中心，通过高度协作、快速响应、资源共享和持续创新，来提升竞争力和市场地位。随着商业环境的不断变化，价值网络理论将继续对企业的战略规划和运营管理产生深远的影响。

（五）旅游研究应用

价值网络理论在旅游研究中的应用主要表现在以下两个方面：一是旅游目的地开发，如易开刚和厉飞芹（2017）基于价值网络理论，研究浙江省特色小镇的旅游空间开发机理与模式；二是旅游产业竞争力研究，如刘蔚（2006）基于价值链（网络）理论，分析旅游产业竞争力。

六、竞合理论

（一）基本概念

竞合理论，也被称为合作竞争理论（Co-Opetition Theory）。竞争与合作是对立统一的产物，在相互竞争中产生合作，在合作中促进竞争，甚至产生新的竞争者，从而构筑新的行业体系与竞争关系。“竞合”强调的是企业之间、区域或者地方之间的合作共赢思维，反映各个经济主体之间既竞争又合作的互动关系（韦福巍等，2020a）。现代管理学中的竞合理论是指企业之间紧密关联，同时存在竞争与合作，在创造与分享价值时具有的利益部分一致性，并由于利益关系交互而紧密地连接在一起（张宇飞和张雅文，2021）。

（二）理论来源与发展

竞合理论源于对竞争对抗性固有缺点的认识和当今复杂经营环境的适应。1949 年，莫顿·多伊奇提出了合作竞争理论，为后来的竞合理论奠定了基础。1996 年，哈佛商学院的 Branden-Burger 和耶鲁管理学院的 Nalebuff 合作出版了《竞合战略》一书，首次将合作与竞争结合起来，形成“竞合”（Co-Opetition）这一专有名词。他们在这本著作中指出，竞合源自对竞争本身内在缺陷的理解，以及企业对如今的复杂运营条件下的适应，通常用以形容企业之间共存的竞争和合作现象（付璐，2022）。他们认为，竞争与合作的问题一直存在于企业中，两者不可分割。两个或者两个以上的经济主体在同一历史时期、同一发展阶段内竞争的同时也保持合作，从而有效避免了由于双方过度竞争所引起的不良市场结果。

后续学者如 Bengtsson 和 Kock（1999）、Luo（2005）等进一步丰富了竞合理论的内容，使其成为战略管理领域的主流理论之一。Bengtsson 和 Kock 等学者的研究表明，企业间的竞合关系随着时间推移不断演化，可能在某一时刻以竞争为主，而在另一时刻达到竞合平衡。

（三）用途与价值

竞合理论被广泛应用于企业战略管理、供应链管理、市场拓展与竞争应对、技术创新与产品研发等领域，解释企业间复杂的竞争与合作行为。企业可以利用竞合理论来制定合作竞争战略，通过与其他企业建立战略伙伴关系，共同开拓市场、分享资源、降低成本、提高创新能力和市场竞争力。在供应链管理中，竞合理论强调供应商、制造商、中间商和消费者之间的合作与竞争关系。通过实施竞合战略，企业可以优化供应链结构，提高供应链的整体效率和响应速度；通过与竞争对手的合作，企业可以共同开拓新市场、抵御外部威胁、提高市场份额和品牌影响力；通过合作研发，企业可以充分利用各自的资源和技术优势，加速技术创新和产品迭代速度。

竞合理论的价值体现在以下方面：一是竞合理论通过促进企业间的合作与竞争并存关系，提升企业的整体竞争力。合作可以带来资源共享、优势互补和协同效应，而竞争则可以激发企业的创新能力和市场响应速度。二是促进市场有序发展。竞合理论强调企业间的合作与竞争并存关系，有助于建立更加有序和稳定的市场环境。通过合作可以减少恶性竞争和价格战等不利于市场健康发展的行为，而竞争则可以推动市场创新和优化资源配置。三是实现共赢发展。通过合作与竞争并存的关系模式，企业可以在实现自身利益最大化的同时，促进整个行业或市场的健康发展。这种共赢发展的理念有助于构建更加和谐和稳定的市场生态系统。四是推动社会进步。竞合理论不仅适用于企业层面，也适用于更广泛的社会层面。通过推动不同领域或行业之间的合作与竞争并存关系模式，可以激发社会创新活力、优化资源配置、提高社会整体效率和福祉水平，从而推动社会进步和发展。

（四）理论模型与主要观点

1. 理论模型

（1）目标结构模型。竞合理论基于个体或组织在特定目标下所展现的行为特征而建立，这些目标决定了组织间的互动模式。正向依赖（合作）带来正向互动，负向依赖（竞争）导致负向互动。竞合模型通常涉及三种目标结构：个体性结构（独立目标）、竞争性结构（阻碍目标）和协作性结构（促进目标）。企业需根据自身优势、市场定位等因素，决定与竞争者是采取竞争策略还是合作策略。

（2）供应链模型。在供应链的不同环节，企业既可展开竞争也可进行合作。常见的情况是，在接近消费者的环节竞争，而在远离消费者的环节合作。这显示了竞合关系的复杂性和灵活性。企业可在研发、采购、制造等环节中寻找合作机会，以实现成本降低和效率提升；在产品销售、市场拓展等环节中展开竞争，争夺市场份额。

（3）PARTS 战略模型。通过改变商业博弈中的参与者（Participators）、附加值（Added Values）、规则（Rules）、战术（Tactics）和范围（Scope），来寻找和创造商业机会。该模型提供了一种系统的方法来分析和构建竞合战略，帮助企业在复杂的商业互动中找到最佳行动方案。

2. 主要观点

竞合是一种高层次的竞争，并不意味着消灭了竞争，它只是从合作方自身发展的角度和社会资源优化配置的角度出发，促使各合作方的关系发生新的调整，从单纯的对抗竞争走向了一定程度的合作（宫斐，2014）。

（1）竞合成功的三大要素。一是贡献。它指建立合作竞争关系后能够创造的具体有效的成果，即能够增加的实际生产力和价值。二是亲密。成功的合作竞争关系超越了一般的交易伙伴，具有一定的亲密程度，这种亲密在传统的交易模式下是不存在的。三是远景。即建立合作竞争关系的导向系统，它描绘了各合作方所要共同达到的目标和达到目标的方法，激发各合作方的参与热情和创造性，成为建立合作竞争关系的活力源泉。远景要能正确地发挥作用，必须能评估伙伴的潜能、发展伙伴关系、进行可行性分析等（张宇飞和张雅文，2021）。

（2）竞合理论强调企业间竞争与合作并存的关系。在复杂多变的市场环境中，企业既需要竞争以获取市场份额和优势，也需要合作以实现资源共享、风险共担和共同发展。

（3）竞合战略是关于创造价值与争取价值的理论。创造价值的本质是合作的过程，通过合作实现资源整合和优势互补，而争取价值的本质是竞争的过程，通过竞争获取市场份额和利润。

（4）竞合理论倡导共赢的思想，即企业间的竞争与合作应旨在实现共同利益最大化。通过竞合关系，企业可以打破传统的零和游戏思维，实现双赢或多赢的局面。

(5) 竞合关系不是一成不变的，而是随着市场环境和企业自身条件的变化而不断演变的。企业需要灵活调整竞合策略，以适应市场变化并保持竞争优势。

(6) 竞合策略的制定需要考虑多种因素，包括企业的战略目标、市场环境、竞争对手的行为以及合作伙伴的意愿等。通过综合运用博弈论、价值链分析等工具和方法，企业可以制定出科学合理的竞合策略。

(五) 旅游研究应用

竞合理论在旅游研究中的应用主要表现在以下三个方面：一是区域旅游资源整合，如潘冬南（2016）以广西北部湾为例，探讨了民族地区区域旅游竞合模式。二是旅游企业合作战略研究，如钟栎娜等（2020）基于扎根理论，探索性研究了我国旅游业线上与线下企业的竞合理论构建。三是制定旅游发展战略，如马达忠和项文也（2011）研究了湖州融入长三角经济圈的发展战略。

七、决策理论

(一) 基本概念

决策是指为了实现预定的目标，在若干可供选择的方案中，选出一个最佳行动方案的过程。它既包括单纯强调最终结果的狭义决策，也包括将管理过程的行为都纳入决策范畴的广义决策（周三多等，1999）。决策理论（Decision Theory）主要是研究决策过程、准则、类型及方法的理论体系，旨在帮助决策者在复杂情境下做出最佳选择（李亚荣，2010）。

(二) 理论来源与发展

决策理论的起源可以追溯到20世纪三四十年代，这一时期正值第二次世界大战期间及战后初期。行政决策理论在这一时期逐渐形成，以美国学者古立克和巴纳德为代表，他们开始强调决策在行政组织中的重要作用。西蒙是该学派的代表人物之一，他的决策理论为管理学的发展做出了重要贡献。除了西蒙之外，还有其他学者如詹姆斯·马奇等也对决策理论学派的发展做出了贡献。他们的研究不仅深化了我们对决策过程的理解，还推动了决策理论在管理实践中的应用。

(三) 用途与价值

决策理论为管理者提供了一个清晰、系统的决策框架，帮助他们在面对复杂问题时能够有条不紊地进行分析和判断。通过科学的决策方法，管理者可以更加合理地分配资源，包括人力、物力、财力等，从而提高资源的利用效率。同时，决策理论还有助于组织制定长远的战略规划，明确发展方向和目标，灵活地应对市场变化，抓住机遇，确保组织的可持续发展。此外，决策理论不仅适用于企业管理领域，还可以广泛应用于政府决策、医疗决策、环境决策等多个领域，为社会进步和发展提供有力支持。

决策理论的价值体现在以下方面：一是提高决策效率与质量，通过运用决策理论，管理者可以系统地分析决策问题，收集相关信息，评估各种方案，从而选择出最优或满意的方案。这有助于减少决策过程中的盲目性和随意性，提高决策的效率和质量。二是降低决策风险，决策理论强调对决策过程中不确定性和风险的管理，通过风险评估和决策分析，管理者可以更加准确地预测决策结果的不确定性，并采取相应的措施来降低风险。这有助于保护组织的资源和利益，确保决策的稳健性和可持续性。三是促进组织发展，正确的决策是组织成功的关键。决策理论为管理者提供了科学的决策方法和工具，帮助他们制定符合组织目标和发展战略的有效决策。这些决策有助于推动组织的创新和发展，提高组织的竞争力和适应能力。

总的来说，决策理论在提升决策质量、优化资源配置、提升创新能力、提高组织效率以及实现共赢等方面具有重要价值。在实际应用中，通过系统化的决策过程和有限理性原则，决策理论帮助个人和组织在复杂环境下做出更有效的决策。同时，决策理论的发展也与其他学科相互促进，共同推动了决策科学的进步。

（四）理论模型与主要观点

1. 理论模型

迄今为止，西方有关决策的理论主要有古典决策理论、行为决策理论和现代决策理论三种。

（1）古典决策理论。古典决策理论基于“经济人”假设提出，主要盛行于20世纪50年代以前。这种理论认为，人们应该从经济的角度来看待决策问题，也就是说，决策的目的是为组织获得最大的经济利益。另外，古典决策理论假设管理者是完全理性的，决策环境条件的稳定与否是可以被改变的，在决策者充分了解有关信息情报的情况下，是完全可以做出完成组织目标的最佳选择的（张义祯，2000）。

（2）行为决策理论。对古典决策理论的潜在假设最先发难的是赫伯特·西蒙，他在《管理行为》一书中指出，理性的和经济的标准都无法确切说明管理的决策过程，进而提出“有限理性”和“满意度”原则。其他的学者对决策行为也做了进一步的研究，他们在研究中也发现，影响决策者进行决策的不但有经济因素，还有其个人的行为表现，如情感、态度、经验和动机等。在西蒙看来，在有限理性、未来的不确定性、难以估量的风险、极大的模糊、时间限制、高信息成本等因素的制约下，管理者不能找到所有可能的方案。可见，管理者只能从备选方案中选择一种“满意”的方案，不可能是“最优”选择（宋奇，2010）。

（3）现代决策理论。继前两种理论之后，决策理论有了进一步的发展，产生了现代决策理论，其核心内容：决策贯穿于整个管理过程，决策程序就是整个管理过程。整个决策过程就是从研究组织的内外环境开始，进而确定组织目标，设计可达到目标的各种可行方案，比较和评估这些方案进而进行方案的选择，最后实施决策方案，并进行追踪检查和控制，以确保预定目标的实现。这种决策理论对决策的过程、决策的原则、程序化决策和非程序化决策、组织机构的建立和决策过程联系等作了精辟的论述（周菲，1996）。

2. 主要观点

决策理论学派强调，决策贯穿于管理的全过程，管理就是决策。这一观点突出了决策在管理活动中的核心地位，认为决策的正确与否直接决定了管理活动的成败。

（1）决策者的作用与有限理性。决策理论学派认为，组织是由作为决策者的个人所组成的系统。因此，决策者的能力、素质、经验以及决策过程中的心理状态等因素，都会对决策结果产生重要影响。同时，管理人员存在“有限的理性”，即在实际决策过程中，由于情况的复杂性以及管理者判断力的局限性，管理者不可能在给定的情形下预料出所有备选方案的各种可能结果。因此，管理者应寻求简单的、尚“满意”的结果，而非追求“最佳方案”。

（2）决策过程与阶段。决策理论学派认为，决策并非是一个瞬间的行动，而是由一系列相互联系的工作构成的一个过程。这个过程通常包括情报活动、设计活动、抉择活动以及审查活动等多个阶段。每个阶段都有其特定的任务和目标，共同构成了完整的决策过程。

（3）决策的准则与类型。决策者在管理决策中不可能拿出最佳方案，而应追求一种满意的决策结果。这一观点强调了决策过程中的妥协与平衡，以及在实际情况下寻求可行方案的重要性。根据决策所给定的条件不同，决策可以分为程序化决策和非程序化决策两类。程序化决策涉及例行活动，有一定的结构和程序可循；而非程序化决策则涉及非例行活动，需要管理者根据具体情况进行判断和决策。

（4）决策的科学化。决策理论强调决策的科学化，即在决策过程中要以充足的事实为依据，采取严密的逻辑思维方式，按照事物的内在联系对大量的资料和数据进行系统分析和计算，遵循科学程序做出正确决策。同时，随着科技的发展，电子计算机和管理信息系统等先进工具也为决策科学化提供了可能和依据。

（五）旅游研究应用

决策理论在旅游研究中的应用主要表现在以下三个方面：一是旅游决策中的信息搜索与评估研究，如华成钢等（2019）分析了移动互联网时代旅游信息服务体验对出游决策的影响。二是旅游消费者行为分析，如胡北明和黄欣（2021）运用决策理论分析了高铁发展对后现代旅游消费者行为的影响。三是旅游目的地选择，如孙艳等（2021）分析了“千禧一代”在出境旅游时对旅游目的地的决策过程。

八、控制理论

（一）基本概念

控制（Control）是管理工作的最重要职能之一。它是保障企业计划与实际作业动态相适应的管理职能。控制工作的主要内容不仅包括确立标准、衡量绩效和纠正偏差，以保证组织活动按预定的方向前进，而且要求及时识别和确定对企业经营可能造成严重冲击的危机，以保证企业能持续健康地生存和发展（丁溪，2010）。

(二) 来源与发展

1911 年，在泰勒所发表的《科学管理原理》一书中，提出了提高劳动生产率的方法，包括制定科学的工作方法、实行职能工长制和例外原则等。这些观点为后来的管理控制理论奠定了基础。亨利·法约尔对管理活动进行了系统性研究，并在其著作《工业管理与一般管理》(*General and Industrial Management*) 中首次将管理和经营区分开来。他提出的五项基本管理职能——计划、组织、指挥、协调、控制，以及十四项管理原则，进一步丰富了管理控制理论的内容。马克斯·韦伯强调了组织管理中的等级制度和权力形态，并提出理想的行政组织理论。他认为，高效率的组织应具备劳动分工、职权等级等特征，这些理论对管理控制的发展具有深远影响。从封闭—理性阶段到开放—自然阶段的演变过程中，管理控制理论不断吸收新的思想和方法。在这一过程中，代理理论和交易费用理论等新的经济理论被引入，使管理控制理论更加完善和系统化。现代管理控制理论不仅关注企业内部的控制机制，还涉及企业与外部环境的互动。例如，管理者对战略实施的控制成为一个重要的研究领域，这促使管理控制理论在实际应用中更具指导意义。

(三) 用途与价值

(1) 提升决策的科学性。管理控制理论为组织决策提供了科学依据。通过收集和分析组织内部和外部的信息，管理者能够更准确地了解组织状况和市场环境，从而作出更加科学合理的决策。

(2) 促进组织文化建设。管理控制理论强调标准化、量化、全过程的管理方式，有助于培养组织的规范化、制度化文化。这种文化能够增强员工的归属感和责任感，提高组织的凝聚力和向心力。

(3) 推动持续改进。管理控制理论鼓励组织不断寻求改进和创新。通过定期评估组织绩效、发现问题并采取纠正措施，组织能够持续优化其管理流程和业务运作方式，实现持续改进和发展。

(4) 增强组织竞争力。在竞争激烈的市场环境中，管理控制理论的应用有助于组织提高效率和绩效水平，从而增强组织的竞争力。通过优化资源配置、降低成本、提高产品质量和服务水平等方式，组织能够在市场中占据有利地位并获得更多的市场份额。

(四) 理论模型与主要观点

1. 控制的类型

(1) 根据确定控制标准 Z 值的方法分类。

①程序控制。此时控制标准 Z 值是时间 t 的函数，即

$$Z=f(t)$$

在企业生产经营活动中，大量的管理工作都属于程序控制性质，必须严格按照事前规定的时间进行活动，以保证整个系统行动的统一。

②跟踪控制。此时控制标准 Z 值是控制对所跟踪的先行量的函数。若先行量为

W，则：

$$Z=f(W)$$

在企业的生产经营活动中，税金的缴纳，利润、工资、奖金的分配，资金、材料的供应都属于跟踪控制性质。

③自适应控制。此时控制标准 Z 值是过去时刻（或时期）已达状态 K_t 的函数。也就是说，Z 值是通过学习过去的经验而建立起来的，即

$$Z=f(K_t)$$

在企业的生产经营活动中，企业最高领导人对企业的发展方向很难进行程序控制或跟踪控制，而必须进行自适应控制。

④最佳控制。此时控制标准 Z 值由某一目标函数的最大值或最小值构成。这种函数通常含有输入量 *X*、传递因子 *S* 和 *K* 及各种附加参数 *C*，即

$$Z=\max f(X, S, K, C)\text{或}$$

$$Z=\min f(X, S, K, C)$$

而这也是企业的生产经营活动中，应用最为普遍的控制原理。

（2）根据时机、对象和目的分类。

①前馈控制。前馈控制是在企业生产经营活动开始之前进行的控制。其目的是防止问题的发生而不是当问题出现时再补救。控制的内容包括检查资源的筹备情况和预测其利用效果两个方面。

②同期控制。同期控制也称为现场控制或过程控制，是指企业经营过程开始以后，对活动中的人和事进行指导和监督。主管人员越早知道业务活动与计划的不一致，就可以越快地采取纠偏措施，可以在发生重大问题之前及时纠正。

③反馈控制。反馈控制也称为成果控制或事后控制，是指在一个时期的生产经营活动已经结束以后，对本期的资源利用状况及其结果进行总结。此类控制的主要作用是通过总结过去的经验和教训，为未来计划的制订和活动的安排提供借鉴。

2. 控制的过程

（1）确立标准。①确定控制对象。②选择控制的重点。企业必须在影响经营成果的众多因素中选择若干关键环节作为重点控制对象。③制定标准的方法。企业建立标准的方法通常有以下三种：利用统计方法来确定预期结果；根据经营和判断来估计预期结果；在客观的定量分析的基础上建立工程（工作）标准。

（2）衡量绩效。①通过衡量成绩，检验标准的客观性和有效性。②确定适宜的衡量频度。③建立信息反馈系统。

（3）纠正偏差。①找出偏差产生的主要原因。②确定纠偏措施的实施对象。③选择恰当的纠偏措施。在纠偏措施的选择和实施过程中，需要注意以下几方面：使纠偏方案双重优化；充分考虑原定计划实施的影响；注意消除人们对纠偏措施的疑虑。

3. 有效控制的要求

（1）适时控制。企业经营活动中产生的偏差只有及时采取措施加以纠正，才能避免偏差的扩大，或者防止偏差对企业不利影响的扩散。

（2）适度控制。此时要注意以下几个方面：防止控制过多或控制不足；处理好全面控制与重点控制的关系；使花费一定费用的控制都得到足够的控制收益。

（3）客观控制。客观的控制源于对企业经营活动状况及其变化的客观了解和评价，控制工作应该针对企业的实际情况，采取必要的纠偏措施，确保企业活动沿着原先的轨道继续前进。

（4）弹性控制。企业在生产经营过程中可能经常遇到某种突发的、无力抗拒的变化，因此有效的控制系统应具有灵活性或弹性，确保在上述情况下仍能发挥作用，维持企业的运营（周三多等，2009）。

（五）旅游研究应用

控制理论在旅游研究中的应用主要表现在以下三个方面：一是旅游企业管理研究，如罗佳（2012）以湖北省为例，探讨了旅游企业内部控制问题；二是旅游产业的管理与控制，如孙华平和刘风芹（2008）研究了旅游产业发展中的风险管理与控制；三是旅游危机控制研究，如祁凯和彭程（2022）研究了旅游公共危机的演化与控制。

九、利益相关者理论

（一）基本概念

“利益相关者”（Stakeholder）是一个来自管理学的概念。弗里曼（Freeman）给出了经典定义：“一个组织的利益相关者是指任何可以影响组织目标或被组织目标影响的群体或个人。”利益相关者可根据其性质划分为所有权利益相关者、经济依赖性利益相关者以及社会利益相关者。这些利益相关者有他们各自的观点和目标，而且观点和目标可能各不相同，甚至有所冲突，组织的目的在于协调各群体（包括强势群体和弱势群体）的利益（Freeman，2010）。

利益相关者有多种细分的方法。不同的学者根据自己所关注的重点，提出了不同的细分维度。例如，Freeman 将其分为所有权利益相关者、经济依赖性利益相关者、社会利益相关者；Frederick 等（1992）根据利益相关者对企业产生影响的方式，将其划分为直接利益相关者与间接利益相关者两类；Charkham（1992）按照相关群体是否与企业存在合同关系，将利益相关者分为契约型和公众型利益相关者两种。

（二）理论来源与发展

20 世纪 60 年代至 80 年代，利益相关者理论开始形成并逐渐完善（陈宏辉，2007）。在这一阶段，学者们对利益相关者的定义、分类及其在企业中的作用进行了广泛的探讨。

20 世纪 80 年代以后，利益相关者理论的影响迅速扩大，并开始对美英等国的公司治理模式选择产生显著影响，进而推动了企业管理方式的转变（肖拥军和李必强，

2008）。弗里曼在其 1984 年出版的《战略管理：一种利益相关者的方法》一书中，详细阐述了利益相关者理论，这一观点完善并丰富了利益相关者的内容。在这一阶段，学者们还提出了多种利益相关者的分类方法，如多锥细分法、米切尔评分法等，这些方法为企业识别和管理利益相关者提供了有效的工具。随着利益相关者理论的不断发展和应用，一些学者开始对其核心观点进行深化和拓展。例如，有的学者强调利益相关者理论中的伦理要求，认为企业应当尊重所有与组织行为和结果密切相关的个体和群体的利益等。

（三）用途与价值

利益相关者理论在指导组织管理决策、提升组织绩效、强化社会责任以及促进战略制定和跨学科研究等方面具有重要用途。通过综合考虑和平衡各方利益相关者的需求，组织不仅能提高自身的经济效益，还能更好地履行其社会责任，实现可持续发展。

利益相关者理论的价值体现在以下方面：一是指导企业决策与战略制定。利益相关者理论要求企业在决策时不仅考虑股东的利益，还需综合考虑员工、消费者、供应商等各方利益相关者的需求和期望，从而制定出更全面、更可持续的战略。二是加强企业社会责任。通过关注多个利益相关者的利益，企业能够更好地履行社会责任，如环境保护、员工福利等，进而提升品牌形象，获得社会认可。三是风险管理与危机应对。该理论鼓励企业与利益相关者建立紧密关系，这有助于在风险来临时，通过及时沟通和协作，共同应对危机，减少潜在损失。四是促进组织内部和谐与外部合作。平衡各方利益相关者的利益有助于营造和谐的组织氛围、提高员工满意度和工作效率，也有助于与外部利益相关者建立稳固的合作关系。

（四）理论模型与主要观点

1. 理论模型

（1）弗里曼的利益相关者理论框架。该理论强调企业管理应考虑所有影响或被组织目标实现过程影响的个体和群体。弗里曼将利益相关者管理分为理性层面、过程层面和交易层面，分别对应识别利益相关者及其“利益”、制定战略和建立业务往来。这种分层次的管理策略有助于企业系统地处理复杂的利益相关者关系。

（2）克拉克森的企业与利益相关者的关系模型。克拉克森将利益相关者分为资本市场利益相关者、产品市场利益相关者和组织中的利益相关者。这种分类明确了不同利益相关者与企业的关系及其需求，有助于企业在战略决策时优先考虑某些利益相关者群体。例如，股东和投资者属于资本市场利益相关者，他们主要关注财务回报；而员工、供应商和顾客则属于产品市场和组织中的利益相关者，他们不仅关注经济收益，还关心企业的社会责任和运营方式。

（3）米切尔评分法。米切尔明确指出，有两个问题居于利益相关者理论的核心：一是利益相关者的认定，即谁是企业的利益相关者；二是利益相关者的特征，即管理层依据什么来给予特定群体以关注。由此可以从三个属性上对可能的利益相关者进行评分，然后根据分值的高低确定某一个人或者群体是不是企业的利益相关者，是哪一类型的利益相关者。这三个属性分别是：合法性，即某一群体是否被赋有法律和道义上的或者特定的对于企业的索取权；权力性，即某一群体是否拥有影响企业决策的地位、能力和相应的手段；紧急性，即某一群体的要求能否立即引起企业管理层的关注（Mitchell et al.，1997）。

根据企业的具体情况，对上述三个特性进行评分后，企业的利益相关者又可以被细分为以下三类：一是确定型利益相关者。此类别同时具备对企业问题的合法性、权力性和紧急性。为确保企业的生存与发展，管理层必须高度重视其诉求，并努力满足。典型代表包括股东、雇员和顾客。二是预期型利益相关者。此类与企业保持较为紧密的联系，并具备上述三项属性中的两项，进一步细分为以下三类：①合法性与权力性兼具的群体：期望获得管理层关注，并常能实现，有时甚至会正式参与企业决策，包括投资者、雇员和政府部门。②合法性与紧急性兼具但缺乏权力的群体：需借助其他更有影响力的利益相关者或依赖管理层的善意来实现其目标，常采用结盟、政治参与或唤起管理层意识等策略。③紧急性与权力性兼具但缺乏合法性的群体：对企业构成潜在威胁，可能通过暴力手段来满足要求，如员工的突然罢工、环境主义者的抗议行动。三是潜在的利益相关者，是指只拥有合法性、权力性、紧急性三项特性中一项的群体，具体又细分为以下三类：①仅具合法性而缺乏权力性和紧急性的群体：其利益相关者作用依企业运营状况而定。②仅具权力性而缺乏合法性和紧急性的群体：通常处于潜伏状态，仅在实际行使或威胁行使权力时成为重要利益相关者。③仅具紧急性而缺乏合法性和权力性的群体：被视为类似“管理者耳边嗡嗡作响的蚊子”，虽造成持续困扰但非核心关注，除非其诉求获得合法性或权力支持，否则管理层通常缺乏关注动力（贾生华和陈宏辉，2002）。

2. 主要观点

（1）核心思想。利益相关者理论注重利益协调和利益共赢，强调利益的双向性依存。组织（包括企业、大学等）在追求自身目标的同时，需要综合权衡各利益相关者的利益诉求，以实现整体利益的最大化。

（2）利益相关者的范围。利益相关者是指那些能够影响组织行为、目标实现或受到组织目标实现及其过程影响的个体和群体。这一定义广泛而包容，涵盖了雇主、雇员、客户、供应商、政府、竞争者、投资者、家庭、社区等多个方面。

（3）利益相关者协调的途径。利益相关者协调的途径有三种：一是开展利益相关主体诉求调查，二是建立有效的沟通机制，三是提高各利益相关主体的参与程度。

（五）旅游研究应用

利益相关者理论在旅游研究中的应用主要表现在以下三个方面：一是旅游景区的可持续发展，如王芳和姚崇怀（2014）以湖北省为例，基于利益相关者，评价研究了郊野型风景名胜区的可持续发展；二是旅游规划与管理，如廖培（2010）分析了众多利益相关者如何从各自的角度评价旅游规划；三是乡村旅游发展，如李华强等

（2020）分析了乡村旅游开发中利益相关者行为的博弈演化。

十、旅游系统理论

（一）基本概念

旅游系统（Tourism System）是伴随旅游活动的发生、进行到完成而形成的，由游客子系统、出行子系统、接待子系统和支持子系统所组成的具有一定功能和结构的现代经济、社会、环境综合体。旅游系统理论研究是旅游研究的顶层设计和基础，有助于构建全面、科学的旅游研究体系（张树民等，2012）。

（二）理论来源与发展

旅游系统理论的研究始于20世纪20年代，最初主要集中在旅游系统的概念界定、构成要素以及各要素之间的非线性作用关系。这一时期的研究为旅游系统理论的形成奠定了基石（赵磊，2011）。

1972年，苏联地理学家普列奥布拉任斯基首次提出地域旅游系统是一个社会地理系统，具有功能和地域上的完整性。他将其视为一个客观存在的社会功能系统，这可以理解为旅游系统的空间优化与布局。同时，他以旅游产业地域组织研究为理论基础，提出了地域游憩系统（TPC）模型。同年，甘恩从供需两个方面正式提出了区域旅游系统的概念，并构建了完整的区域旅游功能系统模型，进一步指出区域旅游系统是一个动态系统。

1989年，我国学者张亚林第一次较为系统地提出了地域旅游系统的概念。他认为，地域旅游系统是指人类各种旅游活动与各种旅游资源，通过一定的媒介或方式，在一定的地域范围上的有机结合，是一个社会地理系统。这一概念对旅游系统理论的发展产生了深远影响。

随着研究的深入，旅游系统理论逐渐从宏观和微观两个层面进行拓展。从宏观层面来看，旅游系统理论以“整体观点”为思想精髓，提倡在旅游活动领域综合运用系统理论，以发挥经济、自然资源、社会环境等各要素之间的相互作用，从而促进旅游与自然、经济的协调发展（冯学钢等，2011）。从微观视角来讲，旅游系统被细分为需求子系统、供给子系统、中介子系统、支持子系统四个部分。这些子系统之间互相联系、相辅相成，共同推动了旅游系统理论的完善与创新。

（三）用途与价值

（1）旅游系统理论为旅游目的地的规划提供了系统性的指导框架，有助于规划者从整体上考虑问题，确保各个子系统之间的有机联系和协调发展。该理论强调旅游目的地的主系统与辅系统之间的关系，以及各子系统之间的相互作用，使规划过程更加条理清晰，有助于实现旅游资源的合理配置和优化。

（2）旅游系统理论通过研究游客的旅游行为和活动，揭示了旅游活动的内在规律和影响因素，有助于我们更深入地理解游客的需求和期望。该理论还关注旅游活动对社会、经济、环境等方面的影响，为我们评估旅游业的综合效益提供了有力工具。

（3）旅游系统理论强调旅游业的可持续发展，提倡在保护自然环境和文化资源的前提下进行旅游开发。通过运用该理论，我们可以制定出更加科学合理的旅游发展策略，实现旅游业的长期繁荣与稳定。

（4）旅游系统理论有助于我们更深入地了解客源市场的需求和特点，从而制定出更具针对性的市场营销策略。通过对旅游市场的深入分析，我们可以更好地预测市场趋势，及时调整营销策略，以满足游客的多样化需求。

（5）旅游系统理论强调了旅游行业内部以及与相关行业的协作与整合的重要性，有助于推动形成更加完善的旅游产业链。在该理论的指导下，我们可以不断探索旅游业的新模式、新产品和新服务，以满足市场的不断变化和需求升级。

（四）理论模型与主要观点

1. 旅游功能系统模型

旅游功能系统模型（The Functioning Tourist System）的主要特点为强调旅游系统的功能，决定旅游系统功能的系统结构和影响旅游系统结构的外部环境。旅游功能系统模型由 Gunn 在 1972 年提出、2002 年修正。在旅游功能系统模型里（见图 2-3），供给和需求两个最基本的要素之间的相互匹配构成了旅游系统的基本结构（孙艳红，2006）。在供给子系统里，吸引物、促销、交通、信息和服务之间存在着相互依赖的关系，它们共同作用，提供符合市场需求的旅游产品（高艳红和史广峰，2010）。Gunn 对供给子系统的描述很好地体现了旅游产品作为一种组合产品的特点。相较而言，Gunn 于 2002 年所修正的模型，更能深刻捕捉旅游系统的本质关系。

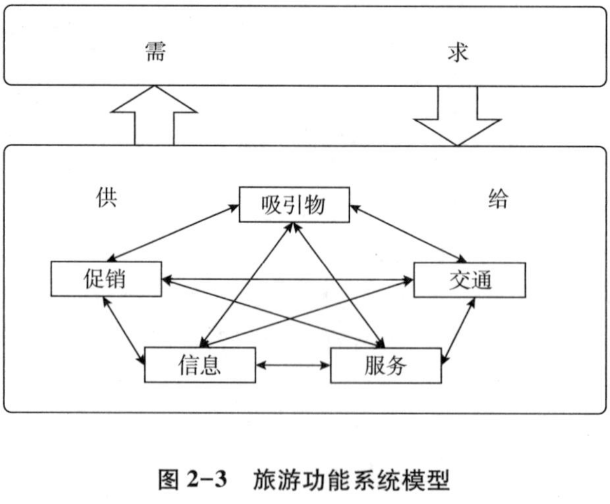

图 2-3　旅游功能系统模型

资料来源：Gunn（2002）。

2. 旅游地理系统模型

旅游地理系统模型（The Geographical Tourist System）（见图 2-4）由 Leiper 于 1979 年提出、1990 年予以修正。Leiper 的模型包括旅游者、旅游业、客源地、旅游通道和目的地共五个要素。在 Leiper 的模型中既可以看到旅游功能系统模型的影子（供给与需求的相互关系），又可以发现客源地和目的地的空间关系。因此可以认为，Leiper 对旅游系统的分析是从两个层面着手的。第一个是结构功能层面，在这个层面上他同结构功能主义者一样也强调供给与需求之间的关系。第二个是空间层面，在这个层面里，他强调客源地、目的地和旅游通道等空间要素的关系。应该说，这两个层面是有联系的，后者（旅游空间结构）正是前者（旅游供求关系）的空间表现形式。

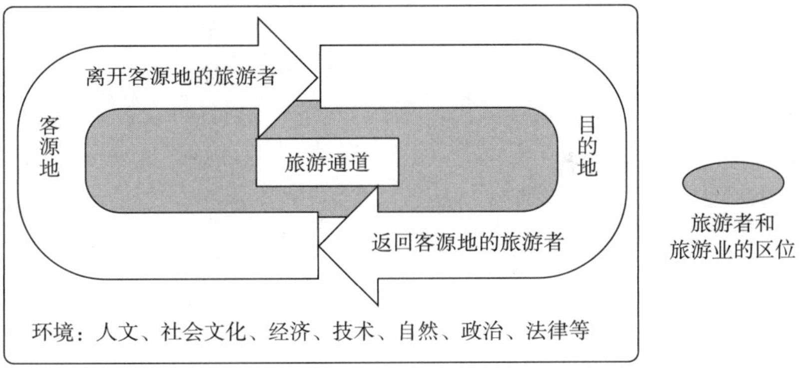

图 2-4 旅游地理系统模型

资料来源：Leiper（1995）。

3. 旅游复杂系统模型

1999 年美国学者麦克切尔提出了一个基于混沌理论和复杂性理论的、概念性的旅游复杂系统模型（见图 2-5）。他认为旅游系统是一个以非线性方式运行的、具有混沌特点的复杂系统。旅游系统包含九个组成要素，包括旅游者、信息向量、影响信息沟通效率的因素、目的地或内部旅游群落、外部旅游主体、旅游外部影响因素、旅游内部影响因素、系统输出、混沌制造者。要素间的复杂互动使旅游系统以一种非线性的方式运行，紊乱和突变都是内在于旅游系统的特点（邓衡，2006）。这使旅游系统具有不可预测性和不可控制性，从而导致任何试图对旅游系统进行自上而下的控制都将趋于失败。他还指出，和所有混沌系统一样，旅游系统同样对初始条件具有强烈的敏感性，即最初发展阶段的一个小的变化可能导致完全不同结果（李文亮等，2005）。

（五）旅游研究应用

旅游系统理论在旅游研究中的应用主要表现在以下三个方面：一是科学指导旅游规划，如秦琳（2020）以瑞丽市为例，基于旅游系统理论探讨边境旅游规划；二是旅游管理效率和效果的提升研究，如张文馨和赵志刚（2021）基于物联网研究旅游景区垃圾分类智能管理系统的开发；三是制定乡村旅游发展模式，如张树民等（2012）基于旅游系统理论探讨了中国乡村旅游发展模式。

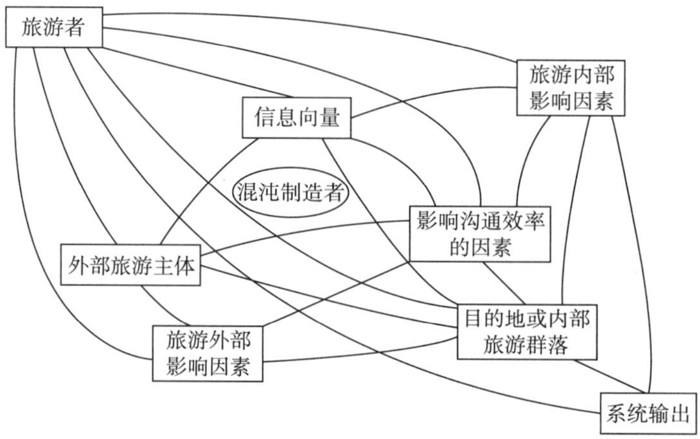

图 2-5　旅游复杂系统模型

资料来源：McKercher（1999）。

十一、木桶理论

（一）基本概念

木桶理论（Barrel Theory）又称木桶定律、短板理论等，指的是决定木桶盛水量多少的是木桶的最短木板，而非最长的木板。因此，只有加长最短的木板才能提高木桶盛水量，并且取得的效果往往是最明显的，可见事物的最终结果常常受制于要素的最低水平（王驴文，2024）。

（二）理论来源与发展

木桶理论最早源于古典经济学，是由美国的管理学家彼得·德鲁克提出的。而后劳伦斯·彼得也对木桶理论有所阐述，强调一只木桶想盛满水，必须每块木板都一样长且无破损，这进一步阐释了短板对整体性能的影响（潘灵，2009）。

随着时间的推移，木桶理论得到了进一步的演变和扩展。有一种观点认为，在某些情况下，与其花费大量时间和精力去弥补短板，不如集中资源发展组织的长板，通过长板的优势来带动整体的发展。然而，这一观点也强调了在特定条件下应用，并非完全否定短板的重要性。另一种观点提出，可以将木桶斜放，使长板一侧装更多的水，从而发挥长板的优势。随着对木桶理论研究的深入，一些学者开始从动态视角审视这一理论。他们认为，木桶的盛水量不仅取决于木板的长度和配合程度，还受到外部环境（如水资源、气候条件等）和内部因素（如木桶的材质、结构等）的影响。因此，在提升木桶盛水量的过程中需要综合考虑各种因素的变化和影响。

（三）用途与价值

木桶理论的用途和价值如下：

（1）分析团队综合实力，优化资源配置。在一个团队里，决定这个团队战斗力强弱的不是能力最强、表现最好的成员，而是能力最弱、表现最差的成员。因为短板对长板起限制和制约作用，影响了团队的综合实力。通过识别组织中的薄弱环节，合理配置资源，使短板达到长板的高度或让所有木板维持“足够高”的相等高度，才能完全发挥团队作用，充分体现团队精神。

（2）提升个人能力，发展职业规划。通过识别并努力补齐个人发展中的“短板”，可以显著提升个人的综合素质和竞争力。在职业生涯规划中，通过木桶理论可以帮助个人识别自身的优势和不足，合理规划发展方向，从而在职业发展中取得更好的成就。

（3）分析企业竞争力，制定有效的市场策略。企业可以通过木桶理论找出内部各个环节的短板，如生产效率、员工素质、市场营销等，然后有针对性地改进，以提升整体竞争力。同时让企业在市场定位时能够正视自身的优势和劣势，明确市场定位，从而制定有效的市场策略。

（4）优化社会治理，合理制定公共政策。政府和社会组织可以利用木桶理论识别社会治理中的薄弱环节，如公共安全、环境保护等，采取有效措施解决这些问题。同时通过分析不同群体的需求和短板，制定更加公平合理的公共政策，促进社会和谐稳定，提升社会治理水平。

（四）理论模型与主要观点

1. 理论模型

（1）经典木桶模型。一只木桶盛水的多少，并不取决于桶壁上最长的那块木块，而恰恰取决于桶壁上最短的那块（赖文龙，2009）。这一模型强调了系统中短板对整体效能的限制作用。

（2）斜木桶模型。将木桶倾斜放置时，木桶的储水量取决于最长的那块木板的长度，以及长木板周围是否有足够长度的木板作为辅助。这一模型打破了传统木桶理论的静态限制，强调了通过策略调整和优化资源分配来提高系统效能的可能性（李娟，2016）。

（3）反向木桶模型（或称长板理论）。与传统木桶理论相反，反向木桶模型强调发挥长板优势的重要性。在某些情况下，通过集中资源发展长板优势，可以弥补短板的不足甚至创造竞争优势（刘昕，2016）。

2. 主要观点

（1）短板决定整体效能。一只木桶盛水的多少，并不取决于桶壁上最长的那块木块，而恰恰取决于桶壁上最短的那块。换句话说，一个系统或组织的整体效能，往往取决于其最薄弱的一环。这是木桶理论最为核心的观点。

（2）整体与部分的关系。木桶的盛水量是由所有木板共同决定的，而不仅是最长的那块。同样地，一个系统或组织的效能也是由各个部分共同作用的结果。这强调了整体与部分之间的紧密联系和相互影响。只有各个部分协调发展，才能实现整体效能的最大化。

（3）持续改进的必要性。要提高木桶的盛水量，需要补齐最短的木板。同样地，要提高一个系统或组织的整体效能，也需要不断识别并改进其薄弱环节。

（五）旅游研究应用

木桶理论在旅游研究中的应用主要表现在以下三个方面：一是指导旅游规划和开发，如黄俊生等（2007）运用木桶理论，探讨了振兴西部旅游业的若干问题；二是运用木桶理论测算旅游环境承载力，如杜方明和赵怀琼（2008）研究了天堂寨国家森林公园的旅游环境承载力；三是促进旅游业的可持续发展，如杨钊等（2023）融入新木桶理论，构建旅游生计命运共“桶”体，为旅游地可持续发展提供新的理论视角和分析方法。

十二、前景理论

（一）基本概念

前景理论（Prospect Theory）描述了决策者在风险和不确定性下的决策行为（Kahneman and Tversky，1979）。前景理论假设人介于绝对理性和非理性之间，在超过预期情况时，做决定的人往往会更重视造成损失的部分，决策者是损失厌恶者，强烈地希望避免损失。因此决策主体会依照参照点采集和处理信息，并利用价值函数、权重函数和前景值对信息进行判断，最终依据前景值作出决策（吴鸽等，2013）。

（二）来源与发展

前景理论由心理学家丹尼尔·卡尼曼和阿莫斯·特沃斯基于1979年共同提出。这两位学者通过深入研究人们在面临风险和不确定性时的决策行为，挑战了传统经济学中理性人假设，并提出了这一革命性的理论。

前景理论自提出以来，经历了不断的完善和发展。其中，累积前景理论（Cumulative Prospect Theory，CPT）作为前景理论的加强版，通过构建度量体系将前景效用量化，进一步完善了原始前景理论。此外，第三代前景理论（Third-Generation Prospect Theory，TGPT）在保留前两代前景理论预测能力的基础上进行了扩展，特别是在允许参照点不确定的情况下构建了更为简约的选择模型，有效解释了个体决策时出现的反常现象。

（三）用途与价值

前景理论的用途体现在以下方面：一是解释个体决策行为。前景理论解释了人们在面对风险时的非理性行为，如损失厌恶、参照点依赖、反射效应等，为理解个体决策提供了新的视角。二是指导政策制定。例如，通过调整参照点或利用损失厌恶心理来影响公众的行为。三是风险管理。通过了解人们对风险的态度和行为模式，企业可以制定更加精确的风险管理策略，降低潜在损失。

前景理论的价值体现在以下方面：在理论价值方面，前景理论挑战了传统的预期效用理论，提出了描述性范式的新决策模型，揭示了人们在面对风险时的心理和行为规律，这一理论创新不仅丰富了决策理论的内容，也为行为经济学的发展奠定了重要基础。在实践价值方面，前景理论可以帮助企业更好地了解消费者和投资者的心理需求和行为模式，从而制定更加精准的营销策略和投资策略。在社会价值方面，前景理论的应用有助于提高社会整体的风险意识和决策水平，帮助公众更加理性地看待风险和挑战，减少非理性行为带来的负面影响；同时也可以为政府提供更加科学的决策依据和参考建议，推动社会的和谐稳定发展。

（四）理论模型与主要观点

1. 有限理性

决策者的决策过程并非完全基于客观概率和价值评估，而是受到有限的信息、直观的推断和经验规则的影响。人们在决策时并非完全理性，而是会受到多种心理因素的影响。

2. 主观风险偏好

人们的决策行为反映了其主观风险偏好，更关注财富的变化量而非绝对量。即人们对收益和损失的敏感度是不对称的，对损失的敏感度往往高于对同等规模收益的敏感度。

3. 损失厌恶

前景理论中的一个核心概念是"损失厌恶"，即人们对损失比对收益更加敏感。这种心理感受的差异导致了在面临风险时，个体可能会表现出与期望效用理论不一致的行为。例如，在面临可能获得收益或遭受损失的选择时，人们往往更倾向于避免损失，即使这意味着放弃潜在的收益。

4. 参照点依赖

人们的决策和判断往往基于某个参照点，如现状、预期目标或心理预期等。当决策结果优于参照点时，个体感受到的是收益；而当决策结果劣于参照点时，个体感受到的是损失。这种参照点依赖影响了人们对风险和收益的认知和评估。

5. 价值函数与决策权重函数

价值函数（见图 2-6）用于描述人们对收益和损失的体验效果。该函数在收益区域是凹的，在损失区域是凸的，这反映了个体对于损失和收益的不同敏感度。当收益逐渐增加时，其边际价值递减；而当损失逐渐增加时，其边际痛苦感递增。

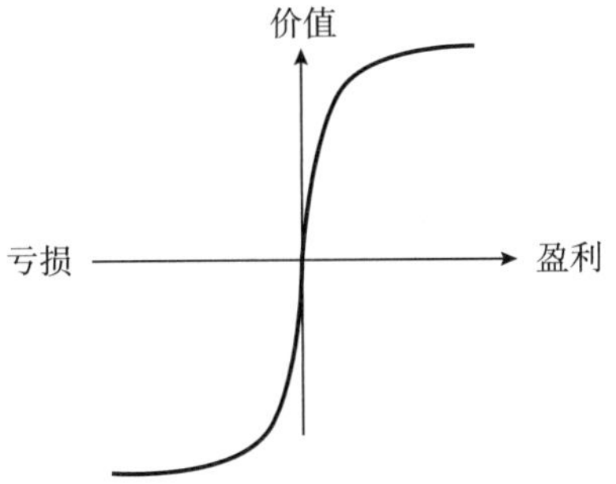

图 2-6 前景理论的价值函数

资料来源：李睿（2014）。

决策权重函数（见图 2-7）用于描述人们对不同概率事件的重视程度。该函数通常是非线性的，并且对小概率事件给予过高的权重，对大概率事件给予较低的权重。这导致人们在面对不确定性决策时，往往会出现偏离理性的行为（李睿，2014）。

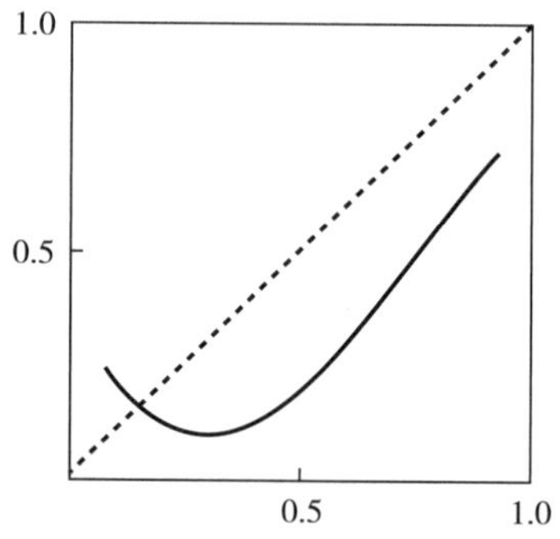

图 2-7　前景理论决策权重函数曲线

资料来源：李睿（2014）。

（五）旅游研究应用

前景理论在旅游研究中的应用主要表现在以下两个方面：一是旅游目的地选择研究，如张世杰和周秀菊（2015）基于前景理论，研究了旅游目的地的选择行为；二是解释旅游行为偏差，如王肇飞等（2024）基于前景理论，构建了游客出行方式选择模型，分析出各异质类旅客对不同客运方式的出行偏好。

十三、SERVQUAL 理论

（一）基本概念

SERVQUAL 为英文“Service Quality”（服务质量）的缩写。SERVQUAL 理论是依据全面质量管理理论在服务行业中提出的一种新的服务质量评价体系，其理论核心为：服务质量取决于用户所感知的服务水平与用户所期望的服务水平之间的差别程度，用户的期望是开展优质服务的先决条件，提供优质服务的关键就是要超过用户的期望值（贺朝晖，2010）。

（二）理论来源与发展

1985 年，Parasuraman、Zeithaml 和 Berry 提出了 SERVQUAL 量表的初步构想，将服务质量构面划分为十个维度，包含 22 个变量（徐蕾，2009）。1994 年，这三位学者通过更广泛的样本调查，最终确认了 SERVQUAL 量表的五个维度和 22 个变量。这五个维度分别是有形性、可靠性、响应性、保障性和移情性。随着研究的深入，SERVQUAL 模型也在不断地被改进和完善，以适应不同行业和服务场景的需求。

（三）用途与价值

SERVQUAL 模型已被管理者和学者广泛接受和采用。它不仅被用于服务性行业，如零售、酒店、银行、医疗等，还逐渐扩展到其他领域，如信息系统服务质量评估。SERVQUAL 理论不仅提供了一种系统的方法来衡量服务质量，而且为企业提供了一套基于数据分析改进服务的具体工具。通过定期的顾客满意度调查和详细的数据分析，企业能够精准定位服务中的短板，并采取有针对性的改进措施。在竞争激烈的服务行业中，合理运用 SERVQUAL 理论，可以帮助企业不断提升服务质量，从而获得竞争优势和顾客忠诚。

SERVQUAL 理论的价值体现在以下方面：一是提升服务质量感知。SERVQUAL 理论的核心是"服务质量差距模型"，强调服务质量取决于用户所感知的服务水平与用户所期望的服务水平之间的差别程度。这有助于企业更准确地理解顾客的期望，从而提供符合甚至超越顾客期望的服务。二是优化服务流程与标准。SERVQUAL 模型能够识别出顾客期望与企业实际提供的服务之间的差距，这有助于企业发现服务流程中的不足和需要改进的地方。通过 SERVQUAL 理论的指导，企业可以制定更加科学合理的服务标准，确保服务质量的稳定性和一致性。三是增强顾客满意度与忠诚度。通过不断改进服务质量，企业可以提升顾客的满意度，从而增强顾客的忠诚度和黏性。四是推动行业进步与发展。通过不断引入新的评估维度和方法，SERVQUAL 理论推动了服务行业的创新和发展，提高了整体服务水平。

（四）理论模型与主要观点

1. 理论模型

（1）服务质量差距模型。SERVQUAL 评价方法的理论核心是"服务质量差距模型"（见图 2-8）。根据服务质量差距模型的界定，服务质量无法让顾客达到满意的原因在于，任何服务都可能存在服务质量差距模型中描述的五个缺口（Parasuraman et al.，1985）。

差距一：顾客期望与管理者感知之间的差距。导致这一差距的原因可能是管理者不了解顾客的期望或低估了顾客对服务的期望。例如，没有对顾客进行需求分析，自认为已经理解顾客表达的需求而实际上仍有差距。

差距二：管理者感知与服务质量标准之间的差距。导致这个差距的原因可能是资源的缺乏、市场的限制，也可能是管理层未能选择正确的服务提供标准。

差距三：服务质量规范和实际传递的服务之间的差距。导致这一差距的原因可能是员工没有按照标准提供服务，也可能是技术、制度本身存在的缺陷导致无法标准化提供服务。

差距四：实际传递的服务与外部沟通之间的差距。产生该差距的原因很可能是企业在与顾客沟通的过程中作出了过度的承诺，或是在服务提供过程中没有严格按照承诺来交付服务。

差距五（模型的核心）：顾客对服务的期望和对服务的感知之间的差距。产生此差距是由于顾客对服务的期望与实际接受服务后的感知之间可能存在着不同（杨柳，2011）。

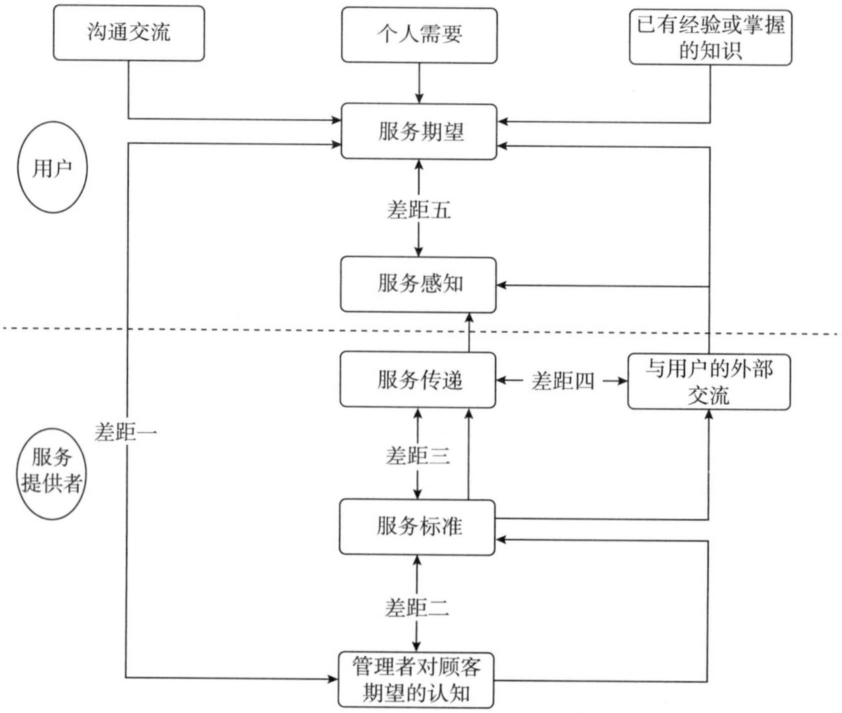

图 2-8　服务质量差距模型

资料来源：杨柳（2011）。

（2）SERVQUAL 量表法。1988 年，Parasuraman 等基于“服务质量差距模型”提出了用以衡量服务质量的 SERVQUAL 量表法，从而使对服务质量的研究有了数量化的模型，SERVQUAL 量表的五个指标含义如下：

①有形性。人员与其他相关实体的外在形式与整体风貌。具体调查服务场所的硬件和软件设施是否完备；实体建筑及周边环境是否舒适；职工穿着是否得体、具备的知识素养是否能够应对服务工作中出现的任何情况；提供的服务方式是否符合用户期望。

②可靠性。对承诺的服务是否拥有正确执行它的能力。具体调查服务机构是否能够信守承诺，及时完成约定；对遇到困难的顾客是否能够给予关心和足够的帮助；服务机构是否可信任；对用户的承诺是否能够准时完成；是否可以完成准确记录相关服务并予以充分的关注。

③响应性。提供服务和帮助的速度以及提升服务水平的意愿。具体调查是否能够告知顾客提供服务的准确时间；对于用户提出的一些要求是否可以及时应答并给出正确的指示；在任何情况下是否都能保证友善的语气和耐心的服务方式。

④保证性。拥有值得信任的知识以及表达自信、礼节的能力。具体调查职工自身的道德素质是否足够得到用户的理解与认可；无论何种情况职工是否可以让用户充分信任；职工是否具备服务过程所需的专业知识和专业技术。

⑤移情性。提供个性化和差异化的人文关怀。具体调查服务过程中是否可以为用户提供人性化和差异化的服务；是否能够设身处地地为员工着想；服务机构是否可以时刻站在用户的角度办事情（朋礼青，2020）。

SERVQUAL 量表法所设计的评价服务质量的标准问卷分为两部分，第一部分反映顾客对服务的期望，第二部分反映顾客在接受服务之后的感知。通过计算问卷中的顾客期望与感知之差得到对服务质量的评分，该分数通过一定的测量方法后表明顾客的满意程度，从而得出服务质量的结果（周力，2011）。

2. 主要观点

（1）服务质量是主观感受与客观期望的差距。SERVQUAL 理论强调，服务质量并非仅仅由服务提供者决定，还由顾客的主观感知与他们对服务的客观期望之间的差距所决定。这种差距越小，服务质量就越高。

（2）服务质量具有多维度特性。该理论将服务质量细分为五个维度：有形性、可靠性、响应性、保证性和移情性。这五个维度共同构成了服务质量的全面评价框架，有助于企业从多个角度了解顾客的需求和期望。

（3）顾客期望是服务质量评价的关键。在 SERVQUAL 理论中，顾客期望被视为服务质量评价的核心。企业需要通过各种方式了解和掌握顾客的期望，以便为他们提供符合甚至超越期望的服务。

（4）持续改进是提升服务质量的关键。SERVQUAL 理论强调，服务质量是一个持续改进的过程。企业需要定期评估服务质量，识别存在的问题和不足，并采取针对性的措施进行改进，以不断提升服务质量。

（5）顾客满意度是服务质量的最终目标。理论的最终目标是提高顾客满意度。通过提供高质量的服务，企业可以赢得顾客的信任和忠诚，从而实现长期的商业成功。

（五）旅游研究应用

SERVQUAL 理论在旅游研究中的应用主要表现在以下三个方面：一是旅游服务质量研究，如葛雅婷等（2020）基于 SERVQUAL 模型研究了在线旅游服务质量提升对策；二是旅游产品质量分析，如杨懿和李秋艳（2018）基于 SERVQUAL 模型分析了旅行社产品质量的影响因素；三是旅游服务质量评价，如钟飞燕等（2024）研究了乡村民宿的服务质量评价与提升路径。

十四、双因素理论

（一）基本概念

双因素理论（Two Factors Theory）又称激励-保健理论（Motivator-Hygiene Theory），属于内容激励理论。该理论将人的需求分为激励因素和保健因素。其中，激励因素指与工作性质相关联的、能够产生积极和满意效果的因素，同时也是个人自我实现的因素；保健因素指那些能够带来不满意效果的外在因素，包括政策、措施、监督、人际关系、物质条件和工资福利等（刘梓远，2023）。

（二）理论来源与发展

双因素理论是由美国心理学家弗雷德曼·赫茨伯格在1959年出版的《工作与激励》（*The Motivation to Work*）一书中正式提出的。

Bohm（2012）在分析医院工作者的工作积极性和工作模式时，引入双因素理论，进一步证实了激励和动机的关系，并得出“激励因素对于提升医院工作者的工作积极性发挥着持续正强化的激励作用”的结论。Fabjan（2013）使用双因素理论对旅游企业员工的工作动机进行分析，研究表明，成长动因对工作动机有重要影响，增强一线员工的责任感、认可度，以及提供额外的培训和提供足够的信息对强化员工的工作动机具有重要意义。Drago（2015）通过建立数学模型，代入双因素理论中，对动机因素进行定量化研究，分析了企业在运营过程中如何提升员工的岗位贡献率，从而最大限度满足岗位的需求。Hur（2018）认为，鉴于在公共部门提供金钱奖励作为激励的局限性，赫茨伯格的双因素激励理论如果适用于公共部门员工，将大有可为。Ann和Blum（2020）通过对高级职工工作满意度、不满情绪和离职的因素调查，验证了双因素理论的有效性，并认为该理论仍然适用于新的环境。

（三）用途与价值

双因素理论被广泛应用于管理学、心理学、教育学等多个领域，主要应用于提升员工工作激励、优化人力资源管理、提高组织绩效、指导企业管理策略等方面，通过关注激励因素来激发员工的积极性和动力，同时改善保健因素来消除不满情绪。还可以应用于提高学习效率、改善学习环境、增加学习兴趣、减少学习压力、改善学习习惯。

双因素理论不仅揭示了影响员工工作动机和工作满意度的关键因素，还为企业管理者提供了有效的员工激励策略。不仅丰富了心理学的内容，还极大地促进了管理实践和教育方法的革新，展示了其作为解释和预测人类行为的有效工具的价值。双因素理论为企业管理者提供了制定有效管理策略的框架，通过识别和优化激励因素和保健因素，管理者可以更有针对性地采取措施，提升员工的工作满意度和整体绩效。

（四）理论模型与主要观点

双因素理论认为满意的对立面是没有满意，而不满意的对立面不是满意，而是没有不满意，并指出激发动机的因素有两类：一类是保健因子，另一类是激励因子。使职工满意的因素通常是由工作本身产生的，包括工作上的成就感、工作成绩能得到认可等，这类因素若得到改善，职工就会感到很满意，从而提高工作积极性和工作效率，赫茨伯格称此类因素为激励因素；同时，他认为使人感到不满意的因素大多由外部条件所引起，如公司政策、工作条件、管理方式、人际关系、工作条件等因素，这类因素若解决得不好就会使职工很不满意，但即使这些因素改善了，也仅能消除职工的不满，并不能使职工变得很满意，也不能激发他们的工作积极性，赫茨伯格称此类因素为保健因素。只有激励因子才能够给人们带来满意感，而保健因子只能消除人们的不满，但不会带来满意感。换句话说，在影响满意度的两类因素中，有且仅有激励因子会提升满意度。

（五）旅游研究应用

双因素理论在旅游研究中的应用主要表现在以下三个方面：一是游客重游意愿研究，如贺文华和李纯青（2024）基于双因素理论研究了游客多次游玩主题公园的内在机理；二是旅游满意度影响因素研究，如李志勇（2014）基于双因素理论研究了博物馆旅游满意度影响因素；三是乡村旅游管理策略研究，如李露（2010）基于双因素理论，以常熟蒋巷村为例，探索了乡村旅游的管理策略。

十五、突变理论

（一）基本概念

事物从状态的一种形式突然地跳跃到根本不同的另一种形式的不连续变化，包含着突然变化的瞬间过程，称为突变（Catastrophe）。突变理论（Catastrophe Theory）以不连续现象为研究对象，它采用拓扑学、奇点理论和结构稳定性等数学工具，研究某种系统（过程）从一种稳定状态到另一种稳定状态的跃迁。突变理论用一组参数描述系统所处的状态，当系统处于稳定状态时，表明该系统状态的某个函数取一定的值（如能量取极小或熵取极大）。当参数在某个范围内变化，该函数值有不止一个极值时，系统必然就处于不稳定状态，而参数再略作变化，能使处于不稳定状态的系统进入另一稳定状态，就在这一刹那，状态发生了突变（张磊等，2015）。

（二）理论来源与发展

突变理论最初起源于对自然界和人类社会中突变现象的研究。法国数学家勒内·托姆于1972年在其著作《结构稳定性和形态发生学》一书中，系统地阐述了突变理论，这标志着这一理论的诞生。该理论将系统内部状态的整体性“突跃”称为突变，它的特点是过程连续而结果不连续。

同期，英国数学家赛曼对突变理论的发展应用进行了深入探索，推动了该理论的发展。突变理论主要以拓扑学为工具，以结构稳定性理论为基础，提出了一条新的判别突变、飞跃的原则，用形象的数学模型来描述连续性行动突然中断导致质变的过程，被广泛用来认识和预测复杂的系统行为（徐兴良和于贵瑞，2022）。

（三）用途与价值

突变理论在数学、物理学、化学、生物学、工程技术、社会科学、金融等多个领域都有广泛的应用。例如，在生物学中，它可以用来研究基因突变在物种进化和适应性演化中的作用；在工程技术领域，可以通过突变理论分析系统的稳定性和变化过程；在社会科学领域，它有助于理解社会系统的突变和演化；在金融研究中，突变理论被用于分析金融市场的突变现象，如汇率的结构突变、购买力平价的变化等，为金融决策提供了新的视角和方法。

突变理论的价值体现在以下方面：在自然科学领域，突变论与耗散结构论、协同论等一起，在有序与无序的转化机制上，把系统的形成、结构和发展联系起来，成为推动系统科学发展的重要学科之一。在社会科学领域，突变理论在社会学、经济学等领域的应用，有助于理解社会系统中的突变现象，如市场变化、经济危机等。通过突变模型，可以分析这些现象发生的条件和机制，为政策制定提供科学依据。在管理学领域，突变理论在变革管理中具有独特价值。它揭示了变革活动充满风险的本质，挑战了传统的变革管理方式，主张应侧重于对"整体"现象的理解与应对，而非对单一因素的控制。通过突变理论，管理者可以更好地把握变革的时机和节奏，降低变革过程中的不确定性。

（四）理论模型与主要观点

1. 理论模型

常见的突变模型有折叠突变、尖点突变、燕尾突变、蝴蝶突变、双曲脐点突变、椭圆脐点突变和抛物脐点突变七种（李宗坤等，2014）（见表 2-2）。

表 2-2　常见的突变模型

突变类型	状态变量	控制变量	势函数
折叠突变	1	1	$V(x)=x^3+ux$
尖点突变	1	2	$V(x)=x^4+ux^3+vx$
燕尾突变	1	3	$V(x)=x^5+ux^3+vx^2+wx$
蝴蝶突变	1	4	$V(x)=x^6+tx^4+ux^3+vx^2+wx$
双曲脐点突变	2	3	$V(x, y)=x^3+y^3+wxy-ux-vy$
椭圆脐点突变	2	3	$V(x, y)=1/3(x^3)-xy^3+w(x^2+y^2)-ux+vy$
抛物脐点突变	3	4	$V(x, y)=y^4+x^2y+wx^2+ty^2-ux-vy$

资料来源：谭海燕（2023）。有改动。

（1）折叠突变。折叠突变模型是一种最简单的初等突变，其势函数形式通常为 $V(x)=x^3+ux$，其中 x 是状态变量，代表系统的某种状态，而 u 是控制变量，用于调整系统的外部条件。这个势函数描述了系统在不同控制变量下的能量状态（刘雨梦等，2023）。

（2）尖点突变。尖点突变模型包括 3 个变量，其中 1 个状态变量，2 个控制变量。模型中的两个控制变量的变化会使因变量出现连续或者不连续的变化。尖点突变的势函数通常表示为 $V(x)=x^4+ux^3+vx$，其中 x 代表状态变量，u 和 v 分别代表两个控制变量（沈苏彦，2012）。

（3）燕尾突变。燕尾突变模型包括 4 个变量，其中 1 个状态变量，3 个控制变量。燕尾突变的势函数通常表示为 $V(x)=x^5+ux^3+vx^2+wx$，其中，x 是状态变量，u、v、w 是控制变量（冯骋和宋鑫华，2015）。

（4）蝴蝶突变。蝴蝶突变模型包括 5 个变量，其中 1 个状态变量，4 个控制变量。

蝴蝶突变的势函数通常表示为 $V(x)=x^6+tx^4+ux^3+vx^2+wx$，其中，$x$ 是状态变量，t、u、v、w 是控制变量。这些变量共同决定了系统状态的变化规律（李祯等，2012）。

（5）双曲脐点突变。双曲脐点突变模型包括5个变量，其中2个状态变量，3个控制变量。双曲脐点突变的势函数通常表示为 $V(x, y)=x^3+y^3+wxy-ux-vy$，其中，$x$ 和 y 是状态变量，表示系统的两个主要状态；u、v 和 w 是控制变量，用于描述影响系统状态变化的外部因素（荆小娜等，2021）。

（6）椭圆脐点突变。椭圆脐点突变模型包括5个变量，其中2个状态变量，3个控制变量。椭圆脐点突变的势函数通常表示为 $V(x, y)=1/3(x^3)-xy^3+w(x^2+y^2)-ux+vy$，其中，$x$ 和 y 是状态变量，表示系统的两个主要状态；u、v 和 w 是控制变量，用于描述影响系统状态变化的外部因素（闫志刚等，2018）。

（7）抛物脐点突变。抛物脐点突变模型包括6个变量，其中2个状态变量，4个控制变量。抛物脐点突变的势函数通常表示为 $V(x, y)=y^4+x^2y+wx^2+ty^2-ux-vy$，其中 x 和 y 是状态变量，表示系统的两个主要状态；u、v、w 和 t 是控制变量，用于描述影响系统状态变化的外部因素（李媛，2020）。

2. 主要观点

（1）突变现象的存在与普遍性。突变理论强调在自然界和人类社会活动中，除了渐变和连续光滑的变化现象外，还存在着大量的突然变化和跃迁现象。这些突变现象包括水的沸腾、岩石的破裂、桥梁的崩塌、地震、海啸、细胞的分裂、生物的变异、人的休克、情绪的波动、战争、市场变化、经济危机等。这些现象表明，系统的状态变化并不总是连续的，而是可能以突变的形式发生。

（2）结果稳定性与突变的关系。突变理论以结构稳定性为基础，研究系统的稳态与非稳态、渐变与突变的特征及其相互关系。它指出，任何系统都有稳定态和非稳定态之分。在微小的偶然扰动因素作用下，能够保持原来状态的是稳定态；而一旦受到微扰就迅速离开原来状态的则是非稳定态。系统从一种稳定态到另一种稳定态的转化，往往是以突变形式发生的。

（3）数学模型的应用。突变理论通过形象而精确的数学模型来描述和预测事物的连续性中断的质变过程。这些数学模型不仅有助于深入理解突变现象的内在机制，还可以为系统的优化和控制提供理论支持。突变理论提出了一系列数学模型，如折叠突变、尖点突变、燕尾突变、蝴蝶突变等，用以解释自然界和社会现象中所发生的不连续的变化过程。

（4）突变现象的预测与控制。突变理论试图通过数学模型来预测系统在特定条件下可能发生的突变，并为控制这些突变提供理论指导。它强调在控制因素达到临界点之前，系统的状态是可以控制的。然而，一旦发生根本性的质变，系统就会表现为控制因素所无法控制的突变过程。因此，突变理论为预防和应对突变现象提供了重要的理论依据。

（五）旅游研究应用

突变理论在旅游研究中的应用主要表现在以下三个方面：一是旅游竞争力评价，如翁钢民和鲁超（2009）以西北五省为例，基于突变级数法，研究了旅游产业竞争力评价；二是旅游危机管理，如王兴贵等（2013）基于突变视角，研究了海螺沟景区旅游危机管理，并提出相应预防、控制旅游危机发生和发展的对策措施；三是旅游规划与管理，如黄正文等（2010）运用概念性旅游规划的原理和技术路线，根据突变理论探讨了都江堰经济开发区的发展模式。

十六、危机管理理论

（一）基本概念

危机管理（Crisis Management）就是收集、分析和传播信息，并在掌握充分信息的情况下，对危机发展的不同阶段采取一系列的控制行为，以便有效地防止和减轻危机的管理活动。危机管理的目的就是将危险转化为机遇，使之越过陷阱进入新的发展阶段。从广义上说，危机管理包括了对危机发生前、危机发生时以及危机过后的管理。建立危机管理系统就是为了获取防范和应对的能力（钟景元，2014）。危机管理理论可以说是处理公共危机的一种思维、理念和模式。

（二）理论来源与发展

危机管理理论最早由美国学者在20世纪60年代提出，在当时的背景下，危机管理主要应用于国际政治、军事、外交等领域。在随后的数十年间，危机管理理论的研究视角越来越广，其应用范围也逐渐扩展到经济领域，主要用于企业风险管理，在这期间，先后出现多个危机管理理论模型，比如三阶段模型、四阶段模型、六阶段模型等。4R危机管理理论也创立于这一时期，其4R模型是上述众多理论模型中的一种，由罗伯特·希斯在《危机管理》（2004）一书中率先提出。20世纪90年代，伴随着经济全球化的发展，危机管理理论传入我国，并逐渐在各个领域得到应用。

（三）用途与价值

危机管理理论在提升组织危机意识、减轻危机损害、建立危机应对机制、促进组织学习和发展以及维护社会稳定和经济秩序等方面发挥着重要作用。随着全球化进程的加速和不确定因素的增多，危机管理理论的应用将更加广泛和深入。

危机管理理论的价值体现在以下方面：一是战略价值。危机管理理论为组织提供了一种系统性的思考框架，帮助组织在面临危机时能够迅速制定并执行有效的应对策略。二是预防价值。通过危机管理理论的应用，组织可以建立完善的危机预警机制，及时发现并识别潜在的危机因素，并在危机发生之前采取必要的行动，从而避免或减少危机带来的损失。三是应对价值。危机管理理论为组织提供了应对危机的具体方法和步骤，包括危机评估、应对策略制定、资源调配、信息沟通等方面。帮助组织在危机发生时能够迅速、有效地采取行动，控制危机的蔓延，并最大限度地减少危机对组织的影响。四是恢复价值。危机管理理论提供了危机后恢复工作的具体指导和建议，包括如何评估危机造成的损失、如何制订恢复计划、如何调配资源以支持恢复工作等方面。这些指导和建议有助于组织在危机过后迅速恢复元气，重新站稳脚跟。五是学习与发展价值。通过危机管理理论的应用，组织可以总结危机应对的经验教训，发现自身存在的问题和不足，从而进行改进和创新。这种学习和发展的过程有助于组织不断提升自身的竞争力和适应能力，为未来的发展奠定坚实的基础。六是社会价值。危机管理理论不仅关注组织自身的利益，还注重组织与社会之间的关系。通过有效的危机管理，组织可以维护社会稳定和公共利益，树立良好的社会形象，赢得公众的信任和支持。这种社会价值是组织长期发展不可或缺的重要组成部分。

（四）理论模型与主要观点

1. 危机管理三阶段模型

危机管理三阶段模型将危机管理过程划分为三个阶段，即危机前（Precrisis）、危机中（Crisis）和危机后（Postcrisis）（严鼎程，2021）。

（1）危机前阶段。组织需要系统地识别潜在的危机风险因素，并进行风险评估，以确定哪些因素可能对组织造成重大威胁。根据风险评估结果，制定针对性的预防措施，以减少危机发生的可能性和潜在影响。

（2）危机中阶段。在危机发生时，迅速收集相关信息，对危机进行准确识别和确认，明确危机的性质、范围和影响程度。根据危机的性质和影响程度，迅速启动相应的应急计划，调动资源、组织力量进行应对。采取有效措施防止危机的蔓延和扩大，减少危机对组织的损害和影响。这包括隔离危机源、稳定局势、保护关键资产等。

（3）危机后阶段。对危机造成的损失进行评估，根据损失评估结果，制订恢复计划，按照恢复计划采取有效措施进行恢复和重建工作，尽快使组织恢复到危机前的状态（Tokakis et al.，2019）。

2. 危机管理四阶段模型

美国著名的危机管理学者罗伯特·希斯在《危机管理》一书中将危机管理过程归纳为4R模型，即“缩减”“预备”“反应”“恢复”四个阶段。

（1）缩减阶段。识别潜在的危机源，评估其可能性和影响，以确定哪些风险需要优先处理。根据风险评估结果，制定并实施预防措施，以减少危机发生的概率。最后通过培训和教育，增强组织内部成员的危机意识，使其能够识别危机征兆并及时报告。

（2）预备阶段。明确危机发生时的应对策略和步骤，确保组织在危机中有章可循，并挑选各方面的专家组成团队，负责危机管理的日常工作和危机发生时的应对工作。利用预警系统对特定环境进行持续监测，以便对任何不良变化做出及时响应，并向其他系统或相关负责人发出警示信号。最后通过模拟演练和培训，提高员工应对危机的能力和熟练度。

（3）反应阶段。根据危机类型和程度，迅速启动相应的应对计划。迅速集结危机管理团队，进行紧急处置。及时、准确地向内部员工和外部利益相关者发布信息，稳定人心，避免谣言传播。同时与利益相关者进行沟通协调，争取理解和支持。

（4）恢复阶段。对危机造成的损失进行全面评估，包括物质损失和声誉损失。根据损失评估结果，制订针对性的恢复计划，包括修复受损设施、恢复业务运营等。通过媒体公关、社会责任项目等手段，恢复和提升企业形象。最后对危机管理过程进行总结，提炼经验教训，为今后危机管理提供支持和参考（孙康，2015）。

3. 危机管理六阶段模型

美国学者诺曼·奥古斯丁（Augustine，1995）将危机管理分为六个阶段：危机预防、危机管理准备、危机识别、危机控制、危机解决、危机总结。

（1）危机预防阶段。识别潜在的危机源，评估其可能性和影响。根据风险评估结果，制定并执行预防措施，如建立规章制度、加强员工培训。通过监测关键指标和信号，及时发现并预警潜在的危机。

（2）危机管理准备阶段。明确危机发生时的应对策略、步骤和责任分工。组建由各部门代表组成的危机管理团队，负责危机管理的日常工作和危机发生时的指挥协调。通过模拟演练和培训，提高员工应对危机的能力和熟练度。确保在危机发生时，内部和外部沟通渠道畅通无阻。

（3）危机识别阶段。迅速收集与危机相关的各种信息，包括媒体报道、社交媒体动态、内部报告等。对收集到的信息进行综合分析，判断事件的性质、规模和潜在影响，确认是否构成真正的危机。

（4）危机控制阶段。根据危机类型和程度，迅速启动相应的应急预案。调动人力、物力、财力等资源，全力应对危机。与利益相关者、政府部门等保持密切沟通，共同应对危机。确保信息的准确性和一致性，避免谣言和误传。

（5）危机解决阶段。深入调查危机发生的原因和根源。根据调查结果，制定针对性的解决方案，明确责任人和完成时间。迅速执行解决方案，确保危机得到有效解决。对解决方案的实施效果进行评估，及时调整和完善。

（6）危机总结阶段。召集危机管理团队成员和相关人员，对危机管理过程进行全面复盘。提炼危机管理过程中的成功经验和失败教训，形成书面报告。根据总结结果，及时更新和完善危机管理计划。针对发现的问题和不足，加强员工培训和演练，提高应对危机的能力。

（五）旅游研究应用

危机管理理论在旅游研究中的应用主要表现在以下三个方面：一是旅游危机预警与预防，如黄蔚艳（2010）从海洋旅游者视角，研究了海洋旅游危机事件的预防机制；二是旅游危机应对策略制定，如王媛媛（2011）分析了贵州省中小旅行社危机管理及其对策；三是旅游危机后的恢复与重建，如刘丽等（2009）以中国四川地震为例，总结了目的地采取的形象塑造和危机管理的相应措施。

十七、委托代理理论

（一）基本概念

委托代理理论（Principal-Agent Theory）是制度经济学契约理论的主要内容之一，其主要研究的委托代理关系是指一个或多个行为主体根据一种明示或隐含的契约，指定、雇用另一些行为主体为其服务，同时授予后者一定的决策权（李鹏虎和王传毅，2024）。委托代理理论认为社会生活中存在广泛的委托代理关系，具体表现为一个人或多个人（委托方）委托另一方（代理方）为实现委托方的利益而从事某些活动、为其提供服务，同时包含委托方将一些决策权授予代理方的一种契约关系（杨跃，2017）。其核心内容为：讨论在对代理方行为缺乏有效监督的情况下，委托方采取何种措施才能激励代理方按照他们的意愿行事（陈庆礼和缴润凯，2023）。

（二）理论来源与发展

委托代理理论兴起于20世纪60年代末，威尔森于1969年提出委托代理理论，强调人为“经济人”，委托关系即委托人和代理人之间，由于信息不对称，代理人存在侥幸心理和机会主义，从而损害委托人利益来获得个人利益（林坤河等，2022）。

简森和梅克林于1976年提出了代理理论，这一理论后来发展成为契约成本理论（Contracting Cost Theory）。他们强调了企业由一系列契约所组成，包括资本的提供者（股东和债权人等）和资本的经营者（管理当局）之间的契约关系。莫里斯和霍姆斯特姆等经济学家通过引入“一阶条件方法”等，进一步完善了委托代理理论的模型体系，为解释和预测委托代理关系中的行为提供了有力的工具。

（三）用途与价值

除了公司治理和行政管理外，委托代理理论还可以应用于风险投资、供应链管理等多个领域，通过设计合理的契约机制，可以激励各方积极参与合作，共同实现利益最大化。委托代理理论不仅为企业治理、政策制定和经济发展提供了重要的理论支撑和实践指导，还不断拓展其应用领域以满足社会经济发展的需要。

委托代理理论在理论贡献、组织管理优化、实践指导意义等方面都具有重要的价值，不仅为现代公司治理提供了理论支持，也为其他领域中的委托代理关系研究提供了重要的参考和借鉴。委托代理理论的价值在于其为企业提供了解决所有权与控制权分离所带来的利益冲突和信息不对称问题的理论基础，进而有效降低代理成本，提升公司治理水平。

（四）理论模型与主要观点

假设代理人努力水平为α，可观测结果$x=x(\alpha, \varepsilon)$，产出为$\pi=\pi(\alpha, \varepsilon)$，其中$\varepsilon$为外部随机干扰项，密度函数为$g(\varepsilon)$，委托人支付给代理人的收益为$S(x)$，委托人的收益为$\mu=\pi-S(x)$，代理人的收益为$v=S(\pi)-C(a)$，其中$C(a)$为代理人所付出的努力成本。假定代理人的努力水平$\alpha$和外部随机干扰项$\varepsilon$都是委托人不能直接观测到的，能观测到的只有结果$x=x(\alpha, \varepsilon)$和产出$\pi=\pi(\alpha, \varepsilon)$。

委托代理关系中，在对称信息的情况下，委托人了解代理人的所有信息，代理人也了解委托人选择的激励，委托人可直接通过观测代理人的信息给予奖惩。当信息不对称时，委托人无法直接观测代理人的努力水平 α，只能观测到努力的结果 x，委托人无法确定努力的结果 x 主要是由努力水平 α 决定还是由外部随机干扰项 ε 决定。其中有可能导致代理人借助信息优势，只顾自身的收益，忽略委托人的收益。所以，委托人需要根据代理人的结果 x 来设置合理的薪酬 $S(x)$，促使代理人努力工作，使自身的收益 μ 最大。

委托人的期望效用具体表达为：

$$E(u) = \int u\{\pi(\alpha, \varepsilon) - S[x(\alpha, \varepsilon)]\} g(\varepsilon) d\varepsilon$$

即使代理人不参加这项活动，依然能得到一定的收益。因此，合同成立的前提是代理人获得的期望效用不低于不参与该项目产生的期望效用。例如，只有当用水户给予的报酬不小于其保留效用时，节水服务公司才愿意参与其中，假设代理人保留效用为 M，那么参与约束为：

$$(IR) \int v\{S[x(\alpha, \varepsilon)]\} g(\varepsilon) d\varepsilon - C(\alpha) \geqslant M$$

委托人观测不到代理人的努力水平 α 和外生随机干扰项 ε，作为理性的代理人，只会考虑自身收益最大化。因此，即使目标函数是使委托人的期望收益最大，但是在实际活动中，代理人努力的目的是使自身期望效用最大。换句话说，代理人可选择任何的努力水平集合为 A_p，只要选择的努力水平 $\alpha_p \in A_p$ 能使自身期望效用最大。但是委托人为达到自身期望最大化，希望代理人选择努力水平 α，代理人只有在努力水平为 α 时获得的期望效用不低于从 A_p 中的得到的期望效用时，代理人才会选择努力水平 α。激励相容约束的具体表达为：

$$(IC) \int v\{S[x(\alpha, \varepsilon)]\} g(\varepsilon) d\varepsilon - C(\alpha) \geqslant \int v\{S[x(\alpha_p, \varepsilon)]\} g(\varepsilon) d\varepsilon - C(\alpha_p), \ \forall \alpha_p \in A_p$$

综上所述，委托代理理论就是委托人在选择自身效用最大的基础上，满足参与约束条件和激励相容约束条件，即委托代理模型为（张文杰，2021）：

$$\max \int u\{\pi[\alpha, \varepsilon] - S[x(\alpha, \varepsilon)]\} g(\varepsilon) d\varepsilon$$

$$\text{s. t.} \int v\{S[x(\alpha, \varepsilon)]\} g(\varepsilon) d\varepsilon - C(\alpha) \geqslant M$$

$$\int v\{S[x(\alpha, \varepsilon)]\} g(\varepsilon) d\varepsilon - C(\alpha) \geqslant \int v\{S[x(\alpha_p, \varepsilon)]\} g(\varepsilon) d\varepsilon - C(\alpha_p)$$

（五）旅游研究应用

委托代理理论在旅游研究中的应用主要表现在以下三个方面：一是旅游企业治理机制研究，如陈阁芝和刘静艳（2019）从委托代理理论视角研究了供给侧改革背景下旅游企业合作创新的治理机制；二是旅游市场利益冲突研究，如杨丽等（2012）基于委托代理理论研究了国内旅游市场的利益冲突；三是公共旅游资源管理制度研究，如寇敏等（2009）基于委托-代理理论分析了公共旅游资源的管理制度。

十八、协同理论

（一）基本概念

协同理论（Synergetic Theory），亦称协同学或协和学，主要用来解释系统通过内部要素间的协同作用从无序到有序结构转变的机理和规律（汪延明和钱莹莹，2020）。协同理论认为，在协同作用下，组织系统的集成是指其各个要素、各个子系统之间均能够彼此配合互动，进而达到协同要素彼此耦合的状态，并最终获得跨越式的整体放大效应的过程，该过程需要人的主动集成行为的参与（毕建新和张照余，2013）。有关协同模式的研究可分为三种，分别是内部、外部和衍生协同模式。内部协同模式是指在同一个主体内部的协同模式。外部协同模式是指多个主体跨越彼此界限进行协同的模式，大致可以分为纵向和横向两种模式。纵向模式是指处于相同功能链但不同环节的主体，进行交叉互动并最终实现协同效应；而横向模式中的协同作用则是跨越多条功能链实现的。衍生协同模式则是在内部和外部协同模式的基础上，基于不同的分类原则，演化形成的一系列模式（周敏冬等，2019）。

（二）理论来源与发展

协同思想最早由学者伊戈尔·安索夫提出，他于20世纪60年代将协同引入企业管理（崔雨等，2023）。安索夫认为当遇到潜在的机会时，企业需要熟知自己的资源和能力范围，并将其资源和能力与潜在机会做对比，从而判断自己能否通过本次机会来开展新业务，这一过程便是协同。

德国赫尔曼·哈肯教授是最早研究协同理论的学者（邢秀芳等，2020）。1969年，他从系统论的角度出发，指出在任何系统中，如果各个子系统之间能够彼此密切沟通交流、协调、共同协作形成一个有效的集体效应，各子系统之间就能产生1+1>2的整体协同效应，各系统的作用也能得到最大限度的发挥（赵子聪，2022）。1976年，哈肯系统地论述了协同理论，并发表了《协同学导论》这一奠基性著作。此后，他还著有《高等协同学》等专著，进一步丰富和完善了协同理论体系。

（三）用途与价值

协同理论为人们提供了一种全新的视角和方法论来看待和处理复杂系统的问题。它强调系统的整体性、动态性和协同性，有助于人们更深入地理解系统的运行规律和演化过程。协同理论被广泛应用于社会科学领域，如经济学、社会学和管理科学。在经济学中，协同理论可以用来分析市场、产业和经济的自组织现象和协同发展规律。在社会学中，它可以用来研究社会系统的自组织和协同现象，以及社会舆论、社会网络等方面的动态演化。在管理科学中，协同理论为组织管理提供了新的视角和方法，强调通过协同作用实现组织目标，提高管理效率。

协同理论的价值体现在以下方面：一是优化资源配置。通过协同作用，企业能够实现资源的最优配置，提高资源使用效率。这种资源配置不仅可以在企业内部进行，还可以通过跨企业合作实现，从而产生“1+1>2”的效应。二是提升创新能力。协同理论强调多主体间的合作与互动，这有助于汇聚不同领域的知识和技能，促进创新思维的碰撞，从而提高系统整体的创新能力。三是增强竞争优势。通过协同作用，企业可以节约成本、增强收入和节约资本支出，从而在市场中占据有利地位。四是管理与分散风险。协同理论通过整合不同子系统或组织，能够有效分散和降低单一业务或市场的风险，提高系统整体的稳定性和抗风险能力。五是促进跨学科研究。协同理论的跨学科特性促进了不同学科领域的交流与合作，为解决复杂问题提供了新的视角和方法。

（四）理论模型与主要观点

协同理论的主要内容可以概括为三个方面：

（1）协同效应原理。协同效应是指在复杂开放系统中大量子系统相互作用而产生的集体效应或整体效应，是指由于协同作用而产生的结果，协同效应不仅存在于自然系统中，也存在于千差万别的社会系统中（钟家雨和柳思维，2012）。作为系统有序结构的内驱力，在任何复杂系统中，协同作用都发挥着重要作用。当在外来能量的作用下或物质的聚集状态达到某种临界值时，子系统之间就会产生协同作用，这种协同作用能使系统在临界点发生质变产生协同效应，使系统从无序变为有序，从混沌中产生某种稳定结构（童泽平，2010）。

（2）役使原理。役使指系统内部的快变量会服从慢变量，序参量支配子系统的行为。快变量指的是系统内的变化因素，而慢变量则指的是系统内的稳定因素。这一原理描述了系统内部稳定因素和不稳定因素之间的相互作用关系，快变量的变化会导致系统的短期变化，但不会影响系统的长期发展。序参量支配子系统，序参量是指系统内的稳定因素，它们对系统的行为有持久的影响。序参量的变化会导致系统的长期变化，但不会立即产生明显的影响。序参量支配子系统的行为意味着，序参量可以通过调整系统内部的因素来影响子系统的行为（乐新军，2010）。

（3）自组织原理。自组织指系统在没有外部指令的情况下，其内部子系统之间能够按照一定的规则自动形成一定的结构或功能，表现出内在性和自生性的特点（惠志丹和程华东，2022）。这种自发性的过程可能是由系统内部的相互作用和调节所引起的，而这些相互作用和调节能够使系统中的组件之间形成一种协同的关系，从而产生新的结构或功能。总的来说，各个子系统能通过自发性，使组织内部子系统能够自动协调运作。自组织原理可以帮助我们更好地管理和协调系统的各个部分，使系统能够更高效地运行，使系统内子系统有序运行（童超程，2023）。

（五）旅游研究应用

协同理论在旅游研究中的应用主要表现在以下三个方面：一是跨区域旅游协同发展，如黄静波和李纯（2015）探究了湘粤赣边界区域红色旅游协同发展模式；二是区域旅游产业的协同发展，如把多勋和张欢欢（2007）以西北地区为例，基于协同理论，探究了区域旅游产业的发展；三是特色旅游产业协同发展，如李军岩和刘颖

（2020）研究了东北冰雪旅游产业差异化协同发展。

十九、行动者网络理论

（一）基本概念

行动者网络理论（Actor-Network Theory，ANT）也被称为异质建构论，该理论认为每一个行动者网络就是一个系统。在这个网络中，每个行动者都是整个体系中必不可少的一分子，每个行动者都对网络的整合发挥作用，而每一种社会现象，都是行动者网络中的行动者互动的结果（赵高辉，2019）。

（二）来源与发展

行动者网络理论最初由法国社会学家布鲁诺·拉图尔、米歇尔·卡龙和约翰·劳在20世纪80年代提出。其中，卡龙在1986年的《行动者网络的社会学：电动车案例》一文中首次明确提出了这一新概念。文中，卡龙通过描述法国电器公司（EDF）开发新型电动车计划（VEL）的案例，展示了行动者网络理论的实际应用。在这个案例中，不仅涉及人类行动者（如公司、消费者、政府部门），还包括非人类行动者（如铅蓄电池等），这些因素共同构成了相互依存的网络世界。

随着研究的深入，行动者网络理论逐渐发展成为一种重新看待“社会”的认知方法，即“把社会看成联结的科学”。它强调社会现象是由多种异质行动者通过相互联结和相互作用形成的网络，这些行动者不仅包括人类，还包括非人类的物体、观念和技术等。

（三）用途与价值

行动者网络理论的用途体现在以下方面：一是行动者网络理论被广泛应用于地理学、经济学、教育学、人类学和哲学等多个学科领域（牟向前和于德山，2023），提供了一种全新的研究视角和方法论工具。二是通过跟随社会中的行动者，阐述地位平等的异质行动者界定彼此角色、达成利益共识、形成行动者网络的过程，有效破除传统中心-边缘式治理结构，为社会现象提供新的解释框架。三是在生态环境治理、城市规划、科技创新政策制定等领域，行动者网络理论能够帮助决策者理解不同行动者之间的复杂关系，促进多元主体之间的合作与协商，提高治理效率和效果。四是强调行动者的能动性和网络的动态性，有助于揭示创新过程中的关键行动者和影响因素，为推动社会变革和创新提供理论支持。

行动者网络理论的价值体现在以下方面：一是打破了认识论中长期存在的“社会”与“自然”二极对立的局面，将行动者网络中人与非人行动者置于同等的地位，为哲学和社会科学研究提供了新的思路。二是将过程思维引入科学研究，关注“正在形成”而非“已经形成”的科学知识和社会现象，强调行动者之间的互动和建构过程。三是拓宽了科学社会学研究的视野，将从事科学的行动者定义为网络环境中的一切行动者，包括人类和非人类实体，使研究更加全面和深入。四是强调行动者之间的合作与互动是形成稳定网络的关键，有助于促进不同领域、不同背景的行动者之间的交流与合作，推动社会整体的进步与发展。

（四）理论模型与主要观点

1. 行动者网络理论的核心概念

行动者网络理论的核心概念包括“行动者”（Actor）和“网络”（Network），以及行动者之间的“转译”（Translation）过程（王敏等，2017）。

（1）行动者。在行动者网络理论中，行动者的定义非常广泛，任何通过制造差别而改变事物状态的东西都可以被称为行动者。这包括人类、非人类实体（如技术、自然元素、生物等）以及抽象概念（如观念、理论等）。行动者具有能动性，它们能够影响并改变其他行动者的状态和行为。

（2）网络。网络是指这些行动者之间相互作用和联系的整体。在行动者网络理论中，网络是一个无缝之网，没有所谓的中心或主客体对立，每个行动者都是一个结点（Node），通过通路链接共同编织成这个网络。在这个网络中，每个结点都是一个主体，具有平等的地位和权利。

（3）转译。转译是行动者网络理论中描述行动者之间互动和联结过程的关键概念。它涉及行动者如何将其他行动者的利益和兴趣用自己的语言转换出来，以便建立和维护网络关系。转译过程通常包括问题化（Problematization）、利害关系化（Interessement）、招募（Enrolment）和动员（Mobilization）等阶段。

2. 网络的动态构建过程

在转译的过程中，核心行动者呈现各异质行动者实现目标时所面临的问题，聚焦核心问题设置网络联盟的强制通行点，使所有行动者的目标相关联。然后核心行动者对其他行动者进行利益赋予，在根据其他行动者的职责分配相应的任务之后，采取各种策略促使其展开行动，以实现征召和动员。由此，所有人类和非人类行动者形成一个网络（见图 2-9）（黄建红和蒋艳辉，2024）。

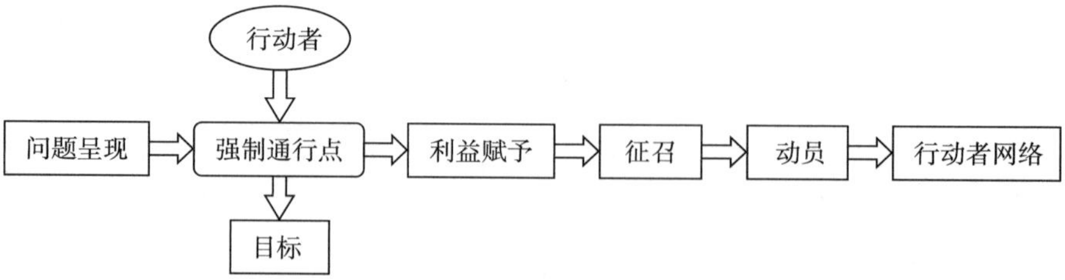

图 2-9 行动者网络构建过程

资料来源：黄建红和蒋艳辉（2024）。

3. 对称性原则

（1）广义对称性原则。行动者网络理论的核心主张之一是对称性原则，即不再区分对待人和任何非人的对象。所有行动者都被视为具有施力和汇聚的能力，在改变其他行动者的同时也被其他行动者改变着。

（2）消除主客体二分法。行动者网络理论试图消解传统的主体/客体、自然/社会二分法，走向一种科学实践研究的整体论进路。通过强调行动者的对称性和平等性，揭示知识与社会的复杂联系。

（五）旅游研究应用

行动者网络理论在旅游研究中的应用主要表现在以下三个方面：一是旅游景观研究，如吕光耀等（2023）以大理市喜洲村为例，从行动者网络理论视角，解析乡村景观演化；二是旅游现象解释，如刘海朦等（2024）以湖北省神农架为例，探究了生态旅游地多元主体冲突的演变及形成机制；三是旅游空间结构研究，如王勇和朱雅琴（2020）以周庄古镇为例，探究了江南水乡古镇空间的演化路径。

二十、资源基础理论

（一）基本概念

“资源”是创新活动的必要条件，包括企业的有形资产和无形资产，囊括一切与企业核心竞争力相关的因素。资源基础理论（Resource-Based Theory，RBT）即以资源为对象对企业展开研究，从而分析企业间竞争和企业未来发展问题（李烨，2022）。资源基础理论的核心思想是将企业看成资源的集合体，将目标集中在资源的特性上，并以此来解释企业的可持续的优势和相互间的差异（胡涛，2018）。

（二）来源与发展

1959 年，Penrose 发表《企业成长论》，率先提出企业内在成长理论，并通过经济学原理对企业资源与成长之间的关系进行探讨，指出企业本质是各种资源组合而成的，即企业为资源集合体，内部资源是促使企业发展壮大的主要源动力，这是关于资源基础理论的起源研究。1984 年，Wernerfelt 发表《企业资源基础观》，提出企业内部资源可以助力企业维持竞争优势，企业间的竞争实际上是企业间所拥有资源的竞争，强调资源的异质性，此观点的提出，也代表资源基础理论正式诞生。Barney（1991）等学者进一步研究，逐渐形成两种发展思路：一种从企业自身视角出发，强调内部异质资源；另一种从竞争性视角出发，强调竞争战略。经历了企业资源观、企业能力观、企业知识观、动态能力观等阶段，不断丰富完善研究成果，共同形成了资源基础理论学派（刘力钢等，2011）。

（三）用途与价值

资源基础理论在战略管理、市场营销、产业组织等多个理论领域中都有广泛的应用，它不仅能够指导企业构建和提升竞争优势，还能够优化资源配置、降低经营风险，促进企业持续创新，为分析产业集群提供了一个全新的思路与框架。通过不断优化资源配置和推动持续创新，企业能够保持敏锐的市场洞察力和强大的市场竞争力，从而实现可持续发展。

资源基础理论的价值体现在以下方面：一是提升企业独特竞争优势。资源基础理论认为，企业的竞争优势源于其独特的资源和能力，这些资源在企业间是不可流动的且难以复制。这种不可模仿性使竞争对手难以替代企业的资源，从而为企业带来持久的竞争优势。二是指导企业获取与管理资源。资源基础理论为企业如何获取和管理资源提供了明确的指导。企业需要通过组织学习、知识积累和能力提升等方式，不断获取和培育能够带来竞争优势的特殊资源。同时，企业还需要注重资源的整合和配置，确保资源能够充分发挥其作用，为企业创造更大的价值。三是促进可持续发展。资源基础理论强调企业资源的可持续性和可更新性。在资源日益稀缺和环境压力不断增大的背景下，企业需要更加注重资源的节约和循环利用，以实现可持续发展。资源基础理论为企业提供了评估和管理资源利用效率的方法论工具，有助于企业在追求经济效益的同时，兼顾社会和环境效益。

（四）理论模型与主要观点

1. 理论模型

Barney 聚焦资源的特性，提出资源基础理论的 VRIO 分析框架，即价值性（Value）、稀缺性（Rarity）、可模仿性（Imitability）、组织性（Organization）。该理论框架构建了一个评估资源是否具备持续竞争优势的标准，只有同时具备四个特定属性的资源才能被视为拥有持续竞争优势的资源（潘燕，2024）。

其中，有价值的资源重点体现在“价值”上，这种资源能促使企业抓住并充分利用发展中的机遇，亦能化解成长环境中所遇到的威胁；稀缺性强调的是：在市场竞争达到均衡状态之前，拥有某项有价值的资源的企业数量较少时，这项资源才可称为稀缺，也才可能给企业带来竞争优势；不可完全模仿的资源受到因果关系含糊性、路径依赖性、社会复杂性三个因素的影响；企业只有通过有效的组织利用所拥有的有价值的、稀缺的、不可完全模仿的资源时，才能给企业带来持续竞争优势（李小霞，2022）。

2. 主要观点

（1）资源基础理论强调资源是组织生存的关键，“资源”是组织战略决策、成长策略的思考逻辑中心和出发点，具备有价值、稀缺、不能完全模仿、难以替代等属性的资源影响着组织竞争优势的形成。

（2）构建和实施有价值的、创造性战略的资源可以分成多种类型，优质资源有利于组织形成核心竞争力。

（3）资源基础理论认为企业（或组织）要赢得竞争优势，除了识别那些能够产生持续竞争优势的资源，还要通过科学决策与制定战略去开发、利用本身所控制的资源（巴尼和克拉克，2011）。

（五）旅游研究应用

资源基础理论在旅游研究中的应用主要表现在以下三个方面：一是旅游产业发展研究，如闫宇和胡炜霞（2017）基于资源基础理论研究了山西旅游产业的发展；二是旅游景区竞争力研究，如胡涛（2018）基于资源基础理论，以横店影视城为例，研究了其文化产业群的竞争力；三是旅游产品竞争策略研究，如李明瀚（2013）基于资源基础理论研究同质化旅游产品竞争策略。

二十一、自组织理论

（一）基本概念

自组织理论（Self-Organizing Theory）研究系统如何从混沌无序的初态向稳定有序的终态演化的过程和规律。它关注系统内部成员的相互作用，强调了系统如何在没有外部指令的情况下，通过自适应和协同作用来形成自发的有序结构（孟晓彤等，2024）。如果一个系统能够不依赖外部指令，而是根据系统内部各子系统之间的相互作用和协同，自动地形成有序结构或功能，那么这种现象就被称为自组织。自组织理论的核心概念包括自适应性、局部相互作用、多样性和自组织过程（Thietart and Forgues，2011）。

（二）理论来源与发展

自组织理论最早由比利时物理化学家和理论物理学家普里高津于1967年首次提出。他在耗散结构理论的基础上，系统全面地解释了系统自发由无序状态向有序状态过渡的过程，从而引入了“自组织”的概念（吴彤，2001）。

德国物理学家哈肯则将“自组织”概念与“他组织”概念进行了深入的对比，进一步阐述了自组织理论的内涵。法国数学家勒内·托姆的突变论和德国生物化学家曼弗雷德·艾根的超循环理论，进一步丰富了自组织理论的内容。

（三）用途与价值

自组织理论的用途与价值如下：

（1）研究复杂系统。在物理学、化学、生物学、社会学等领域，自组织理论被用于研究复杂系统的行为和演化。它提供了一种理解系统如何从无序走向有序，以及系统内部各组件如何相互作用和协同的框架。

（2）优化系统设计。在自组织网络、自组织传感器网络等系统中，通过利用自组织原理，可以设计出更加灵活、自适应和智能化的系统，提高系统的性能和效率。

（3）指导企业管理。在企业管理领域，自组织理论提供了一种新的管理理念和方法。它强调企业内部各子系统之间的协同作用和自适应性，鼓励企业构建自组织的管理模式，以提高企业的灵活性和创新能力。

（4）探索人工智能。在人工智能领域，自组织理论被用于探索智能系统的自组织和自适应机制。例如，通过模拟生物体的自组织过程，可以设计出更加智能和自主的机器人和智能系统。

（5）预测和干预社会现象。在社会学领域，自组织理论可以帮助我们预测和干预社会现象。例如，通过研究群体自组织和网络自组织等现象，我们可以更好地理解社会系统的演化和行为，从而制定出更加有效的社会政策和管理措施。

（四）理论模型与主要观点

自组织理论并不是某一单一的理论，而是一个理论群，其包括：耗散结构理论、协同学、熵变理论、突变理论、超循环理论、分形理论和混沌理论。

1. 耗散结构理论

1969 年，普里高津在一次“理论物理学和生物学”的国际会议上，正式提出了耗散结构理论。这一理论指出，一个远离平衡的开放系统（不管是力学的、物理的、化学的、生物的乃至社会的、经济的系统），通过不断地与外界交换物质和能量，当系统内部某个参量的变化达到一定的阈值时，经过涨落，系统可能发生突变即非平衡相变，由原来的混乱无序状态转变为一种在时间上、空间上和功能上的有序状态。这种在远离平衡的非线性区形成的新的稳定的宏观有序结构，由于需要不断与外界交换物质或能量才能维持，因此被称为耗散结构（杜玉帆和李爽，2023）。

2. 协同学

协同学是由德国理论物理学家哈肯提出的，他认为可以将“协同学”看成一门在普遍规律支配下的有序的、自组织的集体行为的科学，当一个非平衡态的开放系统，在其与外界有物质或者能量交换的情况下，自身的各个子系统模块将通过内聚耦合作用与协同效应，自发地形成时间、空间和功能上的有序结构。协同学是基于外界环境影响下通过涨落效应、非线性效应、协同效应等作用于组织内部的各个子系统或要素从而形成平衡态稳定结构体系的一门理论，自产生以来便不断演化发展，理论内涵被不断深化丰富，理论优势逐渐彰显，也因此被研究者广泛吸纳并从自然科学借鉴延伸到社会学、管理学、经济学、高等教育学等其他领域中，从而催生出新的发展局面（祖强等，2022）。

3. 熵变理论

熵（Entropy）是一个状态函数，最初用来表示可逆过程中物质吸收的热与温度之比值。熵是反映系统无序程度的量，熵越大，系统无序程度越高（聂伟等，2006）。熵变理论以系统状态的演化规律为研究对象，其主要研究内容包括系统演化中的熵增、熵减和不变规律等（高臣和崔红，2011）。

4. 突变理论

突变理论由法国数学家勒内·托姆创立于 20 世纪 70 年代初，是以稳定性理论、奇点理论等为基础解释突发性现象的理论。突变理论最初多应用于数学、力学、生物学等自然科学领域，随着研究的深入又推广到金融、管理等社会科学领域（赵旭和胡斌，2014）。

5. 超循环理论

超循环理论是由德国生物物理学家艾根在 1971 年提出的研究分子自组织的一种理论，特别是在生命起源和发展的化学阶段与生物学进化阶段之间的分子自组织阶段（赵阳和郭照江，1991），在这个阶段中，形成了具有统一的遗传密码的细胞结构，这种结构的形成依赖于一种超循环式的组织方式（孙九霞和王淑佳，2023）。

6. 分形理论

分形理论由法国数学家曼德布罗特于 1967 年提出，主要研究系统如何自组织地从简单向复杂演化，以及系统在其自组织演化过程中的各种特征，属于自组织结构方法论（廖巧云和高梦婷，2020）。

7. 混沌理论

混沌理论由美国数学与气象学家爱德华·诺顿·洛伦茨在 1963 年提出。他在 1963 年提出了著名的混沌理论。混沌理论的研究对象为系统在其自组织演进过程中可能遇到的复杂性、不确定性问题，其主要任务是寻找系统走向复杂性的根据和征兆（沈莹，2012）。

（五）旅游研究应用

自组织理论在旅游研究中的应用主要表现在以下两个方面：一是旅游产业融合研究，如黄明元和刘林（2020）从自组织理论分析视角，研究旅游与农业融合效应的形成机理与演化周期；二是旅游系统的复杂性解析，如阎友兵和张颖辉（2012）基于自组织理论，分析了湖南旅游系统的演化。

第三章　旅游市场营销和传播学理论

一、AIDMA 理论

（一）基本概念

AIDMA 理论又称 AIDMA 模型，也称为消费者行为分析理论，它是指消费者购买商品的过程，从最初接触信息到最终完成购买，会经历五个阶段，分别为 A（Attention）引起注意—I（Interest）产生兴趣—D（Desire）培养欲望—M（Memory）形成记忆—A（Action）产生行动（李欣华和左芳，2013）。

（二）理论来源与发展

刘易斯于 1898 年首次提出了 AID 模型，该模型包括注意、兴趣和欲望三个阶段。后来，他进一步补充了“行动”，并在 1925 年形成了著名的 AIDA 模型，这一模型随后广泛传播。其他学者在此基础上进行了完善。在 20 世纪四五十年代，一些学者在 AIDA 模型的基础上增加了“广告易于记忆”这一阶段。他们认为，除了刘易斯提出的四个阶段外，“促成记忆”对广告效果也有重要作用，因为消费者的记忆对于产生购买行为是必要的。到了 1956 年，美国经济学家戴沃提出了 AIDMA 模型。

随着互联网的发展，传统的 AIDMA 理论已经不能充分适应消费者在互联网上的消费行为特点。为此，日本电信公司对互联网时代客户的生活习惯和消费模式进行了研究，并提出了一个新的模型，即 AISAS 漏斗模型。该模型包括注意（Attention）、兴趣（Interest）、搜索（Search）、行动（Action）和分享（Share），强调了在网络时代营销主体与顾客之间双向互动的重要性。与传统的单向传递不同，AISAS 模型更加重视搜索和分享的作用，体现了网络时代消费者消费模式的变化（白洋洋，2020）。2011 年，互联网数据中心（DCCI）提出了 SICAS 模型，该模型包括感知用户、产生兴趣、建立互动、进行购买和体验分享。这个理论模型能够更准确地解释互联网时代消费者的消费行为（刘帅，2021）。

（三）用途与价值

AIDMA 理论主要应用于市场营销和广告传播领域，其用途体现在指导企业进行品牌推广、运营活动、产品设计和体验设计等。AIDMA 理论可以辅助企业在广告创意与制作时把握关键变化点，从而更有效地吸引消费者的注意，激发兴趣，培养购买欲望，增强商品印象，并最终促成购买行为。

AIDMA 理论的价值在于准确描述了消费者的决策心理过程，并为高卷入度商品的营销提供了有效指导，不仅有助于企业制定有效的营销策略，还为理解消费者行为模式提供了重要的视角，对广告传播实践具有重要指导价值（张岚等，2022）。AIDMA理论是研究消费者行为的重要工具，它帮助研究者分析消费者在不同阶段的行为模式和心理机制；通过了解消费者在各个阶段的需求和反应，企业可以更好地改进产品和服务，以满足消费者的期望；AIDMA 理论还可以帮助企业评估其营销活动的效果，通过分析消费者行为的数据，企业可以了解哪些策略最有效，哪些需要改进。

（四）理论模型与主要观点

AIDMA 理论是比较流行的广告心理学理论，它可以是一个广告创作原则，亦可被认为是消费者接受广告的心理过程。AIDMA 模型描述了消费者从接触广告到最终购买的四个阶段。首先，广告需要吸引消费者的注意力，使其在大量信息中关注到特定的广告内容，这是心理过程的起点，也是成功广告的第一步；接着使消费者对引起注意的广告产生兴趣；然后具有需求，产生购买广告产品或服务的愿望；最后采取行动，购买广告产品，享受广告宣传的服务。在此基础上，后来有人加入了记忆（汤喆，2006），形成了 AIDMA 模型，即当前广为流行的效应模式。在 AIDMA 的五个环节中，吸引注意力是实现购买结果的关键条件，也是整个购买行为的首要因素。在消费日益快餐化、生活节奏快速化的现代社会，消费者有时会省略中间步骤，直接从 Attention 到 Action，实现“A-A”消费，因此吸引受众的注意力成为首要的重点。

（五）旅游研究应用

AIDMA 理论在旅游研究中的应用主要表现在以下三个方面：一是旅游口号设计研究，如曹李梅和曲颖（2019a）基于 AIDMA 理论和扎根理论研究了旅游口号的内源性-外源性设计模式构建；二是旅游发展研究，如李欣华和左芳（2013）从 AIDMA 视角探讨了欠发达民族地区的旅游发展对策；三是旅游目的地网络整合营销传播研究，如宋明曦（2012）基于 AIDMA 模型构建了旅游目的地网络整合营销传播模型。

二、创新扩散理论

（一）基本概念

创新扩散理论（Diffusion of Innovations Theory）是通过一定方式将新观念或者新事物进行扩散，对新观念及事物产生“向好”的影响，并提高其在社会成员间接受度的基本社会过程，包括创新、传播渠道、时间过程和社会系统四个组成部分（陈明宇等，2023）。

（二）理论来源与发展

创新扩散理论是由美国学者埃弗雷特·罗杰斯于20世纪60年代提出的传播学经典理论。1962 年，罗杰斯基于对农村新事物采纳和普及过程的研究，发表了《创新与普及》并提出创新扩散理论。他提出了创新扩散的五个阶段，并总结了创新扩散的 S 曲线理论，即创新扩散速度在达到某个临界数量后会迅速加快，直至接近饱和点。

其他研究者对创新扩散过程中的具体环节和影响因素进行了更深入的研究，提出了更多细分模型和变量。例如，罗杰斯将创新的采用者细分为创新者、早期采用者、早期大众、晚期大众和落后者五类，不同类型的采用者在创新扩散过程中发挥着不同的作用。而网络社交媒体的兴起极大地改变了传播渠道的结构和功能，创新信息可以通过社交网络迅速传播，甚至在短时间内实现病毒式扩散。总的来说，创新扩散理论自提出以来，经历了初创、扩展、细化和现代化四个阶段的发展，逐渐成为一个系统的理论框架。它不仅丰富了社会科学理论体系，还在实际操作中得到了广泛应用。随着信息技术的不断进步和社会环境的不断变化，创新扩散理论将继续发展完善，为理解和推动创新扩散提供更多有价值的见解。

（三）用途与价值

创新扩散理论的用途体现在以下方面：一是产品推广与品牌建设。利用创新扩散理论来预测和推动新产品的市场接受度。理论中的信息传播和接受过程有助于企业理解品牌形象如何在市场中形成和传播，从而制定更有效的品牌策略，增强品牌的市场影响力和忠诚度。二是公共政策制定与执行。政府和非营利组织可以利用创新扩散理论来推广新政策或项目，通过了解公众对新政策的接受程度和影响因素，制定更加科学合理的推广策略，提高政策的实施效果和社会认可度。三是制定创新策略，管理创新过程。企业可以利用创新扩散理论来制定创新策略，包括创新产品的开发、市场定位和推广等，确保创新活动与市场需求相契合。同时还能够有效地管理创新过程，确保创新活动的顺利进行和成功实施。

创新扩散理论的价值体现在以下方面：一是丰富学科理论体系，提供新的研究视角。创新扩散理论将传播学、社会学和市场营销等领域的概念整合起来，为理解创新的传播过程提供了一个系统的框架，丰富了相关学科的理论体系。二是指导实际操作，促进创新应用。政府、企业和非营利组织纷纷采用这一理论来制定推广策略和推广计划，提升新产品和新技术的普及率以及政策的实施效果。通过理解和应用创新扩散理论，企业可以更好地推广新产品和技术、优化市场营销策略；政府可以更有效地推广新政策和社会变革项目等。三是提高市场效率，推动经济增长。通过精准识别目标市场和消费者群体以及制定有效的营销策略和推广计划，企业可以提高市场效率和竞争力，推动新产品和技术的普及和应用以及新政策的实施和推广，实现更好的经济效益，促进经济持续健康发展。

（四）理论模型与主要观点

1. 理论模型

（1）S 曲线。创新扩散的过程通常呈 S 形曲线，即开始时扩散速度较慢，当采用者达到一定数量后（临界数量），扩散过程突然加快，并在饱和点之后再次放缓。

（2）五阶段模型。创新扩散的过程可以分为五个阶段，即认知（知道）、说服（感兴趣）、决定（考虑是否采用）、实施（采用）和确认（确认或撤回采用的决定）。

（3）受众分类。罗杰斯将受众分为五类，包括创新者、早期采用者、早期大众、晚期大众和落后者。每一类人群在创新扩散过程中扮演着不同的角色，影响着创新的传播速度和范围。

2. 主要观点

（1）相对优越性。某项创新相对于它所取代的旧主意的优越程度，是影响其扩散速度的重要因素。

（2）兼容性。创新与现有价值观、以往经验以及预期采用者需求的共存程度，决定了其被接受的可能性。

（3）复杂性。创新的理解和运用难度越低，越容易为人所接受。

（4）可试验性。创新在有限基础上可被试验的程度越高，其风险越小，越容易被采纳。

（5）可观察性。创新结果能为他人所见的程度越高，越能激发模仿行为，加速创新的扩散。

（五）旅游研究应用

创新扩散理论在旅游研究中的应用主要表现在以下三个方面：一是旅游网络口碑研究，如王志海和王伟（2018）以马蜂窝网为例，研究了创新扩散视域下的旅游网络口碑再生产；二是分析旅游消费者行为影响因素，如代瑜平等（2022）基于技术接受模型和创新扩散理论对民宿消费行为影响因素进行分析；三是旅游业发展研究，如尹罡等（2023）在创新扩散视角下，研究了乡村创客对乡村旅游发展的影响机理。

三、定位理论

（一）基本概念

定位（Positioning）是指识别和确定某一产品或服务的重要品质，以便能以有意义的方式向消费者展现其有别于竞争产品或服务的特色（利益）（赵然等，2011）。菲利普·科特勒在《营销管理》一书中将其解释为：通过设计产品或服务的形象，使其在目标顾客心中占据独特的位置。定位理论的核心可以概括为“一个中心两个基本点”，其中，核心是打造品牌，基本点包括竞争导向和消费者心智（李国茹，2014）。

（二）理论来源与发展

“定位”一词最初源自市场营销学，它是一种沟通策略，旨在通过突出产品的特定特征或身份标签来与竞争对手区分开来，从而吸引消费者。这种用法与军事上的“定位”有相似之处，即依据竞争环境中其他参与者的位置来确定自身在市场中的位置。1969 年艾·里斯与杰克·特劳特首次提出了定位的概念。1970 年，菲利普·科特勒最先将定位概念引入营销领域，将其视为 4P 营销理论之外的关键因素，引导企业营销活动方向。

随着商业竞争加剧，1980 年，迈克尔·波特将定位理论引入企业战略的核心，开创了竞争战略的新篇章。1994 年以来，杰克·特劳特先后撰写了《与众不同》《什么是战略》《重新定位》。进入 21 世纪后，定位理论研究逐渐进入重新定位阶段。里斯和特劳特将品牌定位与客户心智联系起来，将客户心智视为主要竞争战场，强调品牌应在客户心智中占据领导地位。此后，Riezebos 等学者从产品功能和表意两个层面提出了定位的二维度理论，强调产品功能满足消费者对产品质量和属性的需求，而产品表意则满足消费者的情感和精神需求（秦宗财，2019）。

（三）用途与价值

20 世纪 90 年代以来，定位理论的应用领域不断扩展，涵盖了人际交往、机构互动以及国际关系等多个领域，它不局限于心理学，还延伸至教育学、人类学、新闻传播学、公共关系和策略性沟通等学科。定位理论强调从言语行为、社会权利和义务的视角解释行动者的话语含义及其行为动机，包括价值观、历史性和社会性等维度，体现了跨学科研究的发展趋势，具有极强的解释力和影响力（袁周敏和李楚楠，2022）。

准确定位可以使旅游目的地深入旅游者心中，确立竞争优势地位（柯球，2011）。定位理论强调了在竞争激烈的市场中，通过有效的市场定位来区分产品或服务的重要性。这有助于消费者在众多相似产品中识别和选择特定的品牌；为品牌战略提供了核心理念，即通过有意义的差异化来建立品牌形象。这有助于品牌在消费者心中占据一个独特的位置；定位理论指导了广告和传播策略的制定，确保信息传递清晰、准确，并且与品牌的定位一致；定位理论不仅适用于产品和服务，还可以用于组织层面的战略规划，帮助组织确定其在市场中的位置和角色。

（四）理论模型与主要观点

Langenhove 和 Harré 提出的定位三角形是定位理论的奠基之作；Davies 和 Harré 基于自我认知过程提出了定位理论的五要素分析框架；Slocum-Bradley 提出了定位钻石模型，进一步发展了定位理论。Bartlett 在定位三角形的基础上结合 Bourdieu 的语言观，提出了定位之星的理论框架（庞宇，2019）。

1. 定位三角形

1999 年，Langenhove 和 Harré 最先提出了“定位三角形”理论框架，认为话语分析是为了阐明话语结构和交流功能的内在联系。对话的结构是三极的，包括位置、叙事情节和言语行为的社会力量（见图 3-1）。

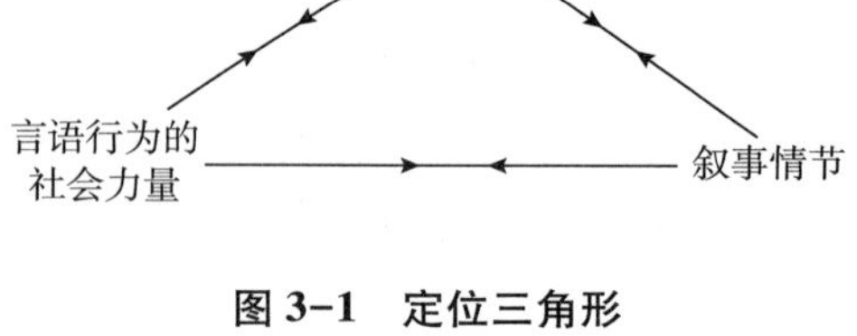

图 3-1　定位三角形

资料来源：Langenhove 和 Harré（1999）。

定位理论的分析模型由三个关键概念组成：位置、叙事情节和言语行为的社会力量。它们相互依赖，共同塑造了话语行为的意义和责任。不同的叙事情节赋予言说者不同的定位，言说者的定位影响了话语的言外之力、言语行为及整体叙事情节。言说者在特定的叙事情节中的位置决定了他们如何被视为权威，从而影响了他们对其他人定位的权利。通过对话，参与者能够“定义”他们参与的叙事情节，其行为也因此被理解。Tannen 利用“定位三角形”模型分析对话，揭示了对话的情景结构。这种结构通常反映了文化中已存在的叙事形式，并由具有影响力的参与者共同塑造了定位、行为和叙事情节之间的复杂关系。

2. 定位钻石模型

Slocum-Bradley 指出，在给定的叙事情节中，不同类型参与者可被看作相关角色的扮演者，在解释或建构事件意义过程中引发的不同身份对于参与者的权利、责任和言语行为都有不同的影响。若只是将参与者身份作为叙事情节中的一部分，就忽略了这一差别和其带来的后果，因此他将“身份”替换了定位三角中的“位置”，并将参与者的权利和义务作为独立的要素，与叙事情节、言语行为的社会力量等要素共同构成了话语意义建构的“定位钻石”分析框架（见图 3-2）（Slocum-Bradley，2010）。

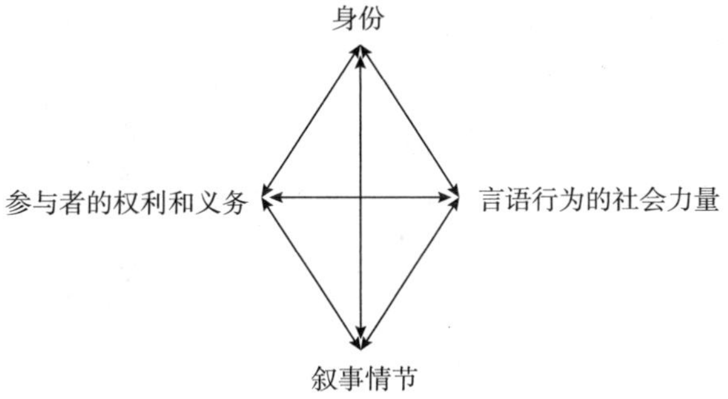

图 3-2 定位钻石模型

资料来源：Slocum-Bradley（2010）。

“定位钻石”模型作为分析框架凸显了四个要素之间相互影响的复杂关系。在这个模型中，权利和义务通过身份和叙事情节进行分配，并且参与者对其权利和义务的履行会影响他们的身份认定。叙事情节不仅决定了一系列身份的生成，实际的身份认定还会影响叙事情节的合理性。言语行为的社会力量在这一过程中起着重要作用，它既受到身份、叙事情节、权利和义务的影响，同时也反过来影响着这些因素的运作和发展。

（五）旅游研究应用

定位理论在旅游研究中的应用主要表现在以下三个方面：一是旅游品牌塑造研究，如秦宗财（2019）在定位理论视角下，研究了乡村文创品牌塑造的方向和路径；二是旅游开发定位研究，如马晓冬等（2000）运用定位理论，以徐州市为例，研究了其区域旅游开发定位；三是旅游经济发展研究，如刘刚（2015）基于定位理论，以凉山州普格县为例，研究了西部民族地区的旅游经济发展。

四、过滤器衰减原理

（一）基本概念

过滤器衰减原理（Filter Attenuation Theory）是对信息选择性注意的一种理论解释。该原理认为，人们在处理信息时，并不是简单地只选择一个信息源而忽略其他所有信息，而是对所有输入的信息进行一定程度的加工，在这个过程中，信息的加工是“衰减”的，即非目标信息虽然不会被完全阻断，但其强度会减弱。信息在传播过程中遇到了各种障碍，这些障碍阻碍了消费者获取信息，只有少量信息能够传递给受众，从而限制了他们的消费行为（邹璐，2017）。

（二）理论来源与发展

1958 年布罗德本特提出注意过滤器模型，他提出人的神经系统加工信息的容量是有限的，不可能对所有的感觉信息进行加工。因此，当信息通过各种感官通道进入神经系统时，会经过一个仅允许部分信息通过的过滤机制，而其他信息则被阻止。心理学家特雷斯曼在 1967 年基于注意过滤器模型进行改进，提出传播过程中的过滤器衰减模型。

旅游口号的“过滤器”衰减原理源于维克多·密德尔敦在《旅游营销学》一书中提出的“沟通过程中的‘过滤器’”模型。该模型最早由李燕琴、吴必虎（2004）在《旅游形象口号的作用机理与创意模式初探》一文中引入研究旅游口号，随后又出现在黄翔、唐楠、成曦（2007）发表的《基于传播视角的旅游广告语效果研究》一文中。邹璐（2017）以过滤器衰减理论为研究基础，研究了旅游口号传播作用机理，对旅游口号从设计到传播的过程进行了整合分析，并结合了变更管理的研究，以一个整体的视角去研究旅游口号。

（三）用途与价值

过滤器衰减原理主要应用于市场营销、广告学和传播学等领域，可以帮助理解如何更有效地设计信息（如旅游口号）和传播策略，以便信息能够更好地被接收和处理。

过滤器衰减原理的价值体现在其对注意力选择机制的深入分析和解释上。过滤器模型以其简洁和清晰的“有或无”原则为特点，适用于解释在特定任务下的注意力选择；而衰减模型则更为全面和灵活，能够更好地适应复杂多变的现实环境。两者共同贡献了对人类注意力选择机制的理解，在设计和优化信息传播策略时具有重要的参考价值。

（四）理论模型与主要观点

该理论基于以下假设：一个优秀的旅游口号，即使在宣传和促销过程中最大限度地接触到了目标旅游消费群体，也往往只能促使其中很少的一部分人最终完成购买行为。维克多·密德尔敦认为，抑制了众多目标旅游消费者购买的原因是我们所有人的头脑中都存在着“屏障”或“过滤器”。它们会压制大多数的信息，而只剩下其中很少的特定的一部分。维克多·密德尔敦的“过滤器”理论认为：晦涩、艰深、拗口、平淡等不具有吸引力的旅游口号会因为“认知障碍”而很快被公众所遗忘，一个旅游口号只有穿过众多的过滤器，跨越众多屏障，才有可能最终刺激购买行为的发生。而被刺激的需求，还要克服种种客观存在的阻力，当潜在的游客将需求转化为行动时，旅游口号的作用才能真正实现。这些屏障主要包括四种：接触屏障、认知屏障、个性屏障和客观屏障。接触屏障是指人们因为旅游口号传播渠道或自身原因而产生的接触障碍；认知屏障是指人们注意、理解和记忆旅游口号过程中产生的认知障碍；个性屏障是指由于游客的价值倾向与旅游偏好不同而表现出的对不同的旅游口号的兴趣差异；客观屏障是指旅游口号与游客认知、偏好之外的其他影响游客旅游行为的外在因素，如时间、财力、健康等。由于旅游口号传播过程中存在过滤器衰减原理，一个旅游口号只有穿过这四种屏障，才能最终有效地传播给目标游客并促使他们实施购买行为。如图3-3所示，其中，A表示75%的人能接触到该口号；B表示30%的人能回想起该口号；C表示20%的人产生兴趣；D表示12%的人会购买（李燕琴和吴必虎，2004）。

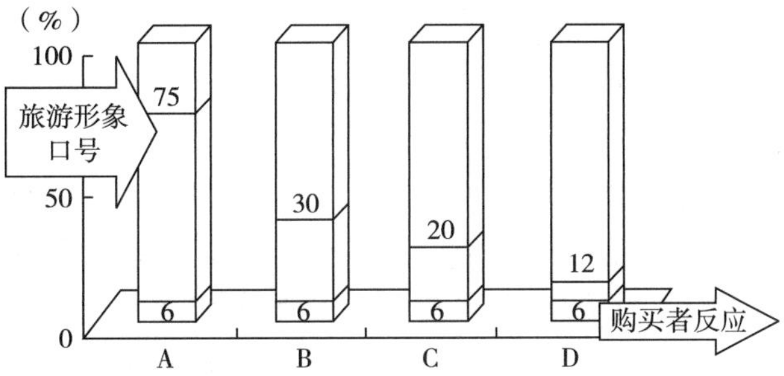

图3-3　旅游形象口号宣传中的“过滤器”

资料来源：李燕琴和吴必虎（2004）。

（五）旅游研究应用

过滤器衰减原理在旅游研究中的应用主要表现在以下三个方面：一是旅游口号传播研究，如邹璐（2017）基于过滤器衰减原理，研究了省域旅游口号的传播作用机理；二是旅游广告效果研究，如黄翔等（2007）从传播视角研究了旅游广告语的效果；三是旅游形象口号创意模式研究，如李燕琴和吴必虎（2004）研究了旅游形象口号的作用机理及创意模式。

五、品牌理论

（一）基本概念

品牌的英文为“brand”，源自挪威语的“brandr”，其原始意义为“灼烧”与“烙印”的动作。自然经济时代被放牧者广泛采用，作为标记自家牲畜、明确私有财产界限的独特方式。在《牛津大辞典》里，“品牌”的含义被用来证明区分物的所有权，且是一种质量的保证。美国“现代营销学之父”菲利普·科特勒将品牌看作一个集合体，它包括了名称、术语、标识、符号、设计或它们的组合，其目的是使那些特定消费者群体能够独特地辨认自己所喜欢的产品和服务，从而在激烈的市场竞争中与竞品形成鲜明区分。

品牌的内涵包括质量、服务、文化和形象，品牌的外延包括品牌知名度、品牌美誉度、品牌联想度和品牌忠诚度。品牌外延是品牌内涵的外化。随着时代的发展，商业竞争日益激烈，品牌的内涵经历了深刻的拓展与丰富，进而催生了品牌学这一专门的研究领域（罗晓雯和李化树，2017）。品牌运营就是从品牌定位开始，经过品牌设计、品牌传播、品牌组合、品牌更新、品牌扩展、品牌保护、品牌管理等环节直至使品牌增值的全过程（詹琳，2019）。

（二）理论来源与发展

品牌的概念最早由大卫·奥格威于1955年在《形象和品牌》一文中正式提出。受20世纪70年代美国广告业发展和广告宣传费用急剧上升的影响，美国新产品导入市场的成本居高不下，而高额的新产品宣传成本并不能保证产品导入市场的成功。在这样的背景下，20世纪80年代品牌延伸理论应运而生，其不仅可以大大降低新产品投放的平均成本，还可以通过核心品牌现有的市场影响，进一步提升新品牌投放的成功率（顾雷雷，2016）。

随着品牌理论的发展，学者们对品牌的理解与认知也在不断演进与拓宽，从最初认为品牌是一种标识到提出品牌是一个复杂的生态系统。韩福荣和王仕卿（2006）将品牌理论的发展大体上分为了品牌形象理论、品牌定位理论、品牌资产理论、品牌关系理论、品牌战略理论及品牌生态理论等几个阶段。黄洁（2012）认为品牌的发展经历了三个阶段：第一个阶段是标记说，第二个阶段是要素组合说，第三个阶段是价值说。品牌不仅是一种标识，更是对独特体验做出的情感、象征和功能承诺的集合。尽管“品牌”这一术语早已问世，但直到19世纪，它才被用作识别不同制造商产品的工具，并真正应用于商业实践中，这标志着品牌理论发展的第一个重要里程碑。第二个关键点是现代品牌理论的确立，这发生在20世纪80年代，当时品牌概念开始受到学术界的重视。随着21世纪的到来，全球数字化转型的加快、新一代消费者的出现以及市场的双向繁荣，推动了品牌理论的不断创新和发展（王蔚，2023）。

（三）用途与价值

品牌理论在企业管理、市场营销等多个领域都有广泛的应用。品牌的影响力和重要性日益显现，其应用范围已从传统的商品领域拓展到多个行业，包括旅游、服务、个人形象、城市形象、餐饮以及媒体等各个领域（吴筱贞和陈瑾，2020）。品牌理论可被个人、企业或区域用于塑造品牌形象、提升品牌价值、指导营销策略、增强竞争优势。

品牌理论能够帮助企业通过有效的品牌战略和营销活动，建立和维护与消费者的长期关系，塑造独特的品牌形象，并最终实现品牌的经济价值。品牌理论的应用对于企业的长期发展和市场竞争力至关重要，具有较高的经济价值、文化价值、社会价值和战略价值。

（四）理论模型与主要观点

1. 理论模型

（1）品牌形象论。由大卫·奥格威提出，强调广告的主要任务是塑造品牌的独特形象和个性，从而在消费者心中形成深刻印象。

（2）CIS 理论（企业形象识别系统）。其包括 MI（企业理念识别）、BI（企业形象识别）和 VI（企业视觉识别），共同构成企业的整体形象。

（3）品牌罗盘论。其将品牌的核心置于中心，外围层层展开的同心圆代表品牌的不同要素，如品牌特质、品牌利益、品牌价值和品牌个性。

（4）品牌群理论。由戴维·阿克提出的“品牌群”概念，将生态学的种群概念引入品牌理论，认为品牌之间存在复杂的相互关系，这种视角为理解品牌的复杂性提供了新思路。这一理论强调了品牌之间的相互作用和整体管理的重要性。

2. 主要观点

（1）独特性。品牌理论强调品牌的独特性和差异性，认为品牌应具有独特的形象、个性和价值主张。

（2）消费者导向。多数品牌理论关注消费者的需求和感受，强调品牌与消费者之间的情感联系和互动。

（3）系统性。CIS 理论等品牌理论强调品牌建设的系统性，认为品牌是企业整体形象的重要组成部分，需要各部门协同合作。

（4）战略性。PEST 模型、SWOT 分析法、五力分析模型等品牌理论工具被广泛应用于企业战略制定和市场营销规划中。

（5）动态性。品牌理论强调品牌的动态性，认为品牌应随着市场环境的变化和消费者需求的演变而不断进行调整和创新。

（五）旅游研究应用

品牌理论在旅游研究中的应用主要表现在以下三个方面：一是旅游口号品牌价值研究，如詹琳（2019）在品牌理论视域下研究了旅游目的地口号的品牌价值；二是旅游规划研究，如方聪慧（2012）研究了生态旅游规划中的品牌理论；三是旅游目的地营销研究，如余骥（2007）综述了品牌理论在旅游目的地营销中的应用。

六、STP 理论

（一）基本概念

现代市场营销主要有市场细分、目标市场选择以及市场定位三个步骤，又称 STP 营销。其中 S 为市场细分（Market Segmentation）、T 为目标市场选择（Market Targeting）、P 为市场定位（Market Positioning），具体指企业根据一定的标准对整体市场进行细分后，从中选择一个或者多个细分市场作为自身的目标市场，并进行市场定位的过程（缪诗巧，2022）。STP 理论是指公司或企业要根据需求、欲望、利益的不同将购买者区分开来，然后再在其中选择公司或企业能用最优的方式满足消费者的一个细分市场。对于每一个目标细分市场，确立并传达公司市场供给的有效认知，从而在消费者心里建立一个独特于其他产品的品牌认知（杨小全，2022）。

（二）理论来源与发展

美国营销学家温德尔·史密斯在 20 世纪 50 年代中期最先提出了市场细分的概念，随后菲利普·科特勒进一步发展和完善了这一理论，并最终形成了成熟的 STP 理论（夏皓，2022）。

随着市场环境的不断变化和竞争的日益激烈，STP 理论在企业营销实践中的应用不断深化。STP 理论在发展过程中，不断吸收新的营销理念和方法，如大数据、人工智能等技术的应用，为 STP 理论注入了新的活力。这些新技术和方法的应用，使企业在进行市场细分、目标市场选择和市场定位时更加精准和高效。

（三）用途与价值

STP 理论是市场营销中的一个重要理论，其用途非常广泛，它帮助企业通过市场细分来识别不同的顾客群体，根据特定的标准或属性将市场划分为更小、更具特定需求的子群体，选择最有潜力的市场细分作为服务对象，进行市场定位，在目标顾客心中塑造产品或服务的独特形象，以区别于竞争对手。

STP 理论是现代市场营销不可或缺的一部分，通过应用这一理论，企业可以更精准地设计出顾客价值驱动的营销战略，从而有效地吸引和保留顾客，STP 理论的提出标志着现代营销管理理论的重大进步，它为将产品或服务精准定位于目标市场中的特定位置提供了重要的理论支持（周玲，2023）。

（四）理论模型与主要观点

STP 理论可转化为具体可执行的三步，分别为市场细分、目标市场选择和市场定位。首先根据细分市场的相似点将市场划分为几个部分。然后通过营销人员对细分市场进行评估，以便公司能以更优方式来满足消费者不同的需求，据此来判断哪个或者哪几个细分市场的发展前景和盈利机会更大，再选择一个或多个市场进入。最后是市场定位，目标市场是否对公司的产品和形象有积极且正面的理解。要在消费者心中树立正向的品牌认知，公司可以达到满足客户高价值和高满意度的目标，从而获得客户极高的产品复购率来最终达到高利润的结果，实现消费者与公司的双赢。通过市场细分选择目标客户，进而确定目标市场，最后进行市场定位（夏皓，2022）。

企业在市场营销中应根据不同的需求、地理、人口特征和心理行为等因素对市场进行细分。综合考虑多种因素后，企业应根据自身条件和客观环境，在众多细分市场中选择一个具有一定市场规模且符合社会发展趋势的目标市场。随后，企业应确定适合其优势并充满机会的目标市场，为该市场提供符合消费者偏好的产品和服务。通过一系列营销活动和定位策略，企业可以向目标消费群体传递其品牌和产品的信息，紧密关注消费者需求，打动并促使他们完成购买行为，从而扩大市场份额。

（五）旅游研究应用

STP 理论在旅游研究中的应用主要表现在以下两个方面：一是旅游产品营销，如康平和王亚楠（2022）基于“RMP+STP”，以贵州省盘州市为例，探究了其“民族+民俗+民宿”的旅游营销策略；二是旅游目的地或景区营销，如王飞（2023）基于 SWOT 与 STP，以成都市大邑县新场古镇为例，研究了旅游景区的营销策略。

七、4P 理论

（一）基本概念

4P 即 Product（产品）、Price（价格）、Place（渠道）、Promotion（促销）。4P 理论是一种营销理论，指企业综合运用并有机结合多种可控因素，形成优化可行的营销策略，以实现其营销目标的活动总称（张强等，2012）。提供产品的目的是给消费者带来利益，产品即相关企业提供产品和对应服务的总和。价格则是产品在市场上的个体价值。在营销组合中，产品和价格会直接影响企业效益。渠道是指产品或服务面向消费者和企业进行营销的方式网络，分销是其核心框架，指产品或服务精准落实到消费者群体的过程。促销是一种营销手段，通过顾客、消费者或是企业对某个品牌或服务所产生的想法、行为、感受等综合反馈而提出的促销方式（胡勇，2022）。

（二）理论来源与发展

美国密歇根州大学的杰罗姆·麦卡锡教授于 1960 年在其著作《基础市场学》中首次提出了营销组合的 4P 理论，即产品、价格、渠道、促销。该理论的提出标志着营销学的正式确立与诞生，奠定了现代营销学的基石。1967 年，菲利普·科特勒将 4P 营销理论纳入其经典畅销书《营销管理》之中。

Doyle 和 Stern（2006）认为 4P 营销理论的内容应当从有形商品和无形服务两个角度区分考虑。对于附加无形服务的，大多数营销从业者会在这个组合中增加两个元素，即服务和员工。Gummesson（1994）在对关系营销进行研究时发现，4P 理论要素的角色正在从市场营销的创始参数转变为人际关系、社交互动的一个贡献参数。Rousey 和 Morganosky（1996）根据经验证据表明，零售模式才是实现客户价值的关键部分，零售营销人员应该用“消费者导向”的 4C 理论来取代“生产导向”的 4P 理论。Goldsmith（1999）认为新时代的个性化需求对于市场营销策略具有重大影响，应该成为营销组合的特色元素之一，与产品、价格、渠道、促销、人员、有形展示和服务过程组合形成一个新的营销理论，即 8P 理论，这就要求企业要根据特定消费者的个人需求来定制商品和服务。

（三）用途与价值

4P 理论主要用于市场营销领域，其为营销人员提供了一个框架，用于制定和优化营销策略。通过考虑产品的特性、价格的设定、分销渠道的选择以及促销活动的设计，企业可以更系统地规划和执行其营销策略；通过调整 4P 中的各个元素，企业可以更好地满足不同市场和消费者的需求。例如，通过产品创新来吸引消费者，通过价格策略来增强竞争力，通过分销渠道优化来提高便利性，以及通过促销活动来增加销售。

4P 理论的营销意义适用于今天的各行各业，可应用于市场营销的节奏把控，综合应用各种可控因素，从而实现预定的目标（周思思和周发明，2020）。4P 理论为现代市场营销学提供了坚实的基础，并展现出强大的生命力。随着后续学者的不断研究和演进，这些理论不仅推动了学科的创新，还促进了理论的应用，从而提高了企业销售策略的效果，支持企业的持续发展，并持续提供深刻的理论指导（彭雁，2017）。4P 理论能够帮助企业制定营销策略，为营销工作提供了一套有效的分析思路和决策框架。

（四）理论模型与主要观点

4P 理论将复杂的营销活动简化，总结出四个容易管理的可控要素：产品、价格、渠道和促销，为营销人员提供了一套系统的分析框架和实践途径。在 4P 理论中，产品策略是核心，涉及向目标市场客户提供符合其需求的有形产品以及服务、品牌和理念。价格策略则关注产品的定价和交易条件，如商业折扣、支付方式及期限、担保等，它直接关系到企业的盈利能力，并与企业的发展战略和阶段紧密相关。渠道策略，又称分销策略，描述了产品从企业到客户的流通过程，包括线上和线下渠道，渠道的中间成本会影响顾客的购物体验和企业的成本。促销策略则是通过广告等市场营销手段激发消费者的购买欲望，这对于企业开拓市场和维持市场份额至关重要（苏熠海，2022）。

（五）旅游研究应用

4P 理论在旅游研究中的应用主要表现在以下两个方面：一是旅游营销策略研究，如高丽红（2016）运用 SWOT 分析及 4P 理论研究了旅游景区网络营销策略；二是旅游产品体系研究，如张强等（2012）以湖北省远安县旅游发展规划为例，研究了 4PCR 市场营销组合在区域旅游产品体系构建中的运用。

八、4C 理论

（一）基本概念

4C 理论是一种以顾客（Consumer）、成本（Cost）、便利（Convenience）和沟通（Communication）为四大关键营销组合要素的营销理论。它强调企业应该将追求顾客满意作为首要目标，努力减少顾客的购买成本，并且高度重视顾客购买过程中的便利性，最后要与顾客建立长期且有效的沟通（王磊和周晓东，2014）。

（二）理论来源与发展

由于 4P 理论以生产而非以顾客为中心，故无法应对新经济形势下的需求。传统 4P 理论渐被 4C 理论所挑战。1990 年，美国学者罗伯特·劳特朋教授在其《4P 退休 4C 登场》文章中首次提出了与传统营销的 4P 相对应的 4C 营销理论。4C 的核心是顾客战略，4C 的基本原则是企业营销活动规划设计需要以顾客为中心进行。

4P 理论强调产品，而 4C 理论强调如何满足顾客需求；4P 理论注重价格方面，而

4C 理论要求综合权衡顾客购买所愿意支付的成本；4P 理论在于促销，主要是一种单向信息传递，而 4C 理论则重在双向，研究如何实现与顾客的双向交流与沟通；4P 理论仅包括通路的产品流动，而 4C 理论研究如何实现顾客购买的便利性（邓波，2018）。随着互联网和数字技术的发展，4C 理论在实践中得到了进一步的应用和拓展。例如，在大数据分析的帮助下，企业可以更精准地把握消费者的需求和行为，社交媒体的兴起也为企业与消费者之间的沟通提供了新的渠道和方式。

（三）用途与价值

4C 理论主要用于市场营销领域，其强调以顾客为中心，关注顾客的需求和价值，而不仅是产品本身，这有助于企业更好地理解和满足顾客的需求，提升顾客满意度。通过有效的成本管理、便捷的购买渠道、有效的沟通和互动，不断提升顾客的忠诚度。

通过运用 4C 理论，企业能够设计出更符合市场需求的产品，制定更具竞争力的价格策略，优化销售渠道以提升顾客购买便利性，并通过有效沟通建立稳固的客户关系，这样不仅能提升顾客满意度和忠诚度，还能增强企业的市场竞争力和盈利能力。与 4P 理论相比，4C 理论更加贴合现代市场的变化趋势和消费者需求的升级方向，具有极高的理论意义和实践价值（宋始殷，2021）。

（四）理论模型与主要观点

4C 理论包括顾客、成本、便利与沟通四个方面。顾客主要指顾客的需求，企业必须首先了解和研究顾客，根据顾客的需求来提供产品（曹静伟，2013）。企业生产的产品是否畅销，关键是能否满足大多数顾客的某一需求，客户价值随着企业销售产品、服务的过程而产生，因此，顾客在营销中也扮演了重要角色。广义的成本不仅包括企业的生产成本，还应考虑到顾客的购买成本。这意味着产品的理想定价应该平衡在顾客的心理承受价格和企业的利润价格之间。此外，顾客的购买成本不仅包括金钱支出，还应该包括时间、体力和精力的消耗，以及购买风险。便利是指为顾客提供最大的购物和使用便利。企业在制定销售策略时，应该从顾客的角度出发，重视顾客的便捷性（曹颖和何钦成，2007）。顾客在消费时，应该能够体验到完善的售前推荐、售中关怀和售后服务，最终享受到便利，这是客户价值中十分重要的一部分（张铃，2019）。4C 营销理论强调，企业应通过与顾客进行积极有效的双向沟通，建立基于共同利益的新型企业-顾客关系（周爽，2019）。这不再是企业单向地促销和劝导顾客，而是在双方的沟通中寻找能够同时实现各自目标的途径（李娴，2016）。

（五）旅游研究应用

4C 理论在旅游研究中的应用主要表现在以下两个方面：一是旅游营销策略研究，如郑媚丹（2017）以 4P 与 4C 组合营销理论为基础分析了我国体育旅游的营销策略；二是旅游商品开发研究，周优光等（2011）基于 4C 营销理论研究了金华旅游商品开发。

九、USP 理论

（一）基本概念

USP（Unique Selling Proposition）理论，即独特的销售主张理论，也称为独特的销售卖点理论。简单来说就是给产品一个恰当的主题定位——创造新的差异赢取市场（林光旭，2011）。USP 理论也可以解释为通过广告必须为产品找到一个卖点，这个卖点必须是独一无二的，且必须是消费者所喜欢的。USP 理论有三层含义：一是每个广告必须告诉消费者一个主张，并指出广告中的产品可以满足消费者的哪些诉求，而且这些独特性必须传递给消费者并向他们明确说明；二是强调的主张必须是独特的，或者不属于竞争对手的产品方面，并保证品牌和言论的独特性；三是强调的主张必须集中在一个利益点上，以吸引消费者购买产品（李敏，2019）。

（二）理论来源与发展

USP 理论是 20 世纪 40 年代早期由美国 Ted Bates 广告公司提出，后经广告大师罗瑟·瑞夫斯（Reeves，1961）完善的理性创新型广告战略。瑞夫斯在继承了霍普金斯科学的广告理论的基础上，结合达彼思公司多年的广告实践，于 1961 年在《实效的广告——达彼思广告公司经营哲学：USP》一书中系统地提出了 USP 广告创意策略理论（李东和邢振超，2006）。

初期的 USP 理论主要注重产品本身，以产品及传播者为中心，强调产品具体的特殊功效和利益，并且这种特殊性是竞争对手无法提出的。然而，这一阶段的 USP 理论也存在一定的局限性，如较少考虑到传播对象的需求和感受。随着市场环境的变化和消费者需求的多样化，USP 理论逐渐从满足基本需求出发，追求购买的实际利益，逐步走向追求消费者心理和精神的满足。这一阶段，USP 理论开始更多地关注消费者的心理和情感需求，试图通过情感共鸣来增强品牌的吸引力和忠诚度。进入 20 世纪 90 年代后，USP 理论的策略思考重点上升到品牌的高度。达彼思将 USP 定义为揭示一个品牌的精髓，并通过强有力的、有说服力的数据证实其独特性。这一阶段的 USP 理论更加注重对品牌精髓的挖掘和传达，强调品牌与消费者之间的情感连接和价值共鸣。

（三）用途与价值

USP 理论在多个领域都有广泛的应用，主要涉及产品或服务的销售与推广，在品牌营销中具有广泛的用途和重要的价值。它不仅有助于企业实现产品差异化、市场定位、营销传播和销售促进等目标，还能增强品牌识别度、提升市场竞争力、增加销售额和利润、指导产品开发以及建立情感连接等。

通过明确产品的独特卖点，企业可以在竞争激烈的市场中脱颖而出，赢得消费者的青睐。USP 理论在与品牌相结合的过程中，不仅能帮助企业销售产品，还肩负起了品牌营建和增长品牌资产的新使命，是一个随着市场环境变化和消费者需求多样化而不断发展的理论（徐燕和洪燕云，2012）。它强调产品的独特性和对消费者的实际利益承诺，是品牌营销中的重要工具之一。

（四）理论模型与主要观点

USP 理论的基本观点是：广告就是发挥一种“建议”或“劝解”（Proposition）功能，即找出品牌特性（Unique）——其他品牌所没有的（竞争对手所不能提出来的）独特性，告诉消费者“买这样的商品，你将得到特殊的利益”，这种适合消费者欲求的利益点，也正是厂商推销商品的“卖点”（Selling）。广告就是这样一种“独创性销售主张”（USP）（邹红梅，2010）。

这个销售主张应包含三个要点：①每一则广告必须向消费者说一个主张，必须让消费者明白购买这个产品可获得的具体利益；②所强调的主张必须是独一无二的，是品牌专有的特点或在特定的广告领域没有出现过的说辞；③所强调的主张必须强有力，能打动消费者并使其购买（Reeves，1961）。这些要件逐步构成 USP 的核心理论和实践中的判别标准，为品牌差异化奠定了基石（牛永革和赵平，2010）。

根据 Reeves 的概念框架，Richardson 和 Cohen（1993）提出 USP 有别于其他主张的四个标准：①关于产品的说辞从本质上足够识别它的真实性或者虚假性；②有且仅此这样一个说辞，而且这个说辞只由少数几个主题词组成；③它向消费者提供真实的产品利益；④声称这种利益是独特的。

（五）旅游研究应用

USP 理论在旅游研究中的应用主要表现在以下四个方面：一是旅游文化资源发掘研究，如林光旭（2011）基于 USP 理论研究了如何发掘核心旅游文化资源；二是旅游营销研究，如苗红（2006）基于 USP 理论，以甘肃省临潭县为例，分析了实施 USP 营销策略的效果；三是旅游品牌形象定位研究，如徐燕和洪燕云（2012）以常州旅游目的地为例，研究了 USP 理论在旅游目的地品牌形象定位中的具体应用；四是旅游口号评价研究，如范小华和牛永革（2014）基于 USP 理论，以中国 5A 级旅游景区为例，对其旅游口号进行了分类评价。

十、5W 理论

（一）基本概念

5W 理论是传播学的经典理论，指出定义传播行为必须回答五个基本问题：Who（谁）、Says What（说了什么）、in Which Channel（渠道）、to Whom（对象）、with What Effect（效果），即谁通过何种渠道向谁说了什么，产生了何种效果。该理论通过 5W 元素清晰地表征了信息的传递过程（杨建永等，2023）。“谁”是传播主体，负责信息的收集、加工和传递；“渠道”是信息传递的中介；“说了什么”指传播的内容信息；“对象”指传播的受众；“效果”是受众接收信息后在其认知、情感、行为各层面所引起的反应（王欣等，2023）。

（二）理论来源与发展

5W 理论源于美国学者 H. 拉斯韦尔在 1948 年的作品《社会传播的结构与功能》中提出的观点。他阐述了传播过程中的五种基本要素，并按照特定的顺序进行排列，即传播主体、传播内容、传播媒介、传播受众和传播效果（杨怀宇，2022）。

张国良在《现代大众传播学》（1998）中将5W模式概括为两个“首次”：一个是在传播学历史上首次科学、详尽地分解了传播过程；另一个是首次利用5W理论界定了传播学的五大研究领域，为后续的深入研究提供了广阔的空间。随着传播学研究的深入，后来的学者在5W理论的基础上，提出了更为复杂的传播模式，以更全面地反映传播过程的实际情况。这些模式包括了受众的反馈机制、传播者的多重角色、传播媒介的多样化等。

（三）用途与价值

5W理论不仅适用于大众传播领域，还广泛应用于人际传播、组织传播等多个领域。它帮助人们分析传播过程中的各个环节，从而更好地理解和应对各种传播现象。该理论能够确保广告信息准确传达给目标受众，并产生预期的传播效果。5W理论也可以用于描述事件的详细信息，帮助人们更好地理解和记忆事件。

5W理论在传播学领域中具有重要地位，它帮助传播学者更加深入地理解传播过程，探索传播规律，为传播学的理论创新和实践应用提供了有力支持。5W理论作为传播学的基础理论之一，对于推动传播学学科的发展具有重要意义。

（四）理论模型与主要观点

5W模式展示了传播的过程，根据受众的需求，通过相应的途径，将内容传播给受众以满足其需求（于潇宇，2022）。如图3-4可知，Who—谁，即传播主体，包括个人和媒介组织；Says What—说了什么，即传播内容，具有综合性、公开性、开放性和大众性；in Which Channel—通过什么方式传播，即传播途径，是促进信息传播的手段；to Whom—向谁说，即传播对象，是信息的主动接收者、传播者和反馈源；with What Effect—产生什么效果，即传播效果，是指传播者发出的信息对受众所产生的变化和影响。

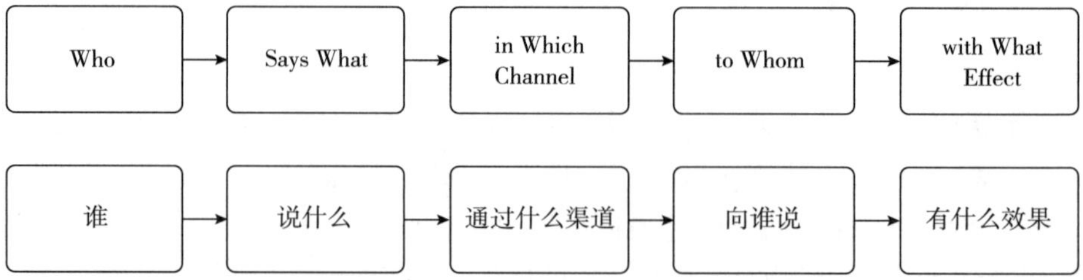

图3-4　拉斯韦尔5W传播路线

资料来源：于潇宇（2022）。

传播者、传播受众、传播媒介、传播内容和传播效果是构成传播过程的五种基本要素。传播者是传播活动的起点与中心，是对信息进行获取、加工以及传递的主体。传播受众是信息的接收者与传播效果的显示器。传播媒介是传播主体发送消息，受众接受消息的途径和方式。传播内容是指传播者通过传播媒介传递给受众的有意义信息。传播效果指传播行为在受众身上引起的观念、心理、态度和行为等的变化（袁有树等，2024）。

5W 理论揭示了传播过程是一个目的性行为过程，具有企图影响受众的目的，因此，传播过程可以看作一种说服过程。在传播活动中，传播者控制着传播内容，并受到社会基本制度的控制，他们作为“把关人”，对信息的进出流通进行把关和过滤。传播内容具有综合性、公开性、开放性和大众性等共性，它不仅是信息本身，还包括信息的传播方式。传播媒介是传播过程的基本组成部分，是实现传播行为的物质手段，不同的传播媒介具有不同的特点和功能，对传播效果产生重要影响。受众不是被动地接受信息，而是主动地接收、加工和反馈信息，受众的特点、行为动机和价值对传播效果产生重要影响。传播效果不仅涉及对个人和群体的影响，还涉及对整个社会的影响，它涉及认知、态度、行为等多个层面的变化。

（五）旅游研究应用

5W 理论在旅游研究中的应用主要表现在以下三个方面：一是城市旅游形象传播研究，如李敏（2023）在 5W 理论视角下研究了常州城市形象的自媒体传播策略；二是旅游传播研究，如陈锋仪和梁倩（2021）研究了延安红色文化旅游的传播提升措施；三是旅游市场开发研究，如谭宏（2008）基于 5W 模型，分析了文化传播在旅游市场开发中的作用。

十一、议程设置理论

（一）基本概念

议程设置理论（Agenda Setting Theory，AST）指传媒的新闻报道和信息传播活动以赋予各种“议题”不同程度的显要性的方式，影响着人们对周围世界的“大事”及其重要程度的判断，媒体的“议程设置”会让受众因媒体的议程而改变对事物重要性的认识，并对重要的事件首先进行认知和行动（方世敏和刘娟，2016）。

（二）理论来源与发展

议程设置理论最早由美国学者马克斯韦尔·麦库姆斯和唐纳德·肖于 1972 年提出。

议程设置理论自提出以来，不断地发展和完善，形成了多个层次和维度。第一层议程设置为客体议程设置。这是议程设置理论的基础层次，也是麦库姆斯和肖最初提出的理论假说。他们认为，大众传播具有一种为公众设置“议事日程”的功能，传媒的新闻报道和信息传达活动以赋予各种议题不同程度的显著性的方式，影响着公众关注的焦点和对社会环境的认知。第二层议程设置为属性议程设置。属性议程设置研究的是由媒体属性议程向公众属性议程的传递，关注传播效果研究的终端形成认知。第三层议程设置为网络议程设置。探讨在媒介融合和社交媒体背景下，如何通过网络平台影响公众议程。这一层次关注点更为多样和分散，反映了新媒体生态下的复杂性和互动性。

（三）用途与价值

议程设置理论的用途体现在以下方面：一是引导公众舆论。媒体可以通过设置议程来引导公众舆论，使公众关注特定的问题或事件。二是塑造社会认知。媒体可以通过强调某些议题来塑造公众对这些议题的认识和看法。三是促进政策议程。媒体通过设置议程，可以间接地影响政策制定者所重视的事物，从而推动社会问题的解决和政策的制定。四是实现社会共识。通过议程设置，媒体可以使意见相左的团体就某些议题达成某种一致，从而实现不同团体的对话和共识。这对于维护社会稳定和促进社会发展具有重要意义。

议程设置理论的价值体现在以下方面：一是议程设置理论为传播效果研究提供了新的视角和方法，摆脱了传统效果研究中的"有限论"束缚，强调了大众传播在形成社会"议事日程"方面的功能，为理解传媒与社会的关系提供了新的理论框架。二是议程设置理论为媒体从业者提供了有效的策略指导。媒体可以通过精心设置议程来引导公众舆论、塑造社会认知、促进政策议程和实现社会共识。这对于提升媒体的传播力和影响力具有重要作用。三是通过合理的议程设置，媒体可以推动社会问题的解决、促进公共政策的制定和实施、增强社会的凝聚力和向心力。这对于维护社会稳定、促进社会发展具有重要意义。

（四）理论模型与主要观点

1. 议程设置的基本功能

（1）设置公众议程。大众传播媒介具有为公众设置"议事日程"的功能。传媒的新闻报道和信息传达活动，通过赋予各种"议题"不同程度的显著性，影响着公众注目的焦点和对社会环境的认知（王仕勇和孙国徽，2011）。

（2）影响关注焦点。大众媒介往往不能决定人们对某一事件或意见的具体看法，但可以通过提供信息和安排相关的议题来有效地左右人们关注哪些事实和意见，以及他们谈论的先后顺序。

2. 议程设置的三个阶段

第一阶段是媒介强调某些议题使其变得突出；第二阶段是公众接受这些信息后，对这些议题的关注度提高；第三阶段是这种关注度最终反映在公众的议事日程上，从而影响社会舆论。

3. 议程设置的效果与机制

（1）显著性模式。媒介对少数议题的突出强调，会引起公众对这些议题的突出重视。媒介对议题的强调程度与受众的重视程度成正比，受众会因媒介提供的议题而改变对议题重要性的认识，对媒介认为重要的事件首先采取行动。

（2）优先顺序模式。传媒对一系列议题按照一定的优先顺序所给予的不同程度的报道，会影响公众对这些议题的重要性顺序作出判断。从"感知"到"重视"再到为一系列议题按其重要程度排出优先顺序，这是一个影响和效果依次累积的过程，越往后效果越大，影响也越深刻（庞亮，2015）。

（五）旅游研究应用

议程设置理论在旅游研究中的应用主要表现在以下两个方面：一是旅游宣传研究，如王志敏和朱坚定（2005）以诸暨市为例，分析论证了电视台在旅游宣传方面的重要性；二是旅游形象感知研究，如罗秋菊和童娟娟（2014）从议程设置的视角探讨了上海世博会对游客的国家形象认知效果。

第四章　旅游地理学理论

一、昂普理论

（一）基本概念

昂普（RMP）理论是从资源、市场、产品三个方面进行程序式分析的系统理论。昂普特指资源（Resource）—市场（Market）—产品（Product）分析的流程路线，即所谓的昂谱分析方法，试图解决区域旅游开发的规划问题（吴必虎，2001）。该理论以旅游产品为中心，进行旅游资源（R）和旅游市场（M）分析，并在此基础上进行产品性（P）分析，突出以产品为核心（郑婷，2022）。

（二）理论来源与发展

昂普理论是北京大学的吴必虎教授于 2001 年提出的。吴必虎教授认为，随着社会经济的发展，旅游市场逐渐转变为买方市场，旅游产品选择余地大，竞争日趋激烈。为了解决这些问题，他提出了从资源、市场和产品三个方面进行程式性论证的 RMP 分析模式。

随着旅游业的不断发展，昂普理论也在不断完善和发展。例如，在资源评估方面，引入了更多的定量和定性方法；在市场分析方面，更加注重对游客需求和行为的研究；在产品创新方面，强调了对新兴技术和文化元素的融合等。这些发展使昂普理论更加适应现代旅游业的发展需求。

（三）用途与价值

昂普理论在旅游开发中具有广泛的应用价值。它可以帮助开发者全面评估旅游地的资源禀赋、市场需求和竞争状况，从而制定出科学合理的旅游开发策略。同时，昂普理论也强调了旅游产品的重要性，鼓励开发者注重产品创新和质量提升，以吸引更多游客和提高旅游地的竞争力。

昂普理论是一种全面、系统的旅游开发理论框架分析模式，对于推动旅游业的可持续发展具有重要意义。昂普理论在研学旅行产品开发、旅游资源分析以及区域旅游发展等方面具有重要价值，通过深入理解和应用这一理论，可以为旅游规划和产品开发提供科学的指导，推动旅游业的健康和可持续发展。

（四）理论模型与主要观点

昂普理论模型是以旅游产品为中心的旅游规划模型，其核心就是通过科学、系统的方法来制定出符合当地实际情况的旅游发展规划，使之与市场需求相一致，并能实现经济效益最大化。具体包括三大分析：

R 性分析：主要关注旅游资源的识别、评价和分类。这包括对资源的类型、分布、数量等进行详细的考察，以及对资源的价值和功能进行评估。

M 性分析：侧重于对旅游市场的分析，包括客源市场、游客需求、市场规模等。通过对市场的深入了解，可以更准确地把握旅游产品的市场定位和目标客户群体。

P 性分析：是在 R 性分析和 M 性分析的基础上，对旅游产品进行具体的设计和规划。这包括对产品的形式、种类、宣传推广力度以及几大开发策略等方面的考量。

运用昂普理论模型来开发旅游产品，首先要对旅游资源条件及周边基础设施展开分析，同时还要对潜在市场、经济条件以及其他外部发展环境展开研究（余航，2023）。昂普分析模型中资源、市场、产品三个维度并不是孤立存在的，而是"两极对应""三位一体"的协同联动结构关系（见图 4-1）。在内在生成逻辑上，旅游资源是市场开发的基础，市场决定旅游资源开发空间，旅游产品的创新开发基于资源的物质体现和市场的外部支持，通过资源优化配置与市场深度开发来增强产品吸引力，是解决区域旅游产品结构性过剩和有效供给不足的技术工具（何胜保，2020）。

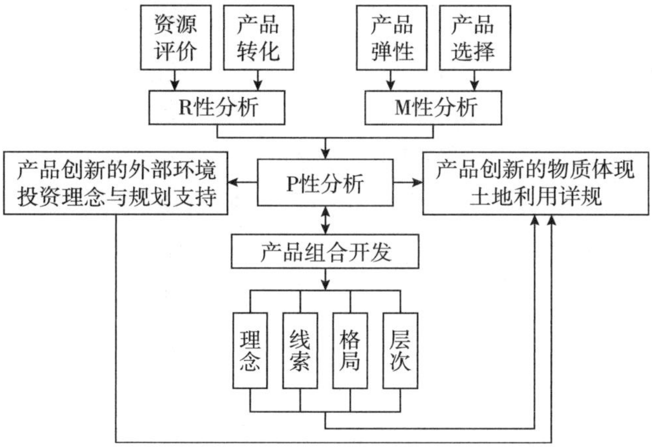

图 4-1 昂普（RMP）分析模式

资料来源：何胜保（2020）。

（五）旅游研究应用

昂普理论在旅游研究中的应用主要表现在以下三个方面：一是区域资源旅游利用潜力评价研究，如王萍等（2017）运用昂普理论对山西省非物质文化遗产资源旅游利用的潜力评价；二是区域旅游融合业态和产品研究，如何潘等（2023）基于 RMP 理论对高速服务区交旅融合产品进行了研究；三是旅游开发研究，如罗文哲等（2019）基于 RMP 理论对渭南市盐碱地特色休闲农业旅游开发进行了研究。

二、地方理论

（一）基本概念

地方理论（Place Theory）从人与地的关系角度出发，运用存在主义和结构主义的认知方式，研究地方性和地方感的产生及其相互作用机制，以揭示空间或环境的构成。地方、地方性和地方感是地方理论的核心概念。地方是指地理空间中被人和物占据的部分，既包括空间尺度，也涵盖人的居住、行为和生活的空间价值与意义。地方性是一个地方不同于其他地方的特性。而地方感则是人与所处环境或空间之间的互动反馈机制，通过情感、价值和记忆等与空间产生情感关联，进而形成对地方的依附行为。地方感的建构要素包括：①充满强烈情感记忆的地方；②能够展现个人身份特征或激发个人情感信念的地方；③地方作为一个空间概念，包含可控的隐私感和宁静感；④能够持续产生个人与空间或环境之间的情感互动（张中华，2012）。

（二）理论来源与发展

地方理论的兴起与19世纪60年代以后人文主义地理学空间研究的“社会-文化”转向有关。亨利·列斐伏尔最早将空间结构区分为空间的实践、空间的再现与再现的空间三个要素，他从生活、构想和认知的三个层面来认识地方，其空间理论对后世的空间思考和城市研究产生了深远影响。雷尔夫和段义孚是这种存在主义现象学研究取向的人文地理学代表性学者。段义孚认为地方是“在世界中活动的人的反映，通过人的活动，空间具有了特殊的意义，地方是人类生活的基础，在提供所有的人类生活背景的同时，给予个人或集体以安全感和身份感”。

经济地理学家 Massey 试图理论化地方，认为地方是人类活动脉络中特殊性的展现。历史地理学家 Pred 认为地方是结构历程的一部分，由社会实践所构成，同时地方也是这些社会实践的重要组成部分。从人本主义的视角来看，地方象征着“家”的存在，是美好回忆和重大成就的积累与沉淀，而空间则是一个物理概念。

（三）用途与价值

地方理论作为地理学的一个重要内容，广泛应用于旅游研究、人文地理学、城市规划与管理等领域。它强调环境与人之间的关联，有助于我们更全面地理解人与地方之间的关系。

地方理论为城乡规划学、建筑学、风景园林学等学科提供了新的研究视角，在城市规划、建设、历史文化遗产保护、社区发展、旅游研究等领域提供了有效的工具和方法，不仅丰富了人们对地理空间的认识，还在实际应用中发挥着重要作用，展现了深远的价值。

（四）理论模型与主要观点

Steel（1981）最早提出地方感因子模型（见图4-2），认为人与地方的物理环境和社会环境发生联系，并在环境和人的心理因素的共同影响下产生反应。

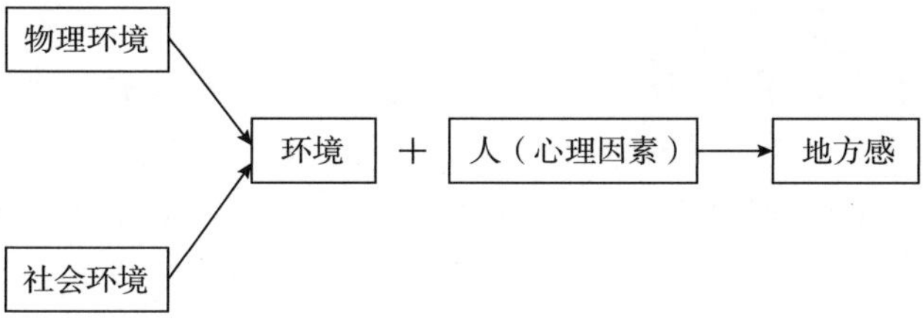

图 4-2 Steele 的地方感因子模型

资料来源：Steele（1981）。

如果地方充满了有意义的真实经验或发生过动人的事件，个体就会对这个地方产生认同感。识别地方的三个基本要素包括实体环境（客观物质）、功能活动和地方意义（包括象征意义、个人情感、态度和价值等）。地方在提供所有人类生活背景的同时，也给予个人或集体以空间的安全感和身份感。人对地方的情感依恋被称为“地方依恋”，它可以分为地方依赖和地方认同两个维度。地方依赖是一种功能性的依赖，包括社会和物理资源的可用性；而地方认同则是一种精神层面的依附，是个体对一个特定地区所持有的态度、价值、思想、信念、意义、行为意图以及特别的归属感。地方依恋是产生重游的主要动机，对旅游目的地忠诚具有显著的驱动作用。对某地产生依恋的人会愿意在该地花费更多的时间和金钱（万剑敏，2018）。地方感是指人们对某个地方所持有的情感、记忆和价值的综合体验。它反映了人与地方之间在情感上的根植性联结，是地方理论的核心概念之一。地方感包括地方依恋（Place Attachment）、地方认同（Place Identity）和地方依赖（Place Dependence）等维度，这些维度共同构成了人们对地方的整体感受。

（五）旅游研究应用

地方理论在旅游研究中的应用主要表现在以下三个方面：一是旅游形象定位研究，如苏雅婷和石玉（2017）基于地方理论研究了漳州城市的旅游形象定位；二是地方网络游记研究，如郎朗（2018）研究了地方理论视角下北京三里屯的网络游记；三是旅游社区研究，如张中华等（2009）基于地方理论，研究了阳朔西街旅游社区。

三、地域分异规律

（一）基本概念

地域分异也叫区域分异，即地区差异性，指地球表层自然环境及其组成要素在空间分布上的变化规律，即地球表层自然环境及其组成要素，在空间上的某个方向保持特征的相对一致性，而在另一方向表现出明显的差异和有规律的变化。地域分异规律（Rule of Territorial Differentiation）也称空间地理规律，是指地理环境整体及其组成要素在某个确定的方向上保持特征的相对一致性，而在另一确定方向表现出差异性，因而发生更替的规律（刘志强等，2017）。

(二) 理论来源与发展

古希腊的埃拉托色尼根据当时对地球表面温度的纬度差异的认识,将地球划分为五个气候带,这是最早对气候分异规律的认识。19世纪,德国科学家洪堡经过实地考察,研究了气候与植被的相互关系,提出了植被的地域分异规律。19世纪末期,俄国的道库恰耶夫以土壤发生学观点进行土壤分类,并由此创立自然地带学说,同时指出了该学说对地表各种自然现象的普遍意义,这是地域分异规律研究的一个重要里程碑。

1935年胡焕庸在《地理学报》中发表了一篇题为《中国人口之分布》的论文,其基于地理学差异性现象分析,并在此基础上通过规律性的总结提炼出了著名的黑龙江瑷珲—云南腾冲人口地理分界线(即胡焕庸线)。随着科学技术的发展,特别是遥感技术、地理信息系统等现代科技手段的应用,地域分异规律的研究更加深入和精确。现代地理学家通过综合自然地理区划、理论著作和专业教材的阐述、定量化研究以及理论化形式化研究等多种方式,不断深化对地域分异规律的认识和理解。

(三) 用途与价值

地域分异规律是自然地理学的基本理论之一,它揭示了地球表层自然地理环境各要素及其所组成的自然综合体在空间分布上的变化规律。地域分异规律具有广泛的用途和重要的价值,被用于区域规划、资源开发、农业生产、生态保护等实践活动,能为其提供科学指导。地域分异规律是自然地理学的重要组成部分,它揭示了自然地理环境空间分布和变化的客观规律。

地域分异规律有助于推动自然地理学的学科建设和学术进步。通过合理利用自然资源、优化产业布局、加强生态保护等措施,可以推动区域经济的可持续发展和社会进步,对于促进区域协调发展、实现人与自然和谐共生具有重要意义。

(四) 理论模型与主要观点

全球性的地域分异是将自然地理综合体放在整个地球的空间范围内,包括纬度地带性和经度地带性分异规律,属于大尺度的范围。纬度地带性是在全球热力分带的基础上,进一步影响各组成成分呈现纬线方向延伸、纬度方向更替的带状分布。经度地带性是由于地球海陆分布状况引起气候的湿度从沿海到内陆递减,进一步使自然地理各要素或自然地理综合体从沿海向内陆沿经线方向延伸,按经度方向更替。地球表层高低起伏的变化引起气温和降水的变化,自然地理要素及自然综合体也会沿垂直方向发生带状更替,这种由于地势高度的变化而引起自然地理要素及自然综合体沿垂直方向更替的规律叫作垂直分异规律,尺度划分中属于区域中尺度。垂直分异规律受纬度地带性、干湿度地带性和高度变化共同影响。地域分异还可以发生在更小的尺度上,如地方性的局部地貌,小气候,岩性、土质和排水条件以及人类活动引起的分异,这种分异在尺度划分中属于小尺度。地方性地域分异是在地带性和非地带性因素共同影响的基础上形成的,其主要反映的是地理事物空间分布的差异性(安月颖和郭中领,2015)。

（五）旅游研究应用

地域分异规律在旅游研究中的应用主要表现在以下三个方面：一是旅游综合实力评价研究，如王红国和李娟文（2004）对我国旅游业综合实力评价及地域分异规律进行了研究，并在此基础上分析了其形成的主要影响因素；二是旅游资源开发研究，如李永文（1995）研究了我国旅游资源的地域分异规律对旅游资源开发的指导意义；三是旅游地理区划研究，如王海龙（2016）研究了地域分异规律在旅游地理区划中的作用，发现借助地域分异规律的指导功能可以积极避免旅游地理区划的盲目性。

四、点轴理论

（一）基本概念

点轴理论（Pole-Axis Theory）是指导区域发展和生产力布局的基础理论，其核心目标是构建区域发展的最佳空间结构。这一理论强调在区域发展过程中，大多数社会要素会聚集在特定的“点”，这些“点”通过线状基础设施相互连接，形成“轴”。“点”主要代表各级居民点和中心城市，而“轴”则是指由交通和通信线路组成的基础设施束。这些“轴”对周边资源具有强大的吸引力，能够促进物质交换和区域生产力要素的结合，从而形成新的生产力并推动社会经济的持续发展（周亚杰，2021）。

（二）理论来源与发展

1984年，陆大道首先提出点-轴理论模型解决区域发展战略选择问题，其理论模型源于以下三个理论：中心地理论、增长极理论和生长轴理论。点轴理论从中心地理论中汲取了空间聚集和扩散的相关知识，是点轴系统理论的基石，增长极理论是点轴系统理论中“点”的来源，生长轴理论是点轴理论中“轴”的雏形。在生长轴理论中，陆大道丰富了对轴的理解，将代表人口、产业的生长轴转化为“发展轴”。

高楠等（2012）分析了陕西省旅游资源、交通、客源市场空间分布特征，将城市流强度作为判断旅游节点等级的重要依据，并基于点轴理论构建空间结构体系。万东玲（2017）也运用点轴理论对昆明市乡村旅游从资源、交通、服务设施等方面进行分析，建立点-轴-面的空间结构体系。

（三）用途与价值

点轴理论提出后，便被应用到国土开发及城市规划与建设等方面。随着该理论自身的不断完善，也被广泛地应用到旅游空间结构的选择和规划。点轴理论运用到旅游业中，改变了以往分散的旅游开发模式，发挥了整体效益，也为区域旅游一体化提供了强有力的支撑（刘春健和张慧雯，2020）。

点轴理论强调了关键节点（点）和生长轴（轴）在区域发展中的重要作用。这有助于规划和指导区域发展，通过重点发展关键节点和培育生长轴，来实现区域的均衡和高效发展；提供了一种理解和预测城市化进程的框架，有助于分析和解释城市化的空间布局和演化规律；通过识别和培育生长轴，点轴理论有助于优化资源配置，提高区域发展的效率；为城市和区域规划提供了理论依据和实践指导，有助于规划者制定更为科学和合理的发展策略。

（四）理论模型与主要观点

点轴理论认为，经济带和产业带的发展可以划分为三个主要阶段（见图4-3）。在第一阶段，会出现独立的地方中心，这些中心代表了不同层级的增长极点。在第二阶段，这些增长极点之间的联系逐渐加强，连接它们的轴线建设不断提升和完善。在第三阶段，增长极和轴线的辐射带动效应开始显著，从而推动整个区域的发展（薛秀青等，2022）。

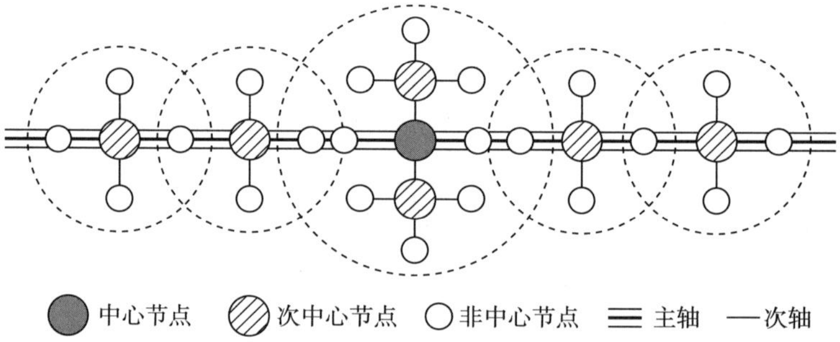

图4-3 “点-轴”发展模型示意图

资料来源：薛秀青等（2022）。

点轴理论的核心观点是增长是具有时空差异的。具体来说，某个在经济或社会发展方面具有显著优势的地区会成为一个增长中心或“增长点”，其影响力会向外围扩散，对整个区域的经济发展起到推动作用（刘春健和张慧雯，2020）。根据这一理论，随着区域经济的发展，生产资源首先集中在地理位置优越的城市，形成分散的点状模式。随着这些点之间的互动增加，交通、通信和水源等基础设施的建设将其连接起来，形成线状结构，以促进资源的有效流通。这些沿线集中的社会经济设施对邻近地区产生扩散效应，促进了周边区域中次级发展中心和发展轴线的形成。这样的点和轴线在不同层级上的相互连接最终构成了一个有序的空间（网状）结构，形成了完整的点轴系统（康明，2013）。

（五）旅游研究应用

点轴理论在旅游研究中的应用主要表现在以下三个方面：一是旅游空间布局研究，如贾子玉和胡英娜（2021）基于点轴理论，以河南省南太行山区域为例，研究了全域乡村旅游的空间布局规划方法；二是旅游网络构建研究，如黄志刚（2022）基于点轴理论，研究了常州高铁旅游网络的构建与发展；三是旅游带建设研究，如薛秀青等（2022）基于点-轴理论研究了京张体育文化旅游带建设。

五、分形理论

（一）基本概念

分形（Fractal）一词源于拉丁语动词“frangere”，意为“打破”，它描述了从整体中取出一部分后产生的不规则碎块。该词与“碎片”（Fragment）有相同的词根，但更强调部分与整体之间的相似性。分形理论在不同学科中有不同的内涵，但有几个共同的关键词：自相似性、结构、整体与部分的关系。自相似性是分形理论的核心概念，指在不规则物体中，部分与整体之间存在自我相似性，即在微小的细部也存在着多样性和复杂性，且处于不规则的流动与变化中。结构是分形理论关注的另一个焦点，它认为事物常在不同的层次上（微观、宏观和宇宙）展现相同的结构。整体结构而非个别孤立实体是分形理论的关注点，在整体与部分的关系上，分形理论强调它们之间的辩证性，即整体并非由部分搭建而成，而是蕴含在部分之中，每一个部分都是整体的反映，一个扩大了的部分就是一个新的整体（游斌，2022）。

（二）理论来源与发展

“分形”一词是由美国 IBM 公司研究中心物理部研究员暨哈佛大学数学系教授伯努瓦·曼德布罗特首先提出的。1967 年，他在美国《科学》杂志上发表的著名论文《英国的海岸线有多长？统计自相似性与分数维数》，标志着“分形”概念的诞生。随后于 1977 年，他出版了分形理论的奠基性著作《分形：形态、机遇和维数》，首次创立“分形”一词，标志着分形几何学的诞生。

1982 年，曼德布罗特出版了《自然界的分形几何学》，从这时开始，分形理论初步形成。陈彦光在 2008 年的《分形城市系统》中基于对称思想和标度概念建立了城市系统的理论模型，以反映城市演化及其时空结构的一般规律。冒亚龙和何镜堂（2010）在《分形建筑审美》中采用分形量化分析与比较方法，探讨了分形建筑美学的理论、方法以及建筑美学表现。

（三）用途与价值

分形理论在城乡规划中得到了广泛应用，包括区域规划、总体规划和建筑设计。此外，分形理论在城市线性景观空间和城市天际线的研究中也取得了进展（严军等，2017），提供了一种全新的视角和方法来理解和模拟自然界和社会现象中的复杂性。

通过研究分形结构和动态系统，科学家们能够更好地理解世界的基本规律，同时也为技术创新提供了灵感。分形理论揭示了自然界中复杂现象背后的自相似性和无限细节的特点，为理解自然界提供了新的视角和方法，推动了数学、物理学、计算机科学等多个学科的发展，促进了学科交叉和融合。

（四）理论模型与主要观点

分形维数是描述物体分形复杂性和空间填充程度的指标，它反映了物体的不平整度、复杂度和卷积度，直接揭示了物体的生成机制和构造方法。通过计算可以获得图形的分形维数值，它在图形学上有两个重要含义：一是表示占有空间的大小，衡量图形在空间中的规模；二是描述整体复杂性质的度量，反映分形集的复杂程度。一个对象的分形维数值越高，说明它在该尺度下观察越复杂，包含的信息也越丰富，或者说越“分形”。因此，比较不同尺度下的分形维数值，可以直接反映出建筑层级的丰富性与连续性。如果层级匮乏，会造成心理上的不悦与压抑；而层级断层则会在感受中产生脱节与不适。根据在某一尺度下的图形计算结果得出的分形维数值分析，数值越大则说明图形越丰富，细部越多，包含的内容较多。当比较不同层级之间的计算结果时，如果在较小范围内呈线性增长或减小，则说明该图形的连续性较好，且符合自然界广泛存在的自然特征，自相似性也较高，符合自然分形美学。然而，如果该图形在尺度变化的过程中，计算结果发生突然的较大幅度的增加或减少，则说明该图形不具有连贯性，且自相似性较差，该图形在发展的过程中受到了突然的外界干扰，如人类在城市或建筑环境中的频繁活动等（王嘉睿，2017）。

（五）旅游研究应用

分形理论在旅游研究中的应用主要表现在以下三个方面：一是旅游空间结构研究，如许小卉（2021）分析了粤港澳大湾区旅游中心地规模和空间结构分布；二是旅游收入规模结构研究，如李秀玲和高鹤（2024）基于分形理论，以吉林省为例，研究了国内旅游收入的规模结构；三是旅游景观研究，如严军等（2017）基于分形理论，以南京玄武湖东岸为例，对城市滨水景观进行了天际线量化分析。

六、核心-边缘理论

（一）基本概念

核心-边缘理论（Core-Periphery Theory）也称中心-边缘理论、中心-外围理论（刘丽丽，2015），这一理论解释了区域间经济发展的关系以及区域空间结构的演变模式。该理论认为，无论是国家还是地区，都由核心区和外围区构成。核心区通常包括国家的主要城市或城市群及其周边地区，这些区域工业发达、技术先进，人口和资本集中，经济增长迅速；而外围区则是与核心区相比经济较为落后的区域。在发展过程中，核心区占据主导地位，外围区则依赖核心区发展，两者关系在一定条件下可以发生转变（杨艳蓉，2010）。

（二）理论来源与发展

核心-边缘理论起源于美国学者波尔洛夫对19世纪美国经济空间组织的研究，以及区域经济学家克里斯塔勒和廖什于20世纪30年代提出的中心地理论。1949年，经济学家普雷维什首次将“核心-边缘”概念应用于联合国拉丁美洲经济委员会的经济报告中，描述了国际贸易体系中西方资本主义国家与发展中国家之间的对抗情形。瑞典学者缪达尔和赫希曼进一步详细论述了核心与边缘区域的关系。

1966年，美国区域规划专家弗里德曼在其出版的《区域发展政策》一书中系统地提出了核心与边缘发展模式，阐述了任何国家和地区都由核心区域和边缘区域构成，其中核心区积聚或传递生产要素，创新活动活跃，对边缘区域有着导向和决定性影响。

弗里德曼在 1971 年出版的《极化发展理论》一书进一步将核心-边缘这一具有鲜明特色的空间极化思想扩展为一种普遍适用于其他领域的非均衡发展理论模式。

（三）用途与价值

核心-边缘理论广泛应用于各个领域，如社交网络、科学引文分析，为区域规划学家提供了区域规划的理论工具（陈育新等，2022）。该理论提供了一个重要的地理学思维框架，有助于理解区域发展的动力及其在空间上的发展水平差异，是用于解释区域之间经济发展关系和区域空间结构演变模式的理论（史春云等，2007）。

核心-边缘理论有助于理解城市化的动态过程，包括城市中心的形成和发展，以及城市边缘区的扩散和扩张。该理论提供了一个解释城市空间结构的框架，强调了城市中心作为核心区域对周边边缘区域的影响和控制。通过识别城市发展的核心和边缘区域，有助于制定城市发展战略，实现城市的均衡和可持续发展。核心-边缘理论有助于分析和规划区域经济发展，通过优化核心和边缘区域的发展策略，促进区域经济的整体提升。

（四）理论模型与主要观点

Borgatti 和 Everett 描述了一种理想的核心-边缘网络结构模型，其中核心节点与网络中的所有其他节点都相连，而边缘节点则只与核心节点相连，边缘节点之间不存在连接，如图 4-4（a）所示。这种理想模型可以看作对弗里德曼星形网络概念的扩展。然而，在现实情况中，网络结构往往并不完全符合这种理想状态，而是呈现出一种近似的标准核心-边缘结构，即中心区域连接紧密而外围区域连接稀疏，如图 4-4（b）所示。学者们进一步形式化地描述了这种结构的特征：位于核心区域的节点不能再次划分为更小的核心和非核心子结构，只有一个统一的核心区域；边缘节点仅与某些核心节点保持紧密联系或无联系；边缘节点间联系稀疏，呈散射状分布。

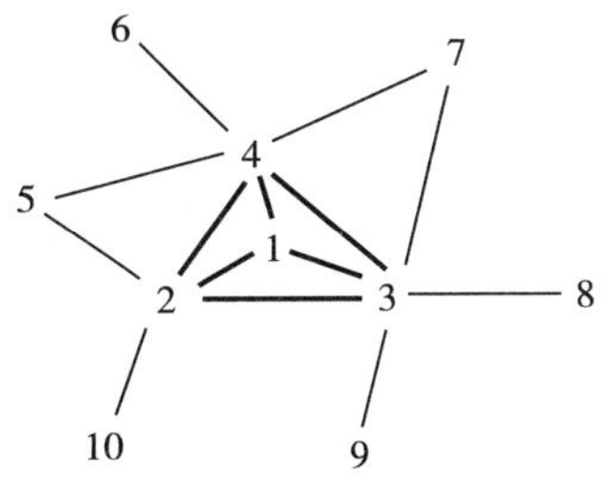

（a）标准核心-边缘结构

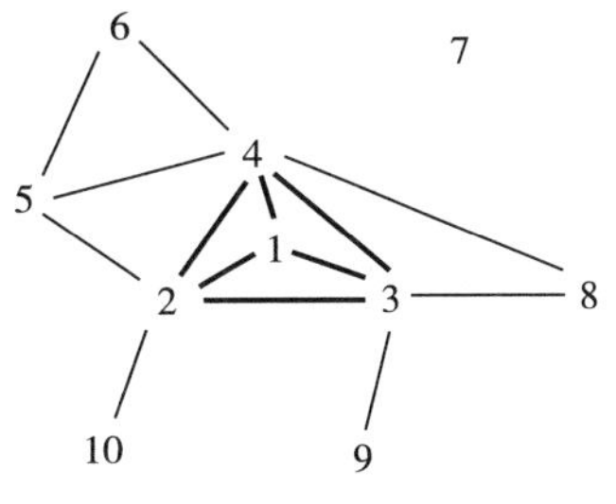

（b）近标准核心-边缘结构

图 4-4　标准核心-边缘和近标准核心-边缘结构网络模型

资料来源：陈育新（2023）。

（五）旅游研究应用

核心-边缘理论在旅游研究中的应用主要表现在以下三个方面：一是旅游发展水平

研究，如宋佳等（2013）基于核心-边缘理论研究了中国旅游发展水平的时空演化模式；二是旅游合作研究，如杨艳蓉（2010）基于核心-边缘理论，研究了川南与滇东北区域的旅游合作；三是旅游区域规划研究，如汪宇明（2002）研究了核心-边缘理论在区域旅游规划中的运用。

七、环城游憩带理论

（一）基本概念

环城游憩带（Recreational Belt around Metropolis，ReBAM）特指城市化进程中产生的一个现象，即在大城市的郊区地带形成了带状分布的，主要由城市居民频繁使用的游憩设施和公共空间。这个理论指出，随着城市化的推进，交通和通信得到改善，居民的生活水平提升，休闲时间增加，为旅游业提供了更多的发展机遇。但城市化也带来了街道拥挤、绿地缩减、环境污染、人口激增、生活节奏加速等问题，使城市居民渴望逃离到郊外地区，寻找新的旅游体验，以满足他们对大自然的向往和身心休养的需求，从而形成了所谓的环城游憩带。研究表明，在城市周边存在着两个主要的休闲度假集中区域（杨存栋，2007）。第一个集中区域位于距离主要客源地城市大约 30 千米的地方，第二个集中区域则位于大约 100 千米的地方，这些集中区域展现出明显的圈层结构，以城市中心为核心，向外扩展形成第一环带和第二环带，整体上呈现出类似同心圆的形态。

（二）理论来源与发展

环城游憩带现象源于工业革命之后，随着城市规模的持续扩张，日益恶化的城市环境促使人们更加渴望城市外围的田园生活和绿色环境。这一现象最早出现在英国，作为工业文明的发源地，其相关研究和理论也相对成熟。环城游憩带的概念可以追溯到英国城市规划学家埃比尼泽·霍华德的“田园城市”理论。20 世纪末，苏联地理科学家普列奥布拉任斯基观察到，在周末和假日，人们选择的城市外围休闲游憩地区因资源分布和交通道路因素而呈现出不规则的环状结构。Koike 通过对大阪市的旅游景区进行距离和旅行时间的分析，将城市划分为不同旅游区域，并发现这些区域内的旅游资源、设施、形式和游客数量存在显著差异。

在中国，吴必虎于 1998 年最早提出了环城游憩带概念，将大城市周围 200 千米范围内定义为高发旅游地带，并进一步划分为核心区、外围区和边缘区，旅游效应随距离增加而明显下降。杨国良在 2008 年提出了城市内部旅游空间结构、环城游憩带空间结构和区域旅游空间结构的三层次城市旅游空间结构。乔海燕在 2006 年对西安环城游憩带的开发进行了研究，并提出了不同旅游带的模式划分。众多研究表明，城市环城游憩带的建设与乡村休闲旅游的结合日益紧密，显示出重要的发展趋势。

（三）用途与价值

环城游憩带理论主要应用于旅游地理学和旅游规划与管理等学科领域，为创意休闲农业的宏观划分和层次提供了关键的理论依据、技术支撑和借鉴实例，有利于推动创意休闲农业的合理布局和健康发展，在区域旅游规划中具有重要指导意义（刘军等，2012）。

环城游憩带理论在区域旅游规划、城市发展、环境保护以及促进经济社会发展等方面具有重要价值。环城游憩带理论强调在城市周边形成一条环形的游憩区，这种空间结构有利于优化区域旅游资源的配置，使城市与郊区形成互补的旅游产品体系；环城游憩带的开发可以将城市居民的休闲活动引向郊区，有效缓解城市的拥挤与环境压力，改善居民生活质量，促进城乡一体化发展；环城游憩带理论倡导在游憩活动中保护和恢复自然环境，有利于形成生态友好的旅游发展模式；环城游憩带的建设能够吸引大量游客，带动郊区的旅游业及相关产业发展，创造就业机会，提升地方经济。

（四）理论模型与主要观点

1. B. B. 罗多曼模式

B. B. 罗多曼模式基于“距离城市越远，建立的自然公园和游憩地越大”的理论，提出了自然公园配置的极化生物圈理论模式。在这个生物圈中，郊区游憩地的配置分为都市区域、集约农业区域、乡村游憩地、自然保护区、康乐公园和旅游基地等类型。

2. Clawson 和 J. knetsch 模式

Clawson 和 J. knetsch 模式根据地域利用特点提出了空间利用者指向地域、中间地域和资源指向地域三种利用类型，形成了大都市郊区游憩地配置的三个圈层模式。空间利用者指向地域主要在都市区修建都市公园和运动场；中间地域的游憩地类型包括康乐公园、田园公园、农村博物馆和主题公园；资源指向地域则由自然风光、民风民俗和田园生活等景观组成（赵媛和徐玮，2008）。

3. 同心圆圈层结构

1927 年，美国得克萨斯大学旅游学系的盖恩教授提出了“都市旅游圈环带模式”。他以城市的核心区域为中心，将外围分为四个环形带，每个带状区域都有其独特的旅游功能和特点。他还对这些旅游带的功能、旅游吸引物、设施以及活动在空间上的分布进行了研究。基于盖恩的研究，吴承忠和韩光辉（2003）对大都市郊区的农村旅游和休闲发展进行了分析，并对环带状模式进行了调整。调整后的四个旅游带分别为：城市旅游带、近郊休闲与旅游带、乡村旅游带和偏远旅游带（见图 4-5）。刘笑明和李同升（2005）以环城游憩带理论为基础，将西安市域划分为近郊、中郊和远郊三个观光农业圈，这些圈层大致呈同心圆状，还总结出了西安市观光农业的“四带二区三环”的总体布局。

4. 环带状结构

在对广州市进行实例研究的基础上，保继刚（2005）划分了“一环一带”的环城游憩带结构，其中以环为主，以带为辅，并对该游憩带的空间拓展和核心外移等未来发展趋势进行了研究。毛润泽（2004）通过对沈阳环城旅游度假带的供给圈和需求圈进行分析，将其空间布局划分为四个环带：休闲娱乐购物带、休闲农业观光带、大众休闲度假带和偏远乡村度假带，并提出了相应的休闲度假项目。

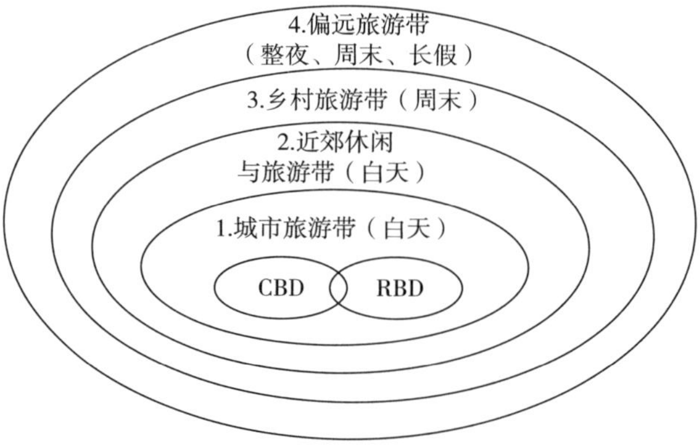

图 4-5　大都市旅游圈的一般空间模式

资料来源：吴承忠和韩光辉（2003）。

5. “星系”结构

俞晟（2003）提出了城市游憩系统空间分布的“星系”模式，将城市游憩系统划分为近程游憩带、中程游憩带和远程游憩带。以游程时间作为划分游憩带的主要依据，其中距离市区约 0.5 小时为近程游憩带，与环城绿带大致吻合，主要以生态绿色的休闲活动为主；中程游憩带距离市区约 1 小时的游程，主要包括城市郊区的小城镇、大型游憩区和主题公园；远程游憩带距离市区约 2 小时的游程，处于城市的最边缘地带，主要以中小城市和特色旅游地为主。

（五）旅游研究应用

环城游憩带理论在旅游研究中的应用主要表现在以下三个方面：一是旅游产业定位研究，如程勇辉和袁金明（2019）基于环城游憩带理论，以光明村旅游区域为例，研究了乡村旅游的产业定位；二是旅游资源价值研究，如陶婷芳和田纪鹏（2009）基于环城游憩带理论，对上海市新“三城七镇”的旅游资源价值进行了分析；三是旅游规划研究，如刘红芳（2014）基于环城游憩带理论，研究了许昌城乡的旅游规划布局。

八、距离衰减规律

（一）基本概念

距离是地理学中的一个基础概念，甚至有学者将地理学描述为“一门距离的学科”。随着距离的增加，地理要素之间的相互作用强度会减弱，这种现象被称为距离衰减规律（Rule of Distance Decay）。在宏观层面，距离衰减指两个地理实体之间的总交互量，例如，在保持其他变量不变的情况下，两个城市之间的客流量与它们之间的距离呈现负相关关系。在微观层面，距离衰减则表现为单个人或物体移动到不同地点的概率与距离之间的负相关关系，而不考虑其他因素（史锐蕊，2022）。

（二）理论来源与发展

距离衰减规律的实质是地理要素间的相互作用与距离有关，这一规律的理论基础源自牛顿发现的万有引力公式，即 $F=(Gm_1m_2)/(R^2)$。其中，m_1 和 m_2 是主体和客体的质量，R 是它们之间的距离，G 是系数。这个公式表明，两个物体之间的引力与它们质量的乘积成正比，与它们之间距离的平方成反比。在地理学中，这一原理被引申用来描述地理要素间相互作用与距离的关系。

距离衰减规律在社会经济中的早期阐述者是杜能，他在以区位地租来解释不同农业部门的环状分布时，实际上用的就是土地纯收入随着其与城市距离加大而衰减的理想模式。20 世纪 40 年代，普林斯顿大学天文学家司徒瓦特将万有引力理论导入社会经济学的研究中，并形成了所谓的社会物理学派。他提出以人口数 M 取代物理学的质量 m，从而得到人口学的引力定律。

随着地理学的发展，距离衰减规律被广泛应用于各种空间相互作用的量化模型中，特别是在重力模型公式中明确了“距离影响”的反算关系，获得了地理学界的广泛认同。此外，凯雷、兰利等学者也在这一领域做出了重要贡献，他们提出了居民点间的吸引公式、零售引力定理和断裂点概念等，进一步丰富和发展了距离衰减规律的理论体系。

（三）用途与价值

距离衰减规律在地理学、经济学、旅游学、物理学等多个学科中都有广泛的应用。它可以分析不同地区之间的贸易流动和经济互动，预测市场动态，指导企业选择最佳的区位布局；评估污染源对周围环境的影响，或者研究生态系统中物种分布的模式。

距离衰减规律是理解和分析地理空间问题的一个重要工具，它揭示了地理要素间相互作用的本质规律，对于城市规划、经济发展策略制定以及环境管理等领域都有着重要的指导意义。

（四）理论模型与主要观点

宋绪钦（2010）总结了多种距离衰减模型，典型的有 5 种基本模型，即

①指数模型：$\ln I_z=a-bd_z$；

②Pareto 模型：$\ln I_z=a-b\ln d_z$；

③常对数模型：$\ln I_z=a-b[\ln d_z]^2$；

④平方指数模型：$\ln I_z=a-b(d_z)^2$；

⑤开方指数模型：$\ln I_z=a-b\sqrt{d_z}$。

其中：I_z 为衡量两地相互作用的指标，如客流量、资金流量等；a 为系数；b 是距离函数系数（距离衰减指数）；d_z 是距离。上述模型强调两地的相互作用，把一个地方当作辐射中心，研究其对周围地区的影响，可以借鉴城市人口随距离增加而人口密度递减的描述：$d_z=d_oe^{-rx}$。其中：d_x 为边际人口密度；d_o 为城市中心区的人口密度；x 为距市中心的距离；r 为密度梯度（陈卓等，2018）。

（五）旅游研究应用

距离衰减规律在旅游研究中的应用主要表现在以下三个方面：一是旅游吸引力研究，如游群林和卢政营（2010）基于多维感知视角研究了旅游资源吸引力的距离衰减

因素；二是旅游空间形态研究，如元媛等（2012）研究了旅游网站信息流距离衰减及其空间形态；三是旅游流研究，如吴晋峰和包浩生（2005）研究了旅游流距离衰减现象。

九、空间错位理论

（一）基本概念

空间错位是指紧密相连的两种生产要素的几何重心在空间上呈现出一种分离，两者发展不同步的现象。空间错位理论（Spatial Mismatch Theory）是反映城市快速空间重构影响弱势群体居住和就业空间机会的理论假设（李跃军等，2018）。

（二）理论来源与发展

美国学者 Kain 于 1968 年最先提出了空间错位理论，通过分析芝加哥和底特律地区居民的就业和居住数据，发现了职住分离的问题。在其研究中假设空间错位理论，认为职住分离主要影响城市的弱势群体。

其他学者对空间错位问题进行了补充和深入研究，认为政府的政策和制度因素是导致职住分离、空间错位的主要原因。此外，有学者也研究了旅游资源和旅游经济发展的空间错位问题。研究区域多集中在特定省区或地区，采用多元的研究方法，得出了较为科学的结论。根据不同的错位特征，旅游资源的错位现象主要表现为属性错位、形式错位和等级错位（李跃军等，2018）。

（三）用途与价值

20 世纪 90 年代以来，空间错位理论逐渐在就业、住房、福利等领域得到应用（易佳，2019）。此后，该理论扩展到其他学科领域，如社会学、城市地理学、生态学和统计学。空间错位理论旨在系统研究某事物在空间上的错位现象，近年来还开始在旅游研究中得到应用，用以分析区域旅游发展中各对象的不协调状态。

空间错位理论是西方城市地理与规划研究的重要理论基础之一，对中国旅游高质量发展及破解区域旅游发展、旅游供需不平衡，实现旅游空间治理有重要借鉴价值（游小艳，2018）。

（四）理论模型与主要观点

空间错位理论在城市空间结构的研究中，将城市视为一个由多种空间组成的复杂系统。这些空间不仅包括物理空间，如土地使用、交通路线和公共设施的分布，还包括社会空间，如居住区、工作区和休闲活动区（杜茜等，2023）。空间错位理论主要关注的是城市空间重构和家与工作地点分离的现象，并探讨了这些现象对特定群体，如低收入家庭、女性和少数族裔的影响。空间错位理论的核心观点是，城市空间的重构，特别是就业机会的分散化和住房的隔离，导致了就业和住房机会之间的错位。这种错位对于居住在城市中心的低收入和少数族裔居民尤其不利，因为他们往往面临着较高的失业率、较低的工资和更长的通勤时间。此外，空间错位理论还强调了城市地理学家需要关注在大规模制度和空间重构过程中城市空间不平等的程度，以及这种不平等对弱势群体如低收入家庭的就业和住房经历产生的负面影响（刘志林等，2010）。

（五）旅游研究应用

空间错位理论在旅游研究中的应用主要表现在以下三个方面：一是旅游区域差异研究，如丁旭生等（2011）基于空间错位理论分析了河南省旅游发展区域的差异；二是旅游空间组合研究，如王钦安等（2019）基于空间错位理论，以安徽省 16 个地市为例，分析了安徽省旅游业绩与影响因素的空间组合；三是旅游质量研究，如王红艳和马耀峰（2016）利用空间错位理论探讨了陕西省旅游资源与入境旅游的质量。

十、空间生产理论

（一）基本概念

空间的概念超越了物理空间的范畴，包含了所有潜在空间的解释和内涵。空间不仅是物质实体，也是社会关系的密集集合，同时具有具体和抽象的特性。“空间是社会的产物”是空间生产理论（The Production of Space）的核心思想（李锡坤，2022）。空间生产主要包含了三个方面的内涵。第一，身体生产空间。身体需要能量供给来生产自己，它在空间中分布并占用空间。即具有行动能力和各种能量的身体创造了空间，此外能量的激流在无限的空间中涌动并繁衍自身。第二，空间被身体工具所感知与体验，因而被生产出来。空间不是设计而成的，人们通过其身体的每一部分，如四肢、视觉、味觉与听觉，在亲历经验中生产着空间，随着空间指示物逐渐被量化，涉及空间以及空间中的反射和镜像之间的相互作用。第三，精神空间与社会空间之间存在中介，使空间倾向于一种语言符号体系。在身体和寻求构建自身的自我之间存在缝隙，而语言、符号与抽象则充当了缝隙中的介质（列斐伏尔，2021）。空间生产理论是一种探讨空间与经济发展、社会关系、文化等相互关系的理论框架。

（二）理论来源与发展

空间生产理论源于马克思主义城市学派学者对于“空间社会性”的关注，其认为这为解决西方城市化过程中的城市空间重构、种族和社会分化等问题提供了解释和应对策略。列斐伏尔首先提出了“空间的社会生产”这一核心概念；苏贾引入了三元辩证法来阐述社会、空间和时间之间的辩证关系；哈维则提出了空间转移理论，以解释城市空间的发展、扩张和更新背后资本与空间的相互作用。

现有研究常常从哈维的空间政治经济学理论视角出发，而列斐伏尔提出的空间生产理论还强调了微观日常生活经验的视角（沈昊婧和荆椿贺，2021）。随着信息技术的发展，空间生产理论也开始关注数字空间的生产，探索虚拟空间与现实空间的互动，空间生产理论逐渐从纯理论探讨转向具体案例的实证分析，如城市更新、区域发展。

（三）用途与价值

空间生产理论在多个领域得到了广泛应用，特别是在城市规划设计、地理学、社会学等领域。空间生产理论的引入，通过整合社会性、历史性与空间性，构建了一种三元辩证分析法。这种方法不仅形成了独特的研究范式和理论体系，而且对多个领域的研究提供了深刻的启示和强大的解释力，使研究者能够深入剖析当代社会经济现象及其背后的机制。

空间生产理论中的三元概念组与三元辩证思维与地理学中的格局—过程—效应—机制分析相互呼应，展现了内在的一致性。将空间生产理论的应用本土化并融入学科内部，能为解决国内的实际发展问题提供新的视角。如今，空间生产理论已成为分析和理解各种空间现象的有效工具（朱晓翔和乔家君，2020）。

（四）理论模型与主要观点

1. 三元空间理论

列斐伏尔提出的空间三元辩证法，在社会空间理论中作出了创新性的贡献。三元即空间实践、空间表征、表征空间，这是空间生产理论的核心范畴（见图4-6）。

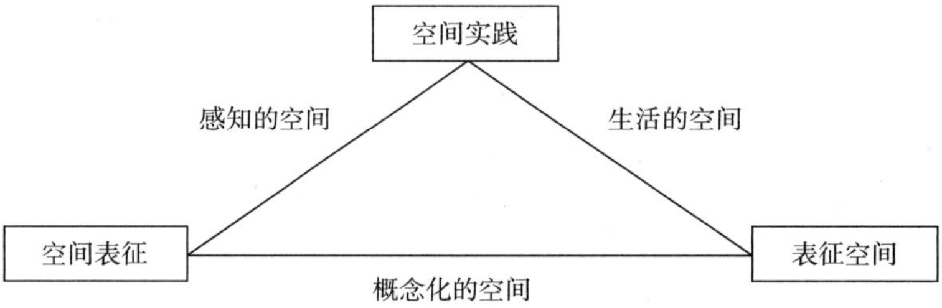

图4-6　列斐伏尔空间生产的“三元辩证结构”

资料来源：姚存卓（2022）。

空间实践指的是人们在生活中的一切涉及物质生产全过程的社会性活动，它包括了生产和再生产的过程，确保了人们在空间中活动的连续性和一致性。“空间实践和空间能力使人们能够维持特定的空间认同，排除其他空间定义，并生产属于自己的空间”。空间的表征是一个抽象的概念，由建筑师、规划师、科学家等专业人士使用符号、术语和代码对实际空间进行解释，通过象征手段定义空间结构，帮助人们理解并概念化这个空间。表征空间是由空间的“使用者”基于日常使用形成的对空间的感知和想象，它会随着空间的变化而变化。与表征的空间相反，空间的表征倾向于成为一个非语言性的符号系统。空间实践、空间表征和表征空间之间存在着辩证关系。表征空间源于人们对空间实践的不同感受和理解，虽然处于被统治地位，但并不会完全受到空间表征的压制（沈费伟，2022）。

2. 旅游空间生产

对旅游地空间的再认识，是空间生产视角下旅游地空间研究范式转型的核心。这种新的认识主要在于对空间系统及其涌现性的把握，包含两个层次的转变（见图4-7）。

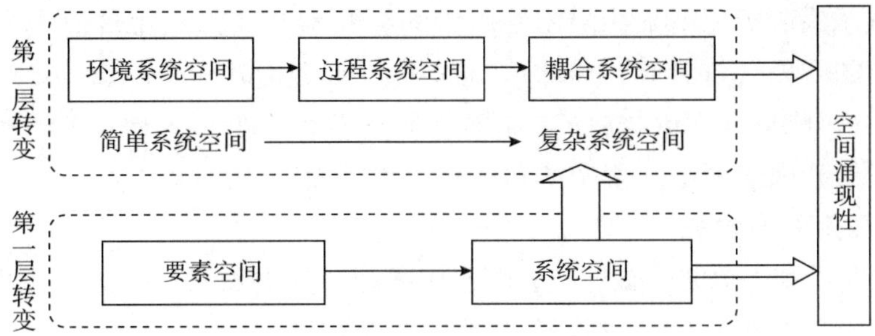

图 4-7　空间生产视角下旅游地空间观的转变

资料来源：黄剑锋和陆林（2015）。

第一个层次是从要素空间到系统空间的转变。经济社会转型中的旅游地空间不再是承载旅游地自然、人文事象的简单要素，而是通过新的空间的生产成为与旅游地系统演化相互联系、相互作用的有机系统。第二个层次是从简单系统空间到复杂系统空间、从环境系统空间到过程系统空间再到耦合系统空间的转变。其中，第一步，空间是旅游地经济、社会、文化、生态发展的环境系统，作为旅游地系统演化的外在平台，主要是游离在旅游地系统外部的外生系统，人地系统中的地（空间）主要是地表人类活动的对象和环境。第二步，空间成为旅游地系统演化的输入（动力）—输出（产物）系统即过程系统。空间生产既是旅游地演化的手段和动力，又是旅游地演化的结果和产物，这时的空间已经进入旅游地系统内部而成为其重要的内生子系统，人地系统中的地（空间）是人类活动的原因和结果。第三步，空间与旅游地的演化形成有机整合的耦合系统。在"经济社会转型→旅游综合功能→旅游地空间生产→人地系统演化→空间变迁和重构"的螺旋式演进中，空间通过自身的生产与旅游系统、经济社会系统、人地系统及其子系统和要素相互联系、相互作用、相互耦合而形成复杂系统，新的空间的生产实质上是新的旅游地发展系统、人地关系系统的再生产（黄剑锋和陆林，2015）。

（五）旅游研究应用

空间生产理论在旅游研究中的应用主要表现在以下三个方面：一是旅游体验研究，如户文月（2022）在空间生产理论视域下研究了邮轮旅游体验；二是空间演变研究，如胡静和谢鸿璟（2022）基于空间生产理论，研究了旅游驱动下乡村文化的空间演变；三是社区空间演化与治理研究，如华章和周武忠（2021）基于空间生产理论，以无锡市鸿山街道大坊桥旅游社区为例，研究了乡村旅游社区的空间演化与治理。

十一、旅游地屏蔽理论

（一）基本概念

当代汉语词典中，"屏蔽"有两个主要含义：分别是作为动词时"遮蔽、遮挡"的含义，以及作为名词时，"类似屏风的遮蔽物"与"屏障"近义。旅游地屏蔽现象指某特定区域的旅游资源因某些限制性因素的存在而使开发利用价值大为逊色，甚至不能顺利开发的现象（许春晓，2001）。旅游地屏蔽理论（Screen Theory of Tourism Area）是一个结合了物理学理论与旅游地开发实际的概念，是用一种物理学理论分析旅游问题而逐渐发展起来的理论（姜文博和王涵，2016）。

（二）理论来源与发展

屏蔽理论源于物理学的电磁屏蔽，即利用屏蔽材料阻隔或衰减被屏蔽区域与外界的电磁能量传播。许春晓（1993）在研究旅游资源非优区适度开发问题时发现旅游资源之间存在屏蔽现象，把具有明显屏蔽现象、旅游开发受到影响的旅游地称为屏蔽性旅游地，把阻碍或延缓旅游地开发进程的屏蔽因子称为“阻限”。王衍用（1993）在孟子故里旅游开发研究中提出“热影区”概念。许春晓（2001）、杨新军等（2006）、丁华和杨望暾（2007）、李娟等（2007）、李雪松（2010）、晋艺波（2013）等学者进行了基于屏蔽理论的实证研究，这些研究主要从资源禀赋或区位角度分析了强者对弱者的屏蔽现象。

由于屏蔽现象导致的被屏蔽地区旅游业长期处于缓慢增长状态，学者由此提出了一系列促进被屏蔽区域旅游发展的策略。屏蔽理论的提出推动了学者对旅游资源开发的深入探讨，促使学者们提出了多种相关理论，如阴影区现象、羡余现象、非优区理论、核心-边缘理论、共生理论、形象遮蔽与形象叠加理论等。这些理论与屏蔽理论密切相关，共同构成了对旅游发展影响因素的综合理解框架（王喜华，2013）。

（三）用途与价值

旅游地屏蔽理论被应用于旅游规划、旅游资源开发研究等，多应用于从旅游地形象出发探索旅游区旅游地的开发建设，其为理解旅游地之间的相互影响提供了有力的理论支持，同时也为旅游规划和管理实践提供了重要的指导意义。

旅游地屏蔽理论不仅能够帮助旅游地进行有效的市场定位和形象建设，还能够促进旅游资源的合理规划和利用，对旅游业的可持续发展具有重要的推动作用，是研究旅游业发展的重要科学理论（宋小龙等，2017）。

（四）理论模型与主要观点

旅游地屏蔽现象涉及旅游活动三大要素，即旅游客体、旅游介体和旅游主体（见图4-8）。

旅游客体是指具有吸引旅游者特性的资源或景点。资源的吸引力与其质量密切相关，在特定空间范围内，高质量的资源通常吸引更多游客，而低质量的资源则吸引力较弱。旅游者倾向于选择吸引力强的地点，从而导致较弱资源被忽视的现象，即屏蔽现象。旅游资源吸引力的强弱主要取决于资源状况、区域环境、区位条件三大要素。旅游介体则扮演信息传递的角色，包括旅行社、交通、饭店、购物等旅游相关产业，以及传媒如互联网、电视和报纸等，这些介体不仅直接关联旅游业，还通过信息传递影响旅游者的选择。屏蔽现象分为利益屏蔽和渠道屏蔽两种形式。旅游主体即旅游者，通过认知影响对旅游目的地的选择，形成不同形式的认知屏蔽。从旅游者的角度来看，旅游地的屏蔽现象实质上就是旅游者认知形象的屏蔽。旅游者认知屏蔽有以下三种形式：①在不考虑时间、经济等客观因素的情况下，潜在旅游者自发形成的对旅游地形象的比较和排序，形象“较好”的旅游地会屏蔽形象“较差”的旅游地；②旅游者在考虑自身客观条件（如闲暇时间、可自由支配收入等）的情况下，对旅游地进行比较和排序，与自身条件吻合程度高的旅游地会屏蔽吻合程度低的旅游地；③在游览旅游地后，旅游者通过实践经验对旅游地进行比较和排序，满意度高的旅游地会屏蔽满意度较低的旅游地。

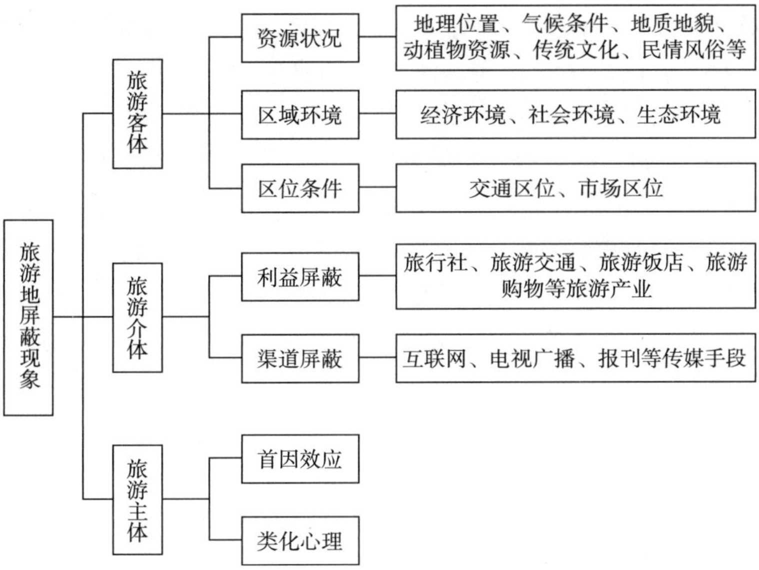

图 4-8 旅游地屏蔽现象形成机理

资料来源：李念遥（2017）。

（五）旅游研究应用

旅游地屏蔽理论在旅游研究中的应用主要表现在以下三个方面：一是旅游纪念品开发研究，如彭喆（2016）基于旅游地屏蔽理论研究了茶文化旅游纪念品开发；二是旅游产品开发研究，如魏晓露和董进霞（2017）基于旅游地屏蔽理论探究了河北茶文化旅游开发可行性；三是旅游地屏蔽实证研究，如罗广文和刘英（2007）以达州市旅游为例，基于旅游地屏蔽理论进行了实证研究，实现其跨越式发展。

十二、旅游地生命周期理论

（一）基本概念

生命周期用于描述生物从出现到消亡的演化过程，后来被许多学科用来描述类似的变化过程。旅游地生命周期理论（Tourism Area Life Cycle，TALC）是用于描述旅游地演进过程的重要理论，揭示了其从起始、发展到成熟和衰退阶段的发展规律（宋玲，2010）。旅游地生命周期与旅游产品生命周期既有区别，又有联系。影响旅游地生命周期的主要因素为旅游产品吸引力、目的地的自然环境与社会环境、消费者需求的变化以及管理者的经营策略和方针。

（二）理论来源与发展

生命周期最初是生物学领域的术语，用于描述生物从出现到消亡的演化过程，后被许多学科用来描述类似的变化过程（陈文节，2023）。关于旅游地生命周期理论的起源，一般认为是1963年由克里斯塔勒在研究欧洲旅游发展时提出的。1973年，普罗格从旅游者的心理特征出发提出了旅游地生命周期的心理图式假说，他认为旅游地所处的生命周期阶段与旅游者的心理有关。1980年，巴特勒借鉴产品生命周期模式描述了旅游地的发展演进，在《旅游地生命周期概述》一文中首次提出了旅游地生命周期理论。

张立生（2015）的《旅游地生命周期理论研究进展》和祁洪玲等（2018）的《国内外旅游地生命周期理论研究进展》两篇综述论文对旅游地生命周期理论的发展情况做了系统梳理，主要包括旅游地生命周期理论的阶段划分、阶段特征、影响因素、规律解释、曲线形态、数学模型和理论价值等方面。然而，在旅游学科理论体系尚不成熟的背景下，随着理论研究的深入，该理论仍然存在许多争议，如称谓、阶段划分、理论价值、衡量标准、模型形态等（张立生，2013）。

（三）用途与价值

旅游地生命周期理论用于揭示旅游地从开始、发展、成熟到衰退阶段的发展规律，是指导旅游地可持续发展实践的重要工具，由于其简洁明了，易于理解，该理论被广泛应用于旅游规划和管理领域。

该理论至少具有三大被广泛认可的价值：理论解释的能力、进行定性预测的功能，以及在实际操作中的指导作用（张立生，2015），即可以运用该理论明确旅游地所处的发展阶段及其未来发展趋势。旅游地生命周期理论是旅游学科中最为成熟和应用最广泛的理论之一，在旅游学科的理论体系中占据了重要位置。

（四）理论模型与主要观点

比较典型的旅游地生命周期理论模型是巴特勒模型和普罗格模型。

1. 巴特勒（Butler）模型

巴特勒将旅游地的生命周期演变划分为六个阶段，分别是探索阶段、参与（起步）阶段、（快速）发展阶段、巩固阶段、停滞阶段、衰落或复苏阶段，并构建了旅游地生命周期的S形曲线模型（见图4-9）。

六个阶段的划分依据为：①在旅游地的初始阶段，如果游客接待量呈现不规则的增长，则被视为探索期；②当游客接待量开始持续增长，且增长率稳步上升时，这标志着进入了起步阶段；③若游客接待量增长率迅速上升并保持高速增长，旅游地则处于发展阶段；④当旅游地的接待量增长率下降，且增幅逐渐减少但保持相对稳定，说明它处于巩固阶段；⑤如果游客接待量增长率保持稳定，但增幅持续波动，则旅游地处于停滞阶段；⑥若游客接待量增长率连续多年为负，则表明旅游地正在进入衰落或复苏阶段（贾艳芬，2016）。

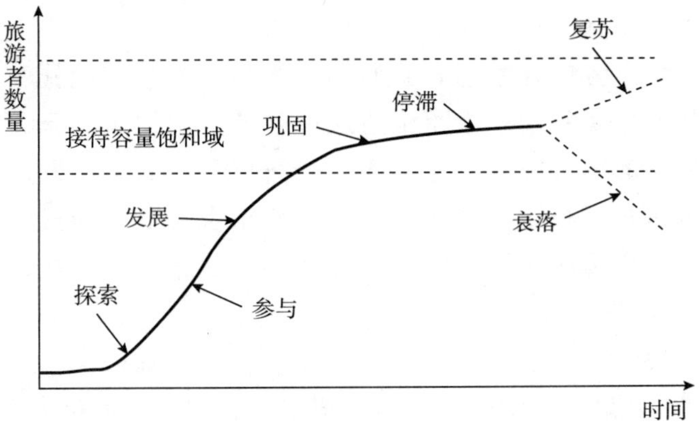

图 4-9　旅游地生命周期理论的巴特勒模型

资料来源：Butler（1980）。

巴特勒模型的主要观点为：第一，旅游地的时空变化形态呈现了游客接待量随时间的S形变化，以及旅游要素从核心区向外围区的扩散。第二，旅游地的演化路径表现出六个阶段的特征性变化。第三，影响旅游地演化的核心因素是游客接待量。第四，旅游的发展可能导致旅游吸引力的减弱，通过人为管理可以促进旅游地的复兴或延长其生命周期，但如果旅游地的发展超过了承载力的限制，衰退可能是不可避免的（祁洪玲等，2018）。

2. 普罗格（Plog）模型

普罗格根据心理类型将旅游者分为五种：多中心型、近多中心型、中间型、近自我中心型和自我中心型。多中心型游客的特点是兴趣广泛多变，喜好新奇的事物，爱冒险，不愿随大流。与多中心型游客相反，自我中心型游客比较保守，谨小慎微，不爱冒险，喜欢熟悉的氛围和活动。中间型是一种特点不太明显的混合类型，而近多中心型和近自我中心型则是两种具有极端倾向性特点的过渡类型（见图 4-10）。

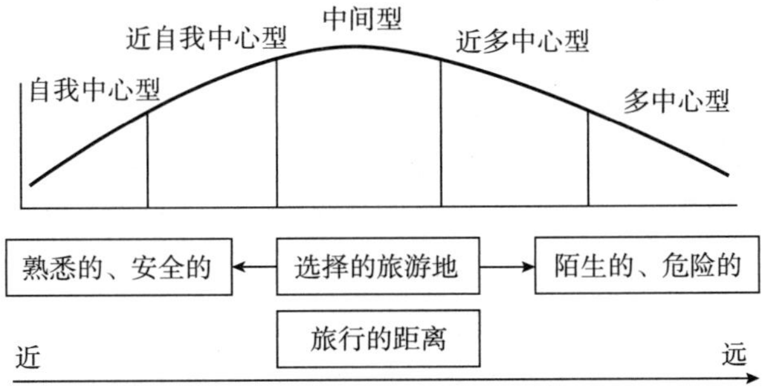

图 4-10　旅游生命周期理论的普罗格模型

资料来源：Plog（2007）。

普罗格认为，在旅游地生命周期中，发展阶段实际上是旅游地对不同类型旅游者的吸引力发生变化的阶段。旅游地尚未开发时，多中心型的旅游者由于富有探险精神而来到旅游地，使旅游地的发展进入起步阶段；随着多中心型的旅游者日渐增多，近多中心型的旅游者也开始涌入旅游地，旅游地的基础设施和接待服务逐渐完善，旅游地进入快速发展阶段；继而旅游地优越的旅游设施和服务开始吸引大多数中间型旅游者，他们的加入使旅游地进入成熟阶段；当旅游地发展成为大众型的旅游目的地之后，近自我中心型和自我中心型的旅游者开始参与进来，而原先多中心型的旅游者则逐步放弃该旅游地，转而去寻找新的旅游地，这样该旅游地就进入了衰落期。

（五）旅游研究应用

旅游地生命周期理论在旅游研究中的应用主要表现在以下三个方面：一是旅游地所处发展阶段诊断，如鲁小波等（2015）基于矛盾论与旅游地生命周期理论，研究了我国自然保护区生态旅游的发展阶段。二是旅游规划调整研究，如潘秋玲和李蓓（2011）基于旅游地生命周期理论，借鉴日本经验，研究了旅游规划与开发。三是旅游产品创新开发研究，如沈克（2018）基于旅游地生命周期理论，以信阳郝堂村为例，研究了其乡村旅游成长性。

十三、旅游孤岛效应

（一）基本概念

旅游孤岛（Tourism Island）指的是旅游景区与周边社区存在显著差异并且缺少相互联系，形成孤立发展的旅游现象。这个概念揭示了旅游景区在发展过程中可能面临的一种特殊问题，即与周围社区的脱节和矛盾冲突，导致双方无法实现协调发展。旅游孤岛包含空间隔离与权力失衡两大内涵（田里和宋俊楷，2020）。旅游孤岛的核心特征有封闭性、排他性、不均衡性等。

旅游孤岛效应是指旅游区与周边社区隔离而孤立发展所产生的影响，本质上是探究旅游区与周边社区的博弈状态，在微观上表现为政府、旅游企业与社区居民围绕各自利益诉求而形成的相互关系（田里和刘亮，2021）。

（二）理论来源与发展

旅游孤岛概念源自章锦河等于 2007 年对风景名胜区孤岛效应的分析研究。刘爱利等（2007）作为国内学术界较早研究旅游景区发展所产生的负面影响的一批学者，将孤岛与孤岛效应等理论概念引入对旅游度假区的研究，并总结出旅游孤岛与周边社区相割裂的特征，包含生态孤岛、社会孤岛、经济孤岛和文化孤岛等。紧接着，毛彦斌（2008）从社区参与的视角，扩大了对孤岛定义的景区类型限制，指出旅游孤岛意味着旅游活动发生地（即景区）与周边社区之间存在明显的界限，包含有形的实体边界和无形的意识边界，旅游活动孤立地存在于景区内部空间，游客与居民的社会联系被切断。

随后，国内旅游学科学术界对旅游孤岛概念的探讨趋于具体化。王旭科和宋健（2010）以城市作为研究对象指出“城市中经济开发区是一种最为典型的孤岛”；部分城市景区属于孤立式发展，与周边环境、城市社区相割裂。王红宝（2013）从文化角度，将旅游文化孤岛定义为“旅游企业开发商对本土特色文化进行开发却使其丢失了原有的真实价值”。钟晖和田里是旅游孤岛效应研究的集大成者，他们分别提出了“旅游孤岛”和“旅游孤岛效应”概念，并对旅游景区孤岛效应（田里等，2016b）、旅游经济孤岛效应（田里等，2016a）、旅游孤岛生态效应（钟晖和田里，2017）等进行了系统研究。

（三）用途与价值

旅游孤岛效应在现象分析、内涵解释等方面更具适用性，已经成为解释旅游区孤立发展现象的有效理论工具，尤其在分析旅游区与周边社区利益博弈关系方面具有重要意义（田里和宋俊楷，2020）。旅游孤岛效应不仅为我们提供了理解旅游发展中特定现象的理论框架，而且为旅游业的可持续发展提供了重要的理论支撑和实践指导。

旅游孤岛效应在缓解旅游区与社区矛盾、推动区域协调发展、促进社区参与、优化资源配置、促进乡村振兴以及提升旅游质量等方面具有重要的理论和实践价值。通过深入理解和应用这一理论，可以为旅游规划和管理提供科学的依据，推动旅游业的健康和可持续发展。

（四）理论模型与主要观点

1. 理论模型

田里和刘亮（2021）构建了旅游孤岛效应演化模型（见图 4-11）。旅游孤岛效应呈现出“初化→兴化→孤化→激化/融合”的演化过程，进而在要素聚集状态、空间边界状态、区域影响效应等方面呈现出不同的特征。

初化阶段为旅游区处于发展的起始时期，旅游发展对本区域的影响总体上以正向效应为主，旅游孤岛效应雏形开始形成。兴化阶段为旅游区开始迅速发展的成长时期，旅游发展开始对区域产生负面影响。孤化阶段为旅游区开始呈现封闭发展的时期，旅游发展对区域经济、社会、环境等领域的负面影响不断强化。激化/融合阶段为旅游孤岛效应演化的最后阶段，不同的演化阶段也意味着旅游区步入繁荣或衰退的最终状态（田里和刘亮，2021）。

2. 主要观点

旅游孤岛效应的主要观点如下：

（1）空间隔离。旅游孤岛效应强调了景区与周边社区之间的空间隔离，这种隔离不仅体现在物理空间上，更体现在经济、社会和文化等多个维度。封闭型景区往往在发展过程中形成了相对独立的经济体系和社会结构，与周边社区的联系逐渐减弱，甚至出现断裂。

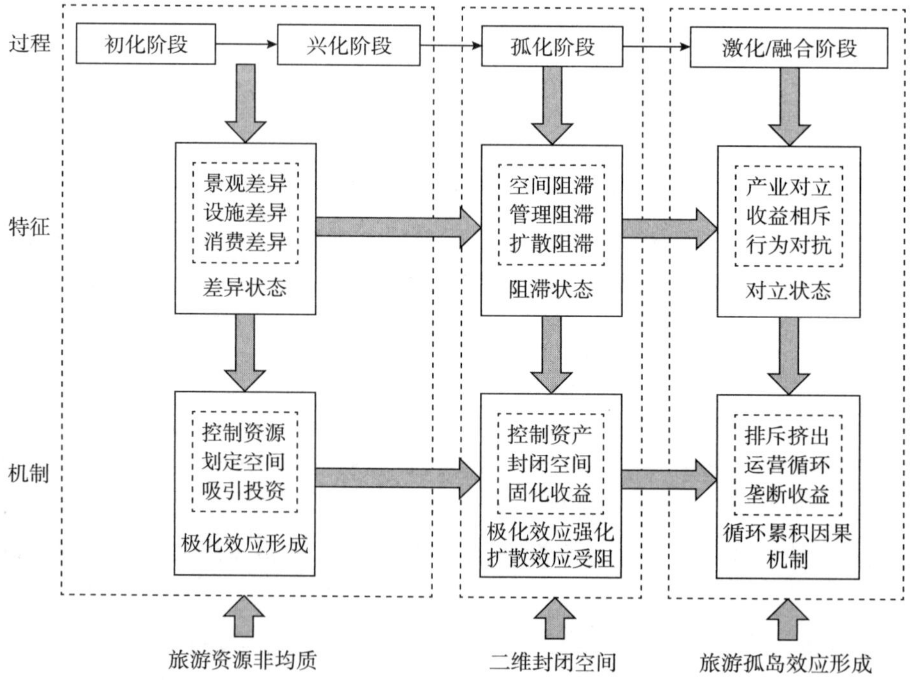

图 4-11　旅游孤岛效应演化模型

资料来源：田里和刘亮（2021）。

（2）权力失衡。旅游孤岛效应还涉及权力结构的失衡问题。在旅游景区的发展过程中，政府、旅游企业和社区居民三方的核心利益主体之间往往存在权力不对等的现象。这种权力失衡导致了利益分配的不公，加剧了景区与周边社区的矛盾冲突。

（3）利益博弈。旅游区与周边社区之间的利益博弈是旅游孤岛效应的核心内容之一。各方利益主体在追求自身利益最大化的过程中，不可避免地会产生矛盾和冲突。这些矛盾和冲突不仅影响了景区的可持续发展，也制约了周边社区的进步。

（4）社区参与。在治理旅游孤岛效应的过程中，社区参与被认为是一种重要的手段。通过鼓励和支持社区居民参与到旅游发展的各个环节，可以增强他们对旅游业的认同感和归属感，促进社区与景区之间的和谐共生。

（五）旅游研究应用

旅游孤岛效应在旅游研究中的应用主要表现在以下三个方面：一是旅游孤岛效应的理论与实证研究，如田里和刘亮（2021）以云南普者黑旅游区为例，实证研究旅游孤岛效应演化机理；二是旅游景区、度假区等具体类型的孤岛效应研究，如田里等（2016b）研究了旅游景区孤岛效应；三是旅游孤岛经济、生态等效应的测量与调控研究，如钟晖和田里（2017）关于旅游孤岛生态效应测度及调控的研究。

十四、旅游火山理论

（一）基本概念

火山是指地球和其他行星围绕在地壳上的喷口周围所形成的地质构造，是一种常见的自然地貌形态，与之相关的研究大多集中于地理学或地质学（丁毅，2022）。旅游火山理论（Tourism Volcano Theory）是用来描述和解释客源地或游客旅游现象和旅游行为规律的理论学说。狭义的旅游火山特指游客的旅游行为特征，广义的旅游火山则是指客源地的旅游流特征。

（二）理论来源与发展

经济学家郎咸平（2010）通过对中国房价的研究，提出了与房地产税有关的“火山理论”。旅游火山理论由本书的作者徐尤龙在本书正式提出。受地质学的火山爆发的启发，作者发现旅游行为的产生过程与自然界的火山喷发过程极为相似。我们可将旅游需求或欲望看作岩浆，当其能量积聚到一定程度便会喷发，也就是说，当旅游欲望积累到一定程度便会激发旅游动机，做出旅游决策，进而产生旅游行为。而喷发出的流淌的岩浆则可看作旅游流。在自然中，火山喷发出的岩浆通常受地心引力作用流向低洼处。这些岩浆通常流向的低洼处可看作旅游者最终选择的目的地，至于对岩浆产生的地心引力也就相当于该旅游目的地对游客所产生的旅游吸引力。而阻挡火山喷发的阻力则可看作旅游者在进行决策时所遇到的阻力，它们可能是由内部产生的阻力，也可能是由外部产生的阻力。

（三）用途与价值

旅游火山理论可以系统解释旅游行为产生的成因、游客旅游行为选择规律，能够统合旅游需求、旅游动机、旅游决策、旅游阻力、旅游吸引力、旅游行为、旅游流等概念，并厘清概念之间的关系。该理论有助于解释旅游现象，以及揭示旅游行为的产生机理和旅游流活动规律。

旅游火山理论在系统解释旅游行为成因、揭示游客行为选择规律等方面具有重要价值。它不仅为我们提供了一个全面理解旅游现象的理论工具，还为旅游业的实践提供了指导方向。通过对这一理论的深入研究和应用，可以更好地把握旅游市场的发展趋势，优化旅游产品的设计和推广，提高旅游业的整体效益。

（四）理论模型与主要观点

本书建立了一个集旅游需求、旅游决策、旅游阻力、旅游流以及旅游吸引力于一体的概念模型，因其与自然界的火山爆发相似，故命名为旅游火山理论模型（见图 4-12）。

（1）游客的旅游行为犹如火山喷发。每一次出游行为就像一次火山喷发。当出游的能量积累到一定程度，就会“喷发”一次。有时，游客出游的时间久些，出游距离远些；有时，游客出游的时间短些，出游距离近些。就像火山喷发一样，持续的时间和喷出的能量会有变化。经常出游的游客就像经常喷发的活火山。由于条件受限或旅游倦怠，偶尔出游的游客就像休眠火山。对旅游丧失兴趣、不再出游的人就像死火山。

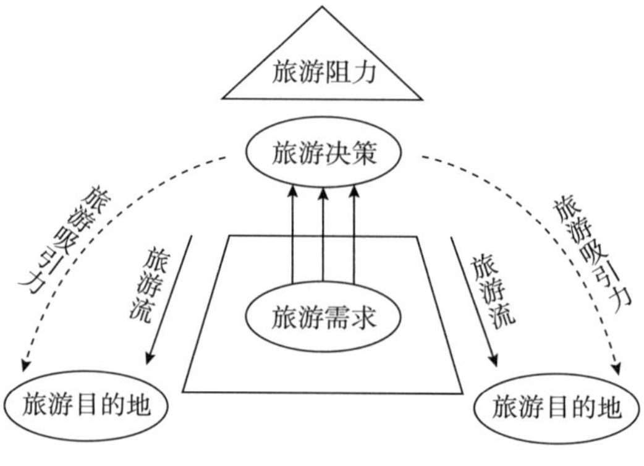

图 4-12　旅游火山理论模型

（2）旅游需求是旅游行为的内在驱动力。出游的欲望（旅游需求）就像火山内部积蓄的能量。出游的欲望越强，游客出游的概率也就越大。

（3）旅游阻力是旅游行为的抑制性因素。游客出游的行为会受到时间、金钱、交通条件、身体条件等因素的制约，就像火山岩浆受到外部岩石的阻力一样。

（4）旅游动机取决于旅游需求和旅游阻力的力量对比。就像火山岩浆克服岩石的阻碍一样，当旅游需求克服了旅游阻力的阻碍时，则产生旅游动机；否则，旅游动机就被抑制。

（5）旅游决策基于旅游需求、旅游阻力和目的地旅游吸引力而做出。旅游决策包括是否去旅游，去哪里旅游，怎么去，去多久，等等。旅游决策往往包括对多个旅游目的地和旅游线路方案的比较。游客倾向于选择对自己旅游效用最大的旅游目的地和旅游线路。

（6）旅游流主要用来解释游客的群体旅游行为特征。除了游客个体之外，也可以将一个旅游客源地比作一座火山。游客的旅游流就如同火山岩浆，岩浆的流向就代表游客的流向，岩浆的流量就代表游客的流量。岩浆倾向于流入地势低洼的地方，而游客也倾向于流入价格洼地或旅游性价比高的地方。

（五）旅游研究应用

本书提出的旅游火山理论可以应用于旅游者心理和行为分析，可以应用于旅游现象学研究，可以应用于客源地与目的地之间关系的研究，也可以应用于旅游规划和旅游市场研究。本研究尚处于理论探索阶段，尚缺乏实证量化研究，后续可以进一步检验和丰富相关假设（观点）。

十五、门槛理论

（一）基本概念

门槛理论（Threshold Theory）又称为临界分析理论。门槛是指事物发展过程中的一个界限、一个限度或一个临界面，特指针对在城市成长过程中某些限制其发展的极限或障碍的研究（孔晓莉，2015），这种极限称为发展的临界或门槛。在特定的经济技术背景下，城市的发展不能无限扩张，必然会面临某些阻碍因素。只有当这些障碍被克服后，城市才能持续发展，这些障碍就是限制城市发展的门槛（马小晶等，2012）。门槛的来源可分为：实体上由自然环境造成的；技术上与基础设施系统有关的；结构上的，指城市中某些部分（如市中心）需要重建。

（二）理论来源与发展

波兰的区域和城市规划专家马列士于1963年在其著作《城市建设经济》中最早提出了门槛理论。近年来门槛分析得到了进一步的完善和发展，形成了第二代门槛分析方法，其包括发展可能性分析（DPA）和终极环境门槛（UET）等，不仅应用于经典的城市规划，而且应用于区域规划和环境规划（章云泉，2000）。

（三）用途与价值

门槛理论应用途径广泛，常用于城市规划、区域规划和工业区规划，还运用于分析城镇发展进程，包括对如何克服或避免门槛的研究、对于不同投资方案的优劣的比较。门槛理论可根据研究对象的不同从不同的角度进行分析研究，可以用于城市综合发展、区域发展规划、小城市总体规划等（覃永晖等，2009b）。

门槛理论在经济和社会科学研究中具有很大的价值。例如，在经济学中帮助研究者更好地理解和预测市场的变化和发展趋势。而在社会学中，它可以用于分析和解释社会现象和人类行为。应用门槛理论可以对地区的持续发展进行诊断，分析在该地区发展中的种种限制因素，并提出解决这些问题，促进地区可持续发展的一些设想；将门槛思维方法运用于新农村的整治规划，深入分析农村的门槛限制条件，依据分析结果，提出更合理、更具价值的整治规划措施。

（四）理论模型与主要观点

1. 梯级型门槛模型

门槛分析思想是通过对某类建设的规模与建设投资的曲线，绘制梯级跳跃型曲线，确定建设面临的门槛以及相应的门槛费用，从而根据发展需要进一步确定合理的建设规模（见图4-13）。

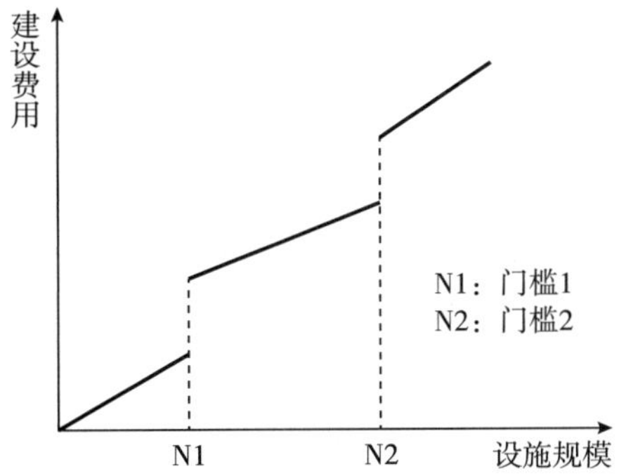

图4-13　梯级型门槛模型示意

资料来源：范业正（2000）。

门槛理论认为，城镇和工业区在发展过程中会遇到一系列限制其向某一方向发展的因素。需要通过跳跃式的巨额投资来克服发展中的限制因素，从而实现规模的扩大和容纳能力的提升。这个过程被称为跨越门槛。

这些限制因素包括：所在地区的地理环境，特别是城镇用地的自然条件对扩大范围和继续开发的影响；基本工程管线网设施（如给排水、交通、电力等）及敷设技术；城镇结构及其改造的可能性。这些因素共同标志着城镇发展规模和人口容量的限度。在城镇发展达到这个限度以前，只需按比例花费扩建投资。然而，为克服某一限制因素并突破其限度，需要突增一次跳跃式巨额投资，这种限度被称为城镇发展的门槛。门槛具有多层次性。城镇和工业区在跨越一道门槛后，便能在已有基本设施范围内继续增加人口，人均基建投资和经营管理费用随之相应下降。但跨越的门槛越多，继续超越下一发展限度所需的投资额就越大。城镇和工业区在两个门槛间采取紧凑方式发展，则经济效果明显。当城市已发展至较大规模并需跨越级别较高的门槛时，可在地区城镇网中选择投资额较小的低门槛，如另建新城或卫星城，这样较经济合理（陈广桂，2009）。

2. 门槛分析方法

门槛分析方法是门槛理论的具体应用，其分析程序为：①确定研究区域，地区界线的规定要尽可能保持城市地区的完整性，并考虑行政区划；②分析影响城市发展的因素，即分析城市发展的门槛限制，包括地理环境限制、技术条件限制和城市结构限制等；③综合确定门槛线；④进行评价，制定相应措施。

（五）旅游研究应用

门槛理论在旅游研究中的应用主要表现在以下三个方面：一是旅游业碳减排对策研究，如杨亚萍和王凯（2021）通过研究环境规制来发掘我国旅游业碳排放的门槛效应及区域差异；二是新型城镇化旅游效率研究，如王凯等（2022）通过研究新型城镇化发现旅游效率的空间溢出与门槛效应；三是旅游规划研究，如覃永晖等（2009a）基于门槛理论，以湖南韶山市韶山村为例，探讨新农村整治规划。

十六、区位理论

（一）基本概念

区位理论（Location Theory），又称为区位经济学、地理区位论，主要研究“特定经济活动为何在特定地点发生”。区位不仅指一个事物的具体位置，还涉及其布局、分布和与其他事物的位置关系等多重含义。区位的内涵包括三个方面：一是指某一事物的位置，二是指某一事物与其他事物在空间上的联系，三是指人们对某事物所占据位置的设计与规划（王韬，2020）。

（二）理论来源与发展

区位概念源自德语“Standort”，涉及位置或场所。1826 年，德国农业经济学家约翰·冯·杜能最早提出了农业区位论，并构想了一个独立的农业区域模型。马克斯·

韦伯在1909年的著作《工业区位论》中首次全面介绍了工业区位理论。阿·廖什在1940年提出了市场区位论，地理学家克里斯塔勒引入了“中心地理论”。贝利和加里森在1958年讨论了中心地的等级、商品供应范围和中心功能的形成。

艾萨德在其多部作品如1957年的《区域科学导论》、1959年的《工业综合体分析与区域》以及1960年的《区域分析方法》中提倡将“空间系统”作为区域经济的研究对象，并将投入-产出理论应用于区域发展分析，为空间发展的综合研究和应用奠定了基础。史密斯在1971年的研究中将人的要素整合到区位理论中，并结合了韦伯的空间费用曲线和廖什的空间收入曲线，确定了收入的空间限制。随后，区位理论融入了控制论和博弈论，扩大了其应用范围。20世纪七八十年代，空间定价与产出理论（1976）、区位选择理论（1988）、空间竞争理论（1979）及空间均衡理论（1988）成为现代区位理论的核心（陈鹏，2006）。至今，区位理论已演化为一种组合优化理论，用于指导人类在经济和生产活动中的空间位置选择（李芳，2018）。

（三）用途与价值

近年来，区位理论逐渐被应用于多个领域，包括土地利用、产业布局、项目选址、地租与地价评估、区域规划，以及旅游业和服务业的区域发展。这些应用显示了区位理论在帮助理解和指导经济活动空间分布方面的重要性（姜广义等，2017）。

区位理论是区域经济理论的基石，是区域经济学、地理学、规划学的核心基础理论之一。区位理论已发展成为一个全面的理论框架，在促进区域经济发展方面发挥着关键作用。

（四）理论模型与主要观点

区位理论的理论模型与主要观点包括农业区位论、工业区位论和中心地理论等。这些理论模型分别从不同的角度解释了经济活动的空间分布及其相互关系，为理解和优化区域经济提供了重要依据。

1. 农业区位论

冯·杜能提出的“孤立国”模型将城市经济的农业区位分为多个圈层，每个圈层根据距离市场的价格依次生产不同的农产品。这种同心圆模式强调了运输成本对农业生产布局的影响。

农业区位论认为，易腐坏、不能经受长时间运输的农产品（如牛奶）应离中心市场最近，而耐储存、运输费用低的农产品则可以远离市场生产。这一理论揭示了运输成本对农业生产布局的决定性作用。

2. 工业区位论

韦伯建立了一个以产品-运输为影响因素的三角模型，来确定工业企业的最佳区位。该模型通过分析投入品和产出品的运输成本来确定厂址选址，以实现成本最小化和运费最省。

韦伯认为，最低成本是企业区位选择的基本因素，包括运输成本和劳动成本。他强调了集聚经济的重要性，即随着企业聚集，生产成本会进一步降低。这一理论为企业选址提供了科学依据。

3. 中心地理论

克里斯塔勒和廖什提出了中心地带理论，分别从经验主义和微观经济学角度出发，解释了城市中心的形成和分布。克里斯塔勒认为，大城市销售大商品，小城市销售小商品，消费者的购物路线往往流向大城市。廖什则假设城市的经济空间格局为六边形蜂窝状，每个企业位于六边形的中心。

中心地理论强调了市场规模和消费者需求对城市中心形成的影响。克里斯塔勒的经验性推断和廖什的微观经济学分析共同揭示了城市中心的经济功能和空间结构。这一理论为城市规划和商业布局提供了重要参考。

4. 新古典区位理论

新古典区位理论以完全竞争市场结构、收益递减、完全理性和利润最大化等假设为基础，代表人物包括杜能、韦伯、勒施和俄林。

新古典区位理论认为，企业的区位选择取决于成本最小化和利润最大化。杜能的农业区位理论强调了位置、地租和土地利用的关系，韦伯的工业区位理论分析了运输成本和劳动成本的影响，勒施的市场区位理论则强调了市场需求的重要性。

5. 行为经济学区位理论

行为经济学家如戴依和赛门对新古典区位理论进行了修正，强调了不完全竞争和不完全信息条件下的动态微调过程。

行为经济学区位理论认为，区位选择的主体是人或由人组成的决策团队，他们的决策行为受到个人需求、成本和感情偏好等因素的影响，因此区位选择的结果未必是最佳的。这一理论更加贴近实际经济环境。

6. 结构主义区位理论

结构主义经济学家梅西强调了社会文化因素在区位选择中的重要性。

结构主义区位理论认为，区位选择不仅受到经济因素影响，还受到社会文化、政治制度等外部环境的制约。这一理论强调了个人、企业与外部环境的相互作用。

7. 现代区位理论

现代区位理论以保罗·克鲁格曼和迈克尔·波特为代表，结合了信息技术和全球化背景，对传统区位理论进行了扩展和深化。

现代区位理论强调了规模经济、不完全竞争市场结构和历史路径依赖等因素对经济活动空间分布的影响。克鲁格曼的集聚理论和波特的国家竞争优势理论为理解全球经济活动的空间分布提供了新的视角。

（五）旅游研究应用

区位理论在旅游研究中的应用主要表现在以下三个方面：一是区位布局研究，如李磊和王雅莉（2016）基于区位理论统计分析了我国旅游产业的宏观区位布局；二是旅游业可持续发展研究，如刘苏萍（2011）基于区位理论研究了贵州旅游业的发展；三是旅游规划研究，如李亚等（2002）以龙陵县为例分析了区域旅游发展规划中的区位条件。

十七、区域空间结构理论

（一）基本概念

区域空间结构（Regional Spatial Structure）是通过特定的空间组织形式，将分散在不同地区的相关资源和要素进行有机整合的区域发展“函数”，其体现在区域内各种经济活动的空间分布、空间组合以及区域差异的变化趋势上（陈修颖，2003）。区域空间结构的形成及其演变不仅受到自然条件、地理位置、历史和社会文化、基础设施布局、政策制度、劳动力流动、资金流动、市场成熟度等传统关注因素的影响，还受到信息、科技、生态环境、制度创新等新因素的影响（李国平和王志宝，2013），一旦形成便具有相对稳定性，称为结构惯性。经济活动在空间上的表现形式因其地理位置和区位特征不同而不同，通常由点、线、网络和域面四个基本要素构成，这些具有不同特征的基本要素根据区域经济活动内在的经济和技术关系以及特定的功能需求相互连接，形成特定的区域空间结构（王东方，2019）。

（二）理论来源与发展

区域空间结构理论基于区位论，其研究起源于20世纪三四十年代的德国，并于20世纪50年代在美国、瑞典和德国进一步发展。20世纪50年代，美国学者达恩和原联邦德国学者奥托伦巴均分别提出过区域空间结构的概念，为古典区位理论发展成空间结构理论作出了重要贡献。达恩试图将经济活动区位结构的一般理论从静态的局部均衡论向与现实要素相结合的方向发展。奥托伦巴则将地球表面的农业经济形态的经济结构视为统一体进行研究（姜爱萍，2008）。

区域经济空间结构理论的发展经历了三个主要阶段。从19世纪初到20世纪40年代，研究主要集中在产业和企业层面的区位选择、空间行为以及组织结构的规律性。第二次世界大战后至20世纪80年代，研究转向区域整体的空间结构和形态演化规律。20世纪80年代以来，新空间经济学的研究开始兴起。研究的重点已经从抽象的纯理论研究转变为从整体出发，寻求各种经济主体在空间中的最优组合与分异，从而研究区域经济空间结构的演化理论（刘学荣，2015）。魏伟和陈金华（2012）运用地理集中指数、罗伦兹曲线和最邻近指数等分析方法，以浙江省的高级别景区为研究对象，对其空间结构类型进行了分析，并总结了市际之间的分布差异。

（三）用途与价值

区域空间结构理论在指导国土开发、优化区域发展战略、交通网络规划、资源合理配置以及促进区域平衡发展等方面具有重要用途，可以为区域规划、管理和政策制定提供科学的依据，推动社会经济的健康发展。

区域空间结构理论是地理学和区域经济学的关键理论之一，它不仅为研究区域经济空间结构的演变提供了理论框架，还为探索区域经济空间结构提供了宝贵的见解（和占举，2016）。该理论对于指导城市规划、促进区域均衡发展和理解社会空间动态具有重要的理论和实践意义。

(四)理论模型与主要观点

区域空间结构演化遵循以下发展规律：①极核型空间结构；②点轴型空间结构；③网络型空间结构（见图 4-14）。

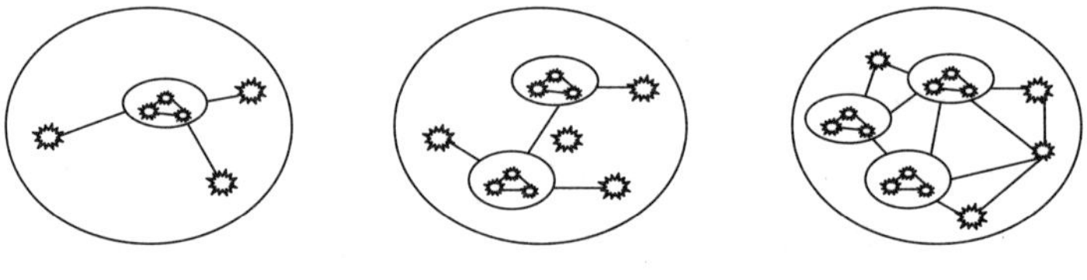

（a）极核型　　（b）点轴型　　（c）网络型

图 4-14　区域空间结构演化规律

资料来源：张华（2008）。

图 4-14 是区域空间结构的三种典型模式：

(1) 极核型空间结构。在区域发展的早期阶段，各地区的经济发展水平尚未出现显著差异，其发展主要受到资源禀赋和区位条件的影响。企业和经济部门通常会选择区位条件优越的地方作为发展场所，从而在空间上形成集聚。这些经济活动的集聚地可以被视为区域内的若干个点，它们分布在不同的地理位置，其经济发展所依赖的基础如行业构成、区位条件和资源禀赋也各不相同。这种差异会导致经济发展基础和动力的不同，进而影响各经济集聚点的经济发展速率。一旦某个经济集聚点抓住良好的发展契机并实现飞跃式发展，其经济发展水平将远超周边其他经济集聚点，成为区域经济发展的增长极。增长极的形成会对区域内其他经济地区产生较大影响，吸引资金、人力和技术等要素流入，进一步加速增长极的发展，导致区域内的资源要素、经济和社会组织以及人口不断向增长极集聚，最终形成空间分异。

(2) 点轴型空间结构。这是在极核型基础上发展起来的模式，也称为点轴系统。在初期，尽管区域内出现了增长极，但其周边也存在经济活动较为集中的其他集聚点。增长极的经济活动会对周边区域产生吸引力，吸引周边集聚点的资源和要素流入增长极，同时释放周边地区的经济增长潜力。随着增长极的快速发展，它会开发周边市场，为周边市场带来更多的人才、信息、技术和资金等生产资料和要素，创造新的发展机会并提高周边地区的发展能力。增长极与周边集聚点之间的经济社会活动交流日益增多，促进了双方的经济发展。沿线地区的经济活动逐渐增多并发展成为区域内经济发展所依赖的轴线。轴线上的点在轴线形成后因区位条件的改善而快速发展，不断扩大轴线的规模并向外扩散，形成新的点和轴线，最终形成有序的点轴型空间结构。

(3) 网络型空间结构。点轴型空间结构发展到一定阶段后形成网络型空间结构。在点轴型空间结构中，一个点为了开拓市场和获取更多资源要素可能与周边多个集聚点发生社会和经济往来。在这个过程中，区域内不同轴线上的点之间的联系变得日益密集，交通和通信等联系通道也相应增多，逐渐形成纵横交叉的交通网络和通信系统等，构建了区域内的增长中心体系并带动了周边农村地区的经济发展。这个网络使全区域的资源和要素能够互相流动，通过各种社会经济联系重新进行分工组合，形成了一个具有多层次、多功能且分工明确的区域经济系统（王东方，2019）。

（五）旅游研究应用

区域空间结构理论在旅游研究中的应用主要表现在以下三个方面：一是旅游空间结构识别研究，如吴清等（2022）基于区域空间结构理论，对“粤桂画廊”旅游空间结构进行了识别，并对区域旅游协同发展进行了分析；二是旅游空间结构优化研究，如王联兵等（2009）对宁夏旅游空间结构优化进行了研究；三是旅游规划研究，如邓良凯等（2019）研究旅游流视角下川西北高原旅游地空间结构特征及规划优化。

十八、圈层结构理论

（一）基本概念

圈层结构理论（Circle Structure Theory）研究地理空间集聚效应下的圈层状扩散结构，并解释旅游空间规律性和向心性的层次变化特征。圈层结构理论认为城市郊区的农业布局呈圈层分布，以城市为中心，分别为自由农作区、林业区、轮作农业区、谷草农作区、三圃农作区和畜牧业区。这种圈层空间结构模式被称为“杜能环”。其内涵为：城市是一个不断变化的区域实体，其外部形态包括了大规模的非农业人口和相应的社会经济活动范围。城市与其周边地区有着紧密的联系，并且城市对区域的影响受到空间相互作用的“距离衰减法则”的约束，这样必然导致区域形成以建成区为核心的集聚和扩散的圈层状空间分布结构（杨斌等，2009a）。从城市中心到郊区，再到外围区域，生活方式、经济活动和土地利用方式都呈现出从中心向外围逐渐变化的圈层状规律（谢海垚，2009）。

（二）理论来源与发展

德国农业经济学家冯·杜能在其 1826 年的著作《孤立国》中首次提出了圈层结构理论。Wolfe（1951）将圈层结构理论应用于旅游研究，该理论以“距离衰减法则”为基石，通过分析旅游活动的流向和规模来描述旅游地的圈层分布特征。

国内外学者对旅游活动的层次性结构进行了广泛研究，取得了丰富的成果，并将旅游圈层系统的演变过程分为离散态、扩散态、聚集态和成熟态四种模式，这些模式涵盖了从孤立点、单中心到多中心的演变阶段。通过旅游活动的圈层特征，研究揭示了影响旅游行为的动力机制，为“圈层结构”的划分提供了重要的理论基础。Lundgren（1984）提出了旅游空间的“核心-边缘”结构模型；Britton（1980）强调了旅游行为依赖中心城市的核心边缘特征；吴必虎（1998）提出了基于层次结构的环城游憩带理论；胡最等（2018）概括出了近似同心圆的环状聚落分布模式；钟炜菁等

（2017）基于手机信令数据发现上海人口密度呈现单中心圈层结构；林瑶云和李山（2015）提出“嵌套式圈层结构”模型，并分析了长江三角洲地区的旅游活动空间特征。

（三）用途与价值

圈层结构理论在经济学、社会学等领域都发挥着重要的作用，已广泛用于城市经济区和综合经济区的研究，以及卫星城镇的规划和建设，其不仅在理论上提供了对城市及其周边地区发展规律的深刻洞察，而且在实践中也为城市规划、区域经济发展和行政管理等领域提供了有力的工具和框架。

通过应用圈层结构这一理论，可以为城市规划和区域发展提供科学的指导，有效地推动城市和区域的协调发展，推动社会经济的健康发展，实现经济、社会和环境的综合进步。

（四）理论模型与主要观点

在城市游憩商业区（Recreational Business District，RBD）逐渐成长的过程中，随着消费量的不断增加，会逐渐形成成熟的城市 RBD 圈层空间结构特征（见图 4-15）。

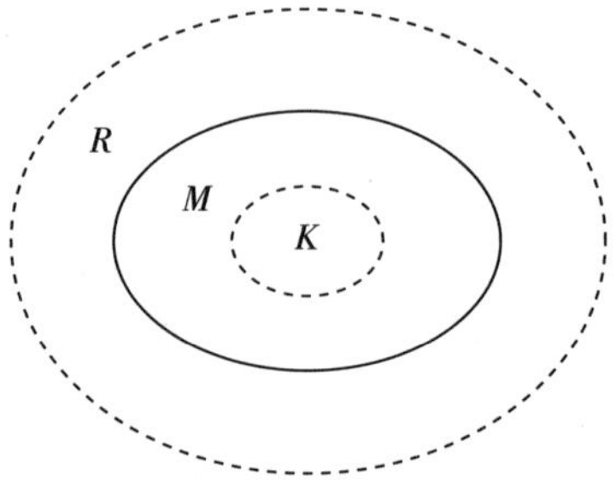

图 4-15　成熟城市 RBD 的圈层空间结构示意

资料来源：张立生（2007）。

其中，中心圈层为核心圈层（用 *K* 表示），这是城市 RBD 形成的原始区位和区域。随着城市 RBD 的成长，该域典型性逐渐增加，表现在指标上，判断指标远远高于临界值。凭借其对游憩者，尤其是对旅游者的强大吸引力，而对周边也有着强大的辐射力，其不断促进城市 RBD 的成长和演变，是城市 RBD 空间结构和范围演变的原始动力区域和核心区域。核心圈层之外是边缘圈层（用 *M* 表示），该圈层的形成是核心圈层向外辐射，导致了城市 RBD 范围不断向外推进的结果。这个圈层最大的特点就在于其边缘性，其判断指标虽然都会高于其临界值，但是高出的程度相对于核心区而言要小得多。这一圈层的外界在图中以实线表示，这个界线也是城市 RBD 外缘边界。边缘圈层之外为辐射圈层（用 *R* 表示），由于其远离核心圈层，受到核心圈层的辐射和影响相对比较小，这里虽然也能够形成商业区，也有不少游憩者在此通过，但是这里的游憩者以通过者居多，由于消费不足，构成城市 RBD 的各种要素如旅游纪念品商店等反映城市

RBD 特征的旅游企业就比较少，进而沦为普通的商业区，表现在指标上，其判断指标不能够完全达到临界值。而其作为城市普通商业区的特征则比较明显，主要表现在其所销售的物品主要是日常生活用品，而其光顾者也以城市居民为主，此圈层是游憩者出入城市 RBD 的基站和通道圈层（张立生，2007）。

圈层结构理论的核心观点：城市在区域经济发展中扮演领导角色，其对周边经济的推动效应与距离成反比关系。即区域经济的成长应以城市为核心，按圈层状的空间布局逐步向外围扩张。根据这一理论，城市被视作一个动态变化的区域实体，就外在形态而言，它包含了大规模的非农业人口以及相关的社会经济活动区域（杨斌等，2009b）。圈层结构理论的内圈最初是指地理空间中的城市中心区，是圈层结构的最基础、最核心部分，从内圈到中圈再到外圈，是一个城市影响层层辐射、逐渐过渡的过程（马缓缓和郭丽娜，2022）。

（五）旅游研究应用

圈层结构理论在旅游研究中的应用主要表现在以下三个方面：一是旅游产业研究，如赵静等（2023）在圈层理论视角下，以重庆武陵山片区为例，研究了旅游产业巩固脱贫成果的机制与路径；二是旅游育人模式研究，如田美玲等（2023）基于圈层结构理论，在文旅融合背景下研究了旅游专业“红+专”的协同育人模式构建；三是旅游开发模式研究，如高文智（2016）基于旅游圈层结构理论，研究了城郊乡村旅游的开发模式。

十九、增长极理论

（一）基本概念

增长极理论（Growth Pole Theory）认为，国家经济的均衡发展在现实中是难以实现的（狄瑞鸿和王博，2014），经济增长往往始于特定的“增长中心”，并逐步扩展到其他区域或部门。这一理论的核心在于，通过优先发展核心区域，随后向周边地区扩散，形成点面结合的立体发展模式，进而促进整体经济的提升（梁恒维，2017）。

（二）理论来源与发展

1950 年，法国经济学家佩鲁首次提出增长极理论。他强调，经济增长并非在所有地方同时发生，而是首先在特定的增长点或增长极出现，并按照特定模式向外扩散，产生外部效应，从而对整个区域经济产生不同的影响。佩鲁的增长极理论侧重于抽象经济空间中的推动型产业，即产业增长极。1966 年，布代维尔继承并发展了佩鲁的理论，将其扩展到地域空间，认为经济空间不仅包括经济变量之间的结构关系，还涉及经济活动的区位或地域结构关系。随后，增长极理论分化为两大学派：一是关注推动型产业的“功能”增长极学派，二是关注极化的“地理”增长极学派（钟顺昌和王德起，2015）。

随着社会的发展，区域经济学研究者将地理空间要素引入增长极理论，利用地理空间来解释和预测区域经济发展的趋势和结构布局。美国经济学家弗里德曼、瑞典经济学家缪尔达尔、美国经济学家赫希曼都在不同程度上进一步丰富和发展了这一理论，使其成为研究区域发展的重要理论观点（邓相赫，2016）。

（三）用途与价值

增长极理论的应用范围从抽象的空间经济学扩展到了微观的产业经济学（张晓宇和曾德超，2013），许多国家或地区都利用它来制定区域发展战略和进行生产力布局。尤其是对于经济欠发达地区来说，增长极理论更具有较现实的指导意义，增长极在推动区域经济增长方面扮演着关键角色，对于促进空间经济的扩展和我国经济发展模式的转变具有重要的实践意义（何嵬等，2015）。增长极理论被广泛应用于国家战略的实施中，如创新驱动发展战略、城镇化战略、西部大开发战略、东北振兴战略等。通过在这些战略中嵌入增长极的理念，可以更有效地实现区域经济的振兴和长远发展。

增长极理论在区域经济发展、创新驱动策略、城市发展以及国家战略实施等方面具有重要价值。通过将资源和政策集中在这些增长极上，可以促进其快速发展，并形成对周边地区的辐射作用，带动更广泛的区域经济提升。增长极理论强调创新和推进型企业的重要作用，鼓励技术革新，符合社会进步的动态趋势。通过培育具有创新能力的企业群体和企业家群体，这些增长极可以成为技术创新和产业升级的先锋地带。在城市配置不断扩大的工业综合体，形成城市增长极，引导经济活动的进一步发展。

（四）理论模型与主要观点

1. 理论模型

（1）经济空间的力场。佩鲁将经济空间视为一个受力场，其中的经济活动受到各种离心力和向心力的作用。这些力量相互作用形成一定范围的“场”，在这个场内的经济活动会相互影响并产生集聚效应。经济空间中的增长极通过这种力场作用，对周围地区施加影响，推动区域经济的发展。

（2）推进性单元。增长极是由具有创新能力和高增长潜力的主导产业部门组成的。这些推进性单元通过技术创新和规模经济效应，迅速增长并带动相关产业的发展。推进性单元不仅自身快速增长，还能通过乘数效应带动其他产业发展。

（3）形成机制。增长极的形成机制涉及两种效应——极化效应和扩散效应。极化效应是指各种要素从周边地区向增长极聚集的现象，而扩散效应则是指增长极的要素向周边地区扩散的过程。这两种效应共同推动了相关产业和区域经济的发展，但在不同发展阶段，这两种效应的作用强度会有所不同。在增长极形成的初期阶段，极化效应更为显著，而随着发展的深入，极化效应会逐渐减弱，扩散效应则会增强，直至扩散效应占据主导地位。

2. 主要观点

（1）非均衡增长。经济增长并非同时出现在所有部门或地区，而是以不同的强度首先出现在一些增长极上。

（2）主导部门和创新企业的集中。某些主导部门或有创新能力的企业集中分布于特定的地区或大城市，形成资本与技术高度集中、具有规模经济效益、自身增长迅速并能对邻近地区产生强大辐射作用的增长极。

（3）支配效应与乘数效应。增长极通过所在部门或地区产生支配性影响，使其获得优先增长，并通过乘数效应放大这种增长效果。

（4）长期性与复杂性。增长极理论强调经济增长是一个长期且复杂的过程，涉及多种因素的综合作用。增长极的形成和发展需要一定的时间和条件，且其对经济的影响也是多方面的。佩鲁指出，增长极的形成需要满足三个条件：一是存在具有创新能力的企业和企业家群体；二是必须实现规模经济效益，即增长极地区除了需要有创新能力及其主体外，还须具备足够的资本、技术和人才资源；三是需要有利于经济发展的外部环境，这包括完善的基础设施、良好的市场环境和适当的政策支持。

（五）旅游研究应用

增长极理论在旅游研究中的应用主要表现在以下三个方面：一是旅游资源开发研究，如徐露（2017）基于增长极理论研究了如何深度利用乡村旅游资源；二是旅游产业发展研究，如辛海鹏（2016）基于增长极理论，研究了河南省武术旅游产业发展；三是区域旅游合作研究，如黄河（2010）基于增长极理论研究了金沙江下游旅游圈合作模式。

二十、中心地理论

（一）基本概念

中心地（Central Place）是指具有向周围地域居民（尤指农村地域）提供商品和服务能力的地方（李妮娜，2015）。中心地理论是关于人类聚落等级分布的一般规律性解释，它采用商品或服务供应点即中心地，来替代人类聚落，以达到简化内容、方便研究的目的（梁进社，2022）。

（二）理论来源与发展

中心地理论由德国经济地理学家克里斯塔勒在1933年的著作《德国南部中心地原理》中首次提出。德国经济学家廖什在1940年对该理论进行了进一步的论证和发展。Berry和Garrison通过案例证实了中心地之间存在等级关系，还证明了中心地对其周边地区的服务功能。此外，他们还将中心地理论的适用范围扩展到第三产业的布局规划，强调了其科学指导意义。

在Berry和Garrison的研究基础上，其他领域的学者也开始对中心地理论进行验证研究。Dacey从数学的角度出发，专注于中心地理论中等级和数量的关系，验证了不同等级中心地的数量分布呈金字塔模式，并通过模型算法揭示了中心地之间的紧密联系。Parr在确认前人研究成果后，探讨了中心地等级间的差异，并将增长极理论与中心地发展联系起来，研究了中心地的成长机制。陆大道则从区域发展的角度对中心地理论进行了深入研究，他提出了适合中国城市发展的点轴理论，使中心地理论不仅在理论上有所发展，而且在实际应用中也发挥了重要作用。

（三）用途与价值

中心地理论是城市地理学揭示规律、解决问题的重要方法之一（王士君等，2012），应用范围广泛，包括商业零售、旅游规划、城市规划以及城市空间结构等多个研究领域，为解决实际问题提供了有效的理论指导。

中心地理论的引入标志着城市地理学研究进入了一个新的阶段，对于旅游业的研究具有深远的影响，为研究旅游中心地提供了坚实的理论基础（马腾，2015）。

（四）理论模型与主要观点

克里斯塔勒的理论模型基于农村市场中心的聚落体系，假设理想状态下，地表均匀分布着一系列圆形中心地。由于圆形市场区无法覆盖三个圆形相切形成的空角，因此需要进行修正，即通过重叠圆形市场区，使其被六边形市场区替代。这样，中心地的范围呈现出六边形结构。在模型中，每个高等级的中心地周围都有多个低等级的中心地，而低等级的中心地则分布在高等级中心的六个顶点上。高等级城市的服务范围包含多个低等级城市的服务范围，且不同等级城市的服务范围层层嵌套，形成了名为K=3的中心地网络（如图4-16）（陈上升，2013）。

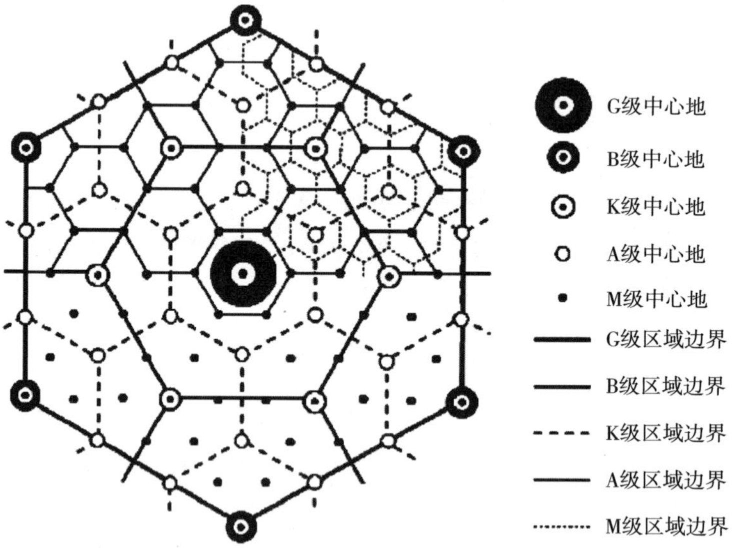

图4-16　克氏中心地结构示意

资料来源：陈上升（2013）。

克里斯塔勒指出，中心地体系的形成受三个关键因素或原则的影响：市场原则、交通原则和行政原则。这些原则决定了中心地的不同结构，并且确保不同等级的中心地按照特定的K值形成严格的等级序列。依据市场原则、交通原则和行政原则，可以构建三种不同的中心地系统模型，其中心地排列体系的常数K值分别对应为3、4和7。

（五）旅游研究应用

中心地理论在旅游研究中的应用主要表现在以下三个方面：一是旅游中心地规模与空间结构研究，如段冰（2014）构建了旅游中心地规模与空间结构的分形模型，并以河南省旅游中心地为例进行了实证研究；二是旅游中心城市研究，如冯霞和张立明（2006）以荆门市为例，基于中心地理论研究了构建旅游中心城市的思路；三是旅游流研究，如李玲和林君飞（2013）基于中心地理论研究了中国入境旅游流的空间形态。

第五章　旅游心理学理论

一、沉浸理论

（一）基本概念

沉浸理论（Flow Theory）又名心流理论或爽理论，该理论属于积极心理学范畴，研究“适当的挑战任务能让一个人沉浸其中，忘记时间的流逝，意识不到自己存在的体验”（契克森米哈赖，2017）。沉浸是一种特殊的心理状态，人们在参与活动时精神会高度集中，完全被活动内容吸引，忽略时间的流逝，全身心投入情境中，甚至忘记自己的存在。人们在愉快的心境中，做事效率也大幅提升（张琳，2024）。

（二）理论来源与发展

1975 年，美国心理学家米哈里·契克森米哈赖首次提出了沉浸理论。契克森米哈赖将学生们作为研究对象，仔细地考察了他们的一系列活动，不仅包括读书活动、手工活动，还包括娱乐活动。研究发现了受调查者在沉浸的过程中，会觉得时间过得很快，一点也没有无聊的感觉。米哈里·契克森米哈赖将这一状态称为“心流”，指的是身体和精神都处于一种极端的快乐之中，有一种满足的感觉。

1988 年，契克森米哈赖进一步指出：人依照心理驱动力去做自己想做的事，沉浸体验即为意识动机的外显。他同时也认为，沉浸体验发生于挑战与技能平衡时。1996 年，莫尼塔和契克森米哈赖指出沉浸体验的两大特征：第一，挑战和技能是影响最适体验的重要变量；第二，沉浸不会有极限存在，即个人会持续追求更复杂的层次以及更大的享受。

（三）用途与价值

沉浸理论为理解人类投入活动的心理状态提供了独特的视角，丰富了心理学、教育学、游戏设计等多个学科的理论体系。同时，该理论还引发了关于如何创造最佳体验、提高活动参与度的深入讨论和研究。

沉浸理论的价值体现在以下方面：其一，提升学习动机与成效，促进深度学习。沉浸理论指出，当挑战与技能达到平衡时，个体更容易进入沉浸状态，从而体验到最佳的学习体验。同时在具身化的学习场景中开展学习活动，通过多通道感知与环境的动态交互，更容易实现深度学习，从而提高学习效率。其二，增强游戏和媒介体验，丰富休闲活动。沉浸理论在游戏设计中有着重要应用，通过创造挑战与技能平衡的游戏环境、提供明确的目标和迅速的反馈，可以使玩家更容易进入沉浸状态，获得高度的娱乐和满足感。同时，在电影、文学作品和艺术作品中，也可以利用沉浸理论来设计情节和互动环节，使观众或读者深入作品情境，提升整体体验。其三，缓解压力与焦虑，提升幸福感和自我效能。沉浸状态下的个体能够暂时忘却外界的压力和烦恼，专注于当前的活动。这种心理状态的转变有助于缓解个体的压力和焦虑情绪，促进心理健康。沉浸体验带来的内在满足感和成就感能够提升个体的幸福感与自我效能感。这种积极的心理体验有助于个体建立更加健康、积极的生活态度和价值观。

（四）理论模型与主要观点

1. 理论模型

（1）三通道模型。契克森米哈赖（Csikszentmihalyi，1977）提出：个体技能与挑战强度的关系会对个体的体验状态产生影响。在面对高难度的任务时，如果其自身的技术水平不高，那么就会表现出“焦虑”状态；如果其自身的技术水平高，但挑战难度低，那么就会表现出“无聊”状态。在三通道模型中（见图 5-1），沉浸感往往是由个体所感受到的困难程度和自己所掌握的技巧程度形成的。

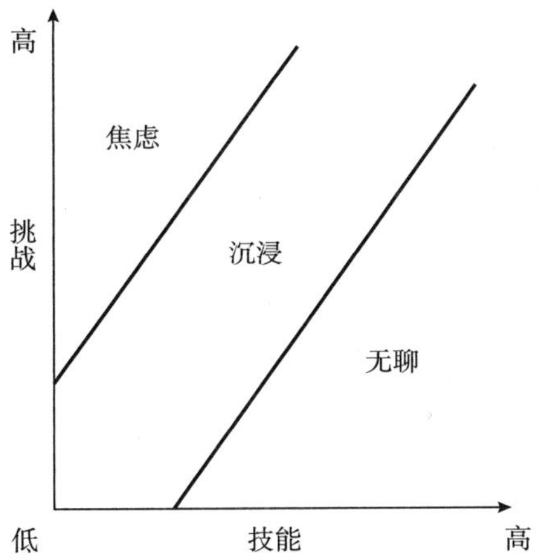

图 5-1　三通道模型

资料来源：Csikszentmihalyi（1977）。

（2）四通道模型。Massimini 等（1987）认为，用户沉浸的出现，需要在一定程度上，才能形成沉浸的体验。为了这个目的，他们进行了一项研究，并在一篇论文中清楚地提出了四通道模式（见图 5-2）。正如上面提到的那样，与原来的三通道模型相比，沉浸的四通道模型对其进行了更为深刻的研究，并引入了更多的考虑维度，它是对原来的三渠道模型的进一步完善。当挑战者的技能和挑战难度都高时，才算是沉浸体验。

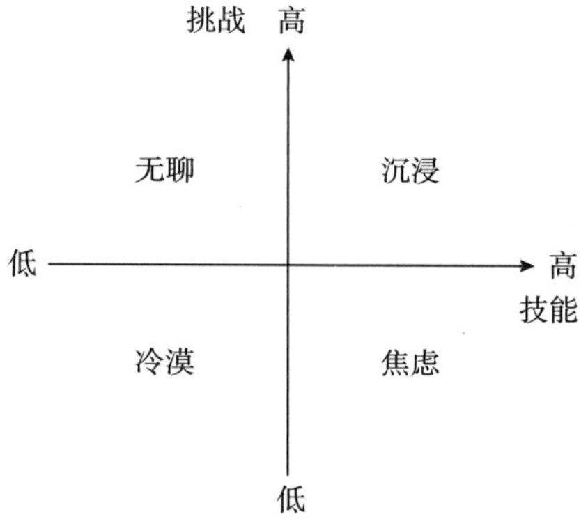

图 5-2 四通道模型

资料来源：Massimini 和 Csikszentmihalyi（1987）。

（3）八通道模型。八通道模型是在三通道模型与四通道模型基础上的一种创新和发展（见图 5-3）。自从 Massimini 提出了四通道模型之后，其对这个模式的内涵进行了进一步的提炼和改进，并于 1988 年首次提出了八通道模型，这八个沉浸感模式分别对应着八个情感模式，给使用者带来了各自的精神感受。在该模式中，将挑战和技能两大概念细分为高、中、低三个级别与阶段。它的主要含义是：在挑战比个人的技术水准更高的时候，个人会出现焦虑或唤醒的体验；只有在挑战与技术水准都很高的时候，个人才会有沉浸感。

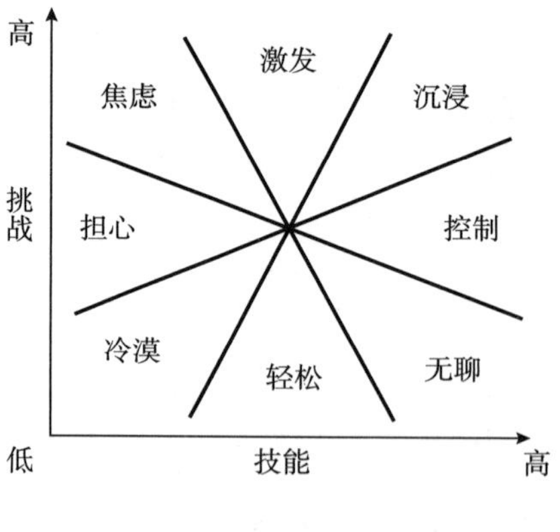

图 5-3 八通道模型

资料来源：Massimini 和 Carli（1988）。

2. 主要观点

（1）沉浸的状态与特征。沉浸是一种当人们将注意力完全集中在当前所从事的任务中，瞬间忘记周围其他一切事物，获得一种高度享受的精神状态，达到愉快的最佳体验状态。沉浸体验通常伴随着明确的目标、迅速的反馈、挑战与技巧的平衡、行动与意识的融合、摒除杂念、不必担心失败、自我意识消失、时间感歪曲以及行动具有自身的目的共九个因素。

(2) 挑战与技巧的平衡。沉浸状态主要发生在挑战与技巧相互平衡的情况下。若挑战太高，使用者可能会感到焦虑或挫折；反之，挑战太低，则可能感到无聊而失去兴趣。因此，技巧与挑战的平衡是驱动个体朝向更高更复杂层次发展的关键因素。

(3) 沉浸的三阶段。①准备阶段。包括注意力集中、明确目标、活动的趣味性及迅速反馈。②体验阶段。行动与意识融合，高度专注，对活动有控制感，时间感扭曲，自我存在感消失。③结果阶段。促进学习、激发探索行为、信息技术接受和使用、行为控制认知。

(五) 旅游研究应用

沉浸理论在旅游研究中的应用主要表现在以下两个方面：一是旅游沉浸体验研究，如罗景峰和安虹（2022）从双系统理论的视角，探究了红色旅游沉浸体验的发生机制及意义建构逻辑；二是旅游在线体验研究，如刘燕等（2016）研究了沉浸理论视角下旅游消费者在线体验对再预订的影响。

二、地方依恋理论

(一) 基本概念

地方依恋（Attachment to Place）是指个人与特定地方之间建立的一种积极的情感联系（张莎等，2022）。这种联系不仅基于物理环境，还涉及个人的经历、记忆、情感和价值观。地方依恋是个体对地方产生的一种情感上的归属感和认同感。

(二) 来源与发展

地方依恋的概念最早出现在现象学家如 Bachelard 和 Eliade 的研究中，他们集中探讨了家与宗教场所对个人的意义。20 世纪 50 年代，地理学家 Tuan（1990）提出了“恋地情结”（Topophilia）的概念，首次描述了人与地方之间的特殊依赖关系。Fried 在 1963 年的研究中发现人们对于强迫再安置显示出明显的不情愿心理，反映了对地方的强烈情感。1977 年，Gerson 等首次提出“地方依恋”的术语，但未给出明确定义。直到 1983 年，Shumaker 等明确定义地方依恋为人们与其居住地之间的情感联结。

Williams 和 Roggenbuck 于 1989 年正式提出“地方依恋”概念，并在 1992 年提出了包含地方认同和地方依赖两个维度的理论框架。这一框架强调了个体对特定地方的情感和功能性依赖。为了整合零散的地方依恋定义，Scannell 和 Gifford 提出了包含人、心理过程和地方三个维度的三维结构理论。这个理论全面涵盖了地方依恋的各个方面，成为该领域的重要理论基础。Hammitt 和 Stewart 提出了包含熟悉感、归属感、认同感、依赖感和根深蒂固感的五维模型，进一步细化了地方依恋的具体内容。这些维度通过具体的量表进行测量，为实证研究提供了工具。

（三）用途与价值

1. 城市规划与设计

地方依恋理论强调居民对社区的情感联结，这有助于规划者在设计时考虑居民的情感需求，从而提升居住满意度。通过理解居民对特定地方的依恋，可以更合理地规划和利用公共空间，使其更具吸引力和功能性。

2. 环境保护与自然资源管理

通过地方依恋理论，可以更好地制定自然资源的管理策略，确保资源的持续利用和环境的长期健康。同时地方依恋能够激发个人对环境的关注和保护意识。当人们与特定地方形成情感联结时，他们更倾向于维护该地的环境质量。

3. 旅游开发与管理

地方依恋理论可以为旅游目的地的品牌建设提供有力支持，通过强化游客与地方的情感纽带，增强目的地的吸引力。了解并应用地方依恋理论能够帮助旅游业者提供更加个性化和满足情感需求的服务。

4. 文化传承与创新

地方依恋理论有助于理解人们对文化遗产地点的情感依赖，从而更有效地保护和传承这些具有特殊意义的文化场所。同时地方依恋也可以应用于创意产业，通过设计与地方文化、历史相关的产品或服务，增强消费者的情感体验和品牌忠诚度。

（四）理论模型与主要观点

1. 二维理论

地方依恋二维理论框架由 Williams 和 Roggenbuck 提出，他们认为地方依恋由地方依赖和地方认同两个维度构成。地方依赖（Place Dependent，PD）表现为个体对地方功能的依恋，指某地的特定设施或物质基础满足个体需求的程度。地方认同（Place Identity，PI）是个体对地方情感的依恋，通过对环境的态度、偏好、信仰、价值观等表现出对地方的归属与认同感（陈怡梦和成锦，2022）。

2. 三维结构理论

Scannell 和 Gifford 提出了三维结构理论来对地方依恋众多零散的定义进行整合。该理论主要观点是：地方依恋是一个包含人、地方、心理过程三个维度的框架，人（People）的维度是主体，强调是谁对地方依恋及依恋达到怎样的程度；地方（Place）的维度是依恋的目标，用于说明人们依恋哪些地方，这些地方具有哪些特征；过程（Process）的维度主要是一种心理过程，包括地方依恋的情感、认知和行为成分，重点是依恋怎样影响认知和行为（范莉娜等，2014）。

3. 五维模型

地方依恋五维模型包括熟悉感、归属感、认同感、依赖感和根深蒂固感。熟悉感是指人们对特定地方的了解和熟悉程度，这种了解通常通过长时间的居住和经历建立。归属感是指个人感觉自己是一个地方的一部分，有属于该地的感觉。认同感是指地方成为个人身份的一部分，反映了个人对地方的情感和认知联结。依赖感指地方提供的独特资源和条件对个人活动的满足程度，是一种功能性依恋。根深蒂固感是长期以来，个人与地方形成的深层次情感纽带和生活记忆（Hammitt et al.，2006）。

（五）旅游研究应用

地方依恋理论在旅游研究中的应用主要表现在以下三个方面：一是解释旅游者与旅游目的地间的关系，如王江哲等（2017）研究了观光旅游者地方依恋、满意度与忠诚度之间的关系；二是探究旅游者的行为意向，如梁彩荣等（2023）研究了地方依恋对冰雪体育旅游者价值共创行为的影响；三是促进旅游地的可持续发展，如程卫进等（2022）以长沙市岳麓山风景名胜区为例，探究了旅游地社会责任、地方依恋对环境责任行为的影响。

三、公平理论

（一）基本概念

公平理论（Equity Theory）也称为社会比较理论，认为职工的工作积极性不仅与个人实际报酬的多少有关，更与人们对报酬分配是否感到公平密切相关。人们总会自觉或不自觉地将自己付出的劳动代价及其所得到的报酬与他人进行比较，并对公平与否做出判断。这种公平感直接影响职工的工作动机和行为。

（二）来源与发展

公平理论由美国心理学家约翰·斯塔西·亚当斯于20世纪60年代提出。具体来说，亚当斯在1965年的相关著作中详细阐述了这一理论。在此之前，虽然公平的概念在社会学和心理学中已有讨论，但亚当斯的工作使这一领域的研究更加系统化和理论化。

随着研究的深入，公平理论的内容不断得到丰富和完善。从最初的分配公平（即结果公平）扩展到程序公平（即过程公平）和互动公平（即人际公平），形成了多元论的公平理论模型。

（三）用途与价值

公平理论的用途主要有以下几方面：一是合理确定薪酬结构，定期调整薪资水平，优化工资分配。二是建立透明政策，通过实施公平的激励措施，提高工作积极性。三是消除不公平感，给予员工定期反馈的机会，减少员工流失。四是公平分配任务，制定合理的团队薪酬，促进团队合作。五是建立公平的晋升制度和奖惩措施，提升组织承诺。公平理论不仅适用于工作场所，也适用于家庭、友谊和其他社会关系。在这些领域中，公平感的缺乏都可能导致关系紧张和冲突。

公平理论的价值体现在以下方面：一是提高员工激励。当员工认为自己的投入（如努力、时间、技能）与获得的报酬（如薪酬、晋升机会）比例与他人相等时，会感到公平，从而工作积极性提高。同时员工会将自己的报酬和投入比例与他人进行比较，这种社会比较可以是同僚之间，也可以是自身历史的比较。通过比较，员工能够评估自己的待遇是否合理，这种评估直接影响其工作态度和行为。二是促进组织公平。

公平理论强调，组织在制定薪酬制度时需要确保公平性，这包括对每个员工的绩效和贡献给予公正的评估和相应的报酬。这样可以避免因不公平分配引发的员工不满和抱怨。除了分配公平外，公平理论还指出实现程序公平的重要性，即确保决策过程的透明度和一致性。三是提高工作效率。当员工感到不公平时，会采取一系列行为来改变这种状态，包括改变自己的投入或产出，选择其他比较基准，或者通过沟通和反馈寻求改善。这些行为的最终目的是恢复公平感，从而提高工作积极性和效率。四是减少工作不满。公平理论可以帮助管理者识别和理解员工感到不公平的原因，无论是对投入和产出的主观判断，还是所持的公平标准和个人绩效评定的差异。通过了解这些原因，管理者可以有针对性地采取措施，减少员工的不公平感。五是推动组织发展。公平理论为组织提供了制定科学合理政策和制度的依据，确保各项政策的公平性和有效性。这有助于建立良好的组织文化，增强员工的归属感和忠诚度。

（四）理论模型与主要观点

1. 理论模型

公平理论的理论模型主要包括投入产出比、比较参照和感知公平三个关键要素。

（1）投入产出比。公平理论认为，个体在社会交换中会计算自己的投入（如努力、时间、资源）与获得的产出（如报酬、认可）的比例。

（2）比较参照。个体会将自己的投入产出比与他人的投入产出比进行比较，这里的“他人”可以是同事、朋友或社会上的其他人，这种比较是形成公平感知的关键。

（3）感知公平。如果个体认为自己的投入产出比与他人相当，就会感到公平；如果个体认为自己的投入产出比低于他人，就会感到不公平，从而产生不满情绪。

2. 主要观点

公平理论的主要观点如下：

（1）公平的追求。公平理论认为，个体在社会互动中追求公平感，这是人类行为的基本动机之一。

（2）不满情绪的产生。当个体感知到不公平时，会产生不满情绪，这可能导致工作满意度下降、生产力降低甚至离职等负面后果。

（3）恢复平衡的努力。为了恢复心理平衡，个体可能会采取多种策略，如改变自己的投入或产出、改变对投入或产出的感知、离开不公平的环境或寻找新的比较对象。

（五）旅游研究应用

公平理论在旅游研究中的应用主要表现在以下方面：旅游地的环境责任行为研究，如何学欢等（2018）基于公平理论和关系质量理论，研究建立了社区居民环境责任行为形成机理的理论框架，为旅游地可持续发展提供了新的视角。

四、顾客感知价值理论

（一）基本概念

顾客感知价值（Customer Perceived Value，CPV）理论能够体现消费者对产品在多个方面的衡量，包括功能、服务、经济和社会等方面。关于顾客感知价值的定义和维度划分存在不同的解释，顾客感知价值的具体内涵目前可分为三个角度：一是双因素比较视角，消费者会在对产品本身的性能和价格进行比较的同时，将产品与市场上的竞品比较，从而获得产品的感知价值（Gale，1994）；二是单一视角，感知价值是消费者对感知利得和感知利失进行衡量之后的结果（董大海等，1999）；三是整体视角，顾客感知价值是消费者对某一产品的主观认知，是对产品及其服务等所有因素的整体认知和感受（王伟等，2018）。关于顾客感知价值的维度探究有两种分类方式，一是局部分类模式（感知利得和感知利失角度），此时顾客感知价值应包含产品质量、属性，以及产品价格等（Parasuraman et al.，1988）；二是整体分类模式（产品质量和消费者心理角度），此时顾客感知价值应包含功能价格、功能成本、情感、社会等（吴水龙等，2023）。

（二）理论来源与发展

顾客感知价值理论由 Zeithaml 于 1988 年首先从顾客角度提出。他从顾客心理的角度对顾客感知价值进行了具体界定，认为顾客感知价值是顾客在市场交易中根据所得利益和付出的成本进行比较的感知，对产品进行的总体评价。这一界定使顾客感知价值理论开始得到广泛关注和研究。

随着市场竞争的加剧和消费者主权时代的到来，越来越多的学者开始关注顾客感知价值理论，并从不同角度对其进行深化和拓展。1991 年，Monroe 将顾客感知价值定义为"感知利得与感知利失之间的比例"，认为顾客的价值感知代表产品的感知质量或感知利益与产品价格的感知利失之间的权衡。一些学者从多维度视角对顾客感知价值进行分类和研究（胡瑞静，2011）。例如，Sheth 等（1991）将顾客价值分为功能性价值、社会性价值、情感性价值、认知价值和条件价值五个维度；Ravald（1996）从关系营销的角度阐述顾客感知价值，认为顾客价值不应局限于单个交易情景，而应该扩展到整个关系持续过程中的价值衡量。

（三）用途与价值

顾客感知价值理论的用途主要有以下几方面：一是满足顾客需求，改进产品和服务，提升顾客满意度；二是价值定价，优化产品定价策略；三是指导品牌建设，通过差异化优势，提高市场竞争力；四是制定有效的营销策略，进行精准营销传播；五是准确预测市场趋势和变化，创新产品开发。

顾客感知价值理论的价值体现在以下方面：一是企业可以通过顾客感知价值理论了解顾客对产品或服务的期望和需求，从而指导产品的开发和改进；二是企业可以根据顾客对产品或服务价值的感知来设定价格，确保价格既能覆盖成本，又能被顾客接受；三是顾客感知价值理论可以帮助企业选择和优化营销渠道，通过了解不同渠道对顾客感知价值的影响，企业可以选择那些能够最大限度提升顾客感知价值的渠道进行重点投入；四是通过关注顾客感知价值，企业可以更好地满足顾客的需求和期望，从而提升顾客的满意度和忠诚度。

(四) 理论模型与主要观点

1. 理论模型

(1) 顾客感知价值层次模型。顾客感知价值层次模型 (见图 5-4) 由 Woodruff 提出，是对“途径-目的”理论的应用，具有两个不同的研究方向。其中“自上而下”是基于消费者的需求目的帮助企业识别消费者所关注的产品属性，用于市场细分与新产品开发；“自下而上”是消费者基于产品属性来实现自己的消费目的，营销领域常用此分析产品的优劣，并对产品属性予以完善 (汪丽颖，2018)。模型强调顾客在评估价值时会从多个层次进行考虑，并逐层深入。

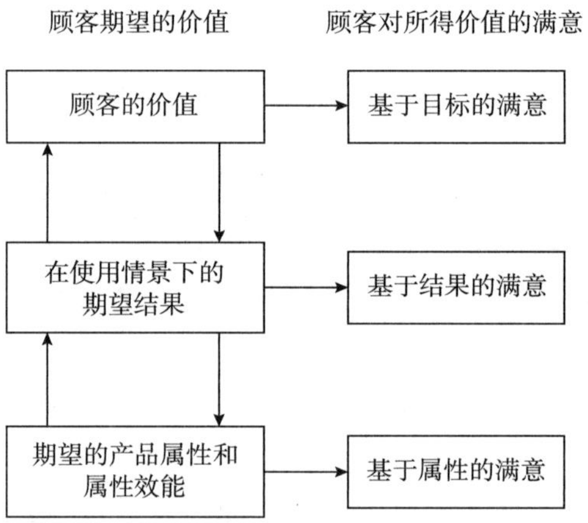

图 5-4 顾客感知价值层次模型

资料来源：汪丽颖 (2018)。

(2) 顾客让渡价值模型。Kotler 提出了顾客让渡价值的概念，即顾客总价值与顾客总成本之差。顾客总价值就是顾客从某一特定产品和服务中获得一系列的利益，而顾客总成本是在评估、获得和使用该产品或服务时而引起的顾客预计费用。顾客总价值包括产品价值、服务价值、人员价值和形象价值，而顾客总成本则包括货币成本、时间成本、体力成本和精力成本。该模型 (见图 5-5) 强调了企业在提升顾客价值的同时，也需要关注顾客成本的降低。

(3) 消费价值模型。Sheth 等 (1991) 提出了一个包含五个维度的消费价值模型，即功能性价值、社会性价值、情感性价值、认知价值和情景价值，这些价值都会影响消费者选择行为。这个模型更全面地考虑了顾客在评估价值时可能涉及的多个方面，为企业提供了更丰富的视角来理解顾客需求。

2. 主要观点

(1) 顾客价值的主观性。与传统企业内部认知导向的顾客价值不同，顾客感知价值是由顾客个体主观决定的，基于顾客对产品或服务价值的主观判断，不同的人对同一产品或服务所感知到的价值是不同的。

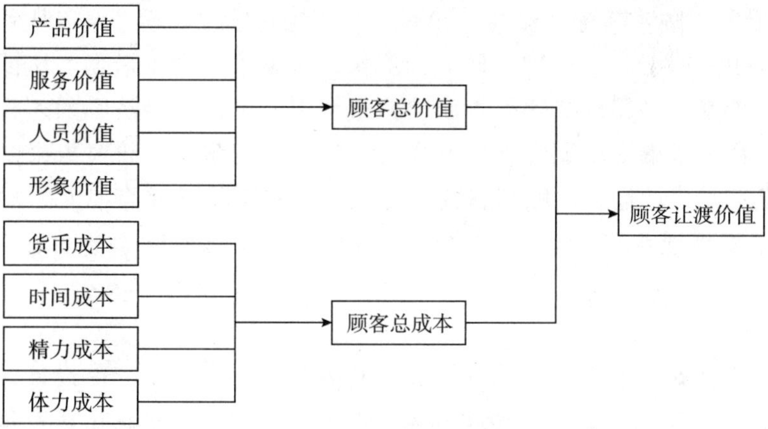

图 5-5　顾客让渡价值模型

资料来源：雷培莉等（2012）。

（2）价值是收益与成本的权衡。顾客感知价值是顾客感知到的利益与其在获取产品或服务时所付出的成本之间的总体评价。不仅代表收益与成本的权衡，还强调了价值的个性化和主观化特征。

（3）感知价值的动态性。顾客对价值的感知随购买和消费的背景变化而变化，表现出动态特征。顾客更倾向于注意与当前需求相关的刺激，并在不同的信息中做出选择和放弃，这影响了其最终的价值感知。

（五）旅游研究应用

顾客感知价值理论在旅游研究中的应用主要表现在以下三个方面：一是旅游产品购买行为研究，如黄裕芳等（2020）基于顾客感知价值理论研究了旅游新零售下旅游产品购买行为的影响因素；二是旅游体验评价研究，如魏王倩（2019）基于顾客感知价值理论，研究了出境旅游购物体验评价；三是旅游营销策略研究，如姚培君（2018）基于顾客价值理论，研究了蜀冈—瘦西湖风景名胜区的营销战略。

五、顾客满意度理论

（一）基本概念

顾客满意度（Customers Satisfaction Degree）是指顾客将产品或服务满足其需要的绩效与期望进行比较所形成的感觉状态。顾客满意是指顾客对所购买的产品或服务满意程度的一种心理感受，是顾客在心理上的一种反应。顾客满意度就是通过某种方法对这种抽象的顾客满意进行测量，并根据测量的结果进行定量描述。所以顾客满意度就是对顾客满意程度的描述，用来测评顾客满意程度，衡量顾客对某种产品和服务的感受程度和水平，便于对测量结果进行横向和纵向比较（周伟忠，2011）。

（二）理论来源与发展

顾客满意度理论的来源可以追溯到 20 世纪 60 年代，最早由美国学者 Cardozo 在

1965 年首次提出“顾客满意”概念。1989 年，美国密歇根大学商学院质量研究中心的费耐尔（Fornell）博士总结了理论研究的成果，提出了费耐尔模型。该模型将顾客期望、购买后的感知、购买价格等多方面因素组合成一个计量经济学的逻辑模型，通过偏微分最小二次方求解得出顾客满意度指数（CSI）。费耐尔的研究成果被认为是迄今为止最为成熟和最广泛运用的顾客满意度指数理论。20 世纪 90 年代后，顾客满意度理论日益成熟，发展成为广泛流行的产品营销和企业经营战略思想（段尧清和冯骞，2009）。

（三）用途与价值

顾客满意度理论的用途主要体现在以下几方面：一是改进产品设计，提升服务质量，优化产品与服务；二是增强品牌形象，扩大市场份额，提高市场竞争力；三是精准营销定位，提高市场竞争力；四是识别关键顾客需求，优化资源配置；五是提升顾客忠诚度，增强重购意愿。

顾客满意度理论的价值体现在以下方面：一是顾客满意度理论强调顾客体验的重要性，通过调查和分析顾客满意度，企业可以更准确地了解顾客的需求和期望，从而设计出更符合市场需求的产品；二是顾客满意度理论为企业提供了宝贵的市场信息，帮助企业制定更有效的营销策略，而满意的顾客往往会通过口碑传播他们的正面体验，这有助于提升企业的品牌形象和市场认知度；三是顾客满意度可以作为企业的核心竞争力之一，通过不断优化产品和服务，提高顾客满意度，从而吸引更多的新客户并保持现有客户。

（四）理论模型与主要观点

1. 瑞典顾客满意度模型

费耐尔等在 1989 年首次提出瑞典顾客满意度模型（SCSB），这是最早建立的全国性顾客满意度模型。瑞典顾客满意度模型共有五个变量，包括顾客满意度、顾客期望、感知绩效、顾客抱怨和顾客忠诚。其中：①顾客期望是指顾客在消费前的预期。顾客通常会通过产品或服务的口碑、品牌形象、亲朋好友等多种渠道获得相关信息，对产品或服务产生期望值，合理的顾客期望值可以对感知绩效指标产生正向影响，不合理的期望值则会对感知绩效产生反向作用。②感知绩效是顾客对产品或服务的感知质量与预期比较后做出的评价。感知绩效越高，顾客满意度也随之提高。③顾客抱怨作为顾客满意的负面结果。当顾客在消费后感到不满意时，他们要么不再进行消费购买，要么通过投诉该产品或服务来表达自己的不满。只有顾客满意度得到提高，才会减少顾客的抱怨行为。④顾客忠诚作为顾客满意的正面结果，顾客在消费之后获得的满意度较高时，顾客会重复这种消费，形成对该产品或服务的忠诚，是展现企业盈利能力的一种表现（谌联妍，2020）。

2. 美国顾客满意度指数模型

美国顾客满意度指数模型（ACSI）共有六个结构变量，包括顾客满意度、顾客期望、感知质量、感知价值、顾客抱怨和顾客忠诚（见图 5-6）。其中，①顾客期望：顾客事先对产品或服务的期望与亲身经历消费体验的一种评价；②感知质量：顾客对产品或服务质量、功能等方面的亲身经历或体验后的一种评判；③感知价值：顾客在考虑价格与感知质量之后的评价；④顾客抱怨：顾客对产品或服务的质量、功能等方面亲身经历后，对其服务感到不满意的心理状态；⑤顾客忠诚：顾客对产品或服务的重复购买意愿和对价格变化的承受力（田凤琴，2021）。

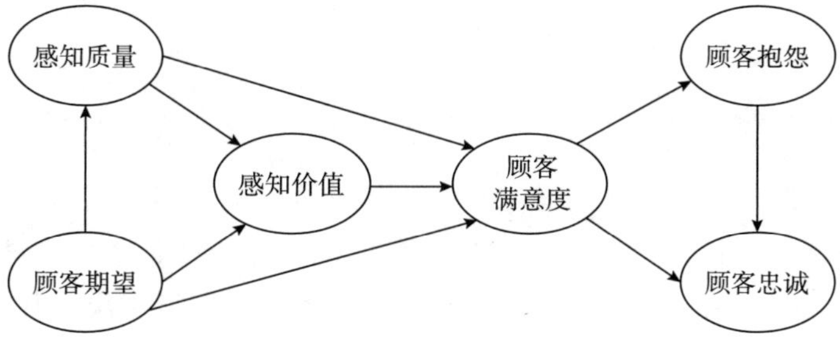

图 5-6　ACSI 模型

资料来源：梁枩和陈华伟（2015）。

3. 欧洲顾客满意度模型

欧洲顾客满意度模型（ECSI）在 1998 年首次发表，是在前两个模型之后建立的，其模型包含六个指标（见图 5-7）。欧洲顾客满意度模型沿用了美国顾客满意度模型的核心理念和基本结构。两者的差异主要在这几个部分：首先去掉了顾客抱怨指标。在前两个模型建立的时候，许多企业没有成立专门应对顾客抱怨的工作部门，许多顾客抱怨指标是可以直接反映产品质量的，此时可以将顾客抱怨看作顾客满意的负面结果。但是近年来许多企业已经成立了专门的工作部门应对顾客抱怨，并对顾客作出补偿，甚至有的企业将顾客抱怨的处理方式作为提高顾客满意度的手段，此时顾客抱怨就不能直接反映企业的产品或服务质量。再者，欧洲顾客满意度模型增加了企业形象这一指标，它主要是指企业口碑、品牌效应等在顾客心里留下的印象（李志刚和徐婷，2017）。

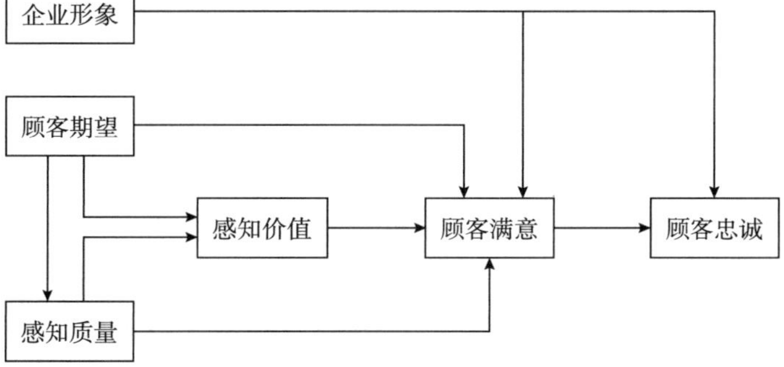

图 5-7　ECSI 模型

资料来源：李志刚和徐婷（2017）。

（五）旅游研究应用

顾客满意度理论在旅游研究中的应用主要表现在以下三个方面：一是评估与提升旅游服务质量，如亓顺红等（2023）实证研究了滑雪旅游服务的高质量供给路径与策略；二是指导旅游产品开发与创新，如陈东杰等（2021）以山东省 49 处国家森林公园为例，基于游客满意度，研究了森林旅游体验产品的开发；三是促进旅游目的地可持续发展，如梁柰和陈华伟（2015）基于游客满意度，探究了三亚南山文化旅游区的可持续发展策略。

六、归因理论

（一）基本概念

归因简而言之是原因的归属，具体来说就是总结、归纳某个事件结果发生之缘由。归因理论（Attribution Theory）是指个人对自己或他人的行径作出交代，并由此如何感染其情绪、出发点和行动的理论（李欣洁，2021），该理论试图解释人们对过去自身成败原因的认知会如何影响今后他们对成败的态度、动机和期望（Weiner，1974）。归因理论涉及两个领域的研究：一是人们如何交代自己或者别人之作为，即归因认知理论；二是如此归因怎样牵连人们紧接着的情感处理、出发点和行动，即归因效果理论（李凌，2021）。

（二）理论来源与发展

归因理论由美国社会心理学家弗里茨·海德在其 1958 年出版的《人际关系心理学》中首先提出。他认为，一个人行为产生必有其原因，在寻求行为的原因时，或者把它归于个人或者把它归于环境，它以一种无规律的形式影响成绩的好坏。只有首先了解行为的根本原因是内在的还是外在的，才能有效地控制个体的行为。

在海德的基础上，美国心理学家朱利安·罗特提出了控制点的概念，进一步解释了归因差异。伯纳德·韦纳创造性地将现代心理学中两大热门话题——归因研究和动机研究有机地结合到一起，开辟了心理学崭新的研究领域，并由此形成了动机归因理论。现代归因理论从总体上来说是将动机和归因两大心理学领域有机地融合到一起，为社会心理学、动机心理学、教育心理学做了突出的贡献（张爱卿，2003）。哈罗德·凯利提出了三度归因理论，认为人们在归因时总是涉及三个方面的因素：行动者、客观刺激物、所处关系或情境。

（三）用途与价值

归因理论已成为社会心理学中的一个重要理论。它关注人们如何解释和理解自己及他人的行为，并寻求这些行为背后的原因。归因理论的用途与价值如下：

（1）激发学习动机，提升自我效能。通过归因理论分析学生学习动机缺失的心理原因，可以采取相应措施激发学生的学习动力。当学生将自己的失败归因于能力不足时，可能会降低学习积极性；而如果将失败归因于努力不足，则可能增强学习的积极性。因此，引导学生进行积极的归因，有助于提高他们的学习动机和学业成绩。由于个体对过去成败经历的归因会影响其未来的行为预期和努力程度。因此通过合理的归因，也可以帮助学生可以提高自我效能感，从而更加积极地面对学业挑战。

（2）改善工作绩效，解决团队冲突。管理者可以通过分析员工的工作行为归因，识别不同员工的归因倾向，从而找到影响工作绩效的关键因素。由于在团队合作中，不适当的归因可能导致误解和冲突。因此归因理论可以帮助团队成员更理性地分析彼此的行为原因，减少归因偏差所带来的负面影响。

（3）预防心理问题，改善社会行为。归因理论可以帮助人们识别和纠正不良的归因倾向，从而预防心理问题的发生。通过认知行为疗法等心理干预手段，引导个体进行积极的归因，有助于改善心理健康状况。同时通过了解归因偏见，可以更加公正地评价他人的行为，减少刻板印象和误解，从而进一步提升人际关系的质量和社会和谐度。

（四）理论模型与主要观点

1. 海德的朴素归因理论

海德认为，人们有两种强烈的动机：一是形成对周围环境一贯性理解的需要；二是控制环境的需要。为了满足这两种需要，人们会对他人的行为进行归因，并据此预测他人的行为。海德将事件的原因分为内因和外因，内因包括情绪、态度、人格、能力等，外因包括外界压力、天气、情境等。一般人在解释别人的行为时，倾向于内部归因；在解释自己的行为时，倾向于外部归因（吴胜涛和张建新，2007）。

2. 凯利的三维归因理论

哈罗德·凯利的三维归因理论认为，人们对行为归因总是涉及三个方面的因素：客观刺激物、行动者、所处关系或情境。其中，行动者的因素属于内部归因，客观刺激物和所处的关系或情境属于外部归因。凯利提出了三个方面的信息来判断归因：特殊性、一贯性、一致性。特殊性是指被观察者是否对同类其他刺激做出相同的反应。一贯性是指在不同时间点、不同情境中，同一个人面对同一刺激的反应是否相同。一致性是指不同人在面对相同刺激时，行为反应是否与其他被观察的人行为一样（章柏成和刘迎，2004）。

3. 韦纳的成败归因理论

韦纳的成败归因理论模式将人们对成功或失败的归因分为六个因素和三个维度。六个因素即能力、努力、任务难度、运气、身心状况及其他；三个维度即起因源维度、稳定性维度和可控性维度。起因源是指人们的归因是来自自身原因还是来自外部环境，来自自身原因的为内在因素，来自外部环境的为外在因素，比如能力和努力属于内在因素，而任务难度和运气属于外在因素。稳定性是指归因是否会随着情境的变化而变化，归因不随情境变化的为稳定因素，归因随着情境变化的为不稳定因素，比如能力是稳定因素，而努力、任务难度和运气为不稳定因素。可控性是指我们是否可以控制该归因，分为可控因素和不可控因素，比如学习时我们可以控制其努力程度，但不能控制能力、任务难度和运气。上述所列举的常见成败归因并未穷尽，对学生而言，还可包含教师教学（方法与态度等）、与他人关系（比如师生关系、同学关系等）、环境影响、学习策略方法等重要因素，这些因素在三个维度上的分布也并非固定不变（蔡晓蕙，2009）。

（五）旅游研究应用

归因理论在旅游研究中的应用主要表现在以下三个方面：一是旅游者心理归因研究，如曹李梅和曲颖（2019b）研究了热带海岛型目的地情境下的旅游者地方依恋心理归因及其形成机理；二是旅游体验研究，如鄢方卫等（2022）探究了消费主义背景下网红打卡旅游的归因；三是旅游从业人员研究，如苏晓艳等（2021）基于动机归因与调节焦点的链式中介效应模型，探究了旅游服务业中助人行为对于员工绩效评价的影响。

七、计划行为理论

（一）基本概念

计划行为理论（Planned Behavior Theory）是一种专注于解释和预测的人类行为的理论学说。该理论认为人的行为是依据他们的行为意向及行为控制观念进行的，而行为意向受到行为态度、主观规范及知觉行为控制的影响。通过计划行为理论模型，可以直观了解影响个体意愿产生和改变的影响因素，有效提升对个人行为研究的预测力和解释力（王昶和章锦河，2017）。

（二）理论来源与发展

计划行为理论最早可以追溯到 Fishbein 在 1963 年提出的多属性态度理论，该理论认为人产生行为的意向受到行为态度的影响，行为态度由预期的行为结果及其重要性决定（崔宇和王凡一，2020）。

随后，Fishbein 和 Ajzen 在 1975 年提出了理性行为理论，作为多属性态度理论的拓展。理性行为理论认为，个体的行为是由其行为意向决定的，而行为意向则受到行为态度和主观规范的影响。然而，理性行为理论在解释某些不完全受意志控制的行为时存在局限性。为了克服这一局限性，Ajzen 在 1985 年对理性行为理论进行了扩展，加入了感知行为控制这一变量，从而形成了计划行为理论。随着研究的深入，学者们对计划行为理论的各个要素进行了更细致的探讨和验证。例如，对行为态度、主观规范和感知行为控制的具体测量指标进行了开发与优化；对理论模型在不同文化背景下的适用性进行了检验等。

（三）用途与价值

计划行为理论在教育、环保、旅游等多个领域得到了广泛应用和发展。例如，在教育领域，计划行为理论用于解释和预测学生的学习行为；在环保领域，该理论用于促进公众的环保行为等。计划行为理论的用途体现在以下方面：一是预测行为；二是设计干预措施；三是解释行为变化；四是促进行为改变；五是指导政策制定。

计划行为理论的价值体现在以下方面：一是计划行为理论通过评估个体的行为态度、主观规范和感知行为控制，能够有效地预测个体是否会实施某种行为，可以有针对性地设计干预措施；二是计划行为理论还能帮助人们理解个体行为随时间推移而发生的变化，并揭示这些变化背后的心理机制；三是计划行为理论为个体行为的改变提供了理论基础，通过调整行为态度、主观规范和感知行为控制，可以促使个体放弃不良行为，采纳更有益的行为模式。

（四）理论模型与主要观点

计划行为理论的主要模型包括态度、主观规范、知觉行为控制、行为意向和行为五个要素。这些要素共同作用，来解释和预测个体的行为（韩英，2010）。其中，态度是指个人对某一特定行为所持有的正面或负面评价，这种评价通常基于个人对该行为可能后果的信念。主观规范反映了个人在决定是否采取某项行为时所感受到的社会压力。这种压力来自对个人具有重要影响的其他人或团体的期望，如家人、朋友或同事。知觉行为控制指个人对自己实施某项行为的控制能力的感知，包括个人的资源、能力和机会的认知。行为意向是个体采取特定行为的主观概率判断，它反映了个人对于实施某项行为的意愿和计划。行为意向是实际行为最直接和重要的预测因子，其他因素通过影响行为意向间接影响实际行为。行为是最终的结果，指的是个体实际执行的行动。

计划行为理论认为，人的行为是依据他们的行为意向及行为控制观念进行的，而行为意向受到行为态度、主观规范及知觉行为控制的影响。行为态度受到行为信念的影响。行为信念指的是个体对实施某个行为所能引起的可能结果的主观评估（王昶和章锦河，2017）。该理论认为，行为意向和知觉行为控制共同决定了实际行为的发生（见图 5-8）。

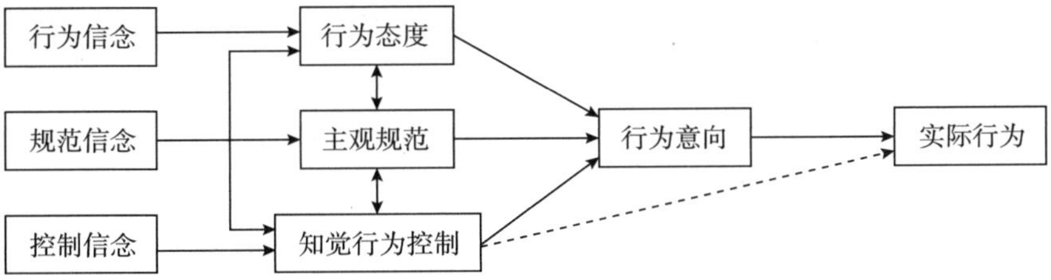

图 5-8　计划行为理论模型

资料来源：王昶和章锦河（2017）。

（五）旅游研究应用

计划行为理论在旅游研究中的应用主要表现在以下三个方面：一是旅游决策行为分析，如丁娟等（2024）基于计划行为理论，对中国三代直系家庭进行深度访谈，探究在旅行中由谁做出最终的决策；二是旅游行为意向影响研究，如邹波（2021）以计划行为理论为背景，针对旅游意向影响因素展开调研；三是旅游亲环境行为研究，如王凯等（2016）以岳麓山为例，探究城市依托型山岳景区游客亲环境行为。

八、角色理论

（一）基本概念

角色理论（Role Theory）是从角色的观点出发，分析和研究人的社会行为活动，关注个体在社会互动中的角色塑造以及据此而做出的一系列社会行为（范哲和张伟，2024）。角色理论研究的内容包括角色学习、角色扮演、角色行为等内容，其中角色扮演是角色理论的核心内容，是指个人根据自己所处的特定位置，并按照角色期待和角色规范要求所进行的一系列角色行为（奚从清，2010）。

（二）来源与发展

角色理论最早由美国社会学家乔治·米德从戏剧中借用而来，用于分析社会情境中的个人行为方式。米德认为，自我不是天生的，而是通过社会互动和角色扮演逐渐形成的。他首次将角色概念引入心理学和社会学领域，为后续研究奠定了基础。

自米德之后，角色理论逐渐得到扩展和完善。学者们从不同角度对角色概念进行了深入探讨，包括角色集、角色特征、角色类型、角色本质等。在发展过程中，角色理论逐渐形成了不同的流派。其中，结构角色论和过程角色论是两大主要流派。结构角色论者以角色在社会结构中所处的位置为出发点，研究角色行为、社会对角色的期望、角色所面临的冲突、角色与社会的关系等内容，并逐渐形成理论体系。过程角色论以社会互动为基本出发点，围绕互动中的角色扮演过程展开对角色扮演、角色期望、角色冲突与角色紧张等问题的研究。过程角色论更具代表性（姚琳琳，2019）。

（三）用途与价值

角色理论可应用于多个领域，如社会学、心理学、人类学、管理学、教育学等，其具体用途和价值如下：

（1）解释社会关系对行为的影响。个体在社会中扮演的角色决定了他们的行为模式。角色间切换要求个体能够灵活地适应不同社会情境的需求。同时每个角色都伴随着特定的期望，这些期望来自社会、组织甚至个体自身。角色理论通过分析这些期望如何影响个体的行为，来帮助我们理解在不同社会情境下人们如何调整自己的行为以满足这些期望。

（2）促进社会适应和人际交往。揭示了个体如何通过角色扮演学习社会规范和行为模式，从而更好地融入社会。同时角色理论还能够帮助个体识别和管理不同角色之间的冲突，从而减少心理压力和行为混乱。

（3）应用于教育和管理领域。在教育领域，角色理论帮助教师和学生理解彼此的角色与期望，提升教学效果。教师不仅是知识的传授者，还要扮演引导者和支持者的角色，以促进学生的全面发展。在组织管理中，角色理论帮助明确员工和管理者的角色定位，优化团队合作和提高工作效率。通过明确每个人的职责和期望，角色理论有助于减少工作中的误解和冲突。

（4）解决社会问题和矛盾。解释了个体在不同社会身份中的行为和态度，并揭示不同社会群体之间的互动和冲突。理解这些角色和身份的差异有助于解决社会矛盾，促进社会和谐发展。

（5）提高个体自我认知和自我塑造。帮助个体认识到自己在不同社会情境下的角色和责任，提高自我认知能力。指导个体如何在面对不同的社会角色时进行有效的转换和自我重塑，以实现个人成长和社会适应。

（四）理论模型与主要观点

1. 理论模型

（1）结构角色论。以拉尔夫·林顿等为代表的结构角色论者认为，社会是一个由各种相互联系的地位或位置组成的网络，个体在其中扮演着各自的角色。每个地位都伴随着特定的期望，这些期望通过角色承担者的行为来实现，从而构成潜在的社会结构。这种理论强调围绕社会关系系统中地位的期望对角色扮演者行动的制约作用（奚从清，2010）。

（2）过程角色论。以特纳等为代表的过程角色论者侧重于社会互动过程中的角色扮演过程。他们围绕互动中的角色扮演、角色期望、角色冲突与角色紧张等问题展开研究，强调角色扮演的动态性和过程性（秦启文和周永康，2011）。

（3）管理者角色理论。管理者角色理论是经理角色学派的创始人亨利·明茨伯格的代表性管理理论。对于该理论，明茨伯格在其著作《管理工作的本质》中进行了详细阐述。明茨伯格一直专注于研究管理者在工作过程中的决策与发展战略的转变，他将管理者分为人际角色、信息传递角色和决策制定角色三种类型，并细分为十种不同的角色，涉及人际关系的角色包括名义领袖、领导者和联络者，与信息传递有关的角色包括监控者、传播者和发言人，与制定决策有关的角色包括企业家、危机处理者、资源分配者和谈判者。管理者的这十种角色相互联系，密不可分（闫娜，2021）。

（4）团队角色模型。贝尔宾的团队角色模型侧重于团队成员在特定群体内的行为倾向。他认为一个成功的团队需要成员之间的完美平衡，而不是每个成员自身平衡完美。该模型定义了九种团队角色，包括塑造者、执行者、完成者、协调者等，并强调角色随着环境的变化而调整（邓莹，2015）。

2. 主要观点

（1）角色认知。是指在社会组织活动中，各种社会角色不断地相互影响和相互作用。一个人对自我行为和地位的认识，总是根据对他人的行为和地位的认识获得的。因为角色的行为总是以对应的另一角色的行为为基础的。

（2）角色学习。是指每个人经常被分配到不同的权利和义务，因此一个人的社会角色也是在不断地变化的。在不同的社会情境下，一个人往往要扮演各种不同的社会角色，所以每个人都必须在个人社会化的历程中不断地学习符合各种角色的社会行为。

（3）角色期待。是指组织中的每个人对占有特定职位的人有一定的期望。这种期待通常是一种规范化的行为，是人们对某一类职位上的人所应具有的行为的期望。

（4）角色扮演。是指按照常规的期望显示出来的行为，即个人按照他人期望采取的实际行动。人们在社会化过程中受到角色规则的训练和教育，偏离了社会角色规则会受到社会的排斥和制裁。

（5）角色冲突。一个人可以同时扮演多个角色，但有时会出现角色间冲突和角色内冲突。角色间冲突通常与不同角色的不同要求甚至矛盾的要求有关，而角色内冲突则由不同群体对同一角色的不同要求引起。

（6）角色采择。人的社会自我发展是通过角色采择的过程实现的，即人们通过设想处于他人角色，从他人的视角观察自己来实现人际互动。

（五）旅游研究应用

角色理论在旅游研究中的应用主要表现在以下三个方面：一是探究角色实践问题，如韦俊峰和明庆忠（2020）基于“角色-空间”理论分析框架，探究了侗族百家宴非遗文化旅游空间生产中的角色实践；二是关注不同群体在旅游发展中的角色重塑，如罗意林和孙九霞（2022）提出应重视女性角色在乡村旅游中的文化身份及其对乡村振兴的积极贡献；三是分析角色转型的过程，如王华和梁舒婷（2020）以丹霞山瑶塘村为例，研究了乡村旅游地空间生产与村民角色转型的过程与机制。

九、镜像理论

（一）基本概念

镜像理论（Mirror Theory）是关于自我重构的理论，特指个体在社会活动中会持续地以外部环境中的大他者、小他者为镜像获得自我感知，促进自我概念的不断重构和修正，推翻旧的自我，重构新的自我。也就是说，个体的自我概念在形成后并不是一成不变的，而是一个动态的循环过程（张法，2011）。其中，以他人为镜称为小他者，以社会符号和社会秩序为镜称为大他者（吕婷和李师娜，2024）。

（二）理论来源与发展

镜像理论最早由法国精神分析学家雅克·拉康于 1936 年提出（范志昂，2022）。他的这一理论主要探讨了婴儿自我意识的形成过程，特别是通过镜像体验来认识自我的机制。拉康的理论深受弗洛伊德的精神分析学影响，弗洛伊德的自我与本我理论为拉康提供了探讨自我意识的重要基础。黑格尔的主奴辩证法也为拉康提供了重要的思想资源，尤其是关于自我意识与他人关系的观点（方亭，2008）。索绪尔的结构主义语言学影响了拉康对于语言和无意识之间关系的理解，特别是能指与所指的概念。

1949 年，拉康重新阐述了他的镜像阶段理论，进一步将镜像理论扩展到了想象、象征和真实三个层次，形成了 ISR 三界域理论。此外，镜像理论还启发了后续学者对自我认知、身份认同等问题的深入研究。一些学者在拉康的基础上进一步探讨了镜像体验与社会文化、心理发展、旅游等方面的关系。

（三）用途与价值

镜像理论不仅在心理学和社会学领域内具有重要的理论和应用价值，还在文化、艺术、教育和商业等多个领域中发挥着深远的影响。

（1）社会心理学。镜像理论解释了人们如何通过观察他人来定义自己，以及这种自我定义如何影响个体的社会行为和人际关系。该理论揭示了人们对于他人的评价往往受到自身认知和情感的影响，从而影响对他人的评价和态度。

（2）文化研究。镜像理论强调社会现象可以被视为一种镜像，反映出更深层次的社会现实。这有助于深入理解社会结构与个人行为的互动关系。通过对电影及其他媒介影像的分析，镜像理论提供了一种新的视角来解析媒介影像的象征和结构，以及它们如何塑造观众的自我认同和文化观念。

（3）精神分析。镜像理论深化了弗洛伊德的本我、自我、超我理论，提出了更为复杂的心理结构模型，为理解人格发展和心理疾病提供了新的理论基础。拉康的镜像理论挑战了传统的哲学观点，提出了身份和认同的主观性与外在世界的关系，为现代哲学的发展开辟了新的道路。

（4）艺术创作。艺术家通过作品反映社会现实和个人情感，镜像理论帮助理解艺术作品如何成为创作者和观众之间的“镜子”，以及这种反映如何影响艺术的接受和解读。

（5）教育领域。镜像理论可以帮助教育工作者理解学生如何通过模仿与自我反思学习新知识和技能，从而提高教学方法的有效性。

（6）广告营销。镜像理论在广告中，通过创造理想化的自我形象来吸引消费者，利用人们对理想自我的追求来促进产品销售。

（四）理论模型与主要观点

镜像理论的理论模型主要基于雅克·拉康提出的“镜像阶段”概念，这一理论模型揭示了婴儿如何在前语言期通过镜像认识自我，从而建立起自我意识和主体性。

（1）镜像阶段。拉康认为，意识的确立发生在婴儿的前语言期的一个神秘瞬间，此即“镜像阶段”。在这个阶段，6~18 个月的婴儿在镜子中认出自己的影像，并意识到自己身体的完整性。刚开始时，婴儿认为镜中的影像是他人，后来才认识到那是自己（田利红，2019）。这种认识标志着婴儿从支离破碎的身体经验中建立起整体的“自我”意识。同时，婴儿也经历一种异化，即认同镜中的影像为“自我”，但这个“自我”实际上是一个外部的镜像。

（2）自我意识的形成。通过镜像阶段，婴儿首次充分认识到自我。这个过程对婴儿的自我认同和自我意识具有深远影响。婴儿开始确立“自我”与“他人”之间的对立，意识到“他人”的目光也是认识“自我”的一面镜子（曾展妃，2012）。在他人的目光中，婴儿将镜像内化成为“自我”。这个过程不仅帮助婴儿形成对自身的认知，还为其后续的心理发展奠定基础。

（3）三层次理论拓展。①想象层次。在想象层次，婴儿通过镜像产生完美自我形象的阶段，这一阶段形成了“理想我”（Ideal I）。②象征层次。象征层次涉及社会和文化对个体认知的构建。在这一层次，个体通过语言和社会符号内化社会的规范和价值观，形成“象征我”（Symbolic I）。③真实层次。真实层次则是婴儿原初的、未被社会文化影响的存在状态。这一层次反映了个体的原初欲望和本能状态，称为“真实我”（Real I）。

（五）旅游研究应用

目前，镜像理论在旅游研究中的应用主要表现在以下方面：旅游心理疗愈研究和旅游群体的客我与主我认知，如吕婷和李师娜（2024）基于镜像理论研究了旅游对老年人退休适应阶段自我负面体验的心理疗愈机制。

十、具身理论

（一）基本概念

具身理论（Embodied Theory）又称为涉身认知理论、寓身认知理论，是从诠释性的角度来了解人类是如何与外部世界互动以习得知识，从而建构其内部概念系统的一个新型理论（王浩镔，2023）。具身理论有以下三个重要的基础：首先，强调身体与心智彼此嵌入的特性，心智基于身体生成，同时各种身体性条件的差异又会对心智和体验的生成产生约束（谢彦君，2006）；其次，人的认知和行为总是发生在一定的环境中，认知不仅受到身体的限制，还受到环境的制约，空间和感知对象等特定环境通过与身体的交互作用来影响认知；最后，人的认知、身体和环境三者构成一个嵌入式动态反馈复杂系统（徐虹和李秋云，2017）。

（二）理论来源与发展

关于“具身”的讨论最早起源于哲学。17 世纪，法国哲学家笛卡尔有一句名言——“我思故我在”。他把物质和身体联系在一起，而把精神和思维联系在一起，分属两个世界，切断了思维同身体的联系（叶浩生，2011）。身心二元论一直受到诟病，许多思想家曾试图超越身心二元的区分。德国哲学家海德格尔创造性地提出“在世存在论”，这一思想构成了具身理论有关认知、身体、环境一体化观念的重要思想来源。

继海德格尔的“存在”观点之后，梅洛-庞蒂进一步提出了“具身的主体性”的观点，他认为人知觉的主体是身体，而身体是镶嵌在世界里面的，知觉、身体和世界是一个统一整体，人可以产生知觉和认识世界，是通过人的身体和世界中其他物体发生互动的结果（Fusar-Poli and Stanghellini，2009）。因此，梅洛-庞蒂将身体称为“特定世界的潜能”和“某个世界的中介”，这一概念为克服身心二元论思想困境提供了可能。除了哲学领域，心理学史上的许多研究也都为反对身心二元论提供了佐证。美国著名心理学家杜威就提出：“我们的身体经验是我们能意味、思考、知道和交流一切的最初基础。”具身理论的推出使长期困扰学术界的身心关系有了新的突破，把原本属于形而上学的问题纳入了科学研究的范畴（王春蕊，2024）。

（三）用途与价值

具身理论已成为教育学、心理学、医学、人机交互以及旅游学等多个领域研究的新视角，用于深入解析人们在不同领域和空间中的行为模式、认知过程以及态度形成机制。它的用途体现在以下方面：一是在教育领域，通过结合身体活动和学科的内容，促进学生对知识的理解和内化；二是在医学领域，通过身体运动和感知经验，帮助患者恢复运动功能，同时也能够帮助其调整自身的情绪和行为；三是在人机交互领域，结合具身理论，能够设计更符合人类认知和感知习惯的界面与交互方式；四是在旅游学领域，谢彦君是国内首位将具身理论引入旅游体验研究的学者，他提出的“旅游即体验，体验须具身”的新范式，引发广大学者的关注和讨论（樊友猛和谢彦君，2019）。

具身理论的价值体现在以下方面：一是具身理论挑战了传统认知科学中将心智与身体相分离的观点，强调了身体在认知过程中的核心作用。这一观点有助于我们更加全面地理解人类的认知机制和发展过程。二是具身理论涉及哲学、心理学、认知科学、神经科学等多个学科领域，促进了跨学科研究的发展。通过不同学科之间的交流和合作，可以更加深入地探讨具身认知的机制和影响。三是具身理论为教育实践、心理治疗、人机交互设计等多个领域提供了理论指导和实践创新的思路。通过应用具身理论的方法和原则，可以创造出更加符合人类认知特点的产品和服务，提高人们的生活质量和幸福感。四是具身理论强调身体在认知和社会行为中的重要性，有助于我们更加关注人类的身体健康和全面发展。通过推广具身认知的理念和方法，可以推动社会向更加健康、和谐和可持续的方向发展。

（四）理论模型与主要观点

1. 理论模型

具身理论的理论模型主要包括概念隐喻理论和知觉符号理论，这两个理论共同构成了具身认知的核心框架。

（1）概念隐喻理论。认知语言学家莱考夫与哲学家约翰逊合作提出了著名的概念隐喻理论（Conceptual Metaphor Theory）。该理论认为，隐喻贯穿于人类的日常生活，是我们赖以生存的思维及言说方式。概念隐喻理论的核心观点主要包括以下几个方面：

①隐喻的双域映射性。在概念层面，隐喻的本质就是通过 A 事物去理解和体验 B 事物。作为认知对象的 B 事物称为目标域（Target Domain），作为认知工具的 A 事物称为始源域（Source Domain）。始源域与目标域之间形成一种映射关系（Mapping），其基本表达式为“T is S”（T 即是 S），基于这种映射关系，人们可以通过始源域来识解目标域概念。

②隐喻的推导性。构成概念隐喻的两个概念域之间的上述映射关系的建立在很大程度上依赖于类比推理，其基本模式是：既然始源域“用容器传递物品”具有物品、容器、装填、运送、提取等特征，那么目标域言语交流中也就应该具有与之对应的意

义、语言、构思、表达、理解等特征。当然，在日常交际中说话人表达和听话人理解话语时可能都只对始源域中的某一个或者几个特征进行了关联和凸显，不需要也不可能在两个概念域的所有特征或要素之间建立一一对应的映射关系。

③隐喻的凸显性与遮蔽性。构成隐喻的两个概念域在本体上具有完全的独立性与明显的异质性，因此隐喻在将一个概念域的特征映射到另一个概念域的时候，很难避免在凸显某些特征的同时，遮蔽其他特征。

④隐喻的具身性、普遍性以及文化特设性。根据概念隐喻理论，认知主体获取的任何知识从根本上说都是建立在基本的身体经验基础之上的。从群体发生学角度来看，这些基于身体经验而形成的意象图式已经为我们的基因所携带；从个体发生学角度来看，这些意象图式已经表现为人们头脑中神经网络的特定连接模式。诸如“容器”“路径”等意象图式（Image Schema）是在人类感知-运动系统（Sensory-Motor System）与世界的互动中反复出现的有规律的程式（Pattern），它们构成了概念、推理以及意义生成等高阶认知活动的基础。由于人类生活在同一个地球上，基于具身经验（Embodied Human Experience）而形成的意象图式具有跨文化的普遍性，基于意象图式形成的隐喻映射也在很大程度上具有跨文化的普遍性。有诸多研究表明，文化在塑造隐喻方面发挥着十分重要的作用，从而隐喻在具有普遍性的同时也表现出了高度的文化特设性（Cultural Specificity）（李曙光，2023）。

（2）知觉符号理论。知觉符号理论（Perceptual Symbol Systems，PSS）（Barsalou，1999）旨在探讨认知加工过程的具身机制。认知加工过程的基础是关于环境中的事物或事件的某些特征的信息，这些信息来自不同的通道，包括基于实际情境感知的视觉、味觉、嗅觉等感觉通道，基于动作的运动通道，以及基于情绪、想象、动机和认知操作的有意识体验的内省通道等。这些信息经过典型化形成的大脑表征即为知觉符号（PS）。不同通道信息形成的知觉符号存储于不同脑区，即知觉符号是多模态的，信息通道与知觉符号模态具有对应性。各知觉符号之间的关系方向、密切程度和层次结构构成框架。知觉符号及框架存储于长时记忆中的模拟器中构成概念，多个模拟器可以组合起来构造更复杂的表征。当个体需要认知外界事物时，就在模拟装置中模拟，从而实现高阶认知过程。如同知觉符号的形成过程是多模态的，认知过程中的模拟也是多模态的（卢凤等，2020）。

2. 主要观点

具身理论强调认知过程具有具身性，即个体本身在认知过程中发挥着关键作用，其主要观点如下：

（1）认知的具身性。具身理论认为，认知过程不是独立于身体而存在的，而是深深植根于身体之中。身体的形态结构、感觉系统、运动系统以及表征身体的神经系统都会对人的认知加工产生影响（阎文蓉，2012）。这意味着，身体不仅是认知发生的场所，更是认知的重要组成部分。在具身认知的视角下，大脑并非孤立地进行信息处理，而是与身体紧密互动。大脑通过身体来感知世界，身体的感觉和运动经验为大脑提供了丰富的认知素材（赵博，2017）。

（2）认知的环境嵌入性。具身理论强调，认知不仅是大脑和身体内部的活动，还涉及个体与环境之间的实时互动。环境为认知提供了必要的背景和支持，是认知过程中不可或缺的一部分。具身理论认为，认知的目的是指导行动。我们的知觉、判断、决策等认知活动都是为了更好地适应环境、应对挑战和实现目标（丁峻，2012）。

（3）认知的非表征性。传统的认知理论往往将认知过程视为对外部信息的表征和加工。然而，具身理论对此提出了挑战，认为认知过程并不总是需要抽象的符号表征。在很多情况下，认知是通过身体的感觉和运动经验直接实现的。具身理论强调，大脑对客观事物的抽象表征需要身体的实践参与才能形成。这意味着，我们的认知是在与环境的互动中通过不断的实践和学习逐渐构建起来的（刘海燕和彭先桃，2019）。

（五）旅游研究应用

具身理论在旅游研究中的应用主要表现在以下两个方面：一是旅游体验研究，如谢彦君和樊友猛（2017）基于徒步游记与访谈的扎根理论分析，探究了具身视角下的旅游体验；二是旅游者身体与心理研究，如肖拥军等（2024）分析了具身视角下旅游者身心健康恢复的影响因素及组态路径。

十一、剧场理论

（一）基本概念

剧场理论（Theater Theory）将服务提供过程类比为舞台表演，认为服务提供者与顾客之间的互动类似于演员与观众之间的互动。这种理论强调服务场所（即舞台）的布置、服务提供者的表现（即演员的表演），以及顾客的反应（即观众的反馈）在服务过程中的重要作用（徐益波和宣晓晏，2024）。

（二）理论来源与发展

剧场理论由美国社会学家戈夫曼于1959年首次提出。戈夫曼认为，人在社会中的行为活动就像是舞台上的戏剧表演，他用剧场模拟人际互动，并对这种互动结构进行解构，由此开创了剧场理论研究的先河（蔡礼彬和吕雅坤，2015）。

理查·谢克纳在戈夫曼研究的基础上提炼出舞台设定的四个关键，即戏剧、剧本、剧场和表演。1983年，格莱夫与菲斯克将剧场理论应用到服务业当中，他们通过剧场服务模型系统化地阐释了顾客和服务人员之间的接触情景与互动关系。1992年，格莱夫等认为服务场景中的各个角色只有明确自身的角色定位，充分忠于自身所扮演的角色，才能促使交易的顺利完成。1998年，格莱夫等进一步完善了剧场服务理论的研究框架，提炼出包括场景、演员、观众以及表演四大要素的剧场服务理论模型（孙浩和李淑蕾，2020）。

（三）用途与价值

剧场理论的用途体现在以下方面：一是推动跨媒介的融合与表演艺术的创新；二是反思社会问题，深化文化批评；三是开发特定场地，重构空间设计；四是跨学科研究，革新教育方式。

剧场理论的价值体现在以下方面：一是剧场理论能够深入剖析剧场艺术的内涵和表达方式，揭示出戏剧、舞台艺术和表演等的本质特征，有助于观众和从业者更好地理解和欣赏剧场作品。二是剧场理论强调观众与演员之间的互动关系，通过设计各种互动环节和观众参与活动，能够提升观众的参与感和沉浸感，使观众更加深入地体验剧场艺术的魅力。同时也有助于观众更好地理解剧场作品的主题、情节和人物性格等要素，提高观众的欣赏水平和审美能力。三是剧场艺术涉及文学、音乐、舞蹈、美术等多个领域，剧场理论的研究有助于推动这些领域的跨学科融合和创新发展。通过跨学科的研究和实践，可以创造出更加丰富多彩、具有深度和广度的剧场作品。四是教育剧场作为一种新兴的教育手段，通过剧场表演的形式将教育内容融入其中，使学生在参与和体验中学习知识、提升能力。剧场理论为教育剧场的创作和表演提供了有力的支持和指导，促进了教育方式的创新和发展。

（四）理论模型与主要观点

剧场理论认为一场戏剧的演出有四个重要的组成元素，分别是演员、观众、场景及表演。利用这四个要素作为服务经验的参考，可得出与之相应的服务元素。

1. 演员

一场戏剧演出的成败，很大程度上取决于演员在舞台上演出的出色与否。同样，一次服务体验的质量，很大程度上取决于提供服务的“演员”。演员即服务人员，在服务接触的时候，传递服务给予消费者。从游客的观点看，员工就是服务的代表，员工的态度与行为都会对游客产生深远的影响。在服务的传递过程中，游客和服务人员间的互动是其服务经验的核心，所以服务人员做些什么（如技术），以及如何去做（功能技术），都是游客评估服务质量的关键要素。这影响着游客对服务的满意程度，进而影响到游客再光顾的意愿。这种情况特别是在游客购买具有技术性的服务之时，有着更显著的影响。

2. 观众

许多服务因观众而存在。由于服务演出是在生产与消费同时进行的基础上，观众无法置身事外，因此观众的体验就显得非常重要。服务演出需要双方的互动，既包括观众对演员表现的期望，也包括观众想由体验服务转变为一个主动服务参与者的期望。由于观众在服务接触中扮演着举足轻重的角色，因此，协助观众扮演好各自的角色，通过教育观众、告知其有效的期望、鼓励观众，使接受服务的观众能更有效地参与其中，就显得十分重要。

3. 场景

服务是无形的，但是传递服务需要提供一个有形的实体环境，观众会在情感层面上对服务环境予以反应。一个实体环境的气氛会影响观众的反应，如色调搭配、明暗程度、背景音乐、气味等。除了无形的布置外，有形的空间配置也会影响观众的满意程度。规划出符合游客需求的实体空间，既能够提升工作人员的积极性，又能进一步提高工作效率。此外，游客所重视的一项基本诉求是清洁的环境。评判实体环境的最低标准就是干净的环境，否则不管服务如何独特，也无法获得游客对服务传递的喜欢与信任。

4. 表演

表演就是服务过程中游客与服务人员、实体环境、情境因素彼此的互动行为与动作，是服务接触的主要核心。服务提供方通过实体环境这个背景（包括舞台装饰、家具、场所的陈设、配置等），以及演员的个人表演与行为举止（如穿着、脸部表情、手势、人性的描绘、个人特质）这些同时存在的要素，创造出一系列重要的线索给观众。为了创造并维持游客所认可的表演，服务提供方需要掌握在服务接触时的各个维度所需的相关技能（蔡礼彬和吕雅坤，2015）。

（五）旅游研究应用

剧场理论在旅游研究中的应用主要表现在以下两个方面：一是研学旅游优化策略研究，如颜冰（2020）基于剧场理论的研学旅游优化策略研究；二是旅游服务质量提升研究，如李琼（2009）将剧场理论运用于民俗旅游服务质量改善中。

十二、旅游掐尖理论

（一）基本概念

“掐尖”一词最初起源于农业领域，特指为打破植物的顶端优势、促进侧芽与果枝生长而采取的一种措施，即去除植物顶端（张玉梅等，2013）。随后，该词被引申至教育领域，用以描述学校集中招收优秀学生的现象（褚宏启，2024）。旅游掐尖特指游客为了追求旅游效用最大化而优先选择高等级或顶尖景区的心理和行为。也就是说，游客在条件许可的情况下，倾向于选择游览有代表性的、高品质的景区，而忽略同类的低品质景区。旅游掐尖理论（Tourism Pinch Top Theory）是用来解释游客旅游掐尖心理和行为规律的学说。

（二）理论来源与发展

旅游掐尖理论由本书作者徐尤龙在2022年指导本科生进行毕业论文写作时首次提出。在题为《跨区域旅游掐尖心理与行为研究——以从广西到滇黔旅游为例》的毕业论文中，以贵州和云南的部分顶尖景区为案例地，以广西籍游客作为调查对象，初步对游客的旅游掐尖行为及旅游掐尖心理进行探究。目前，作者正在指导研究生对该理论进行进一步探索，尝试通过游客感知价值、游客掐尖心理、掐尖行为内部限制因素和外部限制因素四个潜变量对游客旅游掐尖行为进行实证研究。

旅游掐尖源自游客对旅游效用最大化的追求。关于旅游效用最大化的研究较少。尹少华（1997）认为，人们旅游活动的目的，无一不是希望通过旅游消费，以获得自身精神与物质上的最大满足，亦即实现旅游消费行为的效用最大。郭靖（2012）建立了基于铁路旅客效用最大化的出行服务方案选择模型，并做了案例研究。

（三）用途与价值

旅游掐尖理论主要用于揭示游客的旅游心理和行为，其用途和价值可以从游客个人层面、社会层面和经济层面来解读。

（1）游客个人层面。旅游掐尖能够帮助游客个人选择符合自己兴趣和期望的旅游目的地和活动，从而满足放松身心、逃离日常、探索未知等心理需求，并通过选择自己感兴趣的旅游目的地，游客个人可以亲身体验不同的文化、历史和风土人情，拓宽视野，增长见识。

（2）社会层面。旅游是一种社交活动，可以与家人、朋友或同事一起分享美好时光，增进彼此的情感和了解。掐尖的景区往往知名度和美誉度比较高，容易引发共鸣，从而获得别人的尊重和赞赏，这也是旅游掐尖带来的社交价值。游客在旅游掐尖时通常会选择在地理环境、文化氛围与自己常住地相异的地点作为旅游目的地，既满足了自身的旅游效用最大化，也促进了不同地区、不同文化背景下人们之间的交流。

（3）经济层面。旅游掐尖是推动旅游业发展的关键因素之一。人们的旅游需求促进了旅游目的地的开发、建设和完善，为当地经济带来了显著的收益。同时，旅游掐尖会产生“马太效应”，即旅游景区或目的地强者越强，弱者越弱。

（四）理论模型与主要观点

1. 理论模型

本书作者指导研究生基于游客感知价值、游客掐尖心理、掐尖行为内部限制因素和外部限制因素四个潜变量，构建了旅游掐尖行为影响因素模型。做出如下假设，H_1：游客感知价值对游客的旅游掐尖行为产生正向影响；H_2：游客的掐尖心理需求对游客的旅游掐尖行为产生正向影响；H_3：内部限制因素对游客的旅游掐尖行为产生负向影响；H_4：外部限制因素对游客的旅游掐尖行为产生负向影响。通过实证检验后发现，上述假设均得到验证。

2. 主要观点

（1）旅游掐尖现象产生的原因是选择高品质的旅游景区能更加增强游客的旅游效用和满足感。

（2）游客感知价值和游客掐尖心理对游客的旅游掐尖行为产生正向影响；内外部限制因素对游客的旅游掐尖行为产生负向影响。影响游客旅游掐尖行为的外部限制因素包括性价比、旅游时间、空间距离、出游方式等，内部限制因素包括旅游认知、旅游偏好、身体条件等。

（3）游客掐尖行为主要受时间的束缚，比较适用于中远程观光旅游。对于度假游客或重游游客而言，会呈现旅游效用由高到低依次掐尖的行为。有些游客之所以没有选择掐尖有代表性的高品质景区，是由于性价比偏低或买不到票等，因而退而求其次。

（五）旅游研究应用

旅游掐尖理论还处于探索性和描述性研究阶段，相关理论模型有待完善，可以广泛开展实证研究和解释性研究。该理论可以用来解释旅游消费者行为规律，为旅游目的地发展过程中的“马太效应”提供理论解释。同时，可以用来指导旅游目的地规划与开发，集中打造精品景区，注重旅游营销宣传和品牌化建设，满足游客旅游效用最大化的需求。

十三、旅游体验理论

（一）基本概念

旅游体验（Tourist Experience）是在旅游世界中的旅游者与当前情境深度融合时所获得的一种身体和精神上的愉悦感受（陈海波，2017）。旅游体验是旅游世界的核心范畴，旅游体验的本质意义是精神追求的旅程，以期寻找归属和认同，人们会通过旅游满足认知需要、审美需要、秩序需要以及自我实现（樊友猛和谢彦君，2017）。

（二）理论来源与发展

旅游体验理论的起源可以追溯到20世纪60年代，由美国学者布斯汀在其著作中首次提出。他定义旅游体验为一种流行的消费行为，是一种人为的、预先构想的大众旅游体验。随着时间的推移，旅游体验理论得到了进一步的发展和丰富。

1970年，阿尔文·托夫勒在其著作《未来的冲击》中详细阐释了体验经济的概念，这为旅游体验理论的研究提供了更广阔的视角。随后，学者们开始从不同的角度对旅游体验进行研究，如真实性、概念模型、维度等。其中，麦克奈尔（MacCannell，1973）提出，旅游体验是人们对现代生活困窘的一种积极回应，是旅游者为了克服这种困窘而追求的一种对“本真”（Authentic）的体验。

特纳和艾什（Turner and Ash，1975）则认为，旅游在本质上就是偏离常态的行为，或一种时代的病症。科恩（Cohen，1979）将体验定义为个人与各种“中心”之间的关系，认为体验的意义源自个人的世界观，取决于个人是否依附于某个“中心”。这些研究都极大地丰富了旅游体验理论的内涵。旅游体验理论的奠基之作是约瑟夫·派恩和詹姆斯·吉尔摩在其1999年出版的《体验经济》一书，该书从经济学和管理学的视角出发，探索了如何设计体验式旅游产品以满足游客的个性化需求。

国内的谢彦君教授在1999年将旅游体验引入国内学界，开启了国内学者对旅游体验研究的新篇章。谢彦君教授认为，旅游体验是旅游个体通过与外部世界取得联系从而改变其心理水平并调整其心理结构的过程。这个过程是旅游者心理与旅游对象相互作用的结果，是旅游者以追求旅游愉悦为目标的综合性体验。

随着时间的推移，旅游体验理论经历了多次演变，逐渐形成了一个系统化的理论框架。早期的研究主要集中在描述性阶段，学者们通过观察和记录游客的行为及反应，初步探讨了旅游体验的内涵和影响因素。此后，经验性研究方法被引入，通过实地调查和数据分析，进一步揭示了旅游体验的复杂性和多样性。学者们开始运用现象学、存在论等哲学理论来探讨旅游体验中的理解问题，从而打开了一扇新的研究之窗。例如，从基础存在论哲学视角，研究者们尝试揭示旅游体验中“理解”的存在维度，并表明它与旅游意义的紧密关联。近年来，旅游体验理论进一步扩大了研究范围，不仅考虑个体的主观体验，还纳入了时空背景、文化环境等多种因素的综合影响。

（三）用途与价值

旅游体验理论的用途体现在以下方面：一是指导旅游产品创新，优化旅游空间布局，提升旅游设施与服务水平；二是精准定位目标市场，制定有效营销策略，提升旅游形象与口碑；三是加强组织协调与沟通，提升游客满意度；四是促进旅游与文化融合，推动旅游业可持续发展。

旅游体验理论的价值体现在以下方面：一是应用旅游体验理论深入研究游客在旅游过程中的感受、情感、想法和行为，有助于旅游服务提供者更准确地了解游客的需求和期望。基于这些洞察，旅游企业可以有针对性地提升服务质量，优化旅游产品和服务设计，从而增强游客的满意度和忠诚度。二是旅游体验理论强调游客与旅游环境之间的互动和相互作用，这为旅游规划和开发提供了宝贵的指导。通过应用该理论，规划者可以更加注重游客的体验感受，打造出更具吸引力和独特性的旅游景区，提升旅游目的地的竞争力。三是随着体验经济时代的到来，旅游体验已经成为旅游产业创新和升级的关键。旅游体验理论不仅关注游客的表层体验，还深入探讨了游客的情感体验、反思体验等深层次需求。这有助于推动旅游产业从传统的观光旅游向更加多元化、个性化的体验旅游转变，满足人民日益增长的精神文化需求。四是通过深入研究和应用旅游体验理论，旅游企业可以更加精准地定位自己的品牌形象和价值观。这既有助于提升企业的知名度和美誉度，又能进一步吸引更多潜在游客。

（四）理论模型与主要观点

1. 旅游体验的本质

旅游体验是一种独特的、主观的、多维的体验，它受到游客的个人背景、旅游动机、旅游期望、旅游经历和旅游环境等多种因素的影响。每个游客的体验都是独一无二的，因为每个人的感受和经历都是不同的。旅游体验并不局限于观光游览，而是一种综合性的体验，涉及视觉、听觉、嗅觉、味觉和触觉等多个感官的感受。它包括对自然、文化、历史等方面的认知和体验，以及休闲、娱乐、探险等多种形式的活动。

2. 旅游体验的互动与参与

旅游体验理论强调游客的参与和互动，认为旅游体验是游客与旅游环境之间的互动和相互作用的结果。游客在旅游过程中与旅游产品、当地居民及其他游客之间产生互动行为，从而完成个人独特的旅游体验。

3. 旅游体验的阶段性与层次性

旅游体验在时间结构上呈现出预期体验、现场体验和追忆体验等阶段性特征，并随时间的流逝而不断升华。在深度结构上，旅游体验可分为感官体验、身体体验、情感体验、精神体验和心灵体验五个层次，越是深度的旅游体验，越能让游客感到旅游的意义。

4. 旅游体验的创新与发展

深入挖掘旅游目的地的文化内涵，将旅游与文化、艺术、科技等元素进行跨界融合，可以创造出新的旅游产品和业态，满足游客日益多元化的需求。现代科技手段的运用为旅游体验的创新提供了无限可能。通过智慧旅游、虚拟现实（VR）、增强现实（AR）等技术，可以进一步提升游客的参与感和互动性，使旅游体验更加丰富多彩。

（五）旅游研究应用

旅游体验理论在旅游研究中的应用主要表现在以下三个方面：一是旅游产品设计与开发，如徐燕（2009）基于旅游体验，研究了海洋主题公园旅游产品设计；二是旅游目的地管理与营销，如文捷敏和余颖（2023）以广东省惠州市巽寮湾为例，基于扎根理论，研究了滨海旅游体验；三是旅游意愿研究，如李玉萍等（2024）以武隆喀斯特旅游区为例，研究了喀斯特旅游地虚拟旅游体验对实地旅游意愿的影响。

十四、旅游形象屏蔽理论

（一）基本概念

旅游形象屏蔽是指在两个或两个以上的旅游地之间，如果各自的旅游形象易产生相似性，会导致具有较强认同感的旅游形象阻碍人们对其他旅游地信息的获取，从而形成了对其他旅游地“原貌”的遮盖现象（祖健，2011）。旅游形象屏蔽的概念由旅游形象和屏蔽两大概念构成。旅游形象涉及旅游活动的三大要素，即旅游活动的主体（旅游者）、介体（旅游业）和客体（旅游资源），分别构成感知形象、服务形象和资源形象。屏蔽现象的发生必须同时具备两个特征，即存在两个或两个以上的旅游目的地，并且彼此产生遮挡作用（李雪松和田里，2012）。

（二）理论来源与发展

1993年，王衍用在《孟子故里旅游开发研究》一文中，首次提出了“阴影区”的概念，认为资源级别高的旅游地对资源级别低的旅游地的发展会带来负面影响，并运用孟子故里进行了实证研究。这一研究为旅游形象屏蔽理论奠定了基础。同年，许春晓（1993）提出了“旅游资源非优区”的概念，并在后续研究中明确提出了“旅游地屏蔽现象”一词，将其定义为“某一特定区域的旅游资源，因某些限制性因素的存在，而开发利用价值大为逊色，甚至不能顺利开发的现象”。而后许春晓（2001）又归纳了屏蔽现象的类型及性质，并认为旅游形象屏蔽具有遍在性、累加性、有限性、依附性等性质。2003年，杨振之和陈谨（2003）首次提出了“旅游地形象遮蔽”的概念，并结合实例进行了实证研究。随着研究的深入，旅游形象屏蔽的概念逐渐得到深化和细化。学者们开始关注旅游形象屏蔽的形成与演化机理。2005年，薛玉梅指出旅游形象遮蔽中的首因效应和类化原则。2006年，刘睿文提出了旅游形象不对称作用的概念，并提出了“黑匣子”（Black Box）理论。李雪松和田里出版了《旅游形象屏蔽理论研究》专著，将旅游形象屏蔽分为认知屏蔽、利益屏蔽和吸引力场屏蔽，并分别探讨了其产生机理（李雪松和赵丽娜，2011）。

（三）用途与价值

旅游形象屏蔽理论的用途体现在以下方面：一是合理安排旅游景点的顺序和组合，优化旅游线路设计；二是强化旅游目的地品牌形象，精准营销；三是通过科学规划和管理措施，实现旅游资源的可持续利用和旅游业的可持续发展。

旅游形象屏蔽理论的价值体现在以下方面：一是协调景区发展，实现资源利用最大化。在存在形象屏蔽现象的区域，可以通过科学规划和协调各景区的发展，合理地分配区域内的旅游资源，避免高级别旅游资源的“遮蔽”效应影响其他景点的发展。从而实现区域旅游资源的均衡发展和充分利用。二是增加旅游收入，促进地方经济发展。通过有效应对形象屏蔽现象，各景区能够吸引更多游客，带动地方餐饮、住宿、交通等相关产业的发展，形成综合性的地方经济效应，从而增加旅游收入。三是推动旅游规划科学化。旅游形象屏蔽理论得到了大量实证研究的支持，这些研究为旅游规划提供了科学依据，使规划更加符合实际情况和需求。四是保护文化遗产，促进社会文化保护与发展。在避免形象屏蔽的同时，各景区会注重保护和展示其独特的文化遗产，这不仅有助于文化的传承，还能丰富游客的文化体验。通过差异化发展，各景区可以吸引不同兴趣和文化背景的游客，促进各地文化的相互了解和交流，增进文化多样性。

（四）理论模型与主要观点

1. 旅游形象屏蔽的产生机理

李雪松和田里（2009）认为，旅游形象屏蔽会形成认知屏蔽、利益屏蔽和引力场屏蔽，并构建出旅游形象屏蔽产生机理与概念体系（见图 5-9）。

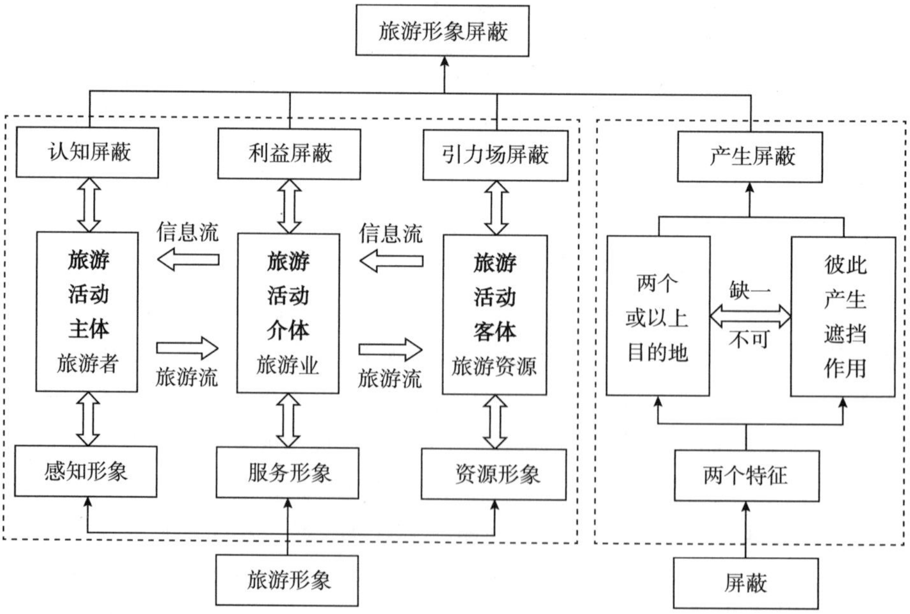

图 5-9　旅游形象屏蔽产生机理与概念体系

资料来源：李雪松和田里（2009）。

（1）屏蔽现象在旅游主体中的产生机理——认知屏蔽。发生在旅游主体（旅游者）的屏蔽现象主要受首因效应和类化原则规律的影响。首因效应和类化原则造成旅游者对后来信息的同化，形成了旅游主体在认知规律作用下的旅游形象屏蔽——认知屏蔽。

（2）屏蔽现象在旅游介体中的产生机理——利益屏蔽。旅游介体主要指旅游业，包括旅行社、旅游交通、旅游饭店和旅游购物，其空间行为主要受利益驱动，会决定区域旅游业的空间形态。受选址规律和集聚效应的双重作用，寻求稳定回报和低风险的旅游投资往往会选择较高级别和知名度的区域，而放弃低级别和知名度的区域，从而形成旅游主体在追求利益前提下的旅游形象屏蔽——利益屏蔽。

（3）屏蔽现象在旅游客体中的产生机理——引力场屏蔽。旅游客体主要指旅游资源或旅游吸引物，它最大的特性就是具有吸引力。旅游资源吸引力的产生是由于其周边存在吸引力场，就像地球会产生重力场，使地球上的物体受到吸引力一样。不同旅游目的地形成的吸引力场在空间会相互交错，吸引力场强大的对旅游者产生较大吸引力，其结果是旅游者放弃吸引力场强低的低级别旅游地，而选择吸引力场强高的高级别旅游地，从而形成旅游客体在吸引力场强作用下的旅游形象屏蔽——吸引力场屏蔽（李雪松和赵丽娜，2011）。

2. 旅游形象屏蔽的空间表现

李雪松（2010）认为，旅游形象屏蔽具有普遍存在性、影响两面性、空间转换性、可控性。其空间表现如下：

（1）旅游吸引力场的圆锥体模型。每一个旅游地都会形成旅游吸引力场，其场强变化服从空间距离衰减规律。即在旅游目的地吸引力场强最强，随着空间距离增大，场强逐渐减弱，这一场强的形状及其变化过程可由圆锥体形象地反映出来。圆锥体的高度反映出实地感知形象（旅游者实地旅游后的感受与印象）状况，旅游者实地旅游后感受越好，印象越深，则圆锥体的高度越高；圆锥体的底面半径反映出旅游吸引力场的作用范围——客源市场，半径越大，吸引力场的作用范围就越大，客源市场也会越大；圆锥体的底面与侧面的倾角反映出市场传播形象状况，旅游地形象在市场上传播越成功，旅游吸引力场强衰减越慢，则圆锥体底面与侧面的倾角越小；圆锥体的体积反映出旅游地的综合竞争力，圆锥体体积越大，综合竞争力越强，表明旅游地综合竞争力不仅取决于旅游地自身条件——实地感知形象，还取决于其形象在市场上的传播情况——市场传播形象，该观点改变了以往讨论旅游地竞争力忽视市场传播形象的情况，各种情况如图 5-10 所示。

比较圆锥体（a）和（b），两者的高度一样，即实地感知形象相同，但是（b）倾角较大，底面积较小，说明市场传播形象不利，吸引力场的空间衰减速度较快，造成市场客源辐射范围小、综合竞争力弱（圆锥体体积小）的局面。

比较圆锥体（b）和（d），（b）高于（d），说明（b）实地感知形象比（d）好，但是（d）的倾角小（市场传播形象好，吸引力场空间衰减速度慢），使（b）和（d）

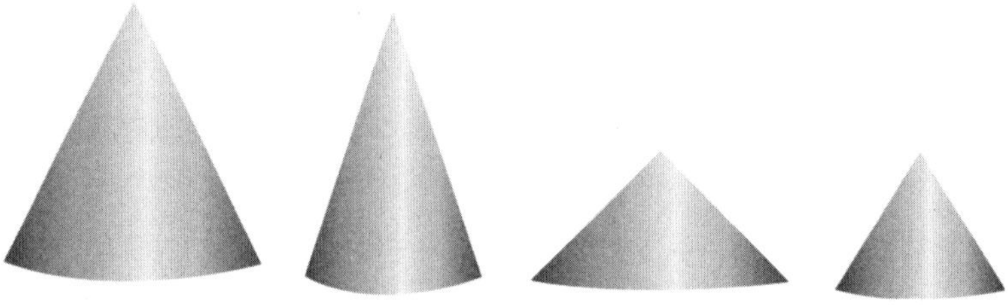

（a）　（b）　（c）　（d）

图 5-10　旅游吸引力圆锥体模型

资料来源：李雪松（2010）。

的底面积是一样的（市场辐射范围相同），这表明，实地感知形象欠佳的旅游地可以通过加强形象宣传来弥补。比较圆锥（a）和（d），两者无论是高度（实地感知形象）、倾角（市场传播形象）、底面积（市场辐射面积）还是体积（旅游综合竞争力）都不具可比性，（a）旅游地明显强于（d）旅游地。

（2）旅游形象屏蔽的空间类型。场强大小不同的多个旅游吸引力场相互交叠，即会出现旅游形象屏蔽现象。依据旅游吸引力场的空间位置关系，可以归纳出三种屏蔽类型，即全屏蔽、不屏蔽和半屏蔽（见图 5-11）。

（a）全屏蔽

（b）不屏蔽

（c）半屏蔽

图 5-11　旅游形象屏蔽空间类型

资料来源：李雪松（2010）。

情况 a：两地相距较近，屏蔽旅游地完全处于投影旅游地的屏蔽中，屏蔽旅游地的客源主要靠搭投影旅游地的顺风车，旅游者大多是到了投影旅游地才对其有所认识，比如旅游者到了石林才知道旁边还有个乃古石林。

情况 b：两地相距较远，各有其客源市场，且两个旅游吸引力场不相交，没有旅游形象屏蔽现象发生，比如成都的乡村旅游地三圣花乡与昆明的乡村旅游地团结乡，两者的客源市场分别是其所依托的成都市和昆明市，虽然其形象相似性很高，但是并不产生屏蔽现象。

情况 c：此种情况相对复杂，两个旅游地吸引力场相交，中间区域吸引力场强相同，而跨过该区域，则靠近各自目的地一侧的场强大（李雪松，2010）。

（五）旅游研究应用

旅游形象屏蔽理论在旅游研究中的应用主要表现在以下三个方面：一是旅游地形象分析与重构，如马鹏等（2016）分析了滨海旅游目的地形象屏蔽机理及其重构策略；二是旅游形象差异性定位，如黄河（2007）以宜宾兴文博望山为例，研究了“阴影区”旅游地差异性旅游形象定位；三是旅游屏蔽区发展对策研究，如朱桃杏等（2010）从新农村建设视角，对旅游资源屏蔽区的发展进行了研究。

十五、马斯洛需求层次理论

（一）基本概念

马斯洛需求层次理论（Maslow's Hierarchy of Needs Theory），也称为马斯洛需要层次理论、马斯洛需求层次模型，是关于解释人们的需求类型及层次结构关系的学说。马斯洛需求层次理论有五层次和七层次两种理论模型。

（二）理论来源与发展

马斯洛需求层次理论最早由美国心理学家亚伯拉罕·马斯洛于 1943 年在其著作《人类动机理论》中提出，构建了需求五层次模型。20 世纪 70 年代左右，马斯洛进一步扩展了这一理论，增加了两个更高层次的需求，即认知需求和审美需求。于是，马斯洛的需求层次理论就从五个层次扩展到了七个层次，更为全面深入地解释了需求层次理论（程玮，2014）。

（三）用途与价值

马斯洛需求层次理论在心理学界产生了深远的影响，被广泛用于解释人类行为动机。这一理论的用途体现在以下方面：一是帮助个体实现自我认知与目标设定；二是为管理者提供员工激励的理论依据；三是帮助企业构建员工需求的组织文化；四是帮助政府与社会服务机构设计和实施社会福利政策。

马斯洛需求层次理论的价值体现在以下方面：一是马斯洛需求层次理论可以帮助管理者更好地理解员工的需求，从而制定出更符合员工期望的激励措施；二是马斯洛需求层次理论可以帮助营销人员更深入地了解消费者的需求和心理，从而制定出更具针对性的产品和营销策略；三是心理咨询师可以通过了解来访者的需求层次，帮助他们认识到自己内在的需求和动机，从而更好地解决心理问题；四是政策制定者可以根据不同群体的需求层次来制定相应的政策措施，以满足人们的基本需求并增进社会的整体福祉。

（四）理论模型与主要观点

1. 理论模型

（1）马斯洛需求五层次模型。马斯洛需求五层次模型认为人的需求可以由低到高划分为五个层次：第一层次是生理需求，如水、食物、呼吸、睡眠等；第二层次是安全需求，包括人身安全、财产安全、生活稳定、健康保障、工作职位保障等；第三层次是社交需求，包括对归属、交际、同事认可及友谊和爱的需求；第四层次是尊重需求，可以分为内部尊重和外部尊重，如自尊、受他人尊重等；第五层次是自我实现需求，指实现个人理想与抱负，最大限度地发挥个人潜能（见图 5-12）。这五种需求的层级由低到高，但并非完全按照固定的顺序排列，各个层级的需求对不同个体的激励作用也是不一样的；同时，每个层次的需求之间存在一定的重叠，并相互依赖，即低层次的需要不会因为高层次需要的出现而消失（皮常玲，2019）。

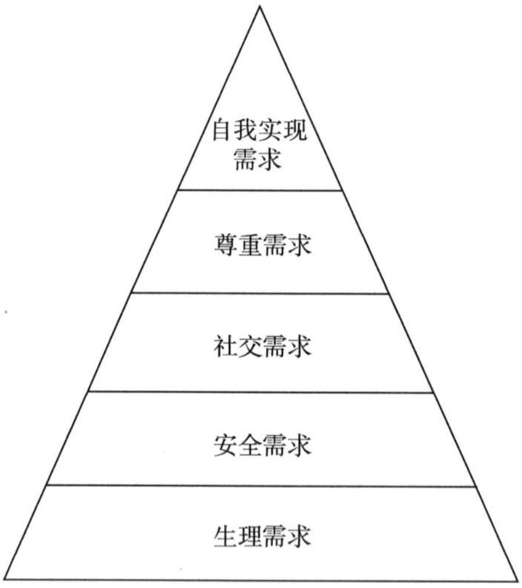

图 5-12　马斯洛需求五层次模型

（2）马斯洛需求七层次模型。马斯洛需求七层次模型将人类的需求依次从低到高分为生理需求、安全需求、归属与爱的需求、尊重需求、认知需求、审美需求和自我实现需求七种层次（见图 5-13）。该模型在马斯洛五层次需求模型的基础上，增加了认知需求和审美需求。认知需求是指个人对一切人、事、物所不了解而希望了解的需求，如阅读、咨询、研究、实验等。审美需求是指个人对欣赏美好事物的需求，如对寻求人世间的和谐、理性、自然、秩序的需求（杨中浩，2011）。

图 5-13 马斯洛需求七层次模型

2. 主要观点

在马斯洛需求层次理论中，人的需求可分为两个级别或层次，其一为低层次需求，其二为高层次需求。人们在做出行为或选择时，处于优先主导的需求，可以为行为的发生做出引导和决定。高层次需求产生和出现的前提条件，是低层次需求已经实现或完成；而高层次需求的实现及满足，并不能引起低层次需求的忽略及消亡；但低层次的需求可因为高层次需求的获得而随之减弱。两者由低到高，逐层累进和发展（孙倩倩，2023）。

（五）旅游研究应用

马斯洛需求层次理论在旅游研究中的应用主要表现在以下三个方面：一是探究旅游者的需求动机和偏好，如董建英（2012）以关公信仰为例，对宗教旅游者的需求动机与偏好进行了探究；二是分析游客旅游舒适度，如杨璐等（2021）基于马斯洛需求层次理论构建评价指标体系，评价了福建武夷山风景区的旅游舒适度；三是探讨旅游开发新思路，如范水生和朱朝枝（2011）基于马斯洛需求层次理论，探讨了休闲农业的开发。

十六、期望理论

（一）基本概念

期望理论（Expectancy Theory）又称“效价—手段—期望理论”，是一门研究个人激励力量的重要的激励理论，用于解释个人的努力程度与组织所给予的奖励结果之间的关系。该理论认为，个体的行为倾向的强度取决于其对行为可能带来的结果的期望强度以及这种结果对行为者的吸引力。在目标尚未实现时，它表现为一种期望，这种期望反过来对个人的动机产生激发作用。激发力量的大小，即激励水平的高低，取决于目标价值（效价）和期望概率（期望值）的乘积。只有当个体认为目标既有价值又有可能实现时，他们才会受到强烈的激励去采取行动。

（二）理论来源与发展

期望理论由美国著名心理学家和行为科学家维克托·弗鲁姆于 1964 年在《工作与激励》一书中提出。随着时间的推移，学者们对期望理论进行了进一步的扩展和深化。例如，有学者提出了扩展的期望理论模型，考虑了更多的因素，如工具性（即个人努力与绩效之间的关联性）和公平性等。许多研究者通过实证研究验证了期望理论的有效性。这些研究不仅支持了理论的基本假设，还揭示了不同文化背景下人们对期望的不同反应。这些研究成果为期望理论的进一步发展提供了丰富的数据支持。

（三）用途与价值

期望理论最初应用于企业管理领域，用于解释员工的工作动机和行为。后来，它逐渐被应用到教育、政治、社会服务等多个领域。在这些领域中，期望理论被用于员工激励、目标设置、绩效管理等。期望理论帮助管理者更好地理解个体的动机，从而设计出更有效的激励机制，以提升员工满意度和忠诚度，促进组织目标的实现，增强企业竞争力。

（四）理论模型与主要观点

1. 理论模型

期望理论的基本公式可以表示为：激励力（或激发力量）= 期望值×效价（或工作态度）（$M=E\times V$）。其中 M 表示激励力或激发力量，表明人们为达到既定的目标而努力的程度；E 表示期望值（工作信心），指人们判断自己达到某种目标或满足需要的可能性的主观概率，也就是采取某种行为对实现目标可能性的大小，取值 $0\leqslant E\leqslant 1$；V 表示效价（工作态度），指目标对于满足个人需要的价值，也就是一个人对某一结果偏爱的强度，取值 $-1\leqslant V\leqslant 1$。需要注意的是，第一，要获取强大的激励力，必须选取合适的目标，并且该目标能给予人可以达成的希望，认为值得为之奋斗；第二，效价与每个人所处的具体环境与需求有密切关系，同一个目标对个人可能会呈现出效价正、零、负三种情况；第三，期望值是一种心理活动，更多时候与个人的经验、知识、能力以及外界影响等因素有关系，实际中会呈现期望小于现实、期望大于现实、期望等于现实三种情况（李赢铭，2020）。

2. 主要观点

（1）动机的激发。个体的动机强度取决于其对行为结果的价值评估（效价）、实现该结果的期望（期望值）以及结果带来的实际奖励的关联性（工具性）。只有当这三者都高时，才能真正达到高激励水平。

（2）期望与现实的平衡。期望理论强调个体对行为结果的期望与其实际结果之间的平衡。过高的期望可能导致失望，而过低的期望则可能缺乏激励作用。

（3）个性化激励。由于每个人的需求、期望和工具性感知不同，因此管理者需要采用个性化的激励措施，以满足不同员工的需求，提高激励效果。

（4）目标设置与反馈。合理设置目标，确保目标既具有挑战性又切实可行，同时提供及时的反馈和奖励，有助于增强员工的工作动力和绩效表现。

（5）双向期望。期望理论强调管理者和员工之间的双向期望。管理者期望员工能达到预定的工作标准，而员工则期望管理者能提供相应的奖励和支持。这种相互期望的匹配程度直接影响到员工的工作动力和满意度。

（五）旅游研究应用

期望理论在旅游研究中的应用主要表现在以下三个方面：一是指导旅游产品和服务的设计，如于超等（2017）考虑小型团体游客多类型期望，研究对旅游产品进行个性化定制的方法；二是旅游消费动机研究，如岳贤锋（2014）探究了期望理论对体育旅游消费动机的影响，并提出相应的营销策略促使游客产生出游动机，激发游客出游；三是游客旅游体验研究，如闫伟红（2009）从影响旅游体验的因素着手，分析期望理论在旅游体验中的作用，并据此提出提高游客旅游体验质量的对策建议。

十七、期望违背理论

（一）基本概念

期望违背理论（Expectation Violation Theory，EVT）又称期望违背效应。期望违背理论认为人们在与他人相处中总是带着不同程度的期望，对特定的人际关系中发生的非语言行为会做出无意识的预测，当对方的行为背离了期望时，就会引起人们的注意，并且人们会试图通过解释对方的行为来应对这种消极唤醒（付琳倩等，2020）。期望违背理论解释并预测这样的问题：传播者如何评价那些偏离期望的行为，以及他们如何在传播中回应这类违背期望的行为（洪杰文和李华伟，2023）。

（二）理论来源与发展

期望违背理论最初源于社会心理学与组织行为学的研究，由朱迪·伯贡（Burgoon，1978）提出，旨在了解人们对侵犯个人空间行为的反应。自朱迪·伯贡提出期望违背理论以来，该理论在学术界引起了广泛的关注和讨论。研究者们不断对其进行拓展和深化，使其更加完善和系统。例如，一些学者将期望违背理论与其他相关理论（如社会认同理论、归因理论等）相结合，以更全面地解释人际互动中的复杂现象。此外，随着科技的发展，研究者们还开始探讨数字时代下的期望违背现象，如社交媒体中的期望违背及其影响等。

（三）用途与价值

期望违背理论在心理学、社会学、传播学、教育学、管理学、人际沟通等多个领域都有广泛的应用。它有助于我们更好地理解自己和他人在社交互动中的情感体验，以及如何调整自己的行为以更好地适应他人的预期。例如，在沟通中，我们可以努力遵循对方的预期，以避免产生不必要的误解和冲突；同时，我们也可以通过提高自己的心理弹性，来更好地应对预期违背的情况。通过对期望的形成、违背的管理以及应用领域的分析，我们能够更好地理解和适应人际交往中的复杂情境，促进健康、积极的人际关系发展。该理论有助于沟通者预测和解释接收者的反应，从而调整自己的沟通策略，提高沟通效果。通过了解期望违背可能引发的情感反应和认知变化，沟通者可以更加精准地传达信息，减少误解和冲突。

（四）理论模型与主要观点

1. 期望的形成

在人际互动中，信息接收者会根据与传播者的关系以及传播者的个人特征，对传播者的行为形成预设的期待。这种期待是基于过去经验、文化背景和个人认知的综合结果。

2. 期望的违背

当传播者的实际行为背离了接收者的预设期待时，即发生了期望违背。这种违背可能涉及语言行为、非语言行为（如肢体语言、面部表情、交谈距离等），或两者兼而有之。

3. 违背后的反应

接收者会对这种期望违背进行评估，并给出正面或负面的反应。这种反应可能表现为情感上的变化（如惊讶、失望、愤怒或喜悦）、生理上的唤起（如心跳加速、出汗等）以及行为上的调整（如改变对传播者的态度、调整自己的沟通策略等）。

4. 期望违背的效价

违背效价是指对违背期望的行为的评价。若评价是良好的，则违背效价为正；若评价是负面的，则违背效价为负。这种评价受到多种因素的影响，包括“违背者”的受欢迎程度、传播者奖励的价值以及接收者自身的价值观等。

（五）旅游研究应用

期望违背理论在旅游研究中的应用主要表现在以下两个方面：一是负面口碑对旅游目的地形象的影响研究，如胥兴安等（2017）基于期望违背效应探究了旅游广告与网络负面口碑对目的地形象的影响；二是旅游服务不诚信行为对顾客信任的影响，如龚金红等（2014）从心理契约违背视角研究了旅行社服务不诚信行为如何影响顾客信任。

十八、SOR 理论

（一）基本概念

SOR（Stimulus-Organism-Response）理论来自 SR（Stimulus-Response）理论，主要用于揭示用户在受到外部环境刺激以后从而引起机体状态的变化，最后导致用户行为的发生。SOR 理论由三个核心概念构成：刺激（Stimulus）、有机体（Organism）和反应（Response）（徐君等，2024）。

（二）理论来源与发展

SOR 理论的基础可以追溯到“刺激-反应”（SR）理论，这一理论最早由美国行为主义心理学奠基人华生在 20 世纪初期提出。华生受到巴甫洛夫条件反射实验的影响，认为人类的复杂行为可以被分解为刺激和反应两部分。然而，早期的 SR 理论较为简化，忽略了刺激接受者内心状态及内在意识的作用。随着心理学的发展，学者们开始意识到在刺激与反应之间，存在着一个中介环节，即个体的内在状态或机体。心理学家爱德华·托尔曼是最早提出类似 S-O-R 公式的心理学家之一，其中“O”代表有机体，这在一定程度上为 SOR 理论的发展奠定了基础（徐水太等，2024）。

在应用过程中，SOR 理论不断被丰富和发展。研究者们结合具体的研究情境，对 SOR 理论的三个维度（刺激、有机体、反应）进行了深入的探讨和细化。例如，在刺激维度上，研究者们不仅关注外部环境中的客观刺激因素，还关注用户感知到的刺激因素；在有机体维度上，研究者们将个体的心理特征、需求、动机等纳入考虑范围；在反应维度上，则关注消费者对刺激做出的各种行为反应及其背后的心理机制。

（三）用途与价值

SOR 理论不仅在心理学领域仍然具有重要地位，而且在市场营销、教育学、管理学、消费者行为研究以及经济政策制定等方面也发挥着越来越重要的作用。它提供了一种全面的框架来分析个体或消费者在面对外部刺激时的决策过程和行为反应，有助于更深入地理解人类行为和心理活动的机制。

SOR 理论的用途体现在以下方面：一是广泛用于解释个体行为的心理过程；二是用于分析社会行为和社会认知过程；三是用于研究组织变革、员工激励和团队合作等问题；四是用于分析学生的学习动机和行为；五是应用于市场营销和消费者行为研究，解释消费者如何受到市场刺激的影响，产生购买意愿和行为反应。

SOR 理论的价值体现在以下方面：一是为社会科学研究提供了一种简洁而有力的解释框架。通过明确刺激、机体和反应三个要素之间的关系，SOR 理论有助于研究者更加系统地理解和分析复杂的社会现象和行为模式。二是 SOR 理论不仅具有理论价值，还具有重要的实践价值。在市场营销、组织管理、信息服务等多个领域，SOR 理论为实践者提供了有效的指导工具。通过运用 SOR 理论进行分析和决策，实践者可以更加精准地把握市场趋势、员工心态和用户需求，从而制定出更加有效的策略和措施。

（四）理论模型与主要观点

1. 理论模型

SOR 理论模型为理解消费者行为提供了一个全面的框架，强调了消费者在面对外部刺激时的内部心理过程及其最终行为反应的重要性。该模型由三个核心概念构成：刺激、有机体和反应。刺激代表外部环境中的各种因素，例如购物环境、信息技术、用户评价和信息质量等。在消费者行为研究中，刺激可以是产品质量、网站信息量、网上商店的氛围和品牌形象等。这些外部刺激通过消费者的感官进入其心理处理系统，激发他们的情感和认知反应。有机体作为中介变量，指个体的心理状态变化，包括情感反应和认知反应。具体来说，人类的情绪和认知活动构成了内部心理过程，这些过程介于刺激和最终行为之间。例如，消费者对外部刺激的感知和评估会影响他们的情绪状态与认知决策，从而影响他们的购买意愿。反应代表个体态度或行为的结果，通常表现为对某一事物的趋近或规避。消费者的最终购买行为是由一定的心理动机引发的，这些行为不仅包括实际的购买活动，还包括购后对商品及相关渠道的评价（孟泽鑫，2023）。

2. 主要观点

（1）消费者行为的动态性。SOR 理论强调消费者行为是一个动态的、互动的过程，其中消费者的心理状态和外部环境共同作用于消费者的行为。

（2）内部心理过程的重要性。该理论重视消费者在接收外部刺激后，如何通过内部心理过程（如感知、认知、情感等）对刺激进行解释和处理，并最终做出行为反应。

（3）购买决策的多因素影响。SOR 理论指出，消费者的购买决策受到多种外部刺激和内部心理特征的影响，这些因素相互作用，共同决定消费者的购买行为。

（4）市场策略的应用性。SOR 理论为市场营销人员提供了理解消费者行为、制定有效市场策略的理论基础。通过了解消费者的需求、动机和心理特征，市场营销人员可以设计出更具吸引力的广告、促销活动和产品特性，以激发消费者的购买欲望和行为。

（五）旅游研究应用

SOR 理论在旅游研究中的应用主要表现在以下三个方面：一是研究环境责任行为与环境教育，如贺小荣等（2023）运用 SOR 理论研究了酒店绿色实践对个体亲环境行为的影响机制研究；二是旅游行为研究，如宋蒙蒙等（2019）基于 SOR 理论，研究了社交网络互动对旅游行为的影响；三是分析游客旅游意愿，如肖宁等（2024）基于 SOR 理论分析了网红博主与网红场景对出游意愿和口碑推荐的影响。

十九、推拉理论

（一）基本概念

推拉理论（Push-Pull Theory）是一个广泛应用于多个学科领域的理论框架，它主要用于解释个体或群体的迁移、流动或选择行为。这个理论提出了两类因素：推动因素（Push Factors）和拉动因素（Pull Factors），它们分别代表促使个体离开原地的负面因素和吸引个体前往新地方的正面因素（李柯漾和张东航，2024）。

（二）理论来源与发展

19 世纪 70 年代，英国学者雷文斯坦在其著作《人口迁移规律》一书中，最早提出了推拉理论的思想，它是最具有代表性的对人口迁移的规律的著作，在研究人口流动的领域中占据了主导性的作用（董上等，2014）。

巴格内对推动和拉动理论进行了进一步的总结和概括，从而在人口学的基础上，跨学科地归纳提出了推拉理论。他认为，人口流动受到推动和拉动两种力量的共同作用，推力就是流出地的不利条件，而拉力则是流入地的有利条件，在这两种力量的作用下，人口的流动也就随之产生了。到了 20 世纪 60 年代，美国学者李对推拉理论进一步地完善和修正，在此基础上通过总结提出更为系统的推拉理论（杨国廷，2019）。

（三）用途与价值

推拉理论的用途体现在以下方面：一是解释人口迁移动因，指导政策制定；二是解释劳动力流动现象，为劳动力市场调控提供参考；三是分析不同区域的优劣势，识别区域发展潜力，制定发展策略；四是分析环境破坏的原因，制定有效的环保措施和可持续发展战略。

推拉理论的价值体现在以下方面：一是推拉理论首次划分了影响迁移的因素，包括推力和拉力两个方面，使研究者能够全面分析人口迁移的动因；二是通过分析劳动力流失的推拉因素，减少不利的推力，增强积极的拉力，从而促进劳动力合理流动和区域均衡发展；三是企业可以根据推拉理论来设计和实施产品推广与分销策略，制定市场渠道的推拉策略，平衡推销和拉动营销，提高市场占有率和消费者满意度。

（四）理论模型与主要观点

推拉理论的理论模型主要包括迁出地的推力、迁入地的拉力以及中间障碍因素这三个要素（龚敏健，2010）。

（1）迁出地的推力。这些推力通常是消极因素，促使人们离开原居住地。例如，农村收入水平低、缺乏发展机会、生活条件艰苦等都是推动农民离开农村的主要因素。在农民工进城的案例中，推力包括农村没有挣钱机会、税费过重、受教育机会少等因素。

（2）迁入地的拉力。这些拉力通常是积极因素，吸引怀着改善生活愿望的人口迁移到新的居住地。如城市高收入、更好的职业机会、生活条件优越等都是吸引人口迁移的因素。在农民工进城的情况下，拉力包括城市较高的收入、更多的发展机会和较好的生活条件。

（3）中间障碍因素。李（E. S. Lee）在巴格内理论基础上补充了第三个因素——中间障碍因素。这些障碍包括距离远近、物质障碍、语言文化差异等，使人口流动模型更加全面（朱劲松，2010）。

（五）旅游研究应用

推拉理论在旅游研究中的应用主要表现在以下两个方面：一是解释旅游动机与行为，如祁黄雄等（2022）以广东新会为例，基于推拉理论，研究了乡村旅游的行为意向；二是指导旅游目的地开发与营销，如梁江川（2013）以广东外来旅游者为例，探究其旅游动机与目的地偏好。

二十、心理契约理论

（一）基本概念

心理契约（Psychological Contract）和经济契约相对应，是员工和组织的相互关系中的一种非正式的、隐形的契约关系。对心理契约这一概念的界定主要分成了两大学派：广义的古典学派和狭义的 Reasseua 学派。广义上的古典学派认为，心理契约是雇佣双方在价值交换这一关系中产生的双向期望，是员工和组织对双方关系和对关系中的舍与得的主观理解，这是一种双向的主观期望；Reasseua 学派认为，心理契约是在组织关系的背景下，个人对雇佣双方相互之间义务的理解、期望和有关信念（龚梦乐，2022）。心理契约理论主要讨论组织和组织成员在长期合作中的相互责任不断变化的动态期望（陈杰，2020）。

（二）理论来源与发展

心理契约这一概念是 1960 年由心理学家阿吉里斯首先提出的，用来描述组织中下属与主管之间存在的一种关系。

随后学术界对心理契约进行了大量的研究论述。莱文森首次明确，“心理契约是组织与雇员事先约定好的内隐的没说出来的各自对对方所怀有的各种期望”。科特提出，“心理契约是个人与其组织之间的一份内隐的协议”。施恩把心理契约定义为“每一组织成员与其组织之间每时每刻都存在的一组不成文的期望”。20 世纪 80 年代后期，以罗素为代表的“罗素学派”认为，“心理契约是组织和员工之间对彼此责任和义务的主观性理解”，包含交易型、关系型、平衡型和变动型四个维度（李久华，2016）。

（三）用途与价值

心理契约理论应用于很多领域，如管理学、心理学、社会学、经济学等（刘雪飞，2021），是一种重要的管理理论，为员工与组织之间的关系提供了新的视角和思路。心理契约理论可以帮助组织了解员工的需求和期望，从而更好地满足员工的需求，提高员工的满意度和忠诚度；指导组织的人力资源管理，例如如何设计激励机制、如何进行员工培训和发展、如何管理员工关系等；还帮助组织预测和应对变化，例如如何应对员工需求的变动、如何应对市场竞争的变化等。

通过深入理解和应用心理契约理论，企业可以更好地理解员工的需求和期望，建立和维护良好的员工关系，促进企业的可持续发展，在提升员工满意度、优化人力资源管理、增强组织凝聚力以及提高企业竞争力等方面具有重要价值。心理契约理论为研究者提供了一个框架，以理解和分析员工与雇主之间的关系，促进了相关理论的构建和模型的发展。通过心理契约理论，研究者可以更好地理解员工的动机、满意度、忠诚度和离职意向等行为，从而为组织提供针对性的干预措施；有助于组织在招聘、培训、绩效管理、激励设计等方面做出更合理的决策，以维护和增强员工与雇主之间的关系。通过识别和管理双方的心理契约，组织可以更有效地满足员工的需求和期望，从而提高员工的满意度和忠诚度，减少员工流失。心理契约理论还可以帮助组织认识到员工期望可能随时间而变化，从而在面对市场变化和组织变革时能够做出灵活的调整。

（四）主要观点

心理契约理论假定企业与员工之间是互利互惠的关系，双方的付出与利益收获必须是对等公平的，形成一种责任与义务对等关系（周佳佳，2020）。这种责任义务对等关系有利于维持企业与员工互相关系的稳定，但是当其中一方认为得到的回报无法弥补自己的付出时，这种关系的稳定性会受到破坏，使其对另一方产生负面感观，负面影响集聚到一定程度或者面临其他困境时，两者关系将由于这些影响因素而发生破裂（李宁，2020）。当关系双方中其中一方认为对方的付出比自己更多时，比如企业发现员工比计划目标付出更多的努力，那么员工的报酬福利可能会提高或者获得更多升职的机会；反之，如果企业给予员工的薪酬待遇超过员工心理契约期望值，会促使员工更加积极努力地为企业创造价值，做出贡献（黄孟霓，2022）。

（五）旅游研究应用

心理契约理论在旅游研究中的应用主要表现在以下三个方面：一是社区参与旅游发展研究，如胥兴安等（2021）从心理契约理论的视角，研究了居民感知社区关爱对社区持续参与旅游发展的影响及心理契约感的中介效应；二是旅游饭店员工忠诚研究，如王志芳（2012）基于心理契约理论，研究了青岛市旅游饭店的员工忠诚度；三是旅行社人才流失问题研究，如颜娟和李俊鹏（2011）从员工心理契约的理论视角，分析了我国旅行社人才流失的问题及对策。

二十一、意境理论

（一）基本概念

意境是主观范畴的“意”与客观范畴的“境”相结合的一种境界。“意”是情与理的统一，“境”是形与神的统一，情理、形神相互渗透、相互制约，就形成了“意境”（叶军，2012）。意境理论（Artistic Conception Theory）是中国传统美学的核心范畴，也是传统空间营建的理论基础之一。空间是意境的物化表现，意境是空间发展的灵魂所在（吴左宾和程功，2019）。

（二）理论来源与发展

意境一词，源于王昌龄的《诗格》一文中，“诗有三境：一曰物境；二曰情境；三曰意境”。其理论内涵最早可追溯至古代文论史中著名的“言意之辩”，核心是对“言意关系”的探讨。在传统取象思维的影响下，随着“得意忘象”重要命题的提出，其发展成为较完善的“言—象—意”的意境理论体系，并得到学界较多的共识，成为之后意境理论发展的重要基础之一（张华威，2020）。其后，经由儒家、释家、道家以及文学画论的发展及演变，逐步完善到绘画、诗歌、书法等各个艺术领域，并产生了情景相融、虚实相生的独特内涵。作诗之妙，全在意境融彻，出音声之外，乃得真味。意境是中国古典艺术重要的审美思想，是融汇于中国传统美学中的重要范畴，更是古往今来文人雅士进行艺术创作的最终追求。近代学者王国维深入探讨了意与境的关系，提出了情景交融、崇尚真切的境界概念。朱光潜、叶朗、宗白华等学者又从情景、情趣、意象等方面对意境理论作了补充性的解释，进一步丰富了意境理论的内涵（吴左宾和程功，2019）。

（三）用途与价值

1. 用途

（1）文学与艺术创作。意境理论广泛应用于诗歌、绘画、戏曲、园林等艺术门类中，指导艺术家通过匠心独运的艺术手法，创造情景交融、虚实统一的艺术境界，深刻表现宇宙生机或人生真谛。

（2）文学批评与鉴赏。意境理论作为文学批评和鉴赏的重要标准，帮助读者和批评家理解和评价文学作品的审美价值。

（3）美学研究与审美体验。意境理论是美学研究的重要领域，通过对意境的深入探讨，可以揭示艺术作品的深层审美内涵，丰富审美体验。

2. 价值

（1）提升审美体验与情感共鸣。意境理论强调通过有限的“象”来表达无限的“道”，使艺术作品或设计作品具有丰富的审美内涵和想象空间。观者在欣赏过程中，能够超越表面形式，感受到更深层次的精神追求和情感表达。意境的营造往往能够触发观者的情感共鸣，使他们在思想感情上受到感染。这种共鸣不仅增强了作品的感染力，也加深了观者对作品的理解和认同。

（2）促进创造性思维与创新能力。意境理论鼓励观者通过想象和联想的方式，将自身融入作品之中，从而极大地激发了他们的想象力和创造力。这种想象过程本身就是一种创造性的思维活动。在设计、艺术等领域，意境理论的应用促使创作者不断探索新的表现手法和创作思路，从而推动这些领域的创新实践。例如，在电影布景中运用意境论，可以创造出独特的视觉体验和故事解读方式。

（3）促进文化交流。意境理论作为中国传统美学的核心，其独特的审美观念和艺术表现形式在世界文化艺术交流中占有重要地位，促进了东西方文化的相互理解和尊重。通过意境理论的研究和传播，有助于世界更好地理解中华文化的深刻内涵和独特魅力，增强文化自信和国家软实力。

（四）理论模型与主要观点

1. 理论模型

（1）情景交融模式。这是意境理论中最常见的表达模式。诗人通过描绘具体可感的自然景象或生活场景，融入自己的主观情感和思想，使情与景相互交融，形成独特的艺术境界（滕咸惠，1990）。如杜甫的《春望》中“国破山河在，城春草木深”，通过描绘战乱后的荒凉景象，表达了诗人深沉的忧国忧民之情。

（2）虚实相生模式。意境理论强调虚与实的结合。实指的是具体可感的形象，而虚则是指超越形象之外的深层意蕴和想象空间。诗人通过实写与虚写的结合，创造出丰富的艺术效果（余世明，2024）。如王维的《山居秋暝》中“空山不见人，但闻人语响”，以实写山林的幽静，以虚写人的活动，营造出一种空灵幽远的意境。

（3）象外之象、景外之景模式。这种模式强调意境的无限性和超越性。诗人通过有限的形象，引发观者的无限联想和想象，创造出超越具体景象之外的更深层次的意境。如刘禹锡在《董氏武陵集纪》中提出的“境生于象外”，指的就是这种超越具体形象的意境创造（徐艳，2012）。

（4）有我之境与无我之境模式。王国维在《人间词话》中提出了有我之境与无我之境的概念。有我之境指诗人将自己的主观情感直接融入景象之中，使景象带有浓厚的主观色彩；无我之境则指诗人以客观的态度描绘景象，使景象呈现出一种自然、宁静、超脱的意境。这两种模式反映了意境创造中主观与客观的不同关系。

2. 主要观点

（1）意境与情感的关系。意境理论认为，艺术作品的意境是由艺术家的情感驱动而生的。艺术家通过对自然和社会的深刻感悟，将个人的情感融入艺术创作，从而创造出具有独特意境的作品。这种情感的融入，使艺术作品不仅是外在形式的展示，更是内在情感的流露。

（2）意境与哲学的联系。意境理论的形成和发展，与中国古典哲学尤其是儒、道、佛三家的思想密切相关。儒家的“中庸之道”，道家的“天人合一”，佛家的“禅宗思想”，都在不同程度上影响了意境理论的内涵和表现形式。这些哲学思想为意境理论提供了丰富的思想资源和理论基础。

（3）意境与审美体验。意境理论强调艺术作品应当引导观者进入一种超越日常经验的审美境界。在这种境界中，观者可以通过艺术作品的引导，体验到一种心灵上的净化和提升。这种审美体验不仅丰富了人们的精神世界，还促进了人们对生活和世界的深层次理解。

（五）旅游研究应用

意境理论在旅游研究中的应用主要表现在以下两个方面：一是旅游目的地营销战略，如张怀英（2013）研究了旅游目的地意境营销战略；二是旅游景区空间营建，如吴左宾和程功（2019）以云南泸沽湖竹地片区为例，探讨了意境理论下的旅游景区空间营建方法。

二十二、自我决定理论

（一）基本概念

自我决定理论（Self-Determination Theory，SDT）是一种关于人类行为的动机过程理论，认为人是积极的有机体，具有先天的、内在的、建设性地发展自我的倾向，具有不断追求自我发展、应对外部挑战及自我实现的潜质，并把外部经验和自我感知进行整合。自我决定指个体在充分认识自身需要和环境信息的基础上，对行动作出自由的选择。自我决定理论关注个体的行为在多大程度上由自我决定，强调个体动机的能动作用，重视个体与社会情景的互动（蒋红星等，2024）。

（二）来源与发展

自我决定理论是由美国心理学家爱德华·德西和理查德·瑞恩在20世纪80年代提出的。随着研究的深入，自我决定理论不断丰富和完善，目前已包含六个子理论：认知评价理论、有机整合理论、因果定向理论、基本心理需要理论、目标内容理论和关系激励理论。这些理论从不同角度探讨了动机的形成和变化机制（马子媛，2022）。

（三）用途与价值

（1）在教育领域，自我决定理论通过强调学生的自主性、胜任感和归属感，能够有效提高其学习积极性和学业成就。同时，自我决定理论注重高质量人际关系对内部动机的影响，提倡在校园内建立一种支持性和包容性的师生关系，从而增强学生的归属感和学习动力。

（2）在管理领域，自我决定理论强调了自主性支持的管理方式，有助于构建更加开放和创新的组织文化，通过满足员工的自主、胜任和归属需要，可以有效提升其工作积极性和满意度，从而吸引和留住优秀人才，并激发其创造潜力。

（3）在心理健康领域，自我决定理论为心理咨询提供了重要的理论框架，通过增强来访者的内在动机和基本心理需要的满足，可以有效改善治疗预后，促进心理健康。同时，自我决定理论的应用能够减轻患者的压力和焦虑，特别是在面对重大生活压力时，通过增强其自主感和掌控感，有助于提高其心理韧性。

（四）理论模型与主要观点

目前自我决定理论主要通过以下六个子理论，从不同的角度解释了人类动机的复杂性和多样性（胡小清，2022）。

1. 认知评价理论

认知评价理论（Cognitive Evaluation Theory）是一种旨在解释外部结果对内部动机影响的理论。认知评价理论认为社会环境因素对内在动机的影响主要通过对个体的三种基本心理需求实现的。如果外部事件或社会环境对个体的自主或胜任需求造成了损害，那么个体的感知能力就会降低甚至产生一种无能感，进而削弱个体的内部动机。相反，当外部事件或社会环境满足了个体的胜任需求时，不但不会降低个体的内部动机，甚至会提升其内部动机的水平（Deci and Ryan，1985）。

2. 有机整合理论

有机整合理论（Organismic Integration Theory）认为，内化现象是一个自然的过程，在这个过程中，人们积极地将外部调节转化为自我调节，并在内化的过程中越来越一体化（Schafer，1968）。即人们会自然地倾向于整合他们正在从事的活动或经历的事情，并认为外部提示如果被重要的其他人用来鼓励人们去做一个无趣的活动（一个他们并没有内在动机的活动），个人会倾向于内化活动最初的外部规则。也就是说，人们会倾向于接受外部调节，并将其与他们的自我意识融合在一起。

3. 因果定向理论

因果取向理论（Causality Orientations Theory）的提出主要源于探讨不同个体对同一外界环境刺激产生不同反应的原因。因果定向理论个体具备三种不同的因果定向，表示个体不同自主性程度。第一种是自主定向，是指心理主要是对能够激发内在兴趣的外界的信息进行选择，进行自我调节以达到自己目标，努力实现自我发展，表现出很高的自我决定性。第二种是控制定向，是指个人完成任务目标过程中的动机依赖于外部的控制，个体依据外部奖惩策略采取行动，在这个过程中，由于处在外部奖惩的压力下，自主感低，对任务兴趣不足。第三种是非个人定向，主要无目标感阻碍其产生自主感，是个体源于缺乏个人定向，而非外界因素的限制，与动机分类中的无动机相对应。认为个体的努力付出与所获得的回报不相关，这些行动结果在很大程度上与运气相联系，不受外界环境控制。他们的行为通常是漫无目的的。在工作中，具有非定向的个体做事无计划，容易受他人左右，缺乏主见且无胜任感（马子媛，2022）。

4. 基本心理需要理论

基本心理需要理论（Basic Psychological Needs Theory）提出了人在与外部环境相互作用的过程中会产生三种基本需要：自主需要、胜任需要和归属需要。自主需要强调个体在做一件事时的自主性与意愿感；胜任需要则是个体对完成某一活动的胜任感，感到自己有完成该活动的能力；归属需要是指个体有归属于某一群体的需要，希望得到他人支持、理解，渴望融入群体中（董嘉玲，2019）。基本心理需要理论假设个体基本心理需要的满足程度，会对个体的内在动机和幸福感产生重要的作用。当社会环境支持和满足了个体的三种基本心理需要，个体的内在动机和自我决定程度会更高，进而更容易体验到因积极生活而获得的身心健康、生活满意度和幸福感。当社会环境挫伤了个体的三个基本需要，则会出现相反的结果。

5. 目标内容理论

目标内容理论（Goal Contents Theory）指出，每个人都有追求不同生活目标的倾向，而生活目标主要分为内部目标和外部目标，个体是追求内部目标还是外部目标会对个体的动机和健康产生不同的影响。内部目标通常包含自我满足、自我价值、内在乐趣和健康等，这类目标通常与个体的内在成长相向而行，会对个体的心理健康成长起到重要的促进作用（Van den Broeck et al.，2008）。外部目标通常包含美丽外表、他人评价、金钱地位等，这类目标通常受到外部因素的驱使，个体在追求此类目标的过程中并非源于自我基本心理需求的满足而是更多地取决于他人的评价（Vansteenkiste et al.，2006）。

6. 关系激励理论

关系激励理论（Relationships Motivation Theory）认为人类的三种基本需要之间相互支持和依赖，要想让人们体验到高质量的亲密关系，三种基本心理需要都必须得到满足，只有在三种基本心理需要都得到满足的情况下，才能产生最佳的幸福感或健康效益。即尽管对情感需求的满足可预测人们的关系满意度或幸福感，但仅有情感需求的满足并不足以确保高质量的关系，积极发展的关系还要求人们在关系中体验到对自主性和能力的需求满足（La Guardia et al.，2000）。

（五）旅游研究应用

自我决定理论在旅游研究中的应用主要表现在以下三个方面：一是目的地品牌建

设，如李晓明和张辉（2017）从自我决定理论视角，研究了顾客品牌契合行为的心理机制；二是探究游客满意度和幸福感，如全香凝和张宏梅（2023）探究了自然融入动机对森林游客幸福感的影响机制；三是旅游行为和动机研究，如秦蕾（2022）基于自我决定理论的分析，研究了民宿潜在用户的选择动机。

第六章　旅游社会学与人类学理论

一、场景理论

（一）基本概念

场景理论（Scene Theory）是一个分析社会行为和人类行为在特定环境下受媒介影响的社会学理论框架。这一理论主要考察个体在不同场景中的行为如何受到媒介技术的影响，并在此过程中如何形成新的社会互动模式和文化现象。场景（Scene）是一个将具有某种社会属性的人群联系在确定空间内展开活动所形成的社会景观，通过人们的主观认识和自身的客观结构存在于日常生活中（罗佳宁等，2024）。场景包括人参与的活动以及活动背景所建构的场面。场景可分为三类：一是现实场景，二是依托新型媒介互联网的虚拟场景，三是由现实与虚拟相互结合所创造的现实增强型场景（喻国明等，2019）。

（二）理论来源与发展

场景理论最早由芝加哥大学社会学系教授特里·尼克尔斯·克拉克在20世纪80年代末提出。该理论在传统的物理空间基础上，加入了文化和美学要素，使场景成为承载文化价值、突出文化品质、彰显文化特色的社会空间（温雯和戴俊骋，2021）。克拉克教授的理论建立在芝加哥学派的城市社会学和人类生态学研究之上，被称为“新芝加哥学派”。

场景理论的研究经历了从“前场景”到“后场景”的转向。在“前场景”阶段，研究聚焦于亚文化群落，如音乐场景，并强调地方特色及文化表达。该阶段的研究探讨了身份、阶层和社会因素在场景中的表达，以及它们与经济意义和商业活动的关联。随着城市文化实践的丰富和城市社会学的发展，场景理论进入了“后场景”阶段。这一阶段的研究将场景视为由城市文化和公共政策塑造的文化消费场景和城市管理工具。移动互联网时代，场景理论开始涉及媒介技术如何影响人的行为特点和需求特征。新型媒介技术带来的行为环境或心理背景成为研究的焦点。

（三）用途与价值

场景理论在文化空间营造、城市管理与发展、社会行为研究、文化产业发展和旅游业提升中有重要的用途和价值。

1. 文化空间营造

场景理论强调文化和美学要素在物理空间中的融合，帮助城市规划者和文化管理者创建具有独特文化价值和吸引力的空间。这种文化空间不仅提升了城市的文化品质，还促进了文化消费和旅游业的发展。

2. 城市管理与发展

场景理论为城市管理提供了新的视角，通过分析不同场景的文化和社会特征，帮助制定更有效的城市发展政策。例如，在城市更新和区域发展中，场景理论可以用于评估和优化城市空间的功能布局与文化氛围。

3. 社会行为研究

场景理论揭示了环境对个体行为的影响，帮助社会学家和心理学家理解人们在不同情境下的行为模式。这种理解对于制定公共政策和社会干预措施具有重要意义。

4. 文化产业发展

场景理论在文化产业中具有重要应用价值，通过分析和构建文化场景，促进文化产品和服务的创新与发展。例如，音乐、电影、文学等文化产品的场景构建，可以增强其市场竞争力和文化影响力。

5. 旅游业提升

场景理论在旅游业中也有广泛应用，通过营造具有独特文化和美学价值的旅游场景，提升旅游目的地的吸引力和竞争力。这种场景化的旅游体验不仅满足了游客的多样化需求，还促进了旅游业的可持续发展。

（四）理论模型与主要观点

1. 理论模型

场景理论构建了一个复合系统的理论模型，这一系统由实体设施与抽象理念交织而成。具体来说，这一模型的构建基石包括五大要素：

（1）社区。作为场景发生的地域基础，社区为场景提供了特定的空间范围和人群背景。

（2）建筑。显著的实体建筑是场景的物质载体，它们既是物理空间的组成部分，也承载着文化和审美价值。

（3）人群。特定的人群是场景活动的主体，他们的行为、需求、偏好等共同塑造了场景的特色和氛围。

（4）文化活动。这些活动是场景的核心内容，通过活动，人们进行消费、体验、交流，进而形成特定的文化认同和价值观。

（5）公共空间。作为场景的重要组成部分，公共空间为社区成员提供了交流、互动和共享资源的场所。

此外，西尔和克拉克（2019）提出了场景价值的三维度——真实性（Authenticity）、戏剧性（Theatricality）和合法性（Legitimacy），通过特定方式将空间、设施、人群、活动等不同场景要素组合在一起。在互联网信息时代，罗伯特·斯考伯和谢尔·伊斯雷尔（2014）提出了“场景五力”，即大数据、移动设备、社交媒体、传感器、定位系统。他们认为，“场景五力”可以营造出一种“在场感”，不仅改变了消费者的体验，也影响着企业的服务模式。

2. 主要观点

（1）每个城市都有其独特的文化动力，这些动力决定了城市的发展路径和特点。通过理解和分析这些文化动力，可以更有效地推动城市发展和文化建设。

（2）不同的文化场景对人们的行为和心理有着显著影响，形成场景效应。例如，在音乐场景中，音乐会与地点之间的文化表达和社会行为密切相关，并影响着人们的身份认同和归属感。

（3）许多场景中，文化产品的生产和消费是同时发生的，这体现了场景的经济意义。场景不仅为原创和新音乐形式提供了来源，还通过各种技术扩大了影响力，实现了经济价值。

（4）场景理论强调通过特定的地点和文化特征，可以强化社区认同感，促进社会的和谐与整合。

（五）旅游研究应用

场景理论在旅游研究中的应用主要表现在以下三个方面：一是乡村旅游研究，如王峰和温阳（2024）基于场景理论，探讨乡村体育旅游融合的理论逻辑、发展困境与纾解路径，陈波和刘彤瑶（2022）分析了乡村文旅融合的价值表达及强化路径；二是文旅融合研究，如李勤等（2024）分析了场景理论下的文旅空间品质评价体系；三是游客满意度研究，如黎玲（2021）基于场景理论，分析了乡村文旅融合对游客满意度的影响。

二、场域理论

（一）基本概念

场域（Field）是指在特定社会领域中的位置之间存在的客观关系网络（布迪厄和华康德，1998）。每个场域都是一个相对独立的社会空间，具有自身的规则和逻辑。法国杰出社会学家皮埃尔·布迪厄认为，场域是一个由位置间客观关系构成的网络或结构，这些位置是明确界定的。布迪厄探讨了多个不同的场域，包括美学、法律、宗教、政治、文化和教育等，每个场域都通过市场机制连接了象征性商品的生产者和消费者。以艺术领域为例，它涵盖了画家、艺术品经销商、评论家、博物馆管理者等角色。

场域理论（Field Theory）是社会学中关于社会空间与人类行为的一种理论框架。该理论主要探讨的是在特定的社会空间内，行动者如何通过不同的资本形式与策略来竞争和取得有利地位。场域理论还引入了资本、惯习等概念，用于解释场域内部的竞争博弈和权力关系。场域理论强调人的每一个行动均被行动所发生的场域所影响，而场域不仅指物理环境，还包括他人的行为以及与此相连的许多因素。

（二）理论来源与发展

场域理论起源于19世纪中叶的物理学概念，是指某个物体附近的空间，如万有引力场、磁场等。后经过社会学者的发展，成为社会学和心理学的重要理论之一。布迪厄于20世纪60年代最早提出了场域理论。他认为，在现代高度分化的社会中，社会结构由一系列相对独立的“社会微宇宙”或“社会关系网络”构成，这些微宇宙各自遵循着独特的逻辑与规律运行。

库尔特·考夫卡等学者从物理学场论中汲取营养，发展出环境场、心理场、行为场等概念。罗德尼·本森对“场域理论”的框架结构进行了系统化的论述，提出将场域理论看作一个兼容定量与定性研究的范式（刘海龙，2005）。我国学者张意（2005）明晰了“什么是场域”和“场域内外的斗争”的场域概念，并对文学场中的文化、资本、权力的相互关系进行了分析；朱国华（2016）深刻阐述了“资本与惯习”及“场域和实践”两组关系构型。

（三）用途与价值

场域理论提供了一种全面而动态的方法来理解人类行为和社会现象，被广泛应用于社会学的各个领域，如美学、法律、宗教、政治、文化、教育、旅游等。场域理论在解释和预测人类行为、分析社会现象、指导组织变革与管理、推动教育改革与发展等方面具有重要的用途与价值。

1. 行为解释与预测

场域理论提供了一种全面而动态的方法来理解人类行为。通过将个体置于其复杂的生活空间中，考虑各种相互作用的力量，场域理论能够解释个体行为的方向和强度，并预测个体在特定情境下可能采取的行为。

2. 社会现象分析

场域理论在社会学领域具有广泛应用，它强调社会现象是在特定的场域中发生和演变的。这个场域由各种客观关系构成，这些关系将场域中的行动者联结在一起，并影响他们的行为、策略和决策。场域理论有助于分析不同社会群体的行为模式和互动关系。

3. 组织变革与管理

在场域理论中，行为被视为生活空间内各种力量相互作用的产物。这一观点在组织变革和管理领域具有重要意义。管理者可以通过分析场域中的推动力和阻力，制定有效的变革策略，促进组织的顺利转型。

4. 教育改革与发展

在教育学领域，场域理论被用来解释教育场域中教育者、受教育者及其他教育参与者之间的关系网络，以及知识的生产、传承、传播和消费过程。教育者可以运用场域理论来分析学校、班级等教育场域的运作机制，以及学生、教师等行动者之间的互动关系。通过优化教育场域中的各种因素，提高教育质量和效果。

（四）理论模型与主要观点

1. 理论模型

布迪厄的场域理论核心框架由“场域”“惯习”“资本”三个紧密交织的概念及其相互关系构成（见图6-1）。其中，场域是行动者的实践空间，惯习是行动者的实践逻辑，资本是行动者的实践工具，场域的操作性定义则是由在这一场域中灵验有效的特定资本形式的分配结构所决定的（布迪厄和华康德，1998）。该理论阐述了一个场域如何由一系列基于权力（或资本）分配的位置空间关系所形成，惯习则是这些历史关系在个人身心层面上的内化体现，影响着个体的感知、评价与行动模式（薛正斌，2024）。场域与惯习之间存在着深刻的“本体论契合”，两者相互作用、动态共生，共同塑造社会结构与个体行为。

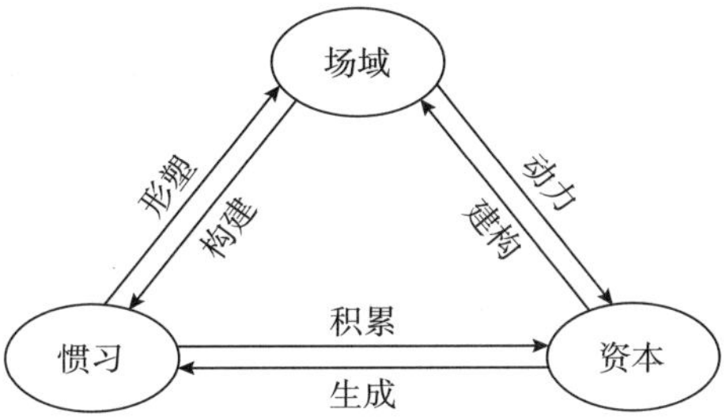

图6-1　布迪厄场域理论框架

资料来源：薛正斌（2024）。

布迪厄认为，资本既是竞争的焦点，也是决定竞争结果的关键因素。不同类型的资本分布结构，反映了社会的资源与权力分配现状，这种初始的不平等性决定了后续竞争活动的不均衡性。因此，社会并非一个完全公平的竞技场，参与者的异质性（尤其是资本占有的差异）导致了竞争结果的不确定性。他强调，社会学家的任务在于透过表象揭示社会运作的本质，特别是那些被统治者试图隐藏的真相，以推动对社会现象的更深入理解（李全生，2002）。

2. 主要观点

（1）社会由多个相对自主的场域组成，每个场域都有独特的运作逻辑和结构。

（2）场域是一个力量场，个体和集体在其中争夺资源和权力，这些斗争决定了场域的运作和结构。

（3）场域中的行动者根据他们所拥有的资本进行斗争，以维护或改变场域的秩序。资本的分布和配置形成了个人的习性，指导行动者在场域中的行为和策略选择。

（4）场域是历史的产物，其形成和变迁与社会经济结构和历史条件紧密相关。同时，场域也是动态的，随着时间和环境的变化而不断演变。

（5）场域理论强调权力和统治的微观过程，认为社会不平等和统治是通过场域中的象征性斗争实现的。

(6) 场域理论还强调场域之间的相互关系和依赖性，认为一个场域的变化可能会影响其他场域。

(五) 旅游研究应用

场域理论在旅游研究中的应用主要表现在以下三个方面：一是城市文化空间旅游化研究，如杨兴柱等（2024）以合柴 1972 工业记忆小镇为例，构建了旅游场域的概念模型，分析了场域理论视角下的城市文化空间旅游化的特征与机制；二是旅游社会融合研究，如焦彦和陈冰（2022）基于场域理论，分析了艺术家移民在乡村旅游社区的社会融合；三是场域的文化遗产研究，如高鸣（2021）分析了“非遗舞蹈”的场域类型与当代表达，郭文和黄震方（2013）以江南水乡周庄为例，分析了文化遗产旅游地多维空间生产。

三、冲突理论

(一) 基本概念

冲突理论（Conflict Theory）是现代西方社会学理论之一，与结构功能主义相对立。这一理论着重探讨社会冲突的本质、根源和类型，以及冲突在社会生活中的作用和预防措施。冲突有广义和狭义之分。广义的冲突是指一切存在对抗状态的社会力量中的关系，狭义的冲突特指对外表现出来的对立的社会关系（特纳，1987）。

(二) 理论来源与发展

冲突理论最早由美国社会学家科瑟尔于 1956 年在《社会冲突的功能》一书中提出。它起源于对结构功能主义的反思，特别是针对帕森斯理论中将冲突视为健康社会的“病态”这一观点的批判。冲突理论的产生受到了德国社会学家马克思、齐美尔、韦伯等的影响，他们对社会中存在的不平等和冲突进行了深刻的分析，为后来的冲突理论奠定了基础。

在 20 世纪 50 年代后，冲突理论开始在西欧和美国流行。此时，学者们更加关注社会冲突的本质、根源以及冲突的类型，形成了以赖特·米尔斯、达伦多夫、刘易斯·科塞等为代表的社会冲突论流派。随着时间的发展，冲突理论进一步演化，涵盖了解决和预防冲突的问题，成为研究的核心。这一阶段的冲突理论强调冲突不仅是社会进步的动力，还是社会稳定的重要因素。在西方现代社会冲突思想的核心中，最为引人注目的贡献在于对社会冲突功能的深刻剖析，如齐美尔强调了社会冲突在四个方面的积极作用。科塞指出，“安全阀”制度能够为社会群体提供宣泄敌对情绪和进攻性情绪的渠道，使社会紧张得以释放，社会冲突得以消解（钟洁和冯蓉，2018）。

随着研究的深入，冲突理论逐渐形成了多个流派，如辩证冲突论、积极功能冲突论和一般冲突论等。这些流派从不同角度探讨了冲突的本质、根源及其在社会生活中的作用。当代冲突理论继续深化对社会冲突现象的研究，关注全球化、数字化等新背景下社会冲突的新特点和新趋势。同时，一些学者还尝试将冲突理论与其他理论框架相结合，以更全面地理解社会冲突现象。

（三）用途与价值

冲突理论不仅在社会学领域得到了广泛应用，还逐渐扩展到政治学、教育学、文化研究等多个领域。它提供了一种新的视角和方法来解释社会现象和推动社会变革。

1. 理解社会结构变迁

冲突理论认为社会的变迁与发展是由不同社会团体之间的冲突推动的。通过分析这些冲突的根源、形式和结果，可以更深入地理解社会结构的动态变化过程。

2. 揭示社会不平等

冲突理论强调社会中的不平等是冲突产生的根本原因之一。通过研究冲突，可以揭示社会中存在的不平等现象，从而为制定相关政策提供依据。

3. 指导社会政策制定

冲突理论不仅关注冲突的产生，还探讨如何管理和解决这些冲突。这对于政府和社会组织在制定社会政策时具有重要指导意义。例如，科塞提出的“安全阀”理论，主张通过制度化的机制来释放社会中的紧张情绪，避免冲突的激化。

4. 促进社会整合

冲突理论指出，适度的冲突可以增强社会的整合性和适应性。通过合理的冲突管理，可以促进不同社会群体之间的沟通和理解，增强社会的凝聚力。

5. 增进个体社会参与意识

冲突理论强调个体在社会冲突中的作用。这有助于提高个体的社会参与意识，鼓励他们在社会事务中发挥积极作用，推动社会的民主化进程。

（四）理论模型与主要观点

1. 社会冲突的根源

冲突理论认为，所有社会系统都表现出资源分配的不平等，这种不平等正是社会冲突的根源（刘佳林，2023）。这种不平等导致冲突，冲突又能导致资源的再分配，产生新的不平等，从而引发新的冲突和资源的再一次分配。

2. 社会结构对冲突的影响

社会结构分为开放性和僵化两种基本类型，对冲突的态度和冲突的后果有显著的不同。开放的社会结构更容易接受和处理冲突，而僵化的社会结构可能抑制冲突，但冲突一旦爆发，后果可能更为严重。

3. 冲突的社会功能

冲突并非只有破坏作用，它也可以促进社会权力关系的改善和新社会规范的创立，提高社会系统的适应能力，防止整个社会出现严重的分裂和瓦解。冲突既具有负功能，也具有正功能。

4. 冲突与斗争、变迁和强制的关系

冲突理论强调社会体系内各部门之间的关联，由于各部门对社会系统的整合与适应程度不一致，会导致社会冲突。冲突必然引起斗争，斗争导致社会体系内集团间的地位变迁。变迁后取得优势的集团会强制处于劣势的集团与其合作，这种强制可以是武力，也可以是符号暴力。

（五）旅游研究应用

冲突理论在旅游研究中的应用主要表现在以下两个方面：一是旅游社会冲突的功能研究，如钟洁和冯蓉（2018）基于对中国西部民族地区旅游业发展的考察，分析了旅游社会冲突正负双重功能；二是旅游目的地社会冲突治理，如郭凌和王志章（2016）以四川泸沽湖景区为例，分析了旅游目的地社会冲突治理。

四、符号理论

（一）基本概念

符号理论（Symbol Theory）是一种主张从人们互动着的个体的日常自然环境去研究人类群体生活的社会学和社会心理学理论。在符号理论中，符号是指在一定程度上具有象征意义的事物，这些事物对个体社会行为的影响往往不在于事物本身的世俗内容和功用，而是在于它们相对于个体的象征意义。事物的象征意义源于个体与他人的互动，包括言语、文化、制度等，在个体应对所遇事物时，会通过自己的解释来运用和修改事物对其的意义。

美国学者廷德尔认为，符号是无形事物的有形标记，它超越了现实和语言的界限，传达了情感和思想。《牛津文学术语词典》中对符号的解释是，任何代表或表现其他事物的实体都可称为符号。综合这些观点，符号的本质可以归纳为三个特点：首先，它用于表达那些难以用言语描述而只能通过直觉理解的概念；其次，它通常使用具体可见的事物来象征抽象的精神内容；最后，理解符号通常依赖于传统约定、类比或比喻等方法（谢晗，2021）。

索绪尔将符号定义为概念与形象的结合体，即能指与所指，并将其分为两大类：一类是语言符号，包括口头和书面形式；另一类是非语言符号，涵盖视觉和听觉符号。法国学者吉罗将符号分为逻辑符号和情感符号，前者指代科学和一般性符号，后者则特指文学、艺术和美学领域的符号。

（二）理论来源与发展

符号理论最初于20世纪初由瑞士语言学家费尔迪南·德·索绪尔在其著作《普通语言学教程》中提出，他从语言学视角创立了符号学。德里达继承了索绪尔的二元符号模式，强调语言符号的差异性和意义的不确定性。皮尔斯进一步推广了符号问题的探讨，将其应用于各种符号现象，建立了全面意义上的符号学体系。皮尔斯特别强调符号的三元性，即符号、对象和解释项，认为一切符号学的问题都不能回避这三个方面。皮尔斯提出，外部世界是符号意义的源泉。随着时间的推移，符号学逐渐成为跨学科研究的热点，如列维·斯特劳斯的结构人类学和格尔兹的象征人类学等学科都对符号进行了深入探讨。

国内对符号学的研究，主要是将西方的代表性观点和理论引入本土旅游研究领域。总体而言，西方在符号与旅游方面的研究起步较早，而国内的研究则是从20世纪80年代后期才开始受到学术界的关注。最初，涉足符号学研究的学者主要来自人类学和社会学领域，他们将符号学理论应用于解决中国的实际问题。

（三）用途与价值

符号理论涉及语言学、符号学、人类学、心理学等多个学科领域，它的用途和价值主要体现在以下几个方面：

1. 理解人类行为和文化

符号理论提供了一种理解人类行为和文化的方式。人类社会中充满了各种符号，包括语言、文字、图像、姿态、物品等，这些符号承载着特定的意义和信息。通过分析这些符号，可以揭示人类行为背后的动机、意图和文化背景，从而更深入地理解人类社会的运作机制。

2. 解释学研究

符号理论对语言学研究具有深远的影响。语言是一种符号系统，通过语言人们可以表达思想、传递信息、建立社会关系等。符号理论为语言学研究提供了重要的理论框架和分析工具，有助于揭示语言的本质和功能，以及语言与社会、文化、心理等方面的关系。

3. 跨文化交流

符号理论在跨文化交流中具有重要的应用价值。不同文化背景下的符号系统存在差异，这可能导致交流障碍和误解。通过符号理论的分析，可以更好地理解不同文化背景下的符号系统，从而促进跨文化交流。

（四）理论模型与主要观点

1. 理论模型

（1）索绪尔的符号学理论。索绪尔是现代语言学和符号学的奠基人之一。他提出，语言是一种符号系统，其中每个词或符号代表一个概念或意义。索绪尔区分了“能指”（符号的形式或声音）和“所指”（符号所代表的概念或意义），并强调了语言的社会性和约定性。

（2）皮尔斯的符号学理论。皮尔斯提出了一个三元符号关系理论，即符号形体（能指）、符号对象和符号解释（所指）之间的符号三角关系（见图6-2）。符号形体代表其他事物的任意标记或记号，如文字、图像、声音等；符号对象是指符号所代表或指称的实际事物、概念或观念；符号解释指的是使用或解读符号的个体或群体，通过对符号的理解和推断来识别、解释和赋予意义。皮尔斯（2014）认为，符号的过程是一个不断解释和再解释的过程。

（3）认知科学的符号观。在认知科学中，符号被视为知识和信息的基本单位。认知过程被看作符号操作的过程，包括符号的识别、存储、转换和应用。这种观点强调了符号在认知过程中的重要性和作用（李康，2020）。

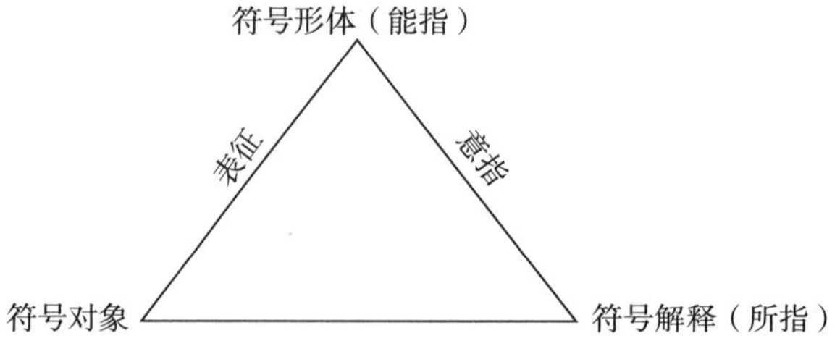

图 6-2　符号三角关系

2. 主要观点

（1）符号与认知。符号是人类认知世界的重要工具。人的感觉、观念等不是直接反映外界事物，而是通过符号这一中介来表达和理解。符号在人的思维过程中起着至关重要的作用，帮助人们构建对世界的认知模型。

（2）符号与意义。符号本身并不具有固定的意义，其意义是在特定语境下由解释者赋予的。不同的解释者可能根据自己的背景、经验和认知框架对同一符号产生不同的解读，这体现了符号意义的多样性和相对性。

（3）符号与文化。符号是文化的重要载体和传播工具。神话、宗教、语言、科学和艺术等人类文化的不同形式都可以看作符号系统的具体表现。符号的使用和创造不仅体现了人类文化的多样性和复杂性，也推动了文化的传承和发展。

（4）符号与社会互动。符号在社会互动中发挥着关键作用。人们通过符号进行交流、表达和协商，从而建立和维护社会关系。符号的使用和解读不仅影响个人的行为选择和社会适应，还塑造了整个社会的结构和秩序。

（五）旅游研究应用

符号理论在旅游中的应用主要表现在以下三个方面：一是旅游景观方面的研究，如李会云等（2011）分析了符号学在旅游景观中的应用；二是旅游目的地品牌形象研究，如王丹彤（2015）基于符号理论，研究云南香格里拉旅游品牌形象的形成机理；三是民族村寨旅游研究，如谢晗（2021）基于符号理论，研究自媒体对民族村寨旅游的影响。

五、符号互动理论

（一）基本概念

符号互动理论（Symbolic Interaction Theory）又称符号互动主义，是一种社会心理学理论，强调人们在交流中使用符号作为沟通的媒介。符号是代表某种意义的事物，可以是语言、文字、动作、声音、物品和图像等，它们在人们的交往中起着沟通和表达的作用。符号的意义不是固定的，而是随着社会互动的过程而变化和发展的。符号互动论主要研究人们在社会互动中确立自己身份的社会化过程。符号互动理论认为，个体在符号传播和互动中寻找自我定位，认识社会和世界，应重视符号在社会过程和社会心理行为中的作用（刘宏盈等，2019）。

（二）理论来源与发展

1934 年，美国的社会心理学家和哲学家乔治·赫伯特·米德在其著作《心灵、自我与社会》中首次提出并介绍了符号互动的概念。该理论的形成深受美国实用主义哲学、达尔文进化论、苏格兰道德哲学的影响。虽然该书没有正式引进符号互动论的相关理论，但却为符号互动论奠定了基础。随后由米德的学生赫伯特·布鲁默将符号互动论进行系统的整理和研究，正式提出这一概念并在 1969 年出版《符号互动论：观点和方法》。

后来的符号互动论主要分为两个学派，一个是芝加哥学派，另一个是爱荷华学派。芝加哥学派的代表人物是布鲁默，布鲁默在米德之后比较系统地阐释了符号互动论，指出符号互动论的三个理论基点。爱荷华学派的代表人物是库恩，他将米德“主我”与“客我”观点进行了进一步的研究，自我是在社会组织中所扮演的社会角色，而这类社会角色又会反过来对自我提出一系列的要求和期望。当自我在符合社会角色中的期望时，才会形成自我。库恩在理论中强调社会角色的扮演和自我。

（三）用途与价值

符号互动论不仅应用于社会学和心理学领域，还广泛应用于教育、人类学、语言学等多个学科。

1. 理解和解释人类行为

符号互动理论提供了一种理解和解释人类行为的新视角。它强调人类行为的主观性和社会性，认为人们会根据自己的经验和知识来解释和赋予符号以意义，并通过符号互动来进行社会互动和角色扮演。这种理论可以帮助我们更深入地理解人类行为的动机、意图和目标。

2. 分析社会现象

符号互动理论可以应用于各种社会现象的分析，如家庭关系、社会交往、文化传承等。通过符号互动理论的分析，我们可以更好地理解社会现象的本质和形成机制，从而提出更有效的解决方案。

3. 指导社会实践

符号互动理论也可以为社会实践提供指导。例如，在家庭教育、企业管理、心理咨询等领域，符号互动理论可以帮助人们更好地理解家庭成员、员工、客户或咨询者之间的互动和沟通过程，从而提出更有效的沟通和互动策略。

（四）理论模型与主要观点

符号互动理论的核心观点：人类创造和使用符号，社会活动是符号相互作用的过程，人与人之间的互动是以符号为载体进行的互动，心灵、自我和社会都是在社会互动中产生的。人在使用符号进行社会交往中，不仅使用言语符号，还使用表情、动作、语音语调等非言语符号，非言语符号也起到传递信息的作用。个体在交往中能感受并理解他人角色，相互读懂对方，预期对方的反应并进行调试，互动是双向传递信息的过程。符号互动理论的核心观点包括三个方面：首先，事物本身不具有固有意义，而是人们在社会互动中赋予其意义；其次，人们在互动中根据自己对行为的理解做出反应；最后，人们对事物意义的理解会随着互动的进行而变化。

1. 人类行为是象征性的

符号互动理论认为，人类行为不仅是对外部刺激的反应，而且是通过赋予事物以象征意义来进行的。人们通过语言和其他符号系统来沟通，这些符号具有社会共识的意义。

2. 互动是行为的基础

社会行为是在个体之间的互动中形成的。人们通过观察和理解他人的行为来指导自己的行为，这种互动是动态的、连续的。

3. 社会结构是象征性互动的累积

社会结构不是固定不变的，而是通过个体之间的不断互动和符号交流逐渐构建和重构的。社会规范、角色和制度都是通过象征性互动而形成的。

4. 知觉和意义是主观构建的

符号互动理论认为，人们通过自己的经验来解释周围的世界，赋予事物以个人意义。因此，个体的知觉和意义是在社会互动中主观构建的，而不是客观存在的。

5. 行为具有可预测性

尽管个体在互动中会创造性地使用符号，但他们的行为仍然受到社会规范和期望的影响。因此，社会行为在一定程度上是可以预测的。

（五）旅游研究应用

符号互动理论在旅游研究中的应用主要表现在以下三个方面：一是短视频符号感知研究，如周慧玲等（2024）分析了民族村寨短视频符号感知的量表构建与验证；二是旅游主客互动研究，如黄向和陈雪宜（2022）基于网络文本，分析了旅游民宿的主客互动；三是旅游消费者行为决策影响研究，如刘宏盈等（2019）分析了社交媒体对旅游消费者行为决策的影响。

六、结构权变理论

（一）基本概念

结构权变理论（Structural Contingency Theory），又称为权变理论（Contingency Theory），是一种组织理论，旨在解释组织结构如何根据环境和情境因素的变化进行调整。结构权变理论的核心概念是组织的有效性取决于其结构与环境的匹配程度，即“没有一种最佳的组织结构，只有最适合特定环境的结构”（高原等，2024）。结构权变理论有广义和狭义之分。广义上的结构权变理论认为，组织的结构应根据外部环境的变化进行调整，以提高组织的适应性和绩效。狭义上的结构权变理论具体研究了不同环境下组织结构的特征，如集权与分权、正式化程度、复杂性等，以及如何影响组织的运作和绩效。

结构权变理论的性质特征包括以下几个方面：首先，强调环境的不确定性和复杂性对组织结构的影响；其次，关注组织内部各部门之间的协调与整合；最后，强调组织结构的动态调整和灵活性。根据环境的不同，组织可以采取不同的结构形式，如机械式结构（Mechanistic Structure）和有机式结构（Organic Structure）。机械式结构适用于稳定和可预测的环境，具有高度的正式化和集权化特征；而有机式结构适用于动态和不确定的环境，具有较低的正式化和分权化特征。

（二）理论来源与发展

结构权变理论起源于20世纪60年代，由保罗·劳伦斯和杰伊·洛施在1967年的著作《组织与环境》中首次提出。该理论的提出是对传统组织理论的挑战，强调组织结构应根据环境和情境因素的变化进行调整，以实现最佳的组织绩效。劳伦斯和洛施通过实证研究发现，不同的环境要求不同的组织结构，这一发现为结构权变理论奠定了基础。

在理论的发展过程中，马克·格兰诺维特和罗纳德·伯特等学者对该理论进行了重要的拓展。格兰诺维特在其1973年的论文《弱关系的力量》中提出了弱关系的重要性，丰富了权变理论的内容。伯特在1992年的著作《结构洞》中提出了结构洞理论，进一步拓展了权变理论的应用范围。

近年来，由于环境巨变，结构权变理论在多个领域得到了广泛应用和深入研究，成为理解组织行为和设计的重要工具（张洋等，2024）。当前的研究前沿包括网络嵌入性、网络治理和网络动态变化等方面，继续推动着这一理论的发展和创新。

（三）用途与价值

结构权变理论在管理学、组织行为学和其他相关领域具有广泛的用途和重要的学术价值。该理论强调组织结构应根据环境和情境因素的变化进行调整，以实现最佳的组织绩效。在管理学中，结构权变理论为组织设计提供了理论基础，帮助管理者根据环境的不确定性、技术复杂性和组织规模等因素，选择最适合的组织结构，从而提高组织的适应性和效率。在战略管理中，该理论指导组织在制定和实施战略时，考虑环境和内部条件的变化，通过动态调整组织结构，确保战略与环境的匹配，提高战略的有效性。在绩效评估与改进方面，结构权变理论提供了一种评估组织绩效的方法，通过分析组织结构与环境的匹配程度，识别绩效问题并提出改进建议，帮助组织持续优化其结构和流程。此外，在人力资源管理中，结构权变理论建议根据组织的具体需求和环境条件，制定灵活的政策和实践，以提高员工的满意度和生产力。总之，结构权变理论通过其对环境、技术、规模和战略等权变因素的深入分析，为组织设计和管理提供了重要的理论支持和实践指导，具有广泛的应用价值和研究前景。

（四）理论模型与主要观点

1. 理论模型

结构权变理论的理论模型主要有环境-结构匹配模型。模型强调组织结构应根据外部环境的变化进行调整，以实现最佳的组织绩效。具体来说，环境的不确定性和复杂性会影响组织的结构选择，如集权与分权、正式化程度和复杂性等。

2. 主要观点

（1）环境的不确定性是指外部环境的变化速度和复杂程度。高不确定性的环境需要组织采取更灵活和分权的结构，以快速响应变化。

（2）组织规模影响其结构选择。较大的组织通常需要更复杂和正式化的结构，以确保有效的管理和控制。

（3）技术的复杂性也会影响组织结构。高技术复杂性的组织需要更高的专业化和分工，以提高效率和创新能力。

（4）组织的战略选择也会影响其结构。不同的战略（如成本领先、差异化）需要不同的结构支持，以实现战略目标。

（5）权变因素包括环境、技术、规模和战略等，这些因素共同决定了组织的最佳结构。组织需要根据这些权变因素进行动态调整，以保持高效运作。

（五）旅游研究应用

结构权变理论在旅游研究中的应用主要表现在以下两个方面：一是旅游专业教学研究，如温锦英（2007）分析了权变理论在高校旅游专业教学中的应用；二是旅游企业管理研究，如张江驰（2022）分析了旅游企业韧性领导力，焦念涛（2018）分析了酒店管理者教练行为的影响因素及服务绩效的作用机制。

七、结构洞理论

（一）基本概念

结构洞（Structural Holes）是指在社会网络中，某些个体之间缺乏直接联系或存在关系断裂的现象。具体来说，一个个体与其他两个个体之间有直接联系，但这两个个体之间没有直接关系，形成了类似洞穴的结构，这种现象被称为“结构洞”（靳新媛和张雪梅，2020）。广义的结构洞是指网络中存在的未连接的节点，这些节点之间的空隙可以通过中介者（即桥梁节点）来连接，从而获得信息和资源的优势。狭义的结构洞特指那些在网络中占据桥梁位置的节点，这些节点通过连接不相连的其他节点，能够获取非冗余的信息和资源。如图 6-3 所示，实线表示强关系，虚线表示弱关系，无线表示无关系，虚线框则表示结构洞所在。A-B-C-D 网络中，如果 AB、AC、AD、CD、BD 之间有关系，BC 之间弱关系，则 BC 是一个结构洞；同理，E-F-G 网络中 FG 之间无联系，是一个结构洞。此外，在整个整体网络中，A-B-C-D 网络与 E-F-G 网络之间如果要发生联系，必须通过 H。

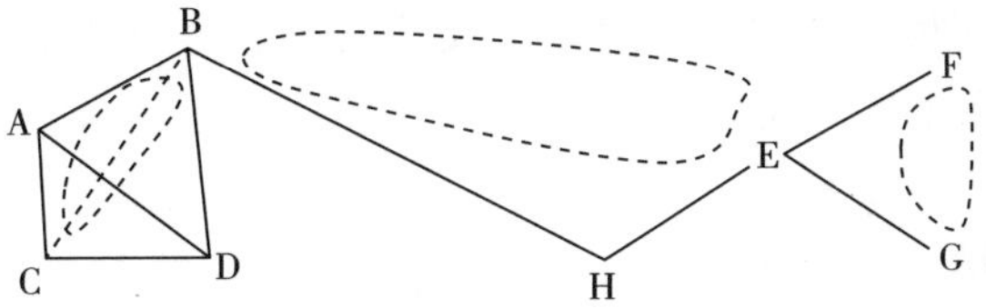

图 6-3 “结构洞”示意

资料来源：覃业彬（2017）。

结构洞理论（Structural Holes Theory）主要强调在人际网络中，某些个体或组织由于占据了特定的非冗余联系位置，能够获得信息优势和控制优势，从而在竞争中获得更多的利益和回报。结构洞理论的性质特征包括以下几个方面：首先，强调网络中节点之间的非冗余连接的重要性；其次，关注桥梁节点在信息传播和资源获取中的关键作用；最后，强调结构洞在社会资本和竞争优势中的作用。根据结构洞的不同特征，可以将其分为不同类型，如完全结构洞和部分结构洞。完全结构洞指的是两个节点之间没有任何直接或间接的连接，而部分结构洞则指两个节点之间存在一些间接连接，但这些连接不足以形成有效的信息传递。

（二）理论来源与发展

结构洞理论最早由美国社会学家伯特于 1992 年在其著作《结构洞：竞争的社会结构》中提出。在伯特提出结构洞理论之后，许多学者对其进行了拓展和创新。例如，马克·格兰诺维特提出的弱关系力量假设（The Strength of Weak Ties）为结构洞理论提供了理论基础，认为弱关系中的个体更可能拥有彼此稀缺的资源。此外，科尔曼的社会资本理论（Social Capital Theory）也对结构洞理论产生了影响，强调社会资本通过关系网络获取。当前，结构洞理论的研究前沿主要集中在如何利用结构洞进行创新网络的管理和优化，以及在不同社会结构中结构洞的形成机制和影响。

（三）用途与价值

结构洞理论作为一种深具洞察力的社会结构分析框架，其应用范围已远远超越了传统人际关系研究的范畴。该理论从社会结构的独特视角出发，深刻剖析了社会行为背后的逻辑与机制，成为社会学、经济学、管理学以及多个跨学科领域学者广泛采纳并深入探究的基础性理论工具之一（葛笑如和刘硕，2022）。具体而言，结构洞理论在社会学中用于研究社会网络中的权力和资源分配，在经济学中用于解释市场行为和社会资本的形成，在管理学中用于分析组织内部和外部的网络结构以优化资源配置和提高组织绩效。

结构洞理论通过揭示社会网络中的空隙如何为个体或组织带来信息和资源上的优势，帮助他们在决策过程中占据信息优势、产生创新的想法和解决方案，并在谈判和资源分配中占据有利地位。尽管结构洞理论在高度同质化的网络中作用有限，但在动态和开放的网络结构中，其应用效果显著。总体而言，结构洞理论为多个学术领域提供了重要的分析工具，极大地提升了理论的实用价值和广泛适用性。

（四）理论模型与主要观点

1. 理论模型

结构洞理论的主要模型包括以下几个方面：

（1）桥接模型（Bridge Model）。该模型描述了个体或组织如何通过充当不同群体之间的桥梁，获取非冗余的信息和资源。该模型认为，桥接位置的个体能够接触到多样化的信息，从而在决策过程中占据优势，并且更有可能产生创新的想法和解决方案。

（2）冗余度模型（Redundancy Model）。该模型通过计算网络中节点的冗余度，评估个体在网络中的信息优势。该模型认为，冗余度越低，个体获取的信息越独特，信息优势越明显。

2. 主要观点

（1）信息优势。结构洞位置的个体或组织能够接触到不同来源的信息，从而在决策过程中占据优势。例如，在企业管理中，跨部门的经理能够通过结构洞获取更多的供应链信息，从而提高工作绩效和获得更高的报酬。

（2）创新与创造力。由于结构洞位置的个体能够接触到多样化的信息和资源，他们更有可能产生创新的想法和解决方案。这在研发和创新管理中尤为重要。

（3）控制优势。结构洞位置的个体能够在信息流动中起到中介作用，从而在谈判和资源分配中占据有利地位。例如，在市场竞争中，企业可以通过占据结构洞位置来获取竞争对手的信息，从而制定更有效的竞争策略。

（五）旅游研究应用

结构洞理论在旅游研究中的应用主要表现在以下三个方面：一是乡村旅游人才成长研究，如周坤和王进（2022）分析了信息利益与结构洞优化下的乡村旅游精英成长；二是旅游网络结构特征研究，如刘德光和刘苏衡（2021）分析了长江中游城市群的旅游网络结构特征；三是旅游社区治理研究，如张刚（2024）基于结构洞理论研究日照市典型旅游社区治理。

八、结构功能主义

（一）基本概念

结构功能主义（Structural Functionalism）是以结构与功能的联系为研究视角，论述社会系统构成要素和动力机制的理论学说。这一理论将社会看作具有一定组织化结构的系统。社会系统的各个组成部分以一定的秩序相互联系，并对社会系统整体的运转发挥相应的功能（路晨磊，2020）。结构功能主义将社会视为一个复杂的系统，由多个相互关联、相互作用的组成部分构成。这些部分（或称结构）为了维持社会的稳定和运作而共同发挥作用（或称功能）。它侧重于分析社会系统的制度性结构及其功能，以解释社会如何作为一个整体持续存在和发展。

（二）理论来源与发展

在现代西方社会理论的结构功能主义发展中，其思想基础可追溯至孔德与斯宾塞的贡献。孔德视社会为一个由不同要素构成的有机整体，强调了社会各部分间的和谐关系。斯宾塞则在此基础上进一步探讨了社会宏观结构的规模、复杂性及其多样性，并在明确区分结构与功能的基础上，引入了功能需求的概念。

19 世纪 40 年代，帕森斯在孔德、斯宾塞以及涂尔干等人的理论基础上，提出了系统的结构功能主义理论。他将社会看作一个由各个子系统组成的整体，每个子系统都承担着特定的功能，以维持社会的稳定和秩序。他提出了 AGIL 模型，即适应（Adaptation）、目标达成（Goal Attainment）、整合（Integration）和潜在模式维系（Latency Pattern Maintenance），用以解释社会系统的运作机制。

罗伯特·默顿在帕森斯的基础上进行了改进，他引入了显功能和潜功能的概念，强调社会结构中的某些单位可能同时具有正功能和反功能。这种区分使结构功能主义更加灵活和全面，能够更好地解释社会现象。

（三）用途与价值

结构功能主义是现代西方社会理论中的一个重要流派（刘润忠，2005）。结构功能主义不仅在社会学领域产生了深远影响，还广泛应用于传播学、人类学、政治学、心理学、经济学等多个学科领域，具有广泛的用途和价值。具体表现为：

1. 解释社会现象

结构功能主义提供了一种解释社会现象的方式，它侧重于分析社会系统的制度性结构，并探讨这些结构如何满足人类的需求和维持社会的正常运行。这种理论视角有助于我们深入认识社会的本质和运行机制。

2. 分析社会问题

结构功能主义可以用来分析社会问题，揭示社会结构和功能之间的关系。例如，对于某一社会制度的存在，结构功能主义认为它是为了维护社会的正常运作而存在的。通过分析制度的作用以及存在的问题和矛盾，可以为改进和优化社会制度提供理论支持。

3. 政策研究

阿尔蒙德等将结构功能主义应用于政策研究，将政策视为政治系统输出的产品，并将公共政策的功能概括为提取性功能、分配性功能、管理性功能和象征性功能。这种分析方法有助于我们更全面地理解政策制定的过程和政策对社会的影响。

（四）理论模型与主要观点

1. 理论模型

结构功能主义将社会构想为一个复杂多维的综合性社会体系，该体系由多个具有独特功能且相互交织的次级系统构成。这一体系的核心在于其内在蕴含的目标实现、环境适应、内部整合及规范维持四大基础性功能，它们共同构建了一个完整的运作框架。这些核心功能进一步体现为四个关键的子系统：经济系统、政治系统、社会系统和文化系统。经济系统负责执行适应环境的功能，即获取和分配资源以满足社会需求。政治系统负责执行目标达成功能，即通过制定和执行政策来实现社会目标。社会系统负责执行整合功能，即通过社会制度和规范来整合社会成员，维持社会秩序。文化系统负责执行模式维护功能，即通过文化传承和价值观的传递来维持社会的稳定和发展。

2. 主要观点

（1）社会的整体性与关联性。结构功能主义认为社会是一个有机整体，各部分之间相互依存、相互制约，共同维持社会秩序和稳定。结构功能主义视社会为一个具有特定结构和组织形式的有序系统。在这个系统中，各个组成部分通过有序的相互联系，共同为社会整体贡献其功能。尽管社会各部分可能经历变化，但通过自我调节和整合，社会整体能够达到一种新的平衡状态。

（2）社会结构与功能的稳定性。社会结构包括各种社会组织、机构、角色和规范等，这些结构的存在和运作使社会具有稳定性和连续性。

（3）功能的相互依赖性。社会结构的存在是为了满足社会的功能需求，不同部分和组成部分之间存在相互依赖关系，彼此互相支持和影响。结构功能主义坚持系统是一个由不同功能部分有机整合构成的结构，结构中的各个子系统相互依赖。该理论基本是以“系统整合—整合的危机：分化—消除分化重获整合”为理论逻辑进路（董向芸，2012）。

（4）社会秩序与社会控制。社会结构和社会功能通过规范和价值观等手段来约束个体行为，达到社会控制的目的，从而维持社会的秩序和稳定。

（5）社会变迁与社会适应。结构功能主义承认社会变迁和社会适应的重要性，认为社会变迁可以引发社会结构和社会功能的调整和变化，而社会适应则是社会结构和社会功能对变迁做出的响应和调整。

（6）功能的正负面效应。结构功能主义认为社会功能既有正面效应（如促进经济发展、维护社会安全等），也有负面效应（如加剧社会不平等、引发社会冲突等），强调要通过调节和改善社会功能来减少负面效应并增强正面效应。

（五）旅游研究应用

结构功能主义在旅游中的应用主要表现在以下两个方面：一是新时代乡村旅游高质量发展研究，如杨世箐和李飞（2018）从结构功能主义视角，研究乡村旅游的可持续发展；二是全域旅游研究，如陈斯琪和伍世代（2020）从结构功能主义视角，分析了全域旅游框架构建。

九、旅游凝视理论

（一）基本概念

旅游凝视理论（Tourist Gaze Theory）指的是旅游者对所旅游目的地和景观的特定视觉方式和观看方式，这种观看方式不仅是对景点的简单观察，还是受到社会、文化和经济因素塑造的复杂过程，与旅游者的身份、欲望和期待密切相关。英国社会学家约翰·厄里根据旅游者的特征，将旅游凝视划分为浪漫的旅游凝视和集体的旅游凝视。浪漫的旅游凝视强调与凝视对象进行孤独的、私人的、沉浸的对话，追求不受干扰的自然之美和独特化的欣赏。而集体的旅游凝视则要求大量其他人在场，可能建立在流行娱乐元素的基础之上，将自然和艺术生活化和庸俗化。

进一步，旅游凝视理论还揭示了文化与居民生活之间的动态互构关系。在旅游文化的移植与传播过程中，地方文化与居民生活相互渗透、相互影响，共同塑造了新的社会生活空间。这种互构不仅丰富了地方文化的内涵与表现形式，还促使文化因素更加深入地参与到社会治理的各个环节之中，为地方社会的可持续发展注入了新的活力与动力（公维军和孙凤娟，2019）。

（二）理论来源与发展

旅游凝视理论的起源可追溯至法国学术界，其中，精神分析学巨匠雅克·拉康的镜像理论为其奠定了符号学基础，而思想家米歇尔·福柯则通过其经典著作如《规训与惩罚》和《疯癫与文明》，从医学凝视的独特视角深刻剖析了凝视的本质与影响，为凝视理论在更广泛领域的应用开辟了道路。

进入20世纪90年代，厄里在综合前人研究的基础上，创造性地引入了旅游人类学的视角，正式提出了旅游凝视理论。这一理论旨在深入探索旅游活动中强势文化与弱势文化之间复杂而微妙的交流互动机制，为理解旅游现象提供了新的理论框架。

尽管凝视理论在旅游研究中已取得显著进展，但当前学界的关注点仍相对集中。多数研究聚焦于旅游地与旅游者之间的动态互动，特别是文化遗产的展示、舞台化演出的观赏等狭义“表演”形式，且多采用“客位”视角，即以外来游客的感知和体验为中心，探讨其对东道主社会的影响。

然而，为了更全面、深入地理解旅游凝视现象，学者们开始呼吁关注被凝视者——东道主社会及其成员——的立场与反应。通过引入主位视角，即站在本地人的角度审视旅游活动，我们不仅能更真实地解读地方文化的本质与真实性，还能反思东道主社会为迎合游客需求而构建的“舞台真实”对游客认知与行为所产生的深远影响。毛茨创新性地引入了双向凝视的概念，这一贡献显著增强了该理论的实际应用意义（魏雷等，2015）。这种双向视角的转换，有望为旅游凝视理论的研究开辟新的方向与深度。

（三）用途与价值

旅游凝视理论为旅游研究提供了一种新的视角和分析工具，主要应用于旅游规划设计、文化保护、市场营销、游客体验研究、旅游地形象评估等方面。它突破了传统旅游研究的局限性，从更深层次上揭示了旅游过程中人的欲望、观看方式和文化影响力等因素如何共同塑造旅游体验。通过对旅游凝视的研究，可以深入理解旅游现象背后的社会、文化和心理机制，为旅游业的可持续发展提供理论支持。

旅游凝视理论有助于促进文化交流，提升旅游地的文化价值和社会影响力。在旅游凝视的过程中，旅游者通过观察和体验旅游地的景观、文化和社会现象，形成了对旅游地的独特认知和评价。这种认知和评价不仅影响旅游者的旅游决策和行为，也反过来影响旅游地的文化生产和社会建构。因此，旅游凝视理论有助于旅游地更好地挖掘和展示其文化特色，提升旅游地的吸引力和竞争力。

（四）理论模型与主要观点

1. 理论模型

毛茨的双向凝视理论模型不仅涵盖了传统的游客凝视视角，还加入了东道主凝视的维度，即从旅游目的地居民的角度出发进行审视。这一拓展超越了厄里单纯以游客为中心的游客凝视框架，强调了游客与目的地居民之间的双向互动与相互影响，为理解旅游现象提供了更为全面和深入的视角（见图6-4）。

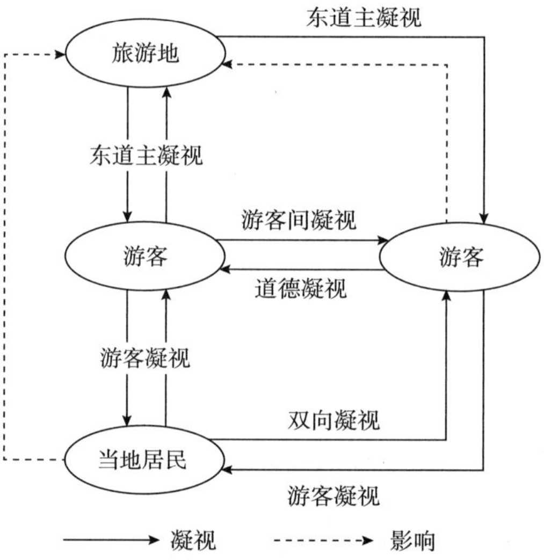

图6-4　毛茨的“双向凝视”理论模型

进一步地，基于游客间凝视的概念，衍生出了道德式凝视的理念。这一理念指出，在现代科技的支持下，尤其是通过摄影、电子设备及互联网的广泛应用，一个公开的舆论平台得以形成，它能够有效地对不文明旅游行为进行监督和规训。然而，值得注意的是，促进游客文明旅游的关键并不在于单纯制定和强制执行一系列规则，而在于从根本上提升旅游业的整体管理和服务水平，优化游客的旅游体验。通过更加人性化的管理和服务，引导游客自觉遵守文明旅游规范，形成文明出游的良好风尚（牛进富和李东，2021）。

2. 主要观点

（1）凝视的社会建构性。旅游凝视并非简单的观看行为，而是被社会性建构的。它涉及旅游者对旅游地符号意义的生产与消费，将视觉感受置于旅游体验的支配性地位。旅游者的凝视方式和目的受到自身特定文化和社会背景的影响。旅游者通过构建照片、文章和回忆等纪念物来记录和分享其旅游经历，并通过这些构建来表达自身的旅行故事和身份。

（2）凝视的权力性。凝视在旅游活动中具有权力特征。旅游者通过凝视对旅游地施加作用力，影响当地的社会、文化和环境。同时，旅游凝视也受到旅游地生产活动和建构行为的反作用，塑造和影响着旅游者的观看方式和旅游体验。

（3）凝视与旅游体验。旅游凝视不仅是视觉上的观看，更是整个意识构建过程和随之而来的心理体验的总和。它通过观看、理解、概念化、图像化等主观活动，将旅游地的景观、文化等符号化，形成旅游者心中的形象。

（4）凝视的社会影响。旅游凝视对旅游地产生深远的影响，包括促进当地文化的商业化、同化以及可能的退化和遗失。同时，旅游凝视也反映了游客自身的经验现实、世界观和价值观，隐喻着个体身份、所属群体甚至阶级的差异。旅游凝视不仅是看到景点或目的地，更是一种主观构建的观看方式，是对旅游目的地所表达的意义和价值的解读。

（5）旅游凝视具有审美化特点。旅游者倾向于将旅游目的地和景观理解为美丽、惊人或特别的。旅游凝视往往将旅游目的地和景观视为被虚构和幻觉的空间，与日常生活中的现实区分开来。

（6）旅游凝视理论强调旅游者的视觉经验和观看方式在旅游过程中的重要性，以及这些经验对旅游业发展和旅游目的地形象塑造的影响。它揭示了旅游活动中视觉体验背后的复杂社会、文化和心理因素。

（五）旅游研究应用

旅游凝视理论在旅游研究中的应用主要表现在以下三个方面：一是旅游资源开发研究，如韦小良和王英（2023）基于旅游凝视理论分析了共同富裕背景下的乡村旅游资源开发；二是旅游体验研究，如桑森垚和王世梅（2018）从旅游凝视理论的视角研究中国志愿旅行者体验；三是文化保护与传承研究，如邢启敏（2013）基于旅游凝视理论分析了少数民族地区的文化保护与传承。

十、拟剧理论

（一）基本概念

拟剧理论（Dramaturgy），也称为编剧理论、戏剧论，是社会传播学的一个术语，它借助戏剧的类比来研究日常生活，用以解释人类行为。这一理论关注的是日常生活中人们如何运用符号预先设计或展示在他人面前的形象，即如何利用符号进行表演，并使表演取得良好效果。该理论把社会比作一个大舞台，把社会成员比作这个舞台上的演员。这些演艺者巧妙地融合多种元素，包括道具、象征符号、语言、文字，以及肢体语言与面部表情等非言语手段，精心策划并呈现其独特形象于舞台之上，力求达到最佳的表演效果与观众共鸣。拟剧理论的核心概念是印象管理或印象整饰。这揭示了人际交往中的一个核心现象：行动者在互动过程中，无论自觉与否，均会采用策略性技巧来构建自身在他人心中的形象。他们精挑细选言辞、表情与行为，旨在营造出特定的个人印象，从而引导他人形成符合其期望的观念，并激发相应符合其意愿的反馈。

（二）理论来源与发展

早在17世纪，莎士比亚就在他的文学作品中将人们的社会关系和社会互动描述为一场戏剧。20世纪，许多社会学家将关注点放到研究人们的社会互动中去，而其中欧文·戈夫曼更是将喜剧的理论创新地运用到符号互动论之中，系统地提出拟剧理论。

戈夫曼在《日常生活中的自我呈现》一书中对拟剧理论进行了较为详细的阐释，试图用它来解释人们之间互动的一些基本过程和原理。这一理论强调，人们在互动过程中倾向于构建并维护特定的自我形象，力求通过行为举止传递出符合预期或期望的“印象”。此后，拟剧理论逐渐被广泛接受和应用，成为社会学研究中的一个重要理论工具。

王长潇和刘瑞一（2013）认为：戈夫曼的视角独特地聚焦于人类主观认知的层面，而非客观世界的直接映射；他关注的是人们内心世界如何构建并诠释这个世界，即每个人如何根据自己的理解、信仰和期望来定义周围的一切；这种对心理认知的重视，揭示了社会现象的主观性与建构性，强调了人类意识在塑造社会现实中的核心作用；因此，戈夫曼的理论更多的是在探讨社会事实在人们心目中的面貌，而非其外在的、客观的存在状态。

互联网技术的发展和社交网络的流行催生了虚拟互动情境，这与戈夫曼的拟剧理论所处理的面对面互动情境有所不同。张骁鸣和常璐（2019）探讨了戈夫曼的拟剧理论在典型旅游网络社区情境中的适应情况：第一，表演者与角色之间是否存在悬挂关系、是否有在场性牵制，是分析面对面互动与虚拟互动之差异的关键；第二，这一差异使“前台”“后台”“剧班”等重要概念在虚拟情境下已不完全适用，虚拟前台、虚拟后台、表演单位等概念对之加以重构；第三，网络虚拟屏障的存在最大限度地避免了由观众闯入后台而造成的表演崩溃。网络社区中的自我呈现拥有更高的自由度，印象管理技术得以发挥更多样化和强有力的作用。

（三）用途与价值

拟剧理论，作为一种社会传播学的重要理论，不仅在社会学领域产生了深远影响，还在多个方面展现了其独特的用途与价值。

1. 理解社会互动

拟剧理论通过将社会比作舞台，将个体比作演员，揭示了人们在社会互动中如何运用符号进行表演，以及如何通过这种表演来塑造和展示自己的形象。这种视角帮助人们更深入地理解了社会行为的复杂性和多样性。

2. 分析日常行为

拟剧理论提供了一个框架，用于分析日常生活中的行为模式和互动规则。通过观察个体在不同情境下的表现，可以揭示出社会规范和价值观是如何影响个体行为的。

3. 指导社会角色

拟剧理论强调个体在社会中扮演的角色，以及这些角色如何影响个体的自我认知和行为选择。通过理解和分析这些角色，个体可以更好地适应社会环境，实现个人目标。

4. 改善教育实践

拟剧理论在教育领域的应用，可以帮助教师和学生更好地理解教学过程中的互动关系，优化教学方法，提高教学质量。

5. 提升职业素养

在职场中，个体可以通过拟剧理论中的印象管理策略，如理想化表演、误解表演等，来塑造专业形象，提升职业竞争力。

6. 丰富戏剧艺术

拟剧理论对戏剧艺术的贡献在于，它为戏剧创作提供了新的灵感来源和表现手法，使戏剧作品更加贴近现实生活，增强了观众的共鸣。

（四）理论模型与主要观点

1. 理论模型

（1）前台与后台。戈夫曼提出，人们在日常生活中会区分前台和后台。前台是表演的场所，是展示给观众看的部分，人们在这里呈现的是符合社会规范和角色期望的形象。而后台则是为前台表演做准备的场所，是隐藏真实自我的地方。前台和后台的划分并不是绝对的，它们可以随着情境的变化而相互转换。

（2）角色与表演。每个人都在社会中扮演着特定的角色，并在观众的注视下进行表演。表演者的目标是给予观众某种印象，同时避免与所期望的印象相冲突。这种表演不仅是表面的，它还涉及个体如何通过符号来传达自己的社会地位和个人特质。

（3）剧本与即兴。在拟剧理论中，个体在社会生活中扮演不同的角色，这些角色都有预设的剧本。当情境符合剧本时，个体会按照剧本进行表演；但当情境发生变化或剧本不明确时，个体则需要即兴发挥，根据具体情况调整自己的表演。

2. 主要观点

（1）自我呈现。强调个体在日常生活中的自我呈现过程，即个体如何通过符号预先设计或展示在他人面前的形象。这种自我呈现不仅包括外在的行为表现，还包括内在的情感表达和认知过程。

（2）印象管理。指在人际互动过程中，个体运用各种技巧和手段来塑造自己在他人心目中的形象。这种形象塑造并非完全主观，而是受到社会规范、文化价值观以及个人经历等多种因素的影响。为了在社会互动中取得成功，个体必须进行印象管理，即控制他人对自己所形成的印象。这包括理想化表演（展现最佳形象）和误解表演（误导观众以获得利益）等策略。

（3）污名与身份。探讨了污名化现象，即某些社会标记如何损害个体或群体的声誉。通过分析污名化过程，拟剧理论揭示了社会不平等和歧视的根源。

（4）道具与符号。人们在舞台上表演时，会利用各种道具和符号来增强表演效果。同样，在日常生活中，人们也会使用语言、文字、肢体动作等非语言符号来传达信息、表达情感，从而塑造自己的形象。

（五）旅游研究应用

拟剧理论在旅游中的应用主要表现在以下两个方面：一是旅游网络社区研究，如张骁鸣和常璐（2019）基于拟剧理论分析了旅游网络社区人际互动；二是导游服务研究，如高怡（2016）研究了戈夫曼“拟剧理论”对导游服务的启示。

十一、社会资本理论

（一）基本概念

社会资本理论（Social Capital Theory）是社会网络研究的经典理论分支。该理论认为个体间形成的社会关系网络中会产生社会资本，社会资本的客观存在对社会进步与发展来说是一种重要的推动力（杨宁和陈慧，2019）。社会资本是指存在于社会结构之中的社会主体（包括个人、群体、社会甚至国家）间紧密的状态及其特征，它通过人与人之间的合作来提高社会的效率和整合度，并协调行动来促进合作和集体目标的达成，表现形式有信任、社会网络、规范、制裁等（董茜等，2019）。社会资本理论主要包括结构维度、关系维度和认知维度。

（二）理论来源与发展

社会资本的概念最早起源于社会学领域。法国社会学家皮埃尔·布迪厄在20世纪80年代首次提出了社会资本的概念。布迪厄强调社会资本是个人或团体通过拥有持久的社会关系网络而获得的资源，这些资源可以帮助他们在社会中获得更高的地位或实现某些目标。

随着社会资本概念的提出，越来越多的学者开始关注并深入研究这一领域。其中，美国社会学家詹姆斯·科尔曼对社会资本的概念进行了更为系统的阐述。科尔曼强调社会资本是一种生产性的资源，可以通过投资、创造和维持社会关系网络来增加其存量。美籍华裔社会学家林南通过社会网络研究提出了社会资源理论，并在此基础上发展出社会资本理论，强调了社会关系网络在资源获取中的重要性。美国政治学家罗伯特·帕特南从政治学的角度对社会资本进行了深入研究。帕特南将社会资本从个人层面上升到集体层面，强调了社会资本在促进集体行动和提高社会效率方面的作用。

在此之后，社会学、经济学、政治学、管理学乃至历史学等诸多学科的学者对社会资本进行了广泛的讨论和研究，使其成为“人类社会试图走出发展困境和探索治理之道的一种具有高度概括力的理论解释范式”（王强，2007）。

（三）用途与价值

1. 解释经济增长和社会发展

社会资本理论被用来解释经济增长和社会发展背后的深层次原因。社会资本作为一种无形的资源，通过促进信息流通、增强社会凝聚力、降低交易成本等方式，为经济增长和社会发展提供了强大的动力。

2. 指导政策制定和社会治理

政策制定者可以通过培育社会资本，如增强社会信任、促进公民参与、建立有效的社会规范等，来推动社会和谐与稳定。同时，社会资本理论也强调了社会参与和社会治理的重要性，提倡政府、市场和社会三者之间的协同作用，以实现社会的可持续发展。

3. 促进个人和组织发展

通过社会关系网络，个人和组织可以获得更多的资源和支持，提高应对挑战的能力。同时，社会资本也有助于个人和组织建立和维护良好的声誉和形象，从而吸引更多的合作伙伴和机会。

4. 提升社会整体福祉

通过促进信息流通、增强社会凝聚力、降低交易成本等方式，社会资本有助于减少社会不平等和冲突，提高社会整体的和谐与稳定。同时，社会资本也有助于提升公民的社会责任感和参与意识，促进公民社会的健康发展。

（四）理论模型与主要观点

1. 理论模型

社会资本理论的理论模型主要包括结构性、建构性和动态演化三类模型。

（1）结构性模型。强调社会资本的结构特性，即社会资本是如何嵌入社会关系网络中的。它关注个体或团体在社会网络中的位置以及这些位置如何影响资源的获取和流动。

（2）建构性模型。侧重于社会资本的形成过程，即个体或团体如何通过互动和关系建立来积累和利用社会资本。这一模型强调了社会资本的动态性和构建性。

（3）动态演化模型。关注社会资本随时间的演变，包括其生成、积累和变化的过程。这一模型试图揭示社会资本在不同社会和经济条件下的发展规律。

2. 主要观点

（1）资源获取。个体或团体可以通过社会关系网络获取有形和无形的资源，这些资源可以是信息、支持、机会等。

（2）信任互惠。信任和互惠是社会资本的核心组成部分，它们促进了合作和社会联系的稳定性，有助于减少交易成本和促进集体行动。

（3）网络结构。个体在社会网络中的位置对其能够获得的社会资本量有重要影响。网络的密度、连通性和中心性等因素都会影响社会资本的分布和效用。

（4）文化规范。受到特定文化和社会规范的影响，不同的社会背景和文化传统会形成不同类型的社会资本和交换模式。

（5）积极与消极效应。社会资本既有积极的一面，如促进社会凝聚力和支持，也有可能产生消极后果，如排斥外人和维护不平等的权力结构。

（五）旅游研究应用

社会资本理论在旅游中的应用主要表现在以下三个方面：一是旅游意向研究，如陈彦等（2022）在社会资本视角下分析了城市居民乡村旅游意向；二是旅游经营者社会责任研究，如吕宛青和葛绪锋（2020）从社会资本理论的视角，分析了社区旅游经营者社会责任的驱动因素与表现形式；三是旅游社区治理研究，如尚前浪和陈刚（2016）以泸沽湖落水村为例，从社会资本理论视角分析了民族地方乡规民约与旅游社区治理。

十二、社会认知理论

（一）基本概念

社会认知理论（Social Cognitive Theory），又称为社会学习理论（Social Learning Theory）（Bandura，1986）。社会认知理论关注个体如何通过观察、模仿和学习他人来获得知识，形成态度和行为，并将这些过程置于社会和文化背景下进行解释，认为个体因素、环境因素与行为因素三者之间存在动态的交互作用，相互影响，形成的共同决策受个体、环境、行为的三方交汇交互作用（刘振海等，2023）。

（二）理论来源与发展

1947 年，美国心理学家布鲁纳在《价值与需要是知觉中有组织的事实》一文中首次提出了社会知觉概念，开启了当代社会认知研究的大门（杨盛海和童中贤，2013）。20 世纪 70 年代末，美国心理学家阿尔伯特·班杜拉在传统的行为主义人格理论中加入了认知成分，形成了自己的社会认知理论（龚珊珊，2006）。这一理论强调了个体认知过程在社会行为中的重要作用。20 世纪 90 年代，班杜拉的社会认知理论得到迅猛发展。该理论不仅关注个体如何理解和思考他人，同时班杜拉还在此基础上提出了三元交互决定论，观察学习和自我效能感的概念，进一步丰富了社会认知理论的内涵。

研究者们不断丰富和扩展这一理论，使其在解释和预测人类行为方面具有更强的解释力。研究前沿主要集中在自我效能感的应用、观察学习的机制以及社会认知理论在不同文化背景下的适用性等方面。

（三）用途与价值

社会认知理论在社会学、教育学、心理学、组织行为学等多个领域得到了广泛应用和发展。其用途和价值如下：

1. 解释人类行为和社会现象

社会认知理论将人类行为视为一种加工信息的认知过程，强调个体如何理解和解释社会环境中的信息，并据此形成对他人的推论和行为反应。这种理论框架为理解和解释人类行为和社会现象提供了新的视角，有助于揭示行为背后的认知机制和心理过程。

2. 优化工作环境，发展领导力

管理者可以利用社会认知理论中的相关理论来更好地理解员工的思维方式和行为

模式，从而优化工作环境，提高员工的工作效率和工作满意度。此外，该理论还有助于领导者理解团队成员的动机、期望和行为，从而更有效地激励和管理团队。

3. 辅助心理咨询与治疗

心理咨询师和治疗师可以利用社会认知理论来评估个体的认知偏差和不良思维模式，并制定相应的干预策略，帮助个体建立健康的自我概念，提高自我效能感，培养自我调节能力，从而促进心理健康和社会适应能力的提升。

4. 提升市场洞察力，优化产品与服务

社会认知理论有助于市场人员更好地了解消费者的需求和心理状态，以及他们对产品、品牌和服务的认知、态度和行为，从而制定更加精准的营销策略。优化产品和服务，通过对消费者行为和心理状态的深入理解，企业可以有针对性地对产品或服务进行改进和宣传，提高销售额和客户满意度。

5. 指导政策制定与干预策略

社会认知理论的研究成果可以为政策制定者和干预策略制定者提供有益的参考和指导。通过分析不同群体的社会认知特点和需求，可以制定更加具有针对性和有效的政策和干预策略，以解决实际问题并促进社会进步。

（四）理论模型与主要观点

1. 理论模型

心理学家班杜拉指出社会影响、自我影响和成就结果三个方面是相互作用影响的关系，并构建了三元交互模型（金帅岐等，2020）。

人与行为的交互反映了行为是受到人的思维影响并做出行动的过程，思维的变化将影响到个体或者群体的行为；环境与行为的交互则反映了人的行为可以决定环境中社会形态，同样也会受到环境的修正；人与环境的交互反映了人的意识和认知能力并不是一成不变的，而是受到环境中社会影响的修正（朱镇和赵晶，2011）。

2. 主要观点

（1）观察学习。班杜拉认为个体可以通过观察他人的行为及其结果来学习。这一过程包括四个阶段：注意过程、保持过程、动作再生过程以及强化和动机过程。

（2）自我效能感。自我效能感是个体对自己能完成某一特定活动所具有的信念和自身能力的主观感知，即一个人对自己能达成某一特定目标的能力和信心的判断。自我效能感的形成主要受以下四个因素的影响：①直接经验，即个体通过亲身实践所获得的成功或失败的经验；②替代经验，即个体通过观察他人的成功或失败行为而获得的间接经验；③言语劝说，来自他人（如父母、老师、朋友等）的正面言语劝说和鼓励也能提升个体的自我效能感；④生理和情绪状态，个体的生理和情绪状态也会影响其自我效能感。自我效能感在个体的行为决策和动机中起着关键作用。高自我效能感的个体往往更加自信地面对挑战，愿意付出更多的努力，并且在遇到困难时能够坚持不懈。

（3）自我调控。自我调控是指个体通过主体性因素（如计划、预期等）来激活、指导和调控自己的行为。社会认知理论认为，人类不仅是环境的消极反映者，更是环境的积极塑造者。通过自我调控，个体能够超越直接环境的界限，充分利用替代学习，获得新知识，并影响自身的行为。自我调控是一个周期性的、不断变化的相互作用过程，通常包含先见、表现控制或意志控制、自我反思三个阶段。

（五）旅游研究应用

社会认知理论在旅游研究中的应用主要表现在以下两个方面：一是在线旅游信息分享研究，如王美淇（2023）基于社会认知理论，研究在线旅游社区用户信息分享行为影响因素；二是游客环境态度与环境亲行为的关系研究，如徐洪和涂红伟（2023）基于社会认知理论，分析了旁观者视角下国家公园游客环境态度与亲环境行为的关系。

十三、社会网络理论

（一）基本概念

社会网络理论（Social Network Theory）认为，社会即为一个由关系网络联结的大系统，其结构交织错综，任何组织或个人都通过一系列的行为活动，镶嵌或悬浮于同一社会网络之中（王德胜和韩旭，2014）。社会网络是由多个社会行动者（包括社会中的个体、群体和组织）以及它们之间的关系组成的集合，它有助于多个社会行动者之间进行广泛的交流与深度的互动。社会网络具有鲜明的资本属性、关系密集性、地域根植性、范围经济性等特点。每个社会行动者都在社会网络中扮演着相应的角色，他们之间的信任机制是社会网络形成稳定结构的关键（魏凡俭，2021）。

（二）理论来源与发展

社会网络理论最早由英国人类学家拉德克利夫-布朗于20世纪30年代提出。他在研究社会结构时首次引入了社会网络的概念。

随后，美国社会学家哈里森·怀特在20世纪60年代通过其著作《社会结构》进一步发展了这一理论。1973年，马克·格兰诺维特在《美国社会学评论》上发表的论文《弱关系的力量》中提出了弱关系的重要性，极大地丰富了社会网络理论的内容。1992年，罗纳德·伯特在其著作《结构洞：竞争的社会结构》中提出了结构洞理论，进一步拓展了社会网络理论的应用范围。

近年来，社会网络理论在多个领域得到了广泛应用和深入研究，成为理解社会行为和组织行为的重要工具。当前的研究前沿包括网络嵌入性、网络治理和网络动态变化等方面，继续推动着这一理论的发展和创新。

（三）用途与价值

社会网络理论的用途体现在以下方面：一是社会网络理论能够深入剖析社会中的个体、群体和组织之间的复杂关系，揭示这些关系如何影响社会现象的产生和发展；二是社会网络理论可以帮助领导者分析组织内部的信息传递和决策过程，识别关键节点和关键路径，从而优化组织结构，提高组织的效率和创新能力；三是社会网络理论可以用于了解个体在社会网络中的位置和关系，有助于制定个性化的心理干预策略，提升个体的心理健康水平；四是社会网络理论涉及社会学、心理学、管理学等多个学科，促进了这些学科的交叉与融合，为解决现实问题提供了更加多元的视角和方法。

社会网络理论的价值体现在以下方面：一是社会网络理论强调了个体、群体和组织之间的相互联系和互动关系，打破了传统社会学研究中将个体视为孤立存在的局限性；二是在企业战略管理中，可以利用社会网络理论来分析竞争对手之间的关系和动态，制定出更加具有针对性的竞争策略；三是通过社会网络理论分析不同利益群体之间的关系和诉求，从而制定出更加公平和有效的政策；四是社会网络理论提供了一套系统的研究方法和分析工具，例如通过构建社会网络图、计算中心度、密度等指标，量化地描述社会网络的结构特征，有助于更深入地理解社会网络的结构和功能。

（四）理论模型与主要观点

1. 理论模型

社会网络理论的理论模型有结构洞理论、社会资本理论、嵌入性理论和弱连带优势理论。前两种理论前文已有讲述，因此，只介绍嵌入性理论和弱连带优势理论。

（1）嵌入性理论。“嵌入性”（Embeddedness）一词始于制度经济学家波兰尼（Polanyi，1944）提出的概念，原指经济与其他社会制度之间存在密切的互动关系。20世纪80年代，社会学家格兰诺维特（Granovetter，1985）在《经济行为与社会结构：嵌入性问题》一文中用“嵌入性”一词解释经济行为与社会结构的紧密关系，他分析了经济学的“社会化不足”和社会学的“过度社会化”的认识缺陷，创造性地提出“行动者的行为或决策既不是像独立原子一样置身于社会语境之外，也并非盲从于他们身处的特定社会类别或阶层，他们具有目的性的行动实际是‘嵌入’具体和持续的社会关系体系之中”（赵浩华，2024）。

嵌入性区分为结构性嵌入和关系性嵌入。结构性嵌入主要关注行为主体与其他利益相关者相联系而形成的网络结构及其在网络中所处的位置。这可以通过网络规模、网络密度、网络中心性等结构性指标进行衡量。关系性嵌入则关注行为主体的经济行为嵌入特定的关系网络之中，受到网络关系特征的影响。这可以通过关系强度、关系质量、关系持久度等指标进行衡量。

（2）弱连带优势理论。格兰诺维特提出的弱连带优势理论认为，弱连带在信息传播中起到关键作用，能够连接不同的社交圈子，从而提供非冗余的信息资源。

2. 主要观点

（1）关系纽带的重要性。社会网络理论强调，个体或组织的行为受到其社会关系网络的影响，这些关系纽带决定了信息的流动和资源的分配。

（2）社会资本的作用。社会资本是嵌入社会网络中的资源，包括信任、规范和网络本身。社会资本的积累有助于提高个体或组织的社会地位和影响力。

（3）网络结构的动态性。社会网络不是静态的，而是随着新关系的形成和旧关系的断裂而不断演化。这种动态性对个体的社会机会和资源获取有重要影响。

（4）网络位置与权力。在社会网络中，某些位置由于其独特的连接性而成为权力的中心。占据这些位置的行动者能够控制更多的资源和信息流。

（5）同质性与异质性。社会网络中的同质性指的是行动者之间的相似性，而异质性则指行动者之间的差异。这两种性质对网络的形成和维持有着不同的影响。

（五）旅游研究应用

社会网络理论在旅游研究中的应用主要表现在以下两个方面：一是旅游流研究，如吴中堂等（2016）运用社会网络理论研究中国大陆居民赴中国台湾地区自由行旅游流网络及演化；二是区域旅游空间结构研究，如尚雪梅和王国强（2010）基于社会网络理论研究京津冀地区的区域旅游空间结构。

十四、社会交换理论

（一）基本概念

社会交换理论（Social Exchange Theory）是一种用于解释人与人之间互动的社会学和社会心理学理论。该理论认为人类的社会活动均可视为交换行为，并在利益互惠的基础上形成交换关系，即一方向另一方提供了帮助、支持，使对方有了回报的义务，但无法预测对方的回报行为，因此这种交换关系具有不确定性和风险（Blau，1956），只有建立在信任的基础上才能进一步发展为长期的交换关系，其中，具体的回报行为可分为："外在酬赏"（金钱、商品和服务等）和"内在酬赏"（爱、尊敬、荣誉和职务等）（张利庠等，2022）。

（二）理论来源与发展

20世纪50年代，乔治·霍曼斯首创行为主义社会交换理论，他侧重于从个人层次入手对社会交换理论进行研究。继霍曼斯之后，布劳为了弥补霍曼斯理论仅限于微观层面的不足，从社会结构的角度对社会交换的过程进行了研究，认为社会交换是一种个体为了得到回报实际上也得到回报的自愿性活动。除此之外，还引入了权力、权威以及公平等概念，使社会交换理论的适用范围更广。

埃默森为了使社会交换理论的方法论更全面，用严密的数理模型和网络分析，对社会结构及其变化、社会交换的基本动因和制度化过程进行了阐述。古尔德纳认为，在社会交往的交换关系中所得到的利益为社会成员之间的互动提供了诱因，而交换的过程就成了调节社会互动、促使社会关系网以及雏形群体结构形成的机制，互惠规范则成为约束交易行为的群体规范（张琦涓，2015）。

（三）用途与价值

1. 解释人际互动

社会交换理论通过强调互惠原则，解释了人们在社会互动中的行为模式。它指出，人们在交往中追求的是最大化的自我利益，这包括物质和非物质的收益。

2. 理解组织行为

在组织管理领域，社会交换理论有助于领导者更好地理解员工的心态和行为动机，从而采取更有效的激励措施和管理策略。

3. 分析社会结构

社会交换理论提供了一种视角，用以分析社会结构的形成和变化。它揭示了个体之间基于资源交换而形成的权力结构和社会关系网络。

4. 研究经济交易

经济学中的许多交易和市场行为也可以用社会交换理论来解释，特别是在分析消费者行为和企业间合作时。

5. 指导政策制定

社会交换理论还可以为政策制定者提供洞见，帮助他们理解民众的需求和期望，从而设计出更有效的社会政策和干预措施。

（四）理论模型与主要观点

1. 理论模型

（1）霍曼斯的演绎交换论。霍曼斯运用严格的演绎法建立起社会交换理论基本的命题。他认为人们重复那种受到回报的行为，而不重复那种受到惩罚的行为。霍曼斯的社会交换理论包括以下六种基本命题：成功命题、刺激命题、价值命题、贬值-饱和命题、寻衅/赞同命题和理性命题。霍曼斯的社会交换理论以心理因素来探讨人类的社会行为，并认为其理论可推广到社会制度等方面的解释。

（2）布劳的经济学交换观。布劳以经济学原理为基础，将霍曼斯的分析扩大和延伸，得出了他自己的交换观。布劳对人们如何决定行为的分析是以人们的期望为基点的。人们总是对于从一项活动或从某一个人那里获利的潜在可能作出估计，再与其他活动或其他人作一比较，挑选出可望给予最大利益的活动或人。布劳的观点在许多方面与霍曼斯是一致的，两者的一个重要区别是，布劳认识到了发生特性对社会交换的重要性。他认为社会交换受到人际关系的影响，人际关系又随同社会交换而发展；同时，社会环境也会影响交换，个人地位、社会准则、权力差异及交换关系的相互关联性等社会环境能对社会交换产生影响（刘赵平，1998）。

2. 主要观点

（1）资源交换过程。人类的社会行为可以被看作一种资源的交换过程。就像在市场上买卖商品一样，人们在社会互动中会权衡行为的代价和收益。

（2）互惠原则。互惠是社会交换理论中的一个核心概念。当个体给予他人某种形式的帮助或资源后，通常会期望对方给予某种形式的回报，这种回报不一定是直接的或立即的，但在长时间的互动中有助于维持社会关系的稳定。

（3）公平与不平等。交换关系中的公平感对个体的行为和决策具有重要影响。如果交换关系被认为是不平等的，个体可能会采取行动来恢复平衡，甚至拒绝参与交换。

（4）社会交换网络。社会交换通常发生在一个复杂的交换网络中，这个网络由各种社会关系和互动构成。个体通过在这些网络中的交换行为来获取资源、信息和支持。

（5）价值评估与行为决策。个体在社会交往中会根据行为的后果对自己的价值进行评估。如果某种行为能给个体带来更多的报酬（如爱、钱、地位、信息、物、服务等），其就更有可能重复这种行为。

（6）奖赏与惩罚。奖赏能够促使个体重复某种行为，而惩罚则可能使其避免这种行为。在社会交换过程中，个体会根据对方的奖赏或惩罚来调整自己的行为。

（五）旅游研究应用

社会交换理论在旅游方面的应用主要表现在以下三个方面：一是社区参与旅游发展研究，如胥兴安等（2015）从社会交换理论的视角，研究了居民感知公平对社区参与旅游发展的影响及作用机制；二是游客环境友好行为研究，如周学军等（2023）在社会交换理论视角下研究了网红旅游目的地游客的环境友好行为；三是旅游业一线员工服务绩效研究，如余传鹏等（2018）基于社会交换理论研究了旅游业新生代一线员工服务绩效的影响机制。

十五、增权理论

（一）基本概念

增权理论（Empowerment Theory）又称充权理论、赋权理论、激发权能理论。增权理论是由权力、无权、去权以及增权等核心概念建构起来的（聂玉梅和顾东辉，2011）。权力是指个人或群体影响其他人或组织态度和行为的能力；无权指权力的丧失；去权是无权的结果，即个人被去权后开始自我贬低甚至失去参与事务的信心和意愿（Zurick，1992）；增权就是为了改变这种状态，通过外部干预帮助个人或群体增进对权力的认识，增强他们的能力，从而减少或消除无权感的一个过程（Walpole and Goodwin，2000）。

（二）理论来源与发展

1976年，美国学者巴巴拉·索罗门在其开创性著作《黑人增权：被压迫社区的社会工作》中，首次从种族视角引入了“增权”概念，为弱势群体赋权的研究与实践开辟了先河。强调通过增强个体或群体的权力和能力，来帮助他们克服无力感，提高自我效能感，从而更好地应对生活中的挑战和问题。

增权理论在20世纪80年代得到了进一步的发展和完善，并被应用于更广泛的领域，如心理健康、性别平等、残疾人权益等。在这一阶段，增权理论逐渐形成了以增强个人、家庭、社区等弱势群体的权力和能力为核心的工作方法。同时，它也开始与其他相关理论框架如社会建构主义、积极心理学等进行融合与对话，进一步丰富了其理论内涵和实践价值。

此后，增权理论迅速吸引了跨学科领域的广泛关注，不仅在社会工作领域深入发展，还逐渐成为社会学、教育学、政治学、社区心理学、旅游等多个学科的核心议题，并在精神健康、公共卫生、人文服务等实践领域占据重要地位（左冰和保继刚，2008）。

（三）用途与价值

增权理论的用途体现在以下方面：一是指导社会工作实践。增权理论为社会工作者提供了一种有效的实践框架，帮助他们识别和理解弱势群体所面临的权力障碍，从而设计出更具针对性的干预策略。二是政策制定与倡导。通过倡导增权理念，可以促使社会各界更加关注弱势群体的权益，推动社会资源的公平分配。为政策制定者提供了关于如何促进社会公正和平等的思考角度，推动制定更加包容和赋权的政策。三是社区发展与组织建设。在社区发展方面，增权理论鼓励社区居民积极参与社区事务，提升社区凝聚力和自治能力。在组织建设方面，增权理论可以帮助组织成员明确自身权益，提升组织内部的民主参与和决策水平。

增权理论的价值体现在以下方面：一是促进社会公平与平等，推动社会变革与进步。增权理论强调个体和群体的权力与能力提升，关注社会结构的变革，有助于减少社会不平等和歧视现象，推动社会向更加公正、平等和包容的方向发展。二是增强个体自尊，促进个人成长与发展。通过增权理论，个体能够认识到自身的能力和潜力，从而增强自我概念和自尊心。这种自我感的提升是个体实现自我价值和社会参与的基础，有助于促进个人的成长发展与自我实现。三是优化资源配置，促进社会公平。通过增权，个体和社区能够更有效地识别和利用可用资源，优化资源的分配和使用，打破社会不平等和不公正现象，通过提升边缘化群体的权力和能力，促进社会的公平与正义，提高社会整体的运作效率。四是提升社会凝聚力与向心力。增权理论鼓励个体和群体的积极参与，有助于形成共同的目标和价值观，增强社会的凝聚力和向心力。

（四）理论模型与主要观点

1. 个体层面的增权

个体增权强调个体对自身生活的控制能力以及对所处环境的融合与影响能力，包括实际控制能力和心理控制能力两个方面（李丹和王茜，2015）。这要求个体提升自我效能感，即对自己能力的信心，从而在面对挑战时能够采取积极的行动。

2. 人际关系层面的增权

人际关系层面的增权关注个体与他人之间的合作关系。通过增强这种合作关系，个体可以获得更多的社会资源和支持网络，这有助于提升个体在解决问题时的能力和效率。同时，良好的人际关系也有助于提升个体的社会形象和地位。

3. 社会参与层次的增权

社会参与层次的增权目标指向对社会决策的影响，表达自己的利益诉求和参与社会资源的分配。这要求个体或群体能够积极参与社会事务，通过合法途径表达自己的意见和诉求，争得与健康社会和进步文化相匹配的社会公正和社会平等待遇。

4. 增权的过程性

增权是一个动态的过程，包括多个次级过程，如群体意识的发展、自责的减少、个人对改变负有责任的假设、自我效能的提升等（朱盼玲，2017）。这些次级过程相互作用，共同推动个体或群体从无权或弱权状态向更有力量的状态转变。

5. 外部环境和制度的影响

增权理论不仅关注个体的内在能力和资源的提升，也强调了外部环境和制度对个体增权的影响。一个支持性、包容性的外部环境和制度能够为个体或群体提供更多的机会和资源，促进他们的增权过程。

（五）旅游研究应用

增权理论在旅游研究中的应用主要表现在以下三个方面：一是旅游资源开发研究，如单雅雯和史达（2023）分析了红色文化遗产活化的异质性增权网络；二是旅游社区增权理论与模式研究，如胡北明和张美晨（2019）基于西方增权理论，分析了我国社区旅游增权理论框架及模式构建；三是乡村旅游社区发展研究，如郭华（2012）以江西婺源李坑村为例，分析了增权理论下的乡村旅游社区发展。

十六、主客交往理论

（一）基本概念

主客交往（Host-Guest Interaction）也称为主客互动、主客接触、主客关系，主要用于解释游客与东道主之间的关系，有广义和狭义之分。广义的主客交往研究内容主要是关于主客相互影响而带来的旅游目的地的文化变迁、社会变革等问题；而狭义的主客交往研究内容主要是关于旅游者和东道主居民之间发生的交流活动对双方的感知、态度和行为产生影响的问题（韦瑾，2018）。

（二）理论来源与发展

Smith 于 1977 年出版的《东道主与游客：旅游人类学研究》一书，开创性地构建了旅游人类学视角下主客交往的理论框架，深入探讨了旅游活动中不同文化背景下主客双方的行为模式与心理机制。Graburn 的《旅游：神圣的旅程》将旅游视为一种世俗的仪式，通过这一独特视角解析了旅游活动对个体及社会文化的影响，深化了对主客交往意义的理解。Nash 的《旅游人类学》进一步丰富了该领域的研究内容，他系统地整合了前人的研究成果，提出了更为全面和深入的分析框架，为后来者提供了宝贵的学术资源。

在探讨主客交往的学术领域内，具有代表性的理论有 Doxey（1975）以旅游地生命周期理论为基础创立了“旅游愤怒指数”，以此评估主客关系。根据愤怒指数理论，随着旅游开发的深入与旅游业负面影响的增强，旅游地居民对旅游业发展的态度一般会经历“融洽—冷漠—厌烦—对抗”阶段（陈莹盈和林德荣，2015）。Cohen（1979）构建了基于五种游客体验模式的主客交往模型，强调了游客体验多样性对主客关系的影响。Smith（1989）则进一步细分游客类型，提出了基于游客类型的主客交往模型，揭示了不同类型游客与居民间互动模式的差异。Dogan（1989）提出的居民开发态度变化阶段模型，与 Doxey 的“愤怒”模型相呼应，但更加细致地描绘了居民态度的阶段性演变。

同时，Urry（2002）和 Maoz（2006）基于凝视理论，提出了旅游者和居民凝视的概念，强调了凝视作为一种认知与情感行为在主客交往中的核心作用。MacCannell（1973）与 Cohen（1988）等则从舞台理论出发，将旅游地视为一个表演舞台，分析了主客双方在特定场景下的交往行为与情感表达。

最后，Woosnam 等（2010）及 Woosnam（2011a，2011b）基于情感一致性框架，探讨了主客之间情感共鸣与冲突的机制，为理解情感因素在主客交往中的作用提供了新的视角。这些理论不仅丰富了主客交往研究的理论体系，也为旅游实践中的管理与服务提供了重要的理论指导（汪侠和郎贤萍，2012）。

（三）用途与价值

1. 丰富旅游体验

主客交往是旅游体验的重要组成部分。通过与东道主居民的互动，旅游者能够更深入地了解当地的文化、风俗和生活方式，从而丰富自己的旅游体验。

2. 促进文化传播与交流

主客交往为不同文化之间的交流提供了平台。旅游者与东道主居民的互动，往往伴随着文化的传播与交流，有助于增进相互理解和文化多样性的发展。

3. 推动旅游地社会文化发展

主客交往可能对旅游地的社会文化产生影响。适度的交往和互动可以促进当地社会文化的积极发展，如语言、习俗、艺术等方面的创新与传承。

4. 提升旅游目的地吸引力

独特而友好的主客交往体验可以成为旅游目的地的一大吸引力。旅游者往往对能够与当地人进行深入交流的旅游地更感兴趣，这有助于提升旅游目的地的知名度和竞争力。

5. 指导旅游政策与实践

主客交往理论可以为旅游政策制定和实践提供指导。了解主客交往的特点和影响，有助于政策制定者更科学地规划旅游活动，促进旅游业的可持续发展。

6. 增强社会凝聚力

在某些情况下，主客交往还可以促进社区内部的凝聚力。当旅游者参与到当地社区活动中时，可以增强社区居民之间的联系和归属感。

（四）理论模型与主要观点

1. 主体与客体的互动性

主客交往理论强调在交往过程中，主体（通常指主动发起交往的一方，如旅游者、消费者、访客等）与客体（通常指被动参与交往或被交往影响的一方，如旅游地居民、服务提供者、接待者等）之间相互作用、相互影响的现象。这种互动不仅涉及物质层面的交换，如商品、服务、资源等的交换，更包括精神与文化层面的互动、情感层面的互动以及社会层面的互动。

2. 交往的双向性

角色转换与相互影响。在交往过程中，主体与客体的角色并非固定不变，而是可以相互转换的。一方面，主体作为交往的发起者或主导者，对客体产生积极的影响；另一方面，客体也并非完全被动，它也会以自己的方式回应主体，从而对主体产生影响。这种角色转换使交往成为一个动态、互动的过程。

3. 信息传递与反馈机制

交往过程中，主体与客体之间通过语言、行为、情感等多种方式传递信息。通过信息的传递，主体与客体之间建立了联系，实现了相互了解和沟通。当主体向客体传递信息时，客体会根据自己的理解和感受作出反应，这种反应就是反馈。反馈机制使交往成为一个闭环系统，主体可以根据客体的反馈调整自己的言行和态度，从而更好地实现交往目的。

4. 文化与社会背景的重要性

主客交往深受双方文化和社会背景的影响。不同的文化和社会背景可能导致交往中的误解、冲突或和谐。因此，理解并尊重彼此的文化和社会差异是主客交往中的关键。在交往过程中，双方应尊重彼此的差异，以开放的心态接纳和欣赏对方的独特之处。

5. 交往中的权力与地位

在主客交往中，双方可能拥有不同的权力和地位。这种权力和地位的不平等可能影响交往的公平性和有效性。只有当双方都认识到彼此的平等地位时，才能真正实现相互尊重、相互理解和相互合作。因此，寻求平等和尊重的交往关系是重要的。

6. 交往的结果与影响

主客交往的结果可能是积极的，如增进理解、促进文化交流和经济发展；也可能是消极的，如产生误解、冲突或资源过度消耗。因此，需要关注交往的长期影响，并寻求可持续的交往模式。

7. 交往的情境与语境

主客交往发生在特定的情境和语境中。这些情境和语境可能包括地理位置、时间、社会制度、历史事件等。理解这些情境和语境对于深入理解主客交往的复杂性和多样性至关重要。

（五）旅游研究应用

主客交往理论在旅游研究方面的应用主要表现在以下两个方面：一是主客交往意愿研究，如吴小霞和林开淼（2020）分析了游客不文明行为对社区居民交往意愿的影响机制；二是特殊旅游地的主客交往研究，如张丽（2017）研究了小众群体的旅游地主客交往。

十七、真实性理论

（一）基本概念

“真实性”（Authenticity）一词源于希腊语，意思是“自己做的”“最初的”。真实性概念最初用于描述博物馆的艺术展品，之后被借用到哲学领域的人类存在主义的研究中。真实性主要有两层含义：一是指博物馆里的展品是不是真的；二是指人本身的存在状态（李旭东和张金岭，2005）。

（二）理论来源与发展

真实性理论的研究可追溯到20世纪60年代，经历了从客观真实性、建构真实性到存在真实性的一个演化过程。伯斯廷最早使用“真实性”这一概念。他认为在大众旅游中观光客喜欢经过策划的“伪事件”，是一种“失真”现象。正式将真实性引入旅游研究中的则是美国社会人类学家马康纳。马康纳将剧场理论观点引用到旅游研究中，提出了舞台真实性理论。伯斯廷和马康纳关于真实性的研究被后人归结为客观真实性，认为真实性是事物客观的、可测量的属性，可通过绝对的标准来验证。

在判断真实性的过程中，由于人的理解和认知也涉及其中，于是布鲁纳提出了“建构性真实”，认为没有绝对的客观性真实，真实性是由游客信念、期望、偏好和权力共同投射的产物。此后，还有学者提出“存在性真实”，在日常环境中，现代性所推崇的理性控制了感性，人们很难展现真我，而旅游世界暂时提供了一个逃避理性工具的空间，人们通过真实的体验来确认和追求自己的存在（陈才和赵志峰，2021）。

（三）用途与价值

真实性理论的用途体现在以下方面：一是分析不同旅游场景中的真实性感知，指导旅游资源的开发和规划，解释旅游者对真实旅游体验的渴望。二是解释个体如何展现真实自我、按照真实自我行事，以及这种真实性对个体心理健康和社会适应的影响。三是解释文艺作品如何反映社会生活的真实情况，指导文艺创作者追求真实性。

真实性理论的价值体现在以下方面：一是通过保护和展示真实的旅游资源，维护旅游目的地的独特性和文化价值，提升旅游目的地的竞争力和吸引力，促进旅游业的可持续发展。二是有助于个体建立积极的自我认知和自我形象，提高自尊和自信心。促进个体与他人建立真实、健康的人际关系，增强社会支持和归属感。三是鼓励创作者关注社会现实和人生百态，创作出更多具有深刻内涵和广泛影响力的作品。提升文艺作品的艺术价值和审美价值，推动文艺创作的繁荣和发展。

（四）理论模型与主要观点

在旅游研究领域内，关于“真实性”理论，学术界形成了客观主义真实性、建构主义真实性、后现代主义真实性以及存在主义真实性四大主要流派，它们各自从不同维度诠释了旅游体验中的真实性概念。

1. 客观主义真实性

客观主义真实性（Objective Authenticity）更注重客体的真实与否，其评判标准源于旅游商品对真实性的还原程度（周亚庆等，2007）。

客观主义真实性理论学派的代表人物为伯斯廷和麦肯奈尔。伯斯廷认为“旅游者很少热衷于旅游地的真实文化是导致‘伪事件’（Pseudo-events）产生甚至盛行的根本原因”。麦肯奈尔在其著作《旅游者：休闲阶层新论》中，深刻阐释了旅游活动中“文化真实性”问题，认为人们最初对旅游活动中真实性问题的关注缘于现代社会带给人的疏离感和周围环境的不真实。

2. 建构主义真实性

建构主义真实论者则认为，客体的“真实”与否也是可以塑造的，可以形象成一个符号或抽象为一种意义（马凌，2007）。

布鲁尔和科恩是建构主义真实性的两位领军人物。布鲁尔于1984年明确提出建构主义真实性（Constructive Authenticity）的定义，他认为“传统的旅游体验真实性很难解释现代旅游体验的现象，旅游经营者可根据旅游者的期望、想象、偏好、信仰等设计景区与组织活动，以达到真实性效果”。科恩在其“舞台猜疑”模式之后进一步指出，对不同动机的旅游者而言，旅游体验存在一个从完全真实到完全虚假的连续状态的集合。

3. 后现代主义真实性

后现代旅游者以更洒脱的姿态看待现代旅游的一切，完全模糊了真与假的界限，更注重个体的旅游体验。

科恩认为，后现代主义旅游者与现代旅游者有所不同。相较于后者追求真实性的风格，前者更注重享乐和对表层美的追寻，鲜有关心景观起源和“真实性”等相关问题。通过对自然、人文景观或主题公园进行“模拟”而衍生出的“替代旅游”，是后现代旅游的主要形式。作为后现代主义真实性（Postmodernism Authenticity）的另一个代表人物，鲍德里亚称，在这个充满“仿真”的时代，已再无本原或“现实”作为参照，留下的仅仅是“符号的抽象”。后现代主义对真实性的看法比现代主义更为开放，但也略微激进。在完全否认现代真实性存在的同时，却认为这个充满伪真的世界丝毫不会影响其旅游体验的真实，这一超脱的观念为后来的存在主义真实性奠定了基础。

4. 存在主义真实性

存在主义真实性（Existential Authenticity）是一种介于激进与保守之间的态度，试图在旅途中完成寻求“真我”的夙愿。1999年，王宁提出存在主义真实性主要与旅游者自身和内在有关，而与客体的真实性毫不相干。他将存在主义真实分为个人内在真实和人际真实。其中，个人内在真实指的是个体内在的真实感受，是旅游者切身的真实体验；而人际真实则指通过人际的沟通交流或彼此间的经验分享所获得的感受，其本质是“借鉴或参考后的真实”。存在主义真实性更侧重旅游者内心的真实体验，更注重其内心情感的深度挖掘；不同于后现代主义的在“虚假”中寻求乐趣，存在主义旅游者更像是将旅途看成一段追溯“初心”与“本我”的哲学历程。

（五）旅游研究应用

真实性理论在旅游研究方面的应用主要表现在以下三个方面：一是旅游产品开发研究，如何艳琳等（2021）分析了基于真实性的乡村旅游产品开发研究；二是民宿符号运用研究，如鲍青青和文颖娴（2023）以龙胜金竹民宿为例，运用真实性理论分析了乡村民宿文化符号运用现状及优化策略；三是景区游客情感特征研究，如张艺培等（2022）以洛邑古城景区为例，运用真实性理论分析了非物质文化遗产景区游客情感特征。

第七章　旅游生态学理论

一、反规划理论

（一）基本概念

反规划是城市规划与设计的一种新的工作方法，即城市规划和设计应该首先从规划和设计非建设用地入手，而非传统的建设用地规划。反规划理论（Anti-planning Methodology）是相对于传统城市规划理论而言的，如果把城市与环境比作图与底的关系的话，传统规划理论是将城市当作“图”、环境当作“底”来设计的；而反规划理论则是“图”“底”易位，将环境作为“图”先行设计（彭德胜，2005）。

（二）理论来源与发展

反规划理论起源于生态规划思想，是在中国快速的城市化进程及市场经济下城市无序扩张的背景下提出的。这一概念最初由俞孔坚和李迪华于 2002 年在《论反规划与城市生态基础设施建设》一文中提出。反规划理论的哲学基础源自后现代主义，它强调人与自然和谐共生的重要性，并重新审视了城市与自然环境的关系。2005 年，由俞孔坚、李迪华、刘海龙合著的《“反规划”途径》一书对反规划理论进行了系统总结，该理论正式形成。该书详细阐述了反规划的理论基础、方法论、实践应用等方面，为后来的研究和实践提供了重要参考。随着城市化进程的加快和人们对生态环境问题的日益关注，反规划理论的发展前景广阔，它将继续在城乡规划、生态保护、土地利用等领域发挥重要作用，推动城市向更加绿色、生态、可持续的方向发展，为城市的可持续发展提供有力支持。

（三）用途与价值

1. 用途

反规划理论最初应用于景观规划，随后被广泛应用于城市规划、乡村规划、旅游规划、国土空间规划与国土保护规划、海绵城市建设、新型城镇化和新农村建设等方面，其不仅在理论上提出了逆向规划的思路，还在实践中得到了应用和发展，显示了其应用的价值和潜力（李博和黄梓茜，2016）。

2. 价值

反规划不仅是一种规划技术或方法，更是一种对传统城市规划理念的深刻反思。它批评了传统规划忽视生态系统完整性的做法，提出应优先考虑生命土地的健康和安全，而不是仅仅基于短期的土地开发需求。反规划理论的价值主要体现在以下几个方面：

（1）对传统城市规划的挑战与革新。提出了一种与传统城市规划截然不同的新方法，即优先考虑非建设区域的规划和设计。这种方法强调生态基础设施的重要性，旨在引导和框限城市的空间发展，从而解决计划经济体制下形成的城市环境危机和城市功能与结构混乱的问题。

（2）确保生态安全与城市发展的平衡。通过建立保障自然和人文过程安全和健康的景观安全格局，试图综合解决国土生态安全问题、城市的功能结构问题、交通问题以及城市特色和形态问题。这种方法体现了对人与自然和谐共处的追求，强调人地关系的和谐是解决城市问题的关键（俞孔坚等，2005）。

（3）对未来城市发展的指导。强调将土地视为生命体，通过构建生态基础设施来引导城市发展方向，保护生态和文化遗产，这对于实现可持续发展和生态环境保护具有重要意义。

（4）对城市化背景下问题的启示。对当今城市化背景下的国土和城市生态安全问题具有很好的启示意义，它为规划、实施和管理工作提供了新的视角和方法，有助于解决城市化进程中出现的各种问题（陈燕燕和陈亚婷，2011）。

（四）理论模型与主要观点

1. 理论模型

反规划理论认为城市是一个复杂的动力系统，处于混沌状态，但其中包含秩序。反规划采用叠合方法，通过多元拼贴的方式整合防洪、生物保护、文化遗产保护和休闲等子系统，形成边界模糊的网络结构，模拟自然演进的过程而非人为设计。这种方法强调生态基础设施的重要性，认为这是维护土地安全和健康的关键空间格局，必须优先于城市建设用地进行规划。

传统规划思路和“反规划”思路分别如图7-1和图7-2所示。通过两图的比较可以得出：“反规划”是一个与自然过程、生物过程和遗产保护、游憩过程紧密相关的强调生态保护优先的规划思想。

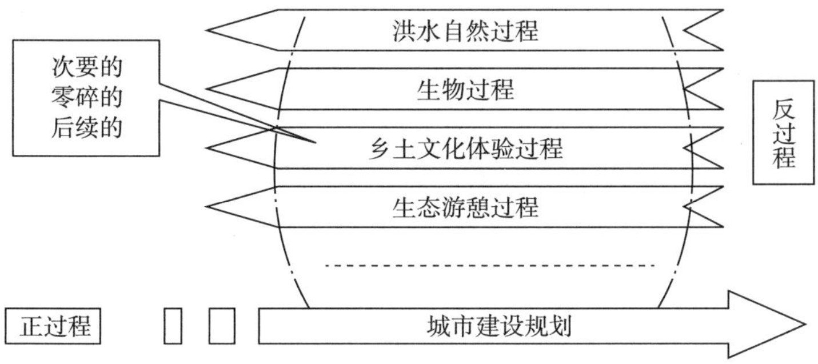

图7-1　传统规划思路

资料来源：唐建兵（2012）。

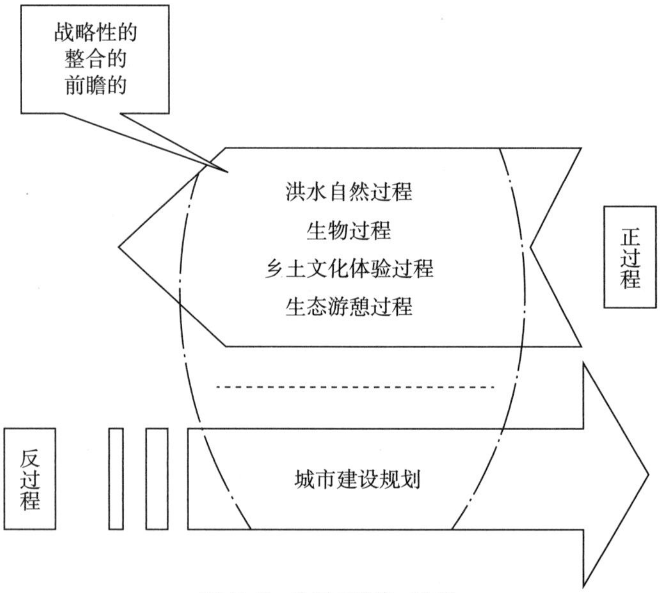

图 7-2 “反规划”思路

资料来源：唐建兵（2012）。

反规划理论可以从以下三个角度来认识。

（1）反思城市发展过快的现状。城市化进程过快带来的系列问题已经越来越突出。

（2）反思传统城市规划方法。原有的城市规划方法如果不进行完善和深化，势必影响城市化进程和城市的可持续发展。

（3）推崇反向的规划流程。和传统的规划流程相反，先修建生态基础设施，保持土地的健康，保证城市的可持续发展，从长远的角度来看待城市化进程（唐建兵，2012）。

2. 主要观点

（1）批判传统规划。反规划理论认为传统的“人口—性质—布局”规划方法无法有效应对城市化带来的复杂性和不确定性。

（2）生态优先原则。强调在城市规划中优先考虑生态基础设施的建设和维护，认为这是保障城市可持续发展的前提。

（3）系统性规划。主张采用系统的、综合的方法进行城市规划，包括自然过程、生物过程和人文过程的保护与恢复。

（4）逆向规划程序。提出与传统规划相反的程序，即先确定不建设区域，再进行城市建设区域的规划。

（5）强制性划定非发展区。在规划成果中体现为一个强制性的非发展区域，这个区域构成了城市发展的底线，定义了未来城市的空间形态。

（五）旅游研究应用

反规划理论在旅游研究中的应用主要表现在以下三个方面：一是城市内河旅游开

发研究，如夏学英（2011）基于反规划理论研究了城市内河的旅游开发；二是森林公园旅游规划研究，如唐建兵（2014）基于反规划理论，以自贡市飞龙峡森林公园旅游规划为例，研究了森林公园的旅游规划；三是乡村旅游规划研究，如唐建兵（2012）运用反规划理论研究了成都的乡村旅游规划。

二、共生理论

（一）基本概念

共生理论（Symbiosis Theory）是一种研究不同物种相互依存的生态学理论（高明和丁洪宾，2024），其基本宗旨是“合作互惠、共同发展”，终极目标是构建一个“互惠共生”的发展格局。“共生”特指不同属性种类的动植物，通过相互利用各自的特性和优势，最终实现共同生存的一种现象（韦福巍等，2020b）。共生可以分为互利共生、偏利共生和寄生。互利共生是指两个主体之间互利互惠、相互依赖的生存状态；偏利共生是指一方获利较大，另一方获利较小的生存状态；寄生是指寄生方依托于被寄生方生存，被寄生方没有获利甚至利益受损的生存状态。

（二）理论来源与发展

共生一词来源于希腊语，首先是由德国真菌学家安东·德贝里在1879年提出的，他将共生定义为不同种属生活在一起。随着共生研究的逐渐深入以及社会科学的发展，20世纪五六十年代后，“共生”的思想和概念逐步引起人类学家、生态学家、社会学家、经济学家、管理学家甚至政治学家的关注。一些源于生物界的共生概念和方法理论在诸多领域内正在得到运用和实施（张建民，2010）。

布克纳和范明特进一步丰富了共生的概念，认为共生就是不同生物体之间发生相互依存、相互演化的关系。最初的共生概念不包括寄生与共栖，但随着理论和实践的不断发展，共生的内涵与外延不断扩展，将寄生与共栖也归为共生。1970年，美国生物学家马古利斯提出了细胞共生学、共生学说等理论，引起了生物界的巨大震动。她又于1981年从生态学的角度对共生进行了定义，认为“共生是不同生物种类成员在不同生活周期中重要组成部分的联合”。柯勒瑞和刘维斯在德贝里的研究基础上深入分析了共生的形成与作用机理，提出了互惠共生等多种共生关系，并进一步指出共生现象不仅存在于自然生态系统中，还存在于人际交往之间或商业合作关系中（聂康，2022）。1998年，我国学者袁纯清在《共生理论——兼论小型经济》一书中从共生单元、共生模式和共生环境三个维度构建了共生理论框架，推动了共生理论在经济管理学领域的发展研究。

（三）用途与价值

共生理论广泛应用于社会学、经济学、管理学、国际政治学等领域，多用于论述社会人际关系。共生理论被应用于区域空间演化的研究中，特别是在分析城市各共生单元之间以及大城市之间的协同关系方面显示出显著的学术价值，为研究城市多中心的形成、大都市空间结构、区域城市群网络的演变提供了新的视角和工具（曹云，2013）。

共生理论的价值分为以下几个方面：一是组织演化研究的新基础，共生理论挑战了传统的达尔文进化论和拉马克进化论，提出了新的组织演化机制，在组织演化的内涵和特征、组织的本体论假设、组织与环境关系等方面提供了新的视角，有助于更深入地理解和解释组织演化过程（杨博文和黄恒振，2010）；二是经济学的隐喻和分析能力，它强调演化过程中的新奇性和创造力，以及不确定性、路径依赖和时间不可逆性，从而深化了对人类经济活动及其演化的认识；三是组织间共生关系的研究，通过梳理组织间共生关系的相关文献，研究者能够更好地理解组织间共生关系的概念、核心维度、共生效应和影响因素，为深化相关理论研究提供方向性指引（卢珊等，2021）。

（四）理论模型与主要观点

1. 理论模型

共生理论包含三大基本要素，分别是共生单元、共生模式、共生环境。共生单元是指构成共生体或共生关系的基本能量生产和交换单位，它是形成共生体的基本条件，比如在场馆型综合体内部共生系统中，各个功能单元即为共生单元。共生模式是共生单元相互作用的方式或相互结合的形式，反映出共生单元之间的物质信息交流关系和能量互换关系，可划分为共生行为模式和共生组织模式。共生行为模式包括寄生、偏利共生、互利共生三种，共生组织模式包括点共生、间歇共生、连续共生、一体化共生四类，一体化互惠共生是最理想的共生模式。共生环境是共生系统存在发展的外在条件，共生单元以外的所有因素的集合构成了共生环境，如场馆型综合体发展的市场环境和社会环境（何夷，2023）。

2. 主要观点

（1）合作是共生现象的本质特征之一。共生并不排除竞争，与一般意义上的竞争不同的是，共生不是单元之间的相互排斥和厮杀，而是单元之间的相互吸引和相互合作；不是共生单元自身性质和状态的丧失，而是继承和保留；不是共生单元的相互替代，而是相互补充、相互促进。竞争型共生系统中共生单元之间是一种通过竞争获得共同发展的相互作用关系，这种竞争是通过共生单元内部结构和功能的创新促进其竞争能力的提高。尽管共生包含了竞争和冲突，但它强调了从竞争中产生的新的、创造性的合作关系。

（2）共生强调了存在竞争的双方的相互理解和积极态度。

（3）共生过程是共生单元的共同进化过程，也是特定时空条件下的必然进化。共同激活、共同适应、共同发展是共生的深刻本质。共生为共生单元提供理想的进化路径，这种进化路径使单元之间在相互激励中共同进化，共生强调了共生系统中的任何一方单个都不可能达到的一种高水平关系。

（4）共生进化过程中共生单元具有充分的独立性和自主性。共生进化过程可能产生新的共生形态、形成新的物质结构。共生是在较大的社会、经济和生态收支背景下，共生单元寻求自己定位的一种途径，进化是共生系统发展的总趋势和总方向（刘荣增，2006）。

（五）旅游研究应用

共生理论在旅游研究中的应用主要表现在以下三个方面：一是旅游生态安全评价研究，如田里等（2024）基于共生理论研究了中国边境省域的旅游生态安全评价；二是旅游利益相关者冲突研究，如王克岭和李刚（2023）在共生理论视角下研究了乡村旅游利益相关者冲突及互惠型治理机制；三是红色文旅融合发展研究，如柴寿升等（2022）基于共生理论，以台儿庄古城为例，实证研究了红色文旅融合的发展机理。

三、景观生态学理论

（一）基本概念

景观是地表上空间格局的综合体，由自然要素和人类活动相互交织而成（朱志刚，2023）。景观生态指景观某一地段上生物群落与环境间的主要的、综合的因果关系。景观生态学（Landscape Ecology）是对不同尺度上景观空间变化的研究，主要研究内容包括景观系统的整体性、景观要素的异质性、景观研究的尺度性、景观结构的镶嵌性、生态流的空间聚集与扩散、景观演化的不可逆性与人类主导性以及景观价值的多重性（金万洲，2008）。景观生态学理论是研究在一个相当大的区域内，由许多不同生态系统所组成的整体（即景观）的空间结构、相互作用、协调功能及动态变化的一门生态学新分支。

（二）理论来源与发展

“景观生态学”一词首先由德国著名的生物地理学家特罗尔于 1939 年提出。景观生态学起源于 20 世纪五六十年代的欧洲，主要在德国、荷兰、捷克斯洛伐克等地区。20 世纪 80 年代，这一学科在全世界范围内得到迅速发展。1981 年在荷兰召开的首次国际景观生态学讨论大会和 1982 年在捷克斯洛伐克成立的国际景观生态学会（IALE）是这一学科发展的重要标志。

至今，景观生态学不仅被学术界普遍接受，而且已逐渐形成自身独立的理论体系，成为生态学研究中的重点发展方向之一（何东进等，2003）。Forman 和 Gordon（1986）在观察和对比各种不同景观空间形态、轮廓等基本特征差异后得出：斑块、廊道和基质是组成景观结构的三个基本单元类型，并从景观结构的空间基本特征上建立起“斑块—基质—廊道”理论。

中国在 20 世纪 80 年代初开始介绍景观生态学的概念、理论与方法。1981 年，黄锡畴和刘安国在《地理科学》上分别发表了关于景观生态学的文章，这是中国国内正式刊物首次介绍景观生态学的文献。此后，景观生态学在中国迅速发展（陈利顶等，2014），如全华和王丽华（2003）在斑—廊—基之外增加了一个构成——“缘”，最终形成斑—廊—基—缘。

（三）用途与价值

景观生态学理论广泛应用于生态规划、生物多样性保护、土地可持续利用、全球气候变化研究等领域。通过分析景观结构、功能和动态变化，可以识别关键生态区域和物种栖息地，从而制定有效的保护策略。景观生态学理论为城市规划与设计提供了生态导向的思路，同时也为自然资源管理提供了科学的评估方法，通过对景观结构的分析，可以了解自然资源的分布状况和利用潜力。

景观生态学理论具有重要的理论价值、实践价值和社会与经济价值，它不仅推动了生态学及相关学科的发展和创新，还为生物多样性保护、生态系统管理、资源与环境管理以及城市规划与建设等领域提供了有力的支持和指导。景观生态学是一个高度跨学科的研究领域，它将生物物理学、分析方法与自然科学和社会科学的人文和整体观点相结合，为理解和解决复杂环境问题提供了综合性的视角。

（四）理论模型与主要观点

1. 理论模型

景观生态学的主要理论有等级理论、边缘效应、缀块动态理论、斑—廊—基—缘模型、复合种群理论、种—面积关系和岛屿生物地理学理论，以及景观连接度、中性模型和渗透理论（邬建国，2000）。本书主要介绍斑—廊—基—缘模型。

在景观生态学中，构成并用来描述景观格局的一个基本模型就是斑—廊—基—缘模型（图 7-3）。该模型是以某些生态学变量为指标区分出的同质单元，即将原本复杂的自然生态结构转变为简单的单元，区域的生态格局和自然环境功能结构简单化，通过将复杂的生态结构简单化，从而使人们更加明确景观格局与生态多样性的联系，进而为生态环境建设提供理论指导（肖欣向等，2021）。

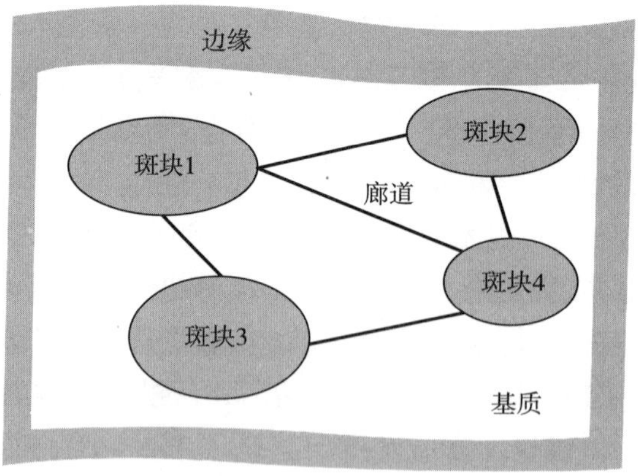

图 7-3　斑—廊—基—缘模型

资料来源：王丽（2016）。

其中，斑块（缀块）是指在外观或性质上与周围环境存在差异，同时又具有一定内部均质性的空间区域，如植物群落、湖泊、草原、农田、居民区等。廊道是指景观中与相邻环境不同的线性或带状结构，如林带、狭长河流、道路交通线、峡谷等，对廊道的研究主要关注的是廊道的宽度、内容、形状、连续性以及与周边斑块、基质的相互作用关系等。基质是指斑块和廊带所在的背景区域，也是景观中分布最广、连续性最大的背景结构，常见的有森林基底、草原基底、农田基底等，数目多而面积小的斑块使景区的景观多样性增大，具有较高的美学价值（Forman and Gordon，1986）。缘是指斑块或基质、廊道外围的缓冲地带，如陵墓、寺庙景区外围的缓冲区，可以烘托其原有的庄严肃穆及神圣的氛围。

2. 主要观点

（1）景观结构与功能。景观生态学关注景观的空间结构及其对生态过程的影响。例如，不同类型的生态系统如何在空间上分布以及这种分布如何影响物种多样性和生态服务。

（2）景观动态与变化。研究景观随时间的动态变化，包括人类活动对景观的影响以及自然干扰（如火灾、洪水）后景观的恢复过程。

（3）人与自然关系。景观生态学强调人类活动与自然环境之间的相互作用，特别是在城市化、农业扩张等人类活动对景观结构和功能的影响方面。

（4）生态保护与管理。基于对景观结构和功能的理解，提出有效的生态保护和管理策略，以维持生物多样性和生态服务的持续性。

（五）旅游研究应用

景观生态学理论在旅游研究中的应用主要表现在以下三个方面：一是森林公园规划设计研究，如王志玲等（2016）基于景观生态学理论，以广西元宝山国家森林公园总体规划为例，研究了森林公园的规划设计；二是旅游产品设计研究，如傅丽华（2007）基于景观生态学理论，研究了城郊农业的旅游产品设计；三是旅游景区规划研究，如冯朝圣和陈悦佳（2017）基于景观生态学理论研究了旅游景区的规划。

四、可持续发展理论

（一）基本概念

可持续发展理论（Sustainable Development Theory）是指既满足当代人的需要，又不对后代人满足其需要的能力构成危害的发展，以公平性、持续性、共同性为三大基本原则，强调经济、社会、环境三个方面的协调与平衡（张晓玲，2018）。可持续发展理论的核心是公平，包括代内公平和代际公平。在处理当代人与后代人利益关系时，现有理论更加注重后代人的权益，即后代人优先原则（方行明等，2017）。

（二）理论来源与发展

美国海洋生物学家蕾切尔·卡森于20世纪60年代出版的《寂静的春天》一书提出了人类应该与大自然的其他生物和谐共处、共同分享地球的思想。1972年，斯德哥尔摩召开第21届联合国人类环境研讨会，在《人类环境宣言》中正式提出可持续发展的概念并列入国际性议题。

1980年由联合国环境规划署（UNEP）、国际自然保护联盟（IUCN）、世界自然基金会（WWF）联合发表的《世界自然资源保护纲要》中，对可持续性发展思想进行了系统的定义和阐述。1984 年美国学者爱迪·B. 维思在塔尔博特·R. 佩奇（1977）所提出的社会选择和分配公平理论基础上，系统地论述了代际公平理论，该理论成为可持续发展的理论基石。1987 年，在联合国世界环境与发展大会上题为《我们共同的未来》报告中将可持续发展理论的内涵进行了比较具体翔实的表述。1992 年，在联合国世界环境与发展大会上通过了《里约热内卢环境与发展宣言》，正式将可持续发展理念从理论基础迈向实践。经过 1992 年发布的《21 世纪议程》到 2015 年发布的《变革我们的世界：2030 年可持续发展议程》（即 SDGs），可持续发展的概念内涵不断丰富。

（三）用途与价值

可持续发展理论广泛应用于环境、经济、社会、城市规划与建设以及国际合作等多个领域，它强调在发展过程中要注重环境保护、资源节约和社会公平等原则，以实现经济、社会和环境的协调可持续发展。可持续发展理论是一个综合性的理论框架，它主要用于指导各个领域的发展，以确保在满足当前需求的同时，不损害未来世代满足其需求的能力。

可持续发展理论不仅是解决当前环境问题、促进经济社会协调发展的重要理论框架，还是实现人类长远福祉和地球可持续未来的关键路径。可持续发展理论强调资源的可持续利用，推动社会在经济发展过程中注重资源的节约和高效利用，从而保护自然资源的存量和质量。可持续发展理论鼓励绿色产业和绿色技术的创新与应用，为经济发展注入新的动力，促进经济结构的优化升级。该理论关注社会弱势群体的权益，推动社会公平和包容性发展，减少贫困和不平等现象，提高人民的生活水平和幸福感。可持续发展理论强调全球环境治理的重要性，推动各国在环境保护、气候变化等领域加强合作与交流，共同应对全球性环境挑战，实现全球可持续发展目标。可持续发展理论还突破了以经济增长为核心的传统发展观局限，将环境保护、社会公平和经济发展纳入统一框架进行综合考虑。

（四）理论模型与主要观点

1. 理论模型

可持续发展系统由相互联系紧密的五大支持系统（子系统）组成，即生存支持系统、发展支持系统、环境支持系统、社会支持系统和智力支持系统。这五大支持系统的共同贡献决定了一个国家可持续发展的能力。可持续发展理论的理论模型主要包括经济、环境和社会三个支柱。

（1）经济模型。强调在不破坏环境和资源的基础上实现经济增长。这要求改变传统的生产和消费模式，推动绿色经济和循环经济的发展。

（2）环境模型。关注生态系统的保护和恢复，确保自然资源的可持续利用。这包括保护生物多样性、减少污染和温室气体排放等措施。

（3）社会模型。强调公平性原则，即在满足当代人的需要的同时，不损害后代人满足其需要的能力。这涉及社会公正、消除贫困和提高生活质量等方面。

2. 主要观点

可持续发展的实质在于体现人与自然、人与人两大基本关系的和谐平衡。可持续发展理论的主要观点可以概括为以下几个方面：

（1）公平性原则。可持续发展强调代际之间和代内之间的公平，即不仅要满足当前人口的需要，还要考虑未来世代的需求。

（2）持续性原则。持续性原则要求经济活动在资源和环境的可承受范围内进行，以保持生态系统的健康和生产力。

（3）共同性原则。共同性原则认为可持续发展是全球性的挑战，需要国际社会的合作和共同努力来实现。

（4）整合发展。可持续发展要求经济发展、社会进步和环境保护三者之间相互支持、相互促进，形成一个整体的发展策略。

（5）能力建设。为了实现可持续发展，需要加强管理、法制、科技、教育等方面的能力建设，以提高国家和社区应对挑战的能力。

（五）旅游研究应用

可持续发展理论在旅游研究中的应用主要表现在以下三个方面：一是旅游高质量发展研究，如张朝枝和杨继荣（2022）基于可持续发展理论研究了旅游高质量发展的分析框架；二是旅游门票提价研究，如刘肖梅（2007）基于可持续发展理论探讨了旅游门票提价问题；三是旅游资源开发研究，如王晓焰（1998）基于可持续发展理论研究了旅游资源的开发。

五、LAC 理论

（一）基本概念

LAC 理论，即“可接受的改变极限”（Limits of Acceptable Change），该理论认为游憩使用对环境造成的负面影响不可避免，资源与环境保护的关键在于为环境改变设置极限值，在到达这一极限值后必须采取管理措施，以免对环境与游客体验造成不可接受的破坏（Stankey et al.，1984）。即一个地区如果允许开展旅游活动则不可避免地出现资源状况下降也应必须接受，关键是要为可容忍的环境改变设定一个极限，当一个地区的资源状况达到预先设定的极限值时必须采取措施以阻止进一步的环境变化（蔡晴和姚赯，2009）。

（二）理论来源与发展

“可接受的改变极限”这一用语是由一名叫佛里赛的学生于 1963 年在其硕士学位论文中提出来的。1972 年这一概念经佛里赛和史迪科进一步发展，提出不仅应对自然资源的生态环境状况设定极限，还要为游客的体验水准设定极限，同时建议将它作为解决环境容量问题（即资源保护与旅游开发利用之间矛盾）的一个替选方法。史迪科等在 1984 年 10 月发表了题为《可接受改变的极限：管理鲍勃马苏荒野地的新思路》的论文，第一次提出了 LAC 的框架。1985 年 1 月，美国国家林业局出版了题为《荒野地规划中的可接受改变理论》的报告，这一报告更为系统地提出了 LAC 的理论框架和实施方法。

（三）用途与价值

LAC 理论主要应用于旅游资源规划和自然资源开发利用与保护等方面，该理论被广泛应用于美国、加拿大、澳大利亚等国家的国家公园和保护区规划和管理，在解决资源保护和旅游发展之间的矛盾方面取得了很好的效果（武艺和吴小根，2004）。该理论提供了一个更为接近实际的模型，用于评估旅游对环境的影响，并帮助管理者在资源保护和旅游发展之间找到平衡点。

LAC 理论是对环境承载力概念的继承，同时也是对环境容量模型方法的不断完善。该理论为自然资源的开发利用与保护提供了重要的理论基础，并具有广阔的应用前景。LAC 理论在中国的自然文化遗产资源管理中也具有重要的应用价值，尤其是在风景名胜区和自然保护区的管理中，为其提供了一种有效的解决思路。此外，LAC 理论还可以帮助决策者和管理者在保护自然资源的同时，合理地开发和利用这些资源以促进旅游业的发展，在中国的旅游业和环境管理中具有重要的实践意义，有助于实现旅游业的可持续发展（苏欣和林锦富，2010）。

（四）理论模型与主要观点

1. 理论模型

LAC 理论提出了一套九个步骤的管理过程，用以替代单纯的“环境容量计算”，主要为：①确定划选的区域及其内的关注对象和重点需要解决的问题；②确定并描述旅游活动的类型；③选择相关的状况作为研究对象，并确定相应的监测指标；④针对“③”所确定的监测指标进行现状调查，并在空间上对其进行标注；⑤为每一种旅游活动类型的研究对象确定标准；⑥根据“①”和“④”获得的信息定制旅游活动类型的替选方案；⑦为每一个方案进行行动代价分析并制定管理计划；⑧对方案进行评价并选出一个最优方案；⑨实施相应的计划并且监测“③”的指标（唐泓凯等，2020）。

2. 主要观点

LAC 理论的核心在于认识到旅游活动对环境和社会文化的影响是不可避免的，但可以通过有效的规划和管理来控制在可接受的范围内。这一理论的主要观点如下：

（1）相对性。旅游环境容量没有绝对值，而是取决于各方可接受的相对值。这意味着环境容量的测量是主观的，需要根据不同利益相关者的需求和期望来确定。

（2）多维度。其将环境容量分为多个子容量，每个子容量包含多个变量，这些变量共同决定了环境容量的大小。这种方法考虑了环境的复杂性和多样性。

（3）数据准确性。由于环境容量涉及众多变量，准确计算环境容量数据几乎不可能。这要求研究者和管理者在实践中不断调整和优化 LAC 理论的应用。

（4）文化差异。LAC 理论在不同国家和地区的应用需要考虑当地的文化和社会特点。例如，在中国，由于游客集中且约束力差，LAC 理论得出的数据或许只能作为理论上的参考，而在实际应用中面临挑战。

（五）旅游研究应用

LAC 理论在旅游研究中的应用主要表现在以下三个方面：一是古村落旅游容量研究，如林祖锐等（2018）基于 LAC 理论，以国家级历史文化名村小河村为例，研究了古村落的旅游容量；二是景区旅游环境容量研究，如石磊等（2016）基于 LAC 理论，以宁夏沙湖旅游区为例，研究了沙漠型景区的旅游环境容量；三是旅游规划管理研究，如易平和方世明（2014）基于 LAC 理论研究了地质公园的旅游规划管理。

六、生态补偿理论

（一）基本概念

生态补偿（Payment for Ecosystem Services，PES）是指通过经济手段调节生态保护与损坏者利益关系的制度设计，对促进人与自然和谐共生，实现生态、社会、经济可持续发展具有重大意义（孙新章和周海林，2008）。狭义的生态补偿指对生态系统和自然资源保护所获得效益的奖励或破坏生态系统和自然资源所造成损失的赔偿，广义的生态补偿则还包括对造成环境污染者的收费（李文华和刘某承，2010）。生态补偿理论是一个涉及生态保护、经济利益分配及可持续发展的综合性理论，它主要围绕如何通过经济手段激励生态保护和修复，以确保生态系统服务的持续提供和生态平衡的维护。

（二）理论来源与发展

生态补偿最初源于对自然生态补偿，被看作生态系统对外界干预的一种自我调节，以维持系统结构、功能和系统稳定（赵银军等，2012）。19 世纪 70 年代，美国马萨诸塞大学的 Larson 和 Mazzarse 提出了第一个帮助政府颁发湿地开发补偿许可证的湿地快速评价模型；美国、英国、德国建立了矿区的补偿保证金制度；Cuperus 等对因高速公路的修建产生的生态补偿进行了研究。英国伦敦的国际环境与发展研究所、美国的森林趋势组织分别就环境服务市场及其补偿机制在世界范围内对自发或政府组织推动的案例进行研究和诊断，以作为理论的探讨和市场开发的依据（文红和李建华，2007）。

生态补偿理论的发展大致经历了以下几个阶段：一是自发型生态补偿阶段（20 世纪 70 年代至 90 年代初），主要特点是生态补偿主要依赖于生态系统自身的调节能力，尚未形成明确的经济补偿机制。二是赔偿型生态补偿阶段（20 世纪 90 年代初至 90 年代末），主要特点是随着人类活动对自然环境的破坏加剧，生态补偿开始采用经济手段，强调对破坏生态系统和自然资源所造成损失的赔偿和恢复，并逐渐形成了对损害行为的赔偿机制。三是权益型生态补偿阶段（20 世纪 90 年代末至今），主要特点为生态补偿更加注重对生态环境保护者和建设者的补偿，以及通过市场机制促进生态服务的交易和分配。生态补偿理论开始关注生态资本的权益拥有者或权益受损者的补偿问题，与国际上通称的生态服务付费或生态效益付费基本相似。

（三）用途与价值

生态补偿理论在森林、草原、流域、湿地、耕地、海洋以及矿产资源开发等多个领域都有广泛的应用。这些应用不仅有助于促进生态环境的保护和恢复，还有助于实现经济社会的可持续发展。

生态补偿理论的理论价值：一是促进生态经济学的发展，这包括将生态服务纳入经济学的总供给和总需求分析模型，以及提出简便易行的生态服务价值综合评估方法（潘兴良等，2016）。二是引发对生态与社会关系的思考，包括理解生态补偿在自然资源管理、生态保护与社会经济发展之间的复杂关系，以及如何平衡效率、效益和公平之间的关系（范明明和李文军，2017）。三是指导政策和实践，生态补偿理论为制定和实施生态补偿政策提供了理论基础。明确生态补偿的价值目标对于完善政策体系、调动各方参与生态保护的积极性、提升自然生态系统的稳定性和生态产品供给能力具有重要意义（王梓懿等，2021）。

（四）理论模型与主要观点

生态补偿实现的理论依据主要有以下几个流派：

1. 福利经济学说

外部性理论和庇古手段是生态补偿的理论基础，认为资源不合理开发利用和环境污染的原因在于外部性，需要生态补偿来消除外部性对资源配置的扭曲影响，使外部性生产者的私人成本等于社会成本，从而提高整个社会的福利水平。

2. 产权经济学说

该理论认为，生态补偿通过体现超越产权界定边界的行为的成本，或通过市场交易体现产权转让的成本，从而引导经济主体采取成本更低的行为方式，达到资源产权界定的最初目的，使资源和环境被适度持续地开发和利用。

3. 利益博弈说

从博弈论的角度来看，生态补偿是为了走出生态“囚徒困境”的制度安排，通过建立生态补偿的选择性刺激机制，实现区域内的集体理性，其价值动因是协调和解决环境权与生存权、发展权之间的冲突；而跨区域生态补偿也就是采取纵向一体化的办法将外部影响内部化。

4. 社会公义说

持该观点的人认为，生态补偿说到底是个社会公平问题，环境资源产权界定或者说权利的初始分配不同造成了事实上的发展权利的不平等，需要一种补偿来弥补这种权利的失衡，因此生态补偿应被更多地赋予了社会和谐与公正的责任。

5. 心理学和行为学

该观点认为补偿对行为具有明显的示范定向、塑造的作用。补偿改变成本收益的时空动态关系，改变心理预期、选择偏好、行为主体间的责任与义务关系（赖力等，2008）。

（五）旅游研究应用

生态补偿理论在旅游研究中的应用主要表现在以下三个方面：一是游客旅游生态补偿支付意愿研究，如熊长江等（2020）以天山天池世界自然遗产地为例，研究了游客旅游生态补偿的支付意愿；二是旅游生态补偿标准测度研究，如胡欢等（2022）以黄山国家公园创建区为例，研究了国家公园旅游生态补偿的标准测度；三是生态补偿机制研究，如张理英和薛跃规（2007）以阳朔龙颈河为例，研究了生态旅游开发中的生态补偿机制。

七、生态位理论

（一）基本概念

生态位（Ecological Niche）指在特定时空和生存环境内，每个个体或物种都拥有自己的角色和地位（李晓东等，2023）。个体在系统中占据一定位置和功能，生态位则从生存空间维度上衡量特定生态个体相对于其他生态个体在种群中的相对位置和功能。生态位理论认为，为了在特定空间中生存和发展，各物种必须谋求独特的生态位有序交互、竞合演进，一旦产生恶性竞争，将不利于自身乃至整个系统的可持续发展（李淑红，2023）。

（二）理论来源与发展

生态位起源于生态学，最早是由 Johnson 在 1910 年研究瓢虫时的论文中给出的术语。由生物学家格林内尔于 1917 年在生态学领域给出概念，用来表示生物在环境中占据的特定位置。随后，Elton 关注物种在生态环境中的营养级位置，提出“功能生态位”和“营养生态位”，更加注重物种在社会生态位中的关系。

相比于之前生态位之间的研究，Hutchinson（1957）倾向于研究生态位环境中的因素对物种的制约，物种对不同的影响因素其适应的环境也会不同，那么所对应的生态位也会不同，所有影响因素组合起来就是多维超体积生态位，并在此基础上提炼了现实生态位和基础生态位两种类，成为现代生态位理论的基础。Odum（1983）通过归纳梳理生态位理论的研究，认为物种生态位是其生活空间、生态环境以及物种功能三者相互作用的结果（石益，2022）。随着生态学研究的深入发展，生态位理论将继续在生态保护和资源管理等领域发挥重要作用。

（三）用途与价值

生态位理论广泛应用于动物生态学、森林生态学、生态农业、城市生态学、旅游学等领域，可以用于预测物种的分布、理解入侵物种的生态需求、制定生物多样性保护策略、研究全球气候变化对物种分布的影响等。通过分析物种已知的分布数据和相关环境变量，可以帮助科研人员和管理者更好地理解物种的生态需求，为生物多样性保护、入侵生物学、气候变化影响评估和传染病传播研究等多个领域提供了重要的工具（朱耿平等，2013）。

生态位理论为解释和预测生物多样性的分布提供了理论基础，通过模拟物种在不同环境条件下的潜在分布，为生态保护实践、资源管理、生态风险评估以及应对全球环境变化提供了科学依据，在促进生物多样性保护、指导生态保护政策的制定和实施，以及提高人类对自然生态系统变化的理解和应对能力等方面具有显著的价值（牛克昌等，2009）。

（四）理论模型与主要观点

1. 理论模型

（1）空间生态位模型。主要关注物种在物理空间中的分布和占据。它强调的是物种在地理区域、栖息地选择、资源利用等方面的竞争与共存。这个模型常用于研究物种的地理分布、栖息地偏好以及环境变化对物种分布的影响。

（2）功能生态位模型。关注物种在生态系统中的功能角色，即物种如何通过其生理、行为和生态特征来适应环境并影响生态系统过程。这个模型常用于研究物种间的相互作用、资源利用模式以及生态系统的稳定性和恢复力。

（3）多维生态位模型。将生态位视为一个多维度的概念，包括空间、时间和功能等多个方面。它认为物种的生态位是由多个相互关联的因素共同决定的。这个模型常用于综合分析物种在复杂生态系统中的地位和作用。

（4）生态位态势理论。反映了物种在某一时间段内的发展状况和趋势，是评价物种发展潜力和综合竞争力的重要指标之一。“态”是指某一物种在某一时点上的发展状态，是静态指标，用某一年该地区评价指标的数值表示；“势”是指该物种对环境的适应性和影响力，反映了该物种在某一时期内的变化，是动态的指标。而对于生态位的“势”，也有几种不同的计算方法，通常用某一地区连续几年评价指标数值增加的平均值来表示，也可以用增长率来表示，具体适用情况根据研究对象、研究内容的不同进行选取（孙丽文和任相伟，2020）。

2. 主要观点

（1）生态位的多样性。每个物种都有其独特的生态位，这是由其遗传特性、生理需求、行为习性以及所处的环境条件共同决定的。不同的物种可能占据不同的生态位，从而避免了直接的竞争和冲突。

（2）生态位的重叠与竞争。当两个或多个物种的生态位发生重叠时，它们之间就会存在竞争关系。这种竞争可能导致某些物种被排斥出生态系统，或者促使它们进化出新的适应性特征以减少竞争压力。

（3）生态位的分化与适应。为了减少竞争压力并提高生存机会，物种会通过进化过程逐渐分化其生态位。这种分化可能表现为形态、生理、行为或生态特征的改变，从而使不同物种能够更有效地利用不同的资源或占据不同的生态位。

（4）生态位的动态变化。生态位并非固定不变的，而是随着环境变化、物种进化和生态系统发展而不断变化的。物种可能会通过迁移、扩散或进化等方式改变其生态位以适应新的环境条件。

（5）生态位宽度。生态位宽度（也称为广度）是指一个物种在生态系统中借助环境资源的多样化程度，即一个物种对资源的占用和利用程度，物种的资源的占有和利用程度越大，其生态位宽度值就越大。相反，当某一种生物所使用的资源总量只占整个生态系统的一小部分时，其生态位宽度就比较窄，即资源占用和利用程度小（李菲菲等，2019）。

（五）旅游研究应用

生态位理论在旅游研究中的应用主要表现在以下三个方面：一是旅游脆弱性评价研究，如贺小荣和彭坤杰（2021）基于生态位理论研究了湖南省的城市旅游脆弱性评价；二是旅游竞争力提升研究，如贺小荣等（2019）在生态位理论视阈下，研究了湖南省的城市旅游竞争力提升策略；三是旅游发展研究，如刘丽梅和吕君（2019）基于生态位理论研究了内蒙古自治区的旅游发展状况。

第八章　旅游文化学理论

一、文化变迁理论

（一）基本概念

文化变迁（Culture Change）指的是文化内容和结构在量上的缓慢变化过程，这可以是无意识的文化自然发展或积累的过程，也可以是人们自觉地、有计划地发展或改革文化的过程。文化变迁与社会变迁紧密相关，通常社会变迁会引起文化变迁，反之亦然（邵炳军，2021）。文化变迁理论是文化人类学中一个重要的理论模型，主要探讨文化在不同时间、空间条件下的变化过程及其原因。

（二）理论来源与发展

文化变迁研究可以追溯到19世纪或更早，迄今大致可以分为三个阶段：第一阶段是19世纪的文化进化研究，文化进化论是主流观点。第二阶段是20世纪早期，反进化论成为主流观点，一些英美文化人类学家批判和放弃文化进化论，文化变迁、文化模式、文化传播、文化历史主义、文化相对主义和功能主义等被较多采用。第三阶段是20世纪40年代以来，文化变迁的综合研究包括文化进化、文化变迁和文化现代化研究等。

随着学科的发展和研究方法的进步，文化变迁理论逐渐呈现出多元化的趋势。现代学者不仅关注文化变迁的普遍性和规律性，还关注文化变迁的多样性和复杂性。他们运用不同的理论框架和分析工具，对文化变迁的各个方面进行了深入的研究。在当代社会背景下，全球化、信息化等趋势对文化变迁产生了深远的影响。当代学者在继承和发展传统理论的基础上，更加注重跨学科的研究和合作。他们运用多学科的知识和方法，对文化变迁的动因、过程、结果等方面进行了全面的探讨和解释。

（三）用途与价值

文化变迁理论的应用非常广泛，它不局限于文化人类学，还涉及社会学、历史学、政治学等多个学科，这种跨学科的特性促进了不同学科之间的交流和合作，从而深化了对文化变迁现象的理解（范可，2022）。

文化变迁理论从不同角度揭示了人类文化变迁的奥秘，帮助我们理解和解释在现代社会中不断变化的文化实践，为我们提供了一个理解这些变化的框架；文化变迁理论是文化人类学核心理论之一，它不仅帮助我们理解文化的发展过程，还使我们能够分析不同文化之间的差异和相似性；文化变迁理论还为政策制定者提供了理论依据，帮助他们在制定文化政策时考虑到文化的动态变化，这种理论强调了文化多样性和变迁的多途径，从而促进了更加包容和灵活的文化政策制定。

（四）理论模型与主要观点

1. 理论模型

康拉德·菲利普·科塔克（Conrad Phillip Kottak，2012）提出文化变迁机制理论，他认为文化变迁的机制包括文化涵化、文化传播和独立发明。

（1）文化涵化是指由文化接触而形成的文化融合、文化交流现象，即两种或两种以上的文化群体之间持续不断的直接碰撞，任何一方或双方都可通过这类碰撞而改变，其本质上是两种文化特质的交换或融合。通过涵化，这些文化的某些部分会产生变迁，但每个群体依然保持其特殊性。

（2）文化传播是不同文化间的特质采借，当两个群体彼此贸易、通婚或发生战争时，就会形成文化的直接传播。文化传播的过程需要各种符号和媒介载体，因此会产生各种社会行为和社会关系，形成各种价值判断。没有文化传播就没有文化的传承、增殖与重构；没有文化传播，也就没有文化的变迁、冲突与控制。

（3）独立发明是人类在文明进程中进行创新，并创造性地解决问题的终极办法，这是文化变迁的第三种机制（蔡婷婷，2022）。

2. 主要观点

（1）创新与传播。通常涉及新的文化元素的创造和旧有文化元素的传播，这些元素可能是通过发明、发现或文化交流获得的。

（2）涵化与适应。在文化变迁过程中，不同文化之间的接触可能导致涵化现象，即一种文化吸收另一种文化的元素，同时，文化也会根据环境变化进行适应性调整。

（3）冲突与整合。可能伴随着文化冲突，但最终会通过整合形成新的文化形态，这一过程可能涉及文化选择和重构。

（4）功能与结构。不仅影响文化的功能，也影响文化的结构，包括社会组织形式和制度的变化。

（5）现代化影响。文化现代化是文化变迁的一个重要方面，它涉及传统文化在现代社会条件下的转型和发展。

（五）旅游研究应用

文化变迁理论在旅游研究中的应用主要表现在以下三个方面：一是旅游区文化变迁研究，如田敏（2019）对民族旅游区的文化变迁进行了实证研究与理论阐释；二是旅游小镇规划设计研究，如吴忠军等（2017）基于少数民族村寨文化变迁与空间重构，研究了我国少数民族旅游特色小镇文化空间发展的理想路径与模式；三是旅游文化变迁与形成机制研究，如陈岗和黄震方（2009）确立了旅游文化的二维系统结构，并在此基础上研究了旅游文化的形成与变迁机制。

二、文化距离理论

（一）基本概念

文化距离（Cultural Distance）通常被定义为“共享规范与价值观在一个国家与另一个国家之间的差异程度（Kogut and Singh，1988），指母国与东道国之间那些一方面能够创造知识需求，另一方面又阻碍知识流动导致其他流动也受阻碍的要素总和（Luostarinen，1979）。它反映了不同文化在价值观、信仰、习俗、行为规范等方面的差异。文化距离理论主要关注不同文化之间的差异程度，以及这种差异对个体、组织或社会现象的影响。

（二）理论来源与发展

文化距离理论的起源可以追溯到美国社会学家威廉·奥格本在1923年提出的“文化堕距”概念，用以描述在社会变迁过程中，由于社会各部分变化的速度不同而产生的种种问题。Luostarinen于1979年首次提出“文化距离”的概念。1980年，荷兰心理学家吉尔特·霍夫斯泰德在文化距离理论的基础上提出了文化维度理论，并总结出衡量价值观的六个维度（权力距离、个人主义/集体主义、男性化/女性化、不确定性规避、长/短期取向、自身放纵/约束）（陈元清，2020）。随后，弗恩海姆在1987年进一步指出，文化距离并非一种物理距离，而是受一系列因素影响的一个心理概念。科格特和辛格在1988年对文化距离做了定义，并提出了文化距离假说，即旅居者的文化与东道国的文化距离越大，其跨文化适应就越困难。

随着全球化的深入发展，文化距离理论也在不断演变。全球化促进了各国之间的文化交流与融合，使文化距离在一定程度上有所缩小。然而，全球化也加剧了文化冲突和文化保护主义现象的出现，导致某些情况下文化距离反而可能增大。随着文化多元化和包容性成为当代社会的显著特点，文化距离理论也更加注重跨文化理解和融合的重要性。它鼓励人们在尊重和理解不同文化的基础上开展交流与合作，以推动人类文明的和谐共存和发展。

（三）用途与价值

文化距离理论应用于跨文化管理、国际业务、人力资源及跨文化交际等多个领域，这一理论为组织在全球范围内的扩张和运作提供了重要的指导，帮助企业在不同文化背景下更有效地进行管理和沟通。

文化距离理论通过识别和量化影响个人和社会行为、决策和互动方式的关键文化维度，有助于解释不同文化之间价值观、信仰和行为的差异，对于促进跨文化理解和交流至关重要。文化距离理论在跨境投资领域具有重要价值，了解和考虑文化距离对于引进外资和推进跨境投资、实现合作共赢具有重要意义（张艾莲和刘柏，2019）。

（四）理论模型与主要观点

1. 理论模型

文化距离的测量方法大致分为三种：基于文化维度分值计算的文化距离、文化群距离以及感知文化距离。其中，基于文化维度分值计算的文化距离是在权力距离（Power Distance）、集体主义与个体主义（Collectivism and Individualism）、阳刚气质与阴柔气质（Masculinity and Femininity）、不确定性规避（Uncertainty Avoidance）四个文化维度基础上提出的指数计算法（Cultural Distance Index）。文化群距离（Cultural Cluster Distance）则是由克拉克和皮尤提出的一种聚类方法。他们根据母国所在的文化组别与目标国所在的文化组别之间的文化差异程度，把世界上的国家分为五类文化群。感知文化距离（Perceived Cultural Distance）指的是调研对象对母国和目标国之间文化差异程度的主观感知，主要通过对调研对象感知到的文化差异进行测量（王欣梅，2019）。

2. 主要观点

（1）差异与相似性。文化差异和文化相似性是衡量两个文化之间距离的关键因素。差异越大，文化距离越远；相似性越高，文化距离越近。

（2）交流障碍。文化距离较远的文化之间的交流可能会遇到更多的障碍，如语言障碍、误解和冲突。而文化距离较近的文化之间则更容易建立有效的沟通和理解。

（3）适应策略。面对不同的文化距离，个人和组织需要采取不同的适应策略。文化距离理论认为，旅居者的文化与东道国的文化距离越大，其跨文化适应就越困难。因此，对于文化距离较远的交流，可能需要更多的文化培训和准备。

（4）动态变化。文化距离不是静态不变的，随着全球化和信息技术的发展，不同文化之间的交流日益频繁，文化距离可能会随之缩短。

（五）旅游研究应用

文化距离理论在旅游研究中的应用主要表现在以下三个方面：一是旅游文化距离研究，如王佳果等（2021）探究了文化距离对旅游者有何种影响；二是旅游者目的地选择研究，如杨旸等（2016）以日本和中国大陆出境游为例研究了文化距离对旅游目的地选择的影响；三是游客行为特征研究，如李静和舒伯阳（2023）以五大古都城市为例，实证分析了国际游客目的地感知形象、积极情绪与行为意愿。

三、文化认同理论

（一）基本概念

认同是个人或群体在感情上、心理上趋同的过程。文化认同（Culture Identity）指的是一种文化的共识以及不同文化之间的交流与融合，可分为两种类型，一种是对自己的民族文化的认同，另一种是不同文化的认同（李英，2023）。文化认同理论指一个群体中的成员在民族共同体中长期共同生活所形成的对本民族最有意义的事物的肯定性确认。它不仅是对自己所属文化的了解和理解，更是一种情感上的认同，是一个人或群体与所在文化的情感内核联系。

（二）理论来源与发展

西格蒙德·弗洛伊德最早提出了心理学意义上的“认同”概念，并指出这是个体与他人有情感联系的最早表现形式。查尔斯·霍顿·库利进一步拓展了认同理论，提出了“镜中自我”的概念，强调了社会互动对个体认同的塑造作用。20世纪50年代初期，美国著名精神分析学家埃里克松提出了文化认同理论，揭示了文化认同在民族共同体形成和维系中的重要作用。

随着学科交叉和融合，文化认同理论被从不同的角度进行了深入研究，丰富了其理论内涵和应用范围。在全球化背景下，不同文化之间的交流和碰撞日益频繁。文化认同理论面临着新的挑战和机遇，需要不断探索如何在保持文化多样性的同时促进不同文化之间的理解和尊重。

（三）用途与价值

文化认同理论在社会科学、教育学、跨文化沟通、组织行为学等多个领域都具有广泛的应用价值，对于理解和维系多元社会、促进跨文化交流以及提升组织文化适应能力等方面具有关键作用。通过深入研究和应用文化认同理论可以更好地理解和尊重多元文化，促进不同文化之间的交流与融合，构建更加和谐共处的社会。

文化认同理论有助于减少个体在习俗、语言、文化等方面存在差异所带来的交际障碍，了解不同文化语言习惯、社会文化、风土人情等微观文化知识，以促进有效的跨文化交际。文化认同理论对于多元文化社会的塑造、调整和演变具有重要影响。在多元文化环境中，文化认同不仅受到文化环境的影响，也对个体的社会认同产生重要影响。文化认同理论揭示了不同文化群体如何形成和维系其独特的文化认同，能帮助学者深入理解多元文化背景下的个体差异。文化认同是跨文化传播的基础，文化认同理论指导跨文化沟通的实践，有助于个体更好地适应和应对文化差异，实现有效沟通。

（四）理论模型与主要观点

1. 理论模型

（1）认知—情感—意志—行为意向模型。这一模型将文化认同划分为四个维度：认知（对文化的了解和理解）、情感（对文化的情感联系）、意志（对文化的承诺和投入）和行为意向（基于文化认同的行动倾向）。这个模型常用于研究个体或群体在不同文化环境中的适应过程，以及他们如何通过这四个维度来构建和表达自己的文化认同。

（2）文化符号认同—文化身份认同—价值文化认同模型。这一模型将文化认同分为三个层级：文化符号认同（对文化符号的认知和接受）、文化身份认同（对自身属于某文化群体的认识）和价值文化认同（对文化价值观的认同和内化）。这个模型常用于分析个体或群体在不同文化背景下的身份建构过程。

2. 主要观点

（1）文化认同的形成是一个社会化的过程。文化认同不是天生就有的，而是通过社会化过程获得的。在这个过程中，个体不断接受自己所属文化中的观念、意识形态、价值观等，并形成与之相关的感知和行为模式。

（2）文化认同具有多样性和差异性。不同的文化之间存在着相似性和差异性，不同个体或群体之间的文化认同也会有所不同。这种多样性和差异性是人类社会丰富多彩的重要体现。

（3）文化认同与跨文化交际密切相关。在跨文化交际中，文化认同起着至关重要的作用。只有深入了解对方的文化背景和价值观，才能有效地进行沟通和交流。

（4）文化认同的最基本的载体是个人。无数个人对文化的认同构成了一个群体对于文化的认同。以他者的角度来看，文化认同是寻求身份认同的过程，是文化的参与者和适应者（黄昊翔，2022）。

（五）旅游研究应用

文化认同理论在旅游研究中的应用主要表现在以下三个方面：一是节庆发展研究，如刘敏（2012）基于文化认同理论研究了草原节庆发展；二是旅游关注文化研究，如宋书楠和郭子浈（2022）基于文化认同理论，以西安市为例，对抖音用户的旅游文化关注进行了研究；三是国家文化公园建设研究，如曹海燕（2023）基于文化认同理论研究了长江国家文化公园建设的价值取向与创新路径。

四、文化资本理论

（一）基本概念

文化资本理论（Cultural Capital Theory）主要探讨文化因素如何作为一种资本形式在社会、经济和个人发展中发挥作用。资本是积累性的劳动，以具体化、客观化或制度化的形态存在，同时又作用于个体本身，成为个体的一部分。资本分为三种形式，分别是经济资本、社会资本和文化资本，其中文化资本泛指任何与文化及文化活动有关的有形和无形的资产（石佳佳，2021）。布迪厄把文化资本分为了三种形式：具体化的文化资本、客观化的文化资本和体制化的文化资本（包亚明，1997）。文化资本可以分为隐性的文化资本和显性的文化资本。隐性的文化资本是指个人的内在化知识和能力，而显性的文化资本则是指物化的知识形式。

（二）理论来源与发展

20 世纪 60 年代末，布迪厄在《资本的形式》一文中最早提出了文化资本理论，并将其作为理解社会不平等和阶层再生产的重要工具。布迪厄关于文化资本与教育公平问题的相关实证研究成果则主要集中在《再生产：一种教育系统理论的要点》《继承人：大学生与文化》《国家精英：名牌大学与群体精神》等著作之中。

随着布迪厄等学者的深入研究，文化资本理论逐渐得到丰富和发展。布迪厄不仅提出了文化资本的三种基本形态（具体化、客观化和制度化），还进一步探讨了文化资本在社会结构中的运作机制，如文化资本的再生产、传递和转化等。随着全球化的深入发展，文化资本理论也逐渐纳入全球视野。尽管文化资本理论在多个领域取得了显著成果，但也有一些学者认为文化资本理论过于强调文化因素在社会不平等中的作用，忽视了其他因素（如经济、政治等）的影响。还有一些学者对文化资本的具体形态和运作机制提出了不同的看法和解释，这些争议和反思推动了文化资本理论的进一步完善和发展。

（三）用途与价值

文化资本理论广泛应用于社会学、教育学、经济学、人类学、哲学、语言学、艺术等领域，为理解社会现象、分析社会问题提供了重要的视角和工具。通过文化资本理论，研究者可以更加深入地理解文化现象和文化产品的生产过程、传播方式和社会影响，同时也为文化产业的创新和发展提供了理论支持和实践指导。

文化资本理论深化了文化研究与资本研究理论，超越了传统的社会理论观点，科学和深刻地分析了现代资本主义社会的现状。同时，它也具有强烈的批判维度，揭露了资本主义社会的精神统治，并对资本主义文化进行了激烈的批判。文化资本的积累和传承对于个体在社会结构中的位置和社会地位的获得具有重要意义，也有助于提升国家文化软实力和国际竞争力。

（四）理论模型与主要观点

1. 理论模型

文化资本理论的理论模型主要包括个体层面、群体层面和社会层面三个维度。

（1）在个体层面，文化资本体现为个人通过教育和家庭背景所获得的知识、技能和习惯。这些文化资产可以在教育市场上转化为更高的学历和资格，从而增加个人的社会地位和职业机会。

（2）在群体层面，文化资本可以增强群体的凝聚力和身份认同，促进集体行动和社会动员。例如，共享的文化习俗和价值观可以作为社会资本的基础，帮助群体成员相互支持和合作。

（3）在社会层面，文化资本与社会结构和权力关系紧密相连。文化资本的分配不均可能导致社会不平等和文化霸权的形成，因为掌握文化资本的群体能够更好地维护和增强自己的社会地位。

2. 主要观点

（1）资本转化。可以通过教育等途径转化为社会资本和经济资本，这一过程被称为“资本转换”。例如，学术成就（文化资本）可以提高个人的社会地位（社会资本），进而增加经济收入（经济资本）。

（2）积累传承。可以通过家庭、教育和社会实践等方式积累和传承。家庭背景对个人的早期文化资本积累尤为重要，而教育则是文化资本再生产和转换的关键场所。

（3）不平等再生产。其不平等分配和再生产是社会不平等的重要机制。优势群体通过控制教育资源和文化机构来维持其优势地位，而劣势群体则难以获得必要的文化资本来实现社会流动。

（五）旅游研究应用

文化资本理论在旅游研究中的应用主要表现在以下三个方面：一是文旅产业融合研究，如孙丽君（2022）基于文化资本理论研究了文旅产业融合的动因及路径；二是民族旅游语言景观研究，如单菲菲和刘承宇（2016）基于文化资本理论研究了民族旅游的村寨语言景观；三是旅游规划研究，如吴启焰和王兆杰（2011）研究了文化资本理论在旅游规划中的应用。

主要参考文献

［1］ Abrahams R D. Ordinary and Extraordinary Experience ［M］ //In Turner V W, Bruner E M (Eds.). The Anthropology of Experience. Urbana-Champaign: University of Illinois Press, 1986.

［2］ Ajzen I. From Intentions to Actions: A Theory of Planned Behavior ［M］ //In Kuhl J, Beckmann J. Action Control. Berlin, Heidelberg: Springer, 1985.

［3］ Ann S, Blum S C. Motivating Senior Employees in the Hospitality Industry ［J］. International Journal of Contemporary Hospitality Management, 2020, 32 (1): 324-346.

［4］ Augustine N R. Managing the Crisis You Tried to Prevent ［J］. Harvard Business Review, 1995, 36 (6): 147-158.

［5］ Bandura A. Social Foundations of Thought and Action: A Social Cognitive Theory ［M］. Englewood Cliffs, NJ: Prentice-Hall, 1986.

［6］ Barsalou L W. Perceptual Symbol System ［J］. Behavioral and Brain Science, 1999 (22): 577-660.

［7］ Barney J. Firm Resource and Sustained Competitive Advantage ［J］. Journal of Management, 1991, 17 (1): 99-120.

［8］ Basole R, Rouse W. Complexity of Service Value Networks: Conceptualization and Empirical Investigation ［J］. IBM Systems Journal, 2008, 47 (1): 53-70.

［9］ Bengtsson M, Kock S. Cooperation and Competition in Relationships between Competitors in Business Networks ［J］. Journal of Business & Industrial Marketing, 1999, 14 (3): 178-194.

［10］ Blau P. Social Mobility and Interpersonal Relations ［J］. American Sociological Review, 1956, 21 (3): 290-295.

［11］ Bohm J. Two-factor Theory—At the Intersection of Health Care Management and Patient Satisfaction ［J］. ClinicoEconomics and Outcomes Research, 2012, 4: 277-285.

［12］ Bourdieu P, Wacquant L J D. An Invitation to Reflexive Sociology ［M］. Chicago: The University of Chicago Press, 1992.

［13］ Britton S G. The Spatial Organization of Tourism in a Neo-colonial Economy: A Fiji Case Study ［J］. Pacific Veiwpoint, 1980, 12 (2): 144-165.

［14］ Burgoon J K. A Communication Model of Personal Space Violations: Explication and an Initial Test ［J］. Human Communication Research, 1978, 4 (2): 129-142.

［15］ Butler R W. The Concept of a Tourism Area Cycle of Evolution: Implications for Management of Resources ［J］. Canadian Geographer, 1980, 24 (1): 5-12.

［16］ Callon M. The Sociology of an Actor-Network: The Case of the Electric Vehicle ［M］ //In Callon M, Law J, Rip A (Eds.). Mapping the Dynamics of Science and Technology. London: Palgrave Macmillan, 1986.

[17] Cho D-S. A Dynamic Approach to International Competitiveness: The Case of Korea [J]. Journal of Far Eastern Business, 1994, 1 (1): 17-36.

[18] Charkham J. Corporate Governance: Lessons from Abroad [J]. European Business Journal, 1992, 4 (2): 8-16.

[19] Christaller W. Some Consideration of Tourism Location in Europe: The Peripheral Regions-Under Developed Countries-Recreation Areas [J]. Regional Science Association Papers, 1963, 12: 103-105.

[20] Coase R H. The Nature of the Firm [J]. Economical, 1937, 4 (16): 1-44.

[21] Cohen E. A Phenomenology of Tourist Experiences [J]. Sociology, 1979, 13 (2): 179-201.

[22] Cohen E. Authenticity and Commoditization in Tourism [J]. Annals of Tourism Research, 1988, 15 (3): 371-386.

[23] Cohen M M. Craniofrontonasal Dysplasia [J]. Birth Defects Original Article Series, 1979, 15 (5B): 85-89.

[24] Copeland M A. The Theory of Monopolistic Competition [J]. Journal of Political Economy, 1934, 42 (4): 531-536.

[25] Csikszentmihalvi M. Bevond Boredom and Anxiety [M]. San Francisco: Jossey - Bass Publishers, 1975.

[26] Cuperus R, Bakermans M M, De Haes H A, et al. Ecological Compensation in Dutch Highway Planning [J]. Journal of Environmental Management, 2001, 27 (1): 75-89.

[27] Dacey M F. A Probability Model for Central Place Locations [J]. Annals of the Association of American Geographers, 1966, 56 (3): 550-568.

[28] Dahlman C J. The Problem of Externality [J]. Journal of Law and Economics, 1979, 22 (1): 141-162.

[29] Davis P R, Walker D H T. Building Capability in Construction Projects: A Relationship-based Approach [J]. Engineering, Construction and Architectural Management, 2009, 16 (5): 475-489.

[30] Deci E L, Ryan R M. Intrinsic Motivation and Self-determination in Human Behavior [M]. New York: Springer Science & Business Media, 1985.

[31] Dixit A, Stiglitz J. Monopolistic Competition and Optimum Product Diversity [J]. American Economic Review, 1977, 67 (3): 297-308.

[32] Dogan H Z. Forms of Adjustment: Socio-culturalimpacts of Tourism [J]. Annals of Tourism Research, 1989, 16 (2): 216-236.

[33] Doxey G V. A Causation Theory of Visitor-Residentlrritants [C] //Proceedings of the Sixth Annual Conference on Travel and Tourism Research Association, San Diego, 1975: 195-198.

[34] Doyle P, Stern P. Marketing Management and Strategy [M]. London: Pearson Education, 2006.

[35] Drago P. The Ghost of Herzberg Motivational Theory: Motivators and Demotivators [J]. International Journal Vallis Aurea, 2015, 1 (1): 15-25.

[36] Drago P. The Ghost of Herzberg Motivational Theory: Motivators and Demotivators [J]. International Journal Vallis Aurea, 2015, 1 (1): 15-25.

[37] Eisenhardt K M, Martin J A. Dynamic Capabilities: What Are They? [J]. Strategic Management

Journal, 2000, 21 (10/11): 1105-1121.

[38] Ek R, Larsen J, Hornskov S B, et al. A Dynamic Framework of Tourist Experiences: Space-time and Performances in the Experience Economy [J]. Scandinavian Journal of Hospitality and Tourism, 2008, 8 (2): 122-140.

[39] Ellis G D, Freeman P A, Jamal T, et al. A Theory of Structured Experience [J]. Annals of Leisure Research, 2019, 22 (1): 97-118.

[40] Fabjan D, Lovec N, Čivre Ž. Herzberg's Two Factor Theory of Work Motivation: The Case of Tourism Employees [J]. Management, 2013, 8 (3): 219-232.

[41] Fan X, Luo Y. Value Co-creation: A Literature Review [J]. Open Journal of Social Sciences, 2020, 8 (2): 89-98.

[42] Forman R T T, Gordon M. Landscape Ecology [M]. New York: John Wiley & Sons, 1986.

[43] Frederick W C, Davis K, Post J E. Business and Society: Corporate Strategy, Public Policy, Ethics [M]. New York: McGraw-Hill, 1992.

[44] Freeman R E, William M E. Corporate Governance: A Stakeholder Interpretation [J]. Journal of Behavioral Economics, 1990, 19: 337-359.

[45] Freeman R E. Strategic Management: A Stakeholder Approach [M]. Cambridge: Cambridge University Press, 2010.

[46] Fried M. Grieving for a Lost Home [M] //In Duhl L J (Ed.). The Urban Condition. New York: Basic Books, 1963.

[47] Frissell S S Jr, Stankey G H. Wilderness Environmental Quality: Research for Social and Ecological Harmony [J]. Society of American Foresters, 1972: 170-183.

[48] Frissell S S Jr. Recreational Use of Campsites in the Quetico-Superior Canoecounty [D]. Minnesota: University of Minnesota, 1963.

[49] Fusar-Poli P, Stanghellini G. Maurice Merleau-Ponty and the "Embodied Subjectivity" (1908-61) [J]. Medical Anthropology Quarterly, 2009, 23 (2): 91-93.

[50] Gale B T. Managing Customer Value: Creating Quality and Service That Customers Can See [R]. Free Press, Maxwell Macmillan Canada, Maxwell Macmillan International, 1994.

[51] Goldsmith R E. The Personalised Marketplace: Beyond the 4Ps [J]. Marketing Intelligence & Planning, 1999, 17 (4): 178-185.

[52] Graburn N. Secular Ritual: A General Theory of Tourism [M] //In Smith V, Brent M (Ed.). Hosts and Guests Revisited: Tourismlssues of the 21st Century. New York: Cognizant Communications, 2001.

[53] Gummesson E. Making Relationship Marketing Operational [J]. International Journal of Service Industry Management, 1994, 5 (5): 5-20.

[54] Gunn C A. Tourism Planning: Basics Concepts Cases (2nd ed.) [M]. New York: Routledge, 1972.

[55] Gunn C A. Tourism Planning: Basics Concepts Cases (4th ed.) [M]. New York: Routledge, 2002.

[56] Gupta Y, Khan F M, Kumar A, et al. Mobilising Big Data Analytics Capabilities to Improve Per-

formance of Tourism Supply Chains: The Moderating Role of Dynamic Capabilities [J]. The International Journal of Logistics Management, 2024, 35 (2): 649-679.

[57] Hammitt W E, Backlund E A, Bixler R D. Place Bonding for Recreation Places: Conceptual and Empirical Development [J]. Leisure Studies, 2006, 25 (1): 17-41.

[58] Hardin G. The Tragedy of the Commons [J]. Science, 1968, 162: 1243-1248.

[59] Harvey D. The Limits to Capital [M]. Oxford: Blackwell, 1982.

[60] Helpman E, Krugman P. Market Structure and Foreign Trade: Increasing Returns, Imperfect Competition, and the International Economy [M]. Cambridge, Mass: MIT Press, 1985.

[61] Herzberg F. The Motivation to Work [M]. New York: John Wiley & Sons, 1959.

[62] Hetzel P. Planèteconso: Marketing Expérien Tielet Nouve Aux Univers de Consommation [M]. Paris: Editions d'Organisation, 2002.

[63] Hoyer W D, Chandy R, Dorotic M, et al. Consumer Cocreation in New Product Development [J]. Journal of Service Research, 2010, 13 (3): 283-296.

[64] Hur Y. Testing Herzberg's Two-Factor Theory of Motivation in the Public Sector: Is It Applicable to Public Managers? [J]. Public Organization Review, 2018, 18 (3): 329-343.

[65] Hutchinson G E. Concluding Remarks [J]. Cold Spring Harbor Symp Quant Biol, 1957 (22): 415-427.

[66] Jarrett H. Environmental Quality in a Growing Economy [M]. Baltimore: The Johns Hopkins University Press, 1966.

[67] Kahneman D, Tversky A. Prospect Theory: An Analysis of Decision under Risk [J]. Econometrica, 1979, 47 (2): 363-391.

[68] Kain J. Housing Segregation, Negro Unemployment, and Metropolitican Decentralization [J]. The Quarterly Journal of Economics, 1968, 82 (2): 175-197.

[69] Kathleen G. Attachment to Place [M]. New York: Networks and Places, 1977.

[70] Kogut B, Singh H. The Effect of National Culture on the Choice of Entry Mode [J]. Journal of International Business Studies, 1988, 19 (3): 411-432.

[71] Kotler P, Gertner D. Country as Brand, Product, and Beyond: A Place Marketing and Brand Management Perspective [J]. Journal of Brand Management, 2002, 9 (4): 249-261.

[72] La Guardia J G, Ryan R M, Couchman C E, et al. Within-person Variation in Security of Attachment: A Self-determination Theory Perspective on Attachment, Need Fulfillment, and Well-being [J]. Journal of Personality and Social Psychology, 2000, 79 (3): 367-384.

[73] Langenhove L, Harré R. Introducing Positioning Theory [M]. Oxford: Blackwell, 1999.

[74] Larson J S, Mazzarese D B. Rapid Assessment of Wetlancb: History and Application to Management [M] //In Mitsch W L. (Ed.). Glohal Wetlands: Old World and New. Amsterdam: Elsevier, 1994.

[75] Lefebvre H. The Production of Space [M]. Oxford: Blackwell, 1991.

[76] Leiper N. Tourism Management [M]. Collingwood, VIC: TAFE Publications, 1995.

[77] Lloyd W F. Two Lectures on the Checks to Population [M]. Oxford: Oxford University Press, 1833.

[78] Lundgren J O J. Geographic Concepts and the Development of Tourism Research in Canada [J]. Geo-

Journal, 1984, 9 (1): 17-25.

[79] Luostarinen R. Acta Academiae Oeconomicae Helsingiensis [M]. The Helsinki School of Economics, 1979.

[80] Luo Y. Toward Coopetition within a Multinational Enterprise: A Perspective from Foreign Subsidiaries [J]. Journal of World Business, 2005, 40 (1): 71-90.

[81] MacCannell D. Staged Authenticity: Arrangements of Social Space in Tourist Settings [J]. American Journal of Sociology, 1973, 79 (3): 589-603.

[82] Mandelbrot B B. Fractals: Form, Chance and Dimension [M]. San Francisco: Freeman, 1977.

[83] Maoz D. The Mutual Gaze [J]. Annals of Tourism Research, 2006, 33 (1): 221-239.

[84] Marshall A. Principles of Economics [M]. London: Macmillan, 1920.

[85] Massimini F, Carli M. The Systematic Assessment of Flow in Daily Experience [M] //In Csikszentmihalyi M, Csikszentmihalyi I (Eds.). Optimal Experience: Psychological Studies of Flow in Consciousness. New York: Cambridge University Press, 1988.

[86] Massimini F, Csikszentmihalyi M, Carli M. The Monitoring of Optimal Experience a Tool for Psychiatric Rehabilitation [J]. Journal of Nervous & Mental Disease, 1987, 175 (9): 545-549.

[87] McKercher B. A Chaos Approach to Tourism [J]. Tourism Management, 1999, 20: 425-434.

[88] Mitchell R K, Agle B, Wood D. Toward a Theory of Stakeholder Identification and Salience: Defining the Principle of who and What Really Counts [J]. Academy of Management Review, 1997, 22 (4): 853-886.

[89] Monroe K B. Pricing: Making Profitable Decisions [M]. New York: McGraw-Hill, 1991.

[90] Nash D. Anthropology of Tourism [M]. Oxford: Pergamon, 1996.

[91] Niyato D, Alsheikh M A, Wang P, et al. Market Model and Optimal Pricing Scheme of Big Data and Internet of Things (IoT) [R]. 2016 IEEE International Conference on Communications (ICC), 2016.

[92] Odum E P. Basic Ecology [J]. Quarterly Review of Biology, 1983 (1): 34.

[93] Parasuraman A V, Zeithaml V A, Berry L L. SERVQUAL: A Multiple-item Scale for Measuring Consumer Perceptions of Service Quality [J]. Journal of Retailing, 1988, 64 (1): 12-40.

[94] Parasuraman A, Zeithaml V A, Berry L L. A Conceptual Model of Service Quality and Its Implications for Future Research [J]. Journal of Marketing, 1985, 49 (4): 41-50.

[95] Parr J B, Denike K G. Theoretical Problems in Central Place Analysis [J]. Economic Geography, 1970, 46 (4): 568-586.

[96] Pearce D W, Turner R K. Economics of Natural Resources and the Environment [M]. New York: Harvester Wheatsheaf, 1990.

[97] Penrose E. The Theory of the Growth of the Firm [M]. Oxford: Oxford University Press, 1959.

[98] Peteraf M A. The Cornerstones of Competitive Advantage: A Resource-based View [J]. Strategic Management Journal, 1993, 14 (3): 179-191.

[99] Pigou A C. The Econnmic of Welare (4th ed.) [M]. London: Macmillian, 1962.

[100] Pine Ⅱ B J, Gilmore J H. Welcome to the Experience Economy [J]. Harvard Business Review, 1998, 76 (4): 97-105.

[101] Pine Ⅱ B J. The Experience Economy: Work is Theatre & Every Business a Stage [M]. Bos-

ton: Harvard Business Press, 1999.

[102] Pinho N, Beirão G, Patrício L, et al. Understanding Value Co-creation in Complex Services with Many Actors [J]. Journal of Service Management, 2014, 25 (4): 470-493.

[103] Porter M E. How Competitive Forces Shape Strategy [M] //Asch D, Bowman C. Readings in Strategic Management. London: Macmillan Education UK, 1989.

[104] Porter M E. Industry Structure and Competitive Strategy: Keys to Profitability [J]. Financial Analysts Journal, 1980, 36 (4): 30-41.

[105] Prahalad C K, Ramaswamy V. Co-creating Unique Value with Customers [J]. Strategy & Leadership, 2004, 32 (3): 4-9.

[106] Pred A. Place as Historical Contingent Process: Structuration and the Time Geography of Becoming Places [J]. Annals of the American Association of Geographers, 1984 (74): 279-297.

[107] Ravald G. The Value Concept and Relationship Marketing [J]. European Journal of Marketing, 1996, 30 (2): 19-30.

[108] Reeves R. Reality in Advertising [M]. New York: Alfred A. Knopf, 1961.

[109] Richardson J, Cohen J. State Slogans: The Case of the Missing USP [J]. Journal of Travel & Tourism Marketing, 1993, 2 (2/3): 91-110.

[110] Riezebos R, Kist B, Kootstra G. Brand Management: A Theoretical and Practical Approach [M]. London: Financial Times Prentice Hall, 2003.

[111] Romalis J. Factor Proportions and the Structure of Commodity Trade [J]. American Economic Review, 2004, 94 (1): 67-97.

[112] Rousey S P, Morganosky M A. Retail Format Change in US Markets [J]. International Journal of Retail & Distribution Management, 1996, 24 (3): 8-16.

[113] Scannell L, Gifford R. Defining Place Attachment: A Tripartite Organizing Framework [J]. Journal of Environmental Psychology, 2010, 30 (1): 1-10.

[114] Selznick P. Leadership in Administration: A Sociological Interpretation [M]. New York: Harper and Row, 1984.

[115] Schafer R. Aspects of Internalization [M]. New York: International Universities Press, Inc, 1968.

[116] Sheth J N, Newman B I, Gross B L. Why We Buy What We Buy: A Theory of Consumption Values [J]. Journal of Business Research, 1991, 22 (2): 159-170.

[117] Shumaker S A, Taylor R B. Toward a Clarification of People Place Relationships: A Model of Attachment to Place [M] //In Feimer N R, Geller E S (Eds.). Environmental Psychology: Directions and Perspectives. New York: Praeger, 1983.

[118] Slocum-Bradley N. The Positioning Diamond: A Trans-Disciplinary Framework for Discourse Analysis [J]. Journal for the Theory of Social Behavior, 2010, 40 (1): 79-107.

[119] Slywotzky A, Morrison D J. The Profit Zone: How Strategic Business Design Will Lead You to Tomorrow's Profits [M]. New York: Three Rivers Press, 1998.

[120] Smith V. Hosts and Guests: The Anthropology of Tourism (1st ed.) [M]. Philadelphia: University of Pennsylvania Press, 1977.

[121] Smith V. Hosts and Guests: The Anthropology of Tourism (2nd ed.) [M]. Philadelphia: Uni-

versity of Pennsylvania Press, 1989.

[122] Soja E. Postmodern Geographies: The Reassertion of Space in Critical Social Theory [M]. London: Vewso, 1989.

[123] Stankey G H, McCool S F, Stokes G L. Limits of Acceptable Change: A New Framework for Managing the Bob Marshall Wilderness Complex [J]. Western Wildlands (Fall), 1984, 10 (3): 453-473.

[124] Stankey G H. The Limits of Acceptable Change (LAC) System for Wilderness Planning [R]. US Department of Agriculture, Forest Service, Intermountain Forest and Range Experiment Station, 1984.

[125] Steel F. The Sense of Place [M]. Boston: CBI Publishing Company, 1981.

[126] Taylor B D. Spatial Mismatch or Automobile Mismatch? An Examination of Race, Residenceand Commuting in US Metropolitan Areas [J]. Urban Studies, 1995, 32 (9): 1453-1473.

[127] Teece D, Pisano G. The Dynamic Capabilities of Firms: An Introduction [J]. Industrial & Corporate Change, 1994, 3 (3): 537-556.

[128] Thietart R-A, Forgues B. Complexity Science and Organization [M] //In Allen P, Maguire S, McKelvey B. The Sage Handbook of Complexity and Management. New York: Sage Publications, 2011.

[129] Thom R. Structural Stability and Morphogenesis [M]. New York: CRC Press, 2018.

[130] Toffler A. Future Shock [M]. New York: Bantam Books, 1970.

[131] Tokakis V, Polychroniou P, Boustras G. Crisis Management in Public Administration: The Three Phases Model for Safety Incidents [J]. Safety Science, 2019, 113:37-43.

[132] Tuan Y F. Topophilia: A Study of Environmental Perception, Attitudes, and Values [M]. New York: Columbia University Press, 1990.

[133] Turner L, Ash J. The Golden Hordes: International Tourism and Pleasure Tourism [M]. London: Constable, 1975.

[134] Urry J. The Tourist Gaze—Leisure and Travel in Contemporary Societies (2nd ed.) [M]. London: SAGE Publications, 2002.

[135] Van den Broeck A, De Witte H, Lens W, et al. The Role of Basic Need Satisfaction in Explaining the Relationships between Job Demands, Job Resources, Burnout and Engagement [J]. Work & Stress, 2008, 22: 277-294.

[136] Vansteenkiste M, Lens W, Deci E L. Intrinsic Versus Extrinsic Goal Contents in Self-determination Theory: Another Look at the Quality of Academic Motivation [J]. Educational Psychologist, 2006, 41 (1): 19-31.

[137] Vargo S L, Lusch R F. Institutions and Axioms: An Extension and Update of Service-dominant Logic [J]. Journal of the Academy of Marketing Science, 2016, 44 (1): 5-23.

[138] Vargo S L, Lusch R F. Service-dominant Logic: Continuing the Evolution [J]. Journal of the academy of marketing science, 2008, 36 (1): 1-10.

[139] Vargo S L, Maglio P P, Akaka M A. On Value and Value Co-creation: A Service Systems and Service Logic Perspective [J]. European Management Journal, 2008, 26 (3): 145-152.

[140] Von Neumann M. Theory of Game and Economic Behavior [M]. Princeton: Princeton University Press, 1944.

［141］ Wall G. Scale Effects on Tourism Multipliers ［J］. Annals of Tourism Research, 1997, 24（2）: 446-450.

［142］ Walpole M J, Goodwin H J. Local Economic Impacts of Dragon Tourism in Indonesia ［J］. Annals of Tourism Research, 2000, 27 (3): 559-576.

［143］ Wang N. Rethinking Authenticity in Tourism Experience ［J］. Annals of Tourism Research, 1999, 26 (2): 349-370.

［144］ Waterschollt W V, Bulte C V D. The 4P Classification of the Marketing Mix Revisited ［J］. Journal of Marketing, 1992 (56): 83-92.

［145］ Weaver D B. Model of Urban Tourism for Small Caribbean Islands ［J］. Geographical Review, 1993, 83 (2): 134.

［146］ Weick K E. Educational Organizations As Loosely Coupled Systems ［J］. Administrative Science Quarterly, 1976, 21 (1): 1-19.

［147］ Weiner B. Achievement Motivation and Attribution Theory ［M］. Morristown, N. J.: General Learning Press, 1974.

［148］ Wernerfelt B. A Resource-based View of the Firm ［J］. Strategic Management Journal, 1984, 5 (2): 171-180.

［149］ Winter S G. Understanding Dynamic Capabilities ［J］. Strategic Management Journal, 2003, 24 (10): 991-995.

［150］ Wolfe R I. Summer Cottagers in Ontario ［J］. Economic Geography, 1951, 27 (1): 10-32.

［151］ Woosnam K M, Norman W C. Measuring Residents' Emotional Solidarity with Tourists: Scale Development of Durkheim's Theoretical Constructs ［J］. Journal of Travel Research, 2010, 49 (3): 365-380.

［152］ Woosnam K M. Comparing Residents' and Tourists' Emotional Solidarity with One Another: An Extension of Durkheim's Model ［J］. Journal of Travel Research, 2011a, 50 (6): 615-626.

［153］ Woosnam K M. Testing a Model of Durkheim's Theory of Emotional Solidarity among Residents of a Tourism Community ［J］. Journal of Travel Research, 2011b, 50 (5): 546-558.

［154］ Yang X, Gu X, Wang Y D, et al. The Matthew Effect in China's Science: Evidence from Academicians of Chinese Academy of Sciences ［J］. Scientometrics, 2015, 102 (3): 2089-2105.

［155］ Zollo M, Minoja M, Coda V. Toward an Integrated Theory of Strategy ［J］. Strategic Management Journal, 2018, 39 (6): 1753-1778.

［156］ Zurick D N. Adventure Travel and Sustainable Tourism in the Peripheral Economy of Nepal ［J］. Annals of the Association of American Geographers, 1992, 82 (4): 608-628.

［157］ Plog S C. 旅游市场营销实论［M］. 李天元，李曼，译. 天津：南开大学出版社，2007.

［158］ 阿弗里德·马歇尔. 经济学原理［M］. 廉运杰，译. 北京：华夏出版社，2005.

［159］ 艾莉，杜丽萍. 产业竞争力理论述评［J］. 商业时代，2010（35）：99-100+36.

［160］ 安月颖，郭中领. 基于尺度思想的地域分异规律辨析［J］. 中学地理教学参考，2015（16）：41-42.

［161］ 奥利弗·E. 威廉姆森. 资本主义经济制度［M］. 段毅才，王伟，译. 北京：商务印书馆，2002.

［162］把多勋，张欢欢．基于协同理论的区域旅游产业发展——以西北地区为例［J］．开发研究，2007（2）：92-95.

［163］白翠玲，苗泽华，杨建朝．基于帕累托最优的京津冀旅游企业合作路径选择［J］．商业研究，2008（10）：37-40.

［164］白明华．“门槛”理论在城市规划工作中的应用问题［J］．城市规划研究，1981（1）：8-18.

［165］白洋洋．博弈视角下的线上商家促销策略研究［D］．北京：北京邮电大学，2020.

［166］包亚明．文化资本与社会炼金术——布迪厄访谈录［M］．包亚明，译．上海：人民出版社，1997.

［167］保继刚．城市旅游：原理·案例［M］．天津：南开大学出版社，2005.

［168］保继刚，杨兵．旅游开发中旅游吸引物权的制度化路径与实践效应——以“阿者科计划”减贫试验为例［J］．旅游学刊，2022，37（1）：18-31.

［169］保继刚，左冰．为旅游吸引物权立法［J］．旅游学刊，2012，27（7）：11-18.

［170］保罗·A. 萨缪尔森，威廉·D. 诺德豪斯．经济学（第12版）［M］．高鸿业，等译．北京：中国发展出版社，1992.

［171］鲍青青，文颖娴．真实性理论视域下乡村民宿文化符号运用现状及优化策略——以龙胜金竹民宿为例［J］．桂林师范高等专科学校学报，2023，37（5）：18-23.

［172］毕建新，张照余．基于协同理论的高校电子文件管理模式研究——以东南大学为例［J］．档案学研究，2013（5）：42-45.

［173］蔡礼彬，吕雅坤．基于服务剧场理论的遗产地服务创新研究——以敦煌莫高窟为例［J］．旅游研究，2015，7（2）：21-26.

［174］蔡晴，姚糖．可接受的改变极限理论的概念和方法［J］．安徽农业科学，2009，37（31）：15581-15582+15585.

［175］蔡婷婷．基于文化变迁的桂林地区剪纸艺术研究［J］．造纸信息，2022（1）：92-94.

［176］蔡晓蕙．运用归因理论应对农村学生英语学习中的心理障碍［J］．教学与管理，2009（36）：76-77.

［177］曹海燕．认同理论下长江国家文化公园建设的价值取向与创新路径［J］．青海社会科学，2023（3）：22-28.

［178］曹静伟．小肥羊：火锅里的“学问”［J］．品牌，2013（10）：100-103.

［179］曹李梅，曲颖．旅游口号的内源性-外源性设计模式构建——基于扎根理论的探索性研究［J］．地域研究与开发，2019a，38（2）：97-101+111.

［180］曹李梅，曲颖．热带海岛型目的地情境下旅游者地方依恋：心理归因及其形成机理［J］．人文地理，2019b，34（5）：135-141+158.

［181］曹梦婷．基于自组织理论的云南贫困村寨旅游减贫路径研究［D］．昆明：云南财经大学，2020.

［182］曹颖，何钦成．4Cs市场营销理念对社区卫生服务营销的启示［J］．现代预防医学，2007（18）：3518-3519.

［183］曹云．共生思想及其在区域空间演化的应用：兼论开发区与城市空间的共生演化［J］．人文杂志，2013（3）：40-45.

［184］柴寿升，孔令宇，单军．共生理论视角下红色文旅融合发展机理与实证研究——以台儿庄古城为例［J］．东岳论丛，2022，43（4）：121-130.

［185］晁小景，王庆生．真实性感知、地方依恋与游客忠诚的关系研究——以天津“五大道”为例［J］．企业经济，2021，40（5）：110-120.

［186］陈波，刘彤瑶．场景理论下乡村文旅融合的价值表达及其强化路径［J］．南京社会科学，2022（8）：161-168.

［187］陈才，赵志峰．乡村游客真实性体验模型研究［J］．地理科学，2021，41（7）：1237-1245.

［188］陈德安．北海市酒店行业竞争结构分析——基于波特五力模型［J］．现代商业，2024（8）：7-10.

［189］陈东杰，王瀛旭，郭燕茹．基于游客满意度的森林旅游体验产品开发研究——以山东省49处国家森林公园为例［J］．林业经济，2021，43（8）：62-79.

［190］陈锋仪，梁倩．延安红色文化旅游传播研究［J］．当代旅游，2021，19（17）：23-24+48.

［191］陈岗，黄震方．基于意义及其均衡理论的旅游文化形成与变迁机制研究［J］．改革与战略，2009，25（6）：132-135.

［192］陈阁芝，刘静艳．供给侧改革背景下旅游企业合作创新的治理机制研究：委托代理理论视角［J］．旅游科学，2019，33（5）：14-30+44.

［193］陈广桂．农民城镇迁移行为的经济学分析［D］．南京：南京农业大学，2009.

［194］陈海波．非惯常环境及其体验：旅游核心概念的再探讨［J］．旅游学刊，2017，32（2）：22-31.

［195］陈宏辉．利益相关者理论视野中的企业社会绩效研究述评［J］．生态经济，2007（10）：45-49.

［196］陈杰．心理契约理论在高校外籍教师引进中的应用［J］．江苏高教，2020（11）：43-46.

［197］陈婧．基于循环经济理论的企业信息化发展策略［J］．企业经济，2011，30（3）：24-26.

［198］陈丽红．高铁行业竞争优势提升路径研究［D］．南京：东南大学，2021.

［199］陈利顶，李秀珍，傅伯杰，等．中国景观生态学发展历程与未来研究重点［J］．生态学报，2014，34（12）：3129-3141.

［200］陈梦馨．组织人力资本竞争优势的维度构建及形成分析［D］．大连：大连理工大学，2021.

［201］陈明宇，孙纪磊，王晋．创新扩散理论视角下乡村居民培训的优化路径——基于J市Z村的实践探索［J］．职教论坛，2023，38（8）：100-107.

［202］陈鹏．西方城市空间结构研究新进展及其启示［J］．规划师，2006（10）：81-83.

［203］陈庆礼，缴润凯．中小学教师培训项目运行实践困境与治理机制——基于新委托代理理论的视角［J］．四川师范大学学报（社会科学版），2023，50（3）：134-141.

［204］陈儒丹．解开“囚徒困境”的国际经济法律制度——博弈论方法和中国问题视角［J］．国际商务（对外经济贸易大学学报），2014（1）：120-128.

［205］陈上升．基于中心地理论的中心村区位选择与优化［D］．郑州：河南大学，2013.

［206］陈思源．区域旅游目的地竞争优势的空间聚类分析——以浙江省为例［J］．地域研究与

开发，2012，31（1）：85-88.

［207］陈斯琪，伍世代．五维审视：一种结构功能主义视角下的全域旅游分析框架构建［J］．干旱区资源与环境，2020，34（7）：194-200.

［208］陈斯娅，沈德坤．从边际效应理论的延展论产品设计中功能与装饰的均衡性［J］．包装工程，2010，31（20）：62-64+81.

［209］陈望东．枪手博弈在现实生活中的应用［J］．科技信息，2009（31）：266.

［210］陈文节．利益相关者视域下城市旅游发展动力机制研究［D］．呼和浩特：内蒙古财经大学，2023.

［211］陈修颖．区域空间结构重组：理论基础、动力机制及其实现［J］．经济地理，2003（4）：445-450.

［212］陈岩峰．四川省旅游人力资源供求现状分析［J］．商场现代化，2005（26）：275.

［213］陈彦，丰超，陈慧．社会资本视角下后疫情时代城市居民乡村旅游意向研究［J］．商业经济与管理，2022（1）：32-45.

［214］陈燕燕，陈亚婷．“反规划”途径理论综述［J］．中国房地产业，2011（10）：381.

［215］陈扬乐，方斌．国际合作：南沙群岛旅游开发的理想模式［J］．经济地理，2022，42（5）：204-212.

［216］陈怡梦，成锦．传统村落居民地方依恋对旅游支持的影响机制研究［J］．贵州财经大学学报，2022（4）：81-90.

［217］陈奕霏．基于地方理论的古镇游客环境责任行为的影响机制研究［D］．杭州：浙江工商大学，2017.

［218］陈莹盈，林德荣．旅游活动中的主客互动研究——自我与他者关系类型及其行为方式［J］．旅游科学，2015，29（2）：38-45+95.

［219］陈育新．核心-边缘理论视角下颠覆性技术的识别与预测［D］．重庆：西南大学，2023.

［220］陈育新，李健，韩毅．核心-边缘理论视角下的颠覆性技术识别研究［J］．情报理论与实践，2022，45（8）：121-129.

［221］陈元清．多维度非经济距离对中国对外直接投资影响分析——基于中国在东南亚与南亚地区直接投资数据［J］．天津师范大学学报（社会科学版），2020（4）：50-57+75.

［222］陈卓，金凤君，杨宇，等．高速公路流的距离衰减模式与空间分异特征——基于福建省高速公路收费站数据的实证研究［J］．地理科学进展，2018，37（8）：1086-1095.

［223］谌联妍．基于顾客满意度理论的财务共享服务中心服务质量研究［D］．武汉：武汉纺织大学，2020.

［224］成盛超，谢如贤，吴健中．效用理论的历史与现状［J］．系统工程理论与实践，1994（12）：16-21.

［225］程广斌，杨春．中国省域产业融合能力：理论解构、评价方法及时空分异分析［J］．科技进步与对策，2019，36（7）：61-67.

［226］程玮．大学生择业需要层次实证分析——基于马斯洛需求层次理论［J］．高教探索，2014（1）：163-167.

［227］程卫进，程遂营，刘强．旅游地社会责任、地方依恋对环境责任行为的影响研究——以长沙市岳麓山风景名胜区为例［J］．地域研究与开发，2022，41（5）：112-118.

［228］程勇辉，袁金明．环城游憩带理论下乡村旅游的产业定位和发展研究——以光明村旅游区域为例［J］．区域治理，2019（38）：251-253.

［229］褚宏启．拔尖创新人才培养要警惕“掐尖”乱象［J］．中小学管理，2024（3）：63.

［230］崔娜．O2O 模式下顾客满意度影响因素分析——基于顾客让渡价值理论［J］．商业经济研究，2020（1）：47-50.

［231］崔宇，王凡一．基于结构方程模型的教师知识共享影响因素研究［J］．教育学报，2020，16（4）：64-71.

［232］崔雨，刘友女，刘祯琪．协同理论视阈下高职院校“三全育人”：内涵特征、现实困境、价值逻辑与实现理路［J］．职业技术教育，2023，44（14）：66-70.

［233］代瑜平，陈为年，邓育明，等．基于技术接受模型和创新扩散理论的民宿消费行为影响因素分析［J］．重庆科技学院学报（社会科学版），2022（5）：16-26.

［234］戴春芳，阎友兵，王志凡．景区经营权转让后的变向投资行为分析及制度安排——基于外部性理论的视角［J］．商业研究，2009（5）：153-155.

［235］丹尼尔·亚伦·西尔，特里·尼克尔斯·克拉克．场景：空间品质如何塑造社会生活［M］．祁述裕，吴军，等译．北京：社会科学文献出版社，2019.

［236］旦珍．旅游产业集聚水平及其绿色全要素生产率空间溢出效应研究——以“一带一路”沿线省域为例［J］．商业经济研究，2022（13）：179-183.

［237］邓波．基于 4C 理论的佰翔软件园酒店营销策略研究［D］．西安：西北大学，2018.

［238］邓衡．混沌理论在旅游业中的应用［J］．曲靖师范学院学报，2006（2）：127-128.

［239］邓李娜．基于后发优势理论的关中东北旅游区跨越式发展研究［D］．西安：陕西师范大学，2009.

［240］邓良凯，黄勇，刘雪丽，等．旅游流视角下川西北高原旅游地空间结构特征及规划优化［J］．旅游科学，2019，33（5）：31-44.

［241］邓良柳．网络用户参与品牌价值共创视域下民族文化旅游品牌的发展策略研究［J］．贵州民族研究，2021，42（4）：173-179.

［242］邓文才．体验经济新理论对体育营销的启示［J］．北京体育大学学报，2005，28（7）：877-878+881.

［243］邓相赫．基于增长极理论的陶然镇城乡发展战略研究［D］．沈阳：沈阳建筑大学，2016.

［244］邓莹．贝尔宾团队角色理论下的高校思想政治理论课参与式教学方法［J］．教育与职业，2015（21）：115-117.

［245］狄瑞鸿，王博．兰州建设区域金融中心核心功能区的研究［J］．甘肃金融，2014（5）：44-47.

［246］刁佳星．知识产权法中公共领域的经济理性与制度反思——基于悲剧（喜剧）理论的比较分析［J］．湖南大学学报（社会科学版），2024，38（1）：127-136.

［247］丁华，杨望暾．屏蔽非主流型旅游资源的理论与实例研究［J］．特区经济，2007（1）：172-174.

［248］丁慧敏，马奔，雷硕，等．可持续生计理论下的社区生态旅游参与分析——以秦岭地区为例［J］．林业经济，2019，41（5）：89-95.

［249］丁娟，杨慧，方荣．三代同游谁说了算？——基于计划行为理论中国三代直系家庭的深

度访谈［J］. 四川师范大学学报（社会科学版），2024，51（2）：111-120+204.

［250］丁峻. 当代西方具身理论探微——兼论人脑优于电脑的根本特性［J］. 宁夏社会科学，2012（5）：126-132.

［251］丁溪. 管理学原理［M］. 北京：中国商务出版社，2010.

［252］丁旭生，李永文，吕可文. 基于空间错位理论的河南省旅游发展区域差异研究［J］. 地理与地理信息科学，2011，27（2）：106-108.

［253］丁毅. 火山学述评［J］. 地质论评，2022，68（5）：1955-1968.

［254］董保宝. 基于网络结构的动态能力与企业竞争优势关系研究［D］. 长春：吉林大学，2010.

［255］董春晓，慕玲. 基层执法人员的信任困境及其破解之道——从“宰客”的认知说起［J］. 中国行政管理，2016（2）：117-120.

［256］董大海，权小妍，曲晓飞. 顾客价值及其构成［J］. 大连理工大学学报（社会科学版），1999（4）：18-20.

［257］董大海，杨毅. 网络环境下消费者感知价值的理论剖析［J］. 管理学报，2008（6）：856-861.

［258］董嘉玲. 自主锻炼对肥胖成人锻炼行为及坚持性影响的实验研究［D］. 西安：西安体育学院，2019.

［259］董建英. 宗教旅游者的需求动机与偏好——以关公信仰者为例［J］. 山西大学学报（哲学社会科学版），2012，35（2）：106-110.

［260］董茜，邓毅，高燕，等. 中国国家公园的社区共管模式特征及管理分类——基于社会资本理论［J］. 环境保护，2019，47（24）：45-49.

［261］董上，蒲英霞，马劲松，等. 中国省际人口迁移的复杂网络研究［J］. 南方人口，2014，29（2）：54-61.

［262］董世琦. 效用理论下轨道交通换乘站域地下商业空间布局设计研究［D］. 长春：吉林建筑大学，2023.

［263］董向芸. 结构功能主义与内卷化理论视阈下云南农垦组织改革研究［D］. 天津：南开大学，2012.

［264］董雪艳. 基于效用理论的企业有形资源与无形资源的匹配研究［D］. 哈尔滨：哈尔滨工业大学，2013.

［265］窦丽琛，李国平. 对“后发优势”的国内实证——基于技术创新扩散视角的分析［J］. 经济科学，2004（4）：27-32.

［266］杜方明，赵怀琼. 天堂寨国家森林公园旅游环境承载力研究［J］. 合肥工业大学学报（社会科学版），2008（3）：5-10.

［267］杜茜，黄燕玲，洪万杰. 旅游资源丰裕度与网络关注度空间错位——以桂林为例［J］. 湖北经济学院学报，2023，21（6）：86-97.

［268］杜玉帆，李爽. 耗散结构理论视角下职教集团高质量发展的动力机制及优化策略［J］. 教育与职业，2023（13）：13-20.

［269］段冰. 河南省旅游中心地规模与空间结构的分形研究［J］. 地域研究与开发，2014，33（4）：101-104+120.

[270] 段浩然．基于地方理论的旅游目的地游客忠诚度研究［D］．大连：东北财经大学，2016.

[271] 段尧清，冯骞．政府信息公开满意度研究（Ⅱ）——基于结构方程的满意度模型构建［J］．图书情报工作，2009，53（5）：115-117.

[272] 段云国．重庆市远郊区乡村旅游发展研究［D］．重庆：西南大学，2010.

[273] 恩和．基于循环经济理论的奈曼旗农牧业发展研究［J］．生态经济，2011（2）：97-101.

[274] 樊友猛，谢彦君．旅游体验研究的具身范式［J］．旅游学刊，2019，34（11）：17-28.

[275] 樊友猛，谢彦君．“体验”的内涵与旅游体验属性新探［J］．旅游学刊，2017，32（11）：16-25.

[276] 范春梅，武晓潇，袁韵．基于多智能体建模的旅游危机管理策略研究——以宰客事件后市场恢复为例［J］．旅游学刊，2020，35（8）：48-60.

[277] 范可．关于当下文化变迁的理论反思［J］．民族研究，2022（3）：69-80+140.

[278] 范莉娜，周玲强，李秋成，等．三维视域下的国外地方依恋研究述评［J］．人文地理，2014，29（4）：24-30+91.

[279] 范明明，李文军．生态补偿理论研究进展及争论——基于生态与社会关系的思考［J］．中国人口·资源与环境，2017，27（3）：130-137.

[280] 范群林，吴花平，邵云飞．基于企业互补的文化与科技融合主体竞合关系研究［J］．产业经济评论，2015（4）：54-60.

[281] 范水生，朱朝枝．基于马斯洛需要层次理论的休闲农业开发探讨［J］．中国农学通报，2011，27（14）：286-290.

[282] 范小华，牛永革．基于独特销售主张理论的旅游口号评价——以中国 5A 级旅游景区为例［J］．西华大学学报（哲学社会科学版），2014，33（3）：71-75.

[283] 范艳丽，周秉根，吕永平．基于自组织理论的旅游产业结构协调发展研究［J］．世界地理研究，2009，18（1）：143-149.

[284] 范业正．国外旅游地规划的理论与技术方法［J］．国外城市规划，2000（3）：2-6+43.

[285] 范哲，张伟．知识型虚拟社区用户分享行为影响因素的元分析——基于角色理论的归纳［J］．现代情报，2024，44（8）：69-78.

[286] 范志昂．镜像与凝视中的自我身份认同——以视频博客（Vlog）文化现象为例［J］．运城学院学报，2022，40（4）：66-70.

[287] 方聪慧．生态旅游规划中的品牌理论［J］．经济研究导刊，2012（30）：176-177.

[288] 方世敏，刘娟．网络媒体旅游厕所议题的建构——基于议程设置理论的视角［J］．湘潭大学学报（哲学社会科学版），2016，40（2）：124-128.

[289] 方亭．从自我主体分裂到他者身份认同——文化研究语境中的拉康主体理论［J］．信阳师范学院学报（哲学社会科学版），2008（5）：142-145.

[290] 方行明，魏静，郭丽丽．可持续发展理论的反思与重构［J］．经济学家，2017（3）：24-31.

[291] 冯朝圣，陈悦佳．基于景观生态学理论的旅游景区规划研究［J］．旅游纵览（下半月），2017（10）：76.

[292] 冯骋，宋鑫华．基于燕尾突变模型的土质边坡稳定性研究［J］．人民长江，2015，46（12）：53-56+78.

[293] 冯根福．马克思长期供求理论研究（上）[J]．价格理论与实践，1992（11）：9-14.

[294] 冯红英，赵金涛．基于耦合理论的乡村休闲产业新业态建设研究 [J]．农村经济与科技，2016，27（15）：77-80.

[295] 冯倩雯，朱玲芳．基于体验经济背景下的旅游景区的发展探析——以山西晋祠为例 [J]．中共太原市委党校学报，2017（5）：29-32+37.

[296] 冯霞，张立明．构建旅游中心城市之研究——以荆门市为例 [J]．云南地理环境研究，2006（6）：88-92.

[297] 冯欣欣，林勇虎．基于体验经济的体育产业与旅游产业融合模式及其实现机制 [J]．体育文化导刊，2017（9）：108-112.

[298] 冯学钢，吴文智，于秋阳．旅游规划 [M]．上海：华东师范大学出版社，2011.

[299] 弗雷德里克·泰勒．科学管理原理 [M]．马风才，译．北京：机械工业出版社，2013.

[300] 付琳倩，谢笑春，雷雳，等．伴侣低头行为的影响及其心理机制 [J]．心理科学，2020，43（3）：726-732.

[301] 付璐．县域优势产业竞合关系的博弈分析与系统动力学仿真研究 [D]．昆明：云南财经大学，2022.

[302] 付帅，李龙．基于区位商的旅游产业区域比较优势研究——以辽宁省为例 [J]．资源开发与市场，2013，29（4）：433-435+425.

[303] 傅丽华．基于景观生态学理论的城郊农业旅游产品设计研究 [J]．农业经济，2007（3）：35-36.

[304] 甘雨，龚在鸣，刘玲玲，等．城市旅游消费竞争力评价指标体系构建与应用——以 15 个旅游消费示范城市为例 [J]．成都行政学院学报，2022（4）：22-33+117.

[305] 高臣，崔红．基于熵变理论的学生专业能力养成模型分析——以高职食品营养与检测专业为例 [J]．辽宁高职学报，2011，13（1）：7-9+12.

[306] 高晋华，卢长伟，刘芬燕．经济学理论在医院管理中应用的探讨 [J]．重庆医学，2015，44（30）：4299+4310.

[307] 高丽红．旅游景区网络营销 SWOT 分析及基于 4P 理论的营销策略研究 [J]．价格月刊，2016（4）：88-90.

[308] 高明，丁洪宾．共生理论视角下市域产教联合体的建设模式、现实挑战与推进策略 [J]．职业技术教育，2024，45（19）：42-47.

[309] 高鸣．“非遗舞蹈”的场域类型与当代表达 [J]．北京舞蹈学院学报，2021（6）：86-90.

[310] 高楠，马耀峰，李天顺，等．基于“点-轴”理论的陕西旅游空间结构研究 [J]．干旱区资源与环境，2012，26（3）：177-182.

[311] 高文智．旅游圈层结构理论对城郊乡村旅游开发模式的借鉴与启示 [J]．农业经济，2016（3）：53-55.

[312] 高艳红，史广峰．旅游系统特征与功能探微 [J]．中国商贸，2010（28）：156-157.

[313] 高怡．戈夫曼“拟剧理论”之于导游服务的启示 [J]．成都师范学院学报，2016，32（11）：100-105.

[314] 高原，王锐，彭泗清．乌卡环境下中国高科技制造企业国际化的权变战略：基于宇视科

技的案例研究［J］．管理评论，2024，36（3）：269-288.

［315］葛笑如，刘硕．结构洞理论视角下社会组织党建的接点联结与双轨并行——以南京市Q区社会组织党委为例［J］．中国矿业大学学报（社会科学版），2022，24（1）：55-68.

［316］葛雅婷，蒋琳，是丽娜．基于SERVQUAL模型的在线旅游服务质量提升研究［J］．电子商务，2020（2）：4-6.

［317］公维军，孙凤娟．“我者”与“他者”：旅游凝视理论下的真实性解读——以山东寿光“菜都”形象建构为例［J］．社会科学家，2019（11）：97-101.

［318］宫斐．基于“竞合理论”的泛北部湾旅游合作模式研究［J］．东南亚纵横，2014（7）：28-31.

［319］龚金红，谢礼珊，彭家敏．旅行社服务不诚信行为如何影响顾客信任——心理契约违背与企业声誉的作用［J］．旅游学刊，2014，29（4）：55-68.

［320］龚梦乐．基于心理契约理论的重庆农发行青年员工激励机制优化研究［D］．重庆：重庆工商大学，2022.

［321］龚敏健．苏州市外来人口居住特征和满意度及影响因素研究［D］．上海：华东师范大学，2010.

［322］龚珊珊．班杜拉社会认知理论对教学的启示［J］．黔东南民族师范高等专科学校学报，2006（5）：51-53.

［323］古丽扎伯克力，辛自强，李丹．地方依恋研究进展：概念、理论与方法［J］．首都师范大学学报（社会科学版），2011（5）：86-93.

［324］顾恩澍．网络视频平台价值共创与商业模式创新的互动机制研究［D］．北京：中国传媒大学，2022.

［325］顾雷雷．品牌延伸理论在中国的发展及展望［J］．甘肃社会科学，2016（1）：99-103.

［326］郭斌．沉浸理论视角下青岛市即墨区田园综合体旅游体验提升策略研究［D］．桂林：广西师范大学，2023.

［327］郭华．增权理论视角下的乡村旅游社区发展——以江西婺源李坑村为例［J］．农村经济，2012（3）：47-51.

［328］郭界秀．比较优势理论研究新进展［J］．国际贸易问题，2013（3）：156-166.

［329］郭靖．基于铁路旅客效用最大化的出行选择服务方案优化研究与系统［D］．北京：北京交通大学，2012.

［330］郭丽．后发优势理论演进及其启示［J］．当代经济研究，2009（4）：57-60.

［331］郭林雨．发展我国税务代理制度的思考［D］．济南：山东大学，2011.

［332］郭凌，王志章．新制度经济学视角下旅游目的地社会冲突治理研究——基于对四川泸沽湖景区的案例分析［J］．旅游学刊，2016，31（7）：32-42.

［333］郭伟，张雪娇，邓丽芸．我国乡村旅游循环经济发展的一般模式研究［J］．生态经济，2012（8）：99-101.

［334］郭文，黄震方．基于场域理论的文化遗产旅游地多维空间生产研究——以江南水乡周庄古镇为例［J］．人文地理，2013，28（2）：117-124.

［335］郭晓川．文化认同视域下的跨文化交际研究［D］．上海：上海外国语大学，2012.

［336］郭宇钊．价值网络的结构特征对开放式创新绩效的作用影响研究［D］．重庆：重庆大

学，2013.

［337］韩彩霞．双循环发展背景下旅游消费与扩大内需的乘数效应分析［J］．商业经济研究，2022（10）：55-58.

［338］韩福荣，王仕卿．品牌理论研究（1）品牌理论发展评述［J］．世界标准化与质量管理，2006（9）：4-6.

［339］韩晶晶，郑大为，李星明．试论旅游目的地空间关系马太效应的成因及影响［J］．商业研究，2005（10）：149-151.

［340］韩宜欣．大学生成就目标取向对学习沉浸体验的影响：反馈寻求行为和元认知的链式中介作用［D］．长春：吉林大学，2023.

［341］韩英．农民参与农村社会养老保障的行为研究——基于计划行为理论研究［J］．山西农业大学学报（社会科学版），2010，9（5）：531-535.

［342］韩玉灵，王业娜．基于交易成本理论的旅行社责任保险制度发展研究［J］．北京第二外国语学院学报，2010，32（9）：1-7.

［343］郝晓燕，长青，巩芳．内蒙古科技发展现状及其技术创新能力分析［J］．科技管理研究，2009，29（1）：110-112.

［344］何东进，洪伟，胡海清．景观生态学的基本理论及中国景观生态学的研究进展［J］．江西农业大学学报，2003（2）：276-282.

［345］何仁伟，李光勤，刘邵权，等．可持续生计视角下中国农村贫困治理研究综述［J］．中国人口·资源与环境，2017，27（11）：69-85.

［346］何潘，唐山翔，何燕琼，等．基于 RMP 理论的高速服务区交旅融合产品研究［J］．公路，2023，68（8）：271-274.

［347］何胜保．北京冬奥会张家口赛区冰雪旅游开发的昂普（RMP）模型分析［J］．山东体育学院学报，2020，36（5）：37-46.

［348］何嵬，黄巍，张福双．增长极理论对黑龙江省贫困县金融服务中心建设的启示［J］．山西财经大学学报，2015，37（S1）：25-27.

［349］何学欢，胡东滨，粟路军．旅游地居民感知公平、关系质量与环境责任行为［J］．旅游学刊，2018，33（9）：117-131.

［350］何艳琳，郑莹，杨月娟．基于旅游真实性的乡村旅游产品开发研究［J］．安徽农业科学，2021，49（21）：157-159.

［351］何夷．共生理论视角下场馆型体育服务综合体发展研究［D］．武汉：华中师范大学，2023.

［352］和钰，陈悦，崔银河，等．科学学的研究进路暨前瞻——基于贝尔纳奖的分析视角［J］．科学学研究，2017，35（8）：1121-1129.

［353］和占举．区域经济空间结构理论与方法的回顾［C］//今日财富杂志社．2016 年第一届今日财富论坛论文集，2016.

［354］贺朝晖．基于金融生态视角的银行服务质量评价方法［J］．中国金融电脑，2010（10）：53-57.

［355］贺金社．短期内经济健康运行的帕累托最优标准［J］．经济经纬，2012（5）：122-126.

［356］贺文华，李纯青．游客体验旅程设计有效性对主题公园重游意愿的影响机理——基于双

因素理论［J］. 旅游学刊，2024，39（8）：98-111.

［357］贺小荣，彭坤杰. 生态位理论视角下湖南省城市旅游脆弱性评价［J］. 经济地理，2021，41（4）：174-182.

［358］贺小荣，彭坤杰，马晶宝，等. 生态位理论视阈下湖南省城市旅游竞争力提升研究［J］. 湖南社会科学，2019（6）：110-119.

［359］贺小荣，彭星星，徐海超. 酒店绿色实践对个体亲环境行为的影响机制研究［J］. 旅游学刊，2023，38（12）：57-70.

［360］亨利·列斐伏尔. 空间的生产［M］. 刘怀玉，等译. 北京：商务印书馆，2021.

［361］洪杰文，李华伟. 数字时空与伴侣养成：远距离亲密关系的媒介化实践研究——基于期望违背理论视角［J］. 新闻与传播评论，2023，76（5）：31-47.

［362］洪银兴. 从比较优势到竞争优势——兼论国际贸易的比较利益理论的缺陷［J］. 经济研究，1997（6）：20-26.

［363］胡北明，黄欣. 高铁发展对后现代旅游消费者行为的影响研究［J］. 四川师范大学学报（社会科学版），2021，48（2）：92-102.

［364］胡北明，张美晨. 我国社区旅游增权理论框架及模式构建研究——基于西方旅游增权理论研究评述［J］. 四川理工学院学报（社会科学版），2019，34（1）：87-100.

［365］胡汉辉，邢华. 产业融合理论以及对我国发展信息产业的启示［J］. 中国工业经济，2003（2）：23-29.

［366］胡欢，章锦河，陈敏. 成本视角的国家公园旅游生态补偿标准测度研究——以黄山国家公园创建区为例［J］. 中国生态旅游，2022，12（2）：275-290.

［367］胡焕庸. 中国人口之分布——附统计表与密度图［J］. 地理学报，1935（2）：33-74.

［368］胡静，谢鸿璟. 旅游驱动下乡村文化空间演变研究——基于空间生产理论［J］. 湖北民族大学学报（哲学社会科学版），2022，40（2）：99-109.

［369］胡瑞静. 顾客感知价值理论文献综述［J］. 现代商贸工业，2011，23（7）：127-128.

［370］胡涛. 基于资源基础理论的浙江影视文化产业群竞争力研究——以横店影视城为例［J］. 中国经贸导刊（中），2018（23）：109-110.

［371］胡小清. 自我决定理论视域下需求支持型教学对小学生基本运动技能的影响及干预研究［D］. 上海：上海体育学院，2022.

［372］胡永佳. 从分工角度看产业融合的实质［J］. 理论前沿，2007（8）：30-31.

［373］胡勇. 基于4P理论的钢铁企业营销优化和改进策略［J］. 投资与创业，2022，33（3）：168-170.

［374］胡宇瑶，梁雅嘉，熊昌盛. 海南国际旅游岛战略造成了地区间城镇建设用地扩张的马太效应吗？［J］. 中国土地科学，2023，37（6）：64-73.

［375］胡召燕. 基于竞争优势理论的微信竞争力研究［J］. 中国林业经济，2018（1）：28-31.

［376］胡忠良，蒋茜. 新技术革命条件下后发优势理论探寻［J］. 开放导报，2014（1）：25-29.

［377］胡最，郑文武，刘沛林，等. 湖南省传统聚落景观基因组图谱的空间形态与结构特征［J］. 地理学报，2018，73（2）：317-332.

［378］户文月. 空间生产理论视域下邮轮旅游体验研究［J］. 江苏商论，2022（9）：45-48.

［379］华成钢，白长虹，韦鸣秋．移动互联时代旅游信息服务体验对出游决策的影响研究［J/OL］．旅游学刊，2019，34（11）：51-65.

［380］华汛子．农村劳动力流动的减贫效应研究［D］．武汉：武汉大学，2019.

［381］华章，周武忠．基于空间生产理论的乡村旅游社区空间演化与治理研究——以无锡市鸿山街道大坊桥旅游社区为例［J］．江苏社会科学，2021（2）：232-240.

［382］黄昊翔．基于文化认同理论的地域文化展示策略研究［D］．上海：东华大学，2022.

［383］黄河．基于增长极理论的金沙江下游旅游圈合作模式研究［J］．生产力研究，2010（12）：132-133+148.

［384］黄河．"阴影区"旅游地差异性旅游形象定位研究——以宜宾兴文博望山为例［J］．乐山师范学院学报，2007（2）：86-88.

［385］黄家宝．水资源价值及资源水价测算的探讨［J］．广东水利水电，2004（5）：13-14+17.

［386］黄建红，蒋艳辉．行动者网络理论视域下乡村治理数字化转型合作网络建构——基于长沙县果园镇的田野考察［J］．湖南农业大学学报（社会科学版），2024，25（2）：59-68.

［387］黄剑锋，陆林．空间生产视角下的旅游地空间研究范式转型——基于空间涌现性的空间研究新范式［J］．地理科学，2015，35（1）：47-55.

［388］黄洁．国家级风景名胜区的品牌资产研究——基于大学生短途旅游者视角［D］．上海：复旦大学，2012.

［389］黄静波，李纯．湘粤赣边界区域红色旅游协同发展模式［J］．经济地理，2015，35（12）：203-208.

［390］黄俊生，张明举，杨波．"木桶理论"与振兴西部旅游业［J］．安徽农业科学，2007（2）：494-496+498.

［391］黄玫．国土空间规划体系变革影响规划权实施的博弈研究［J］．北京规划建设，2019（5）：85-90.

［392］黄孟霓．心理契约理论对国企新生代员工管理的启示［J］．中国石油企业，2022（5）：71-74+127.

［393］黄明元，刘林．旅游与农业融合效应的形成机理与演化周期研究——基于自组织理论分析视角［J］．生产力研究，2020（1）：40-43.

［394］黄培伦，尚航标，李海峰．组织能力：资源基础理论的静态观与动态观辨析［J］．管理学报，2009（8）：1104-1110.

［395］黄勤慧，吕军．竞争力理论在区域旅游整合中的应用［J］．湖北大学学报（自然科学版），2007，29（1）：105-108.

［396］黄伟先．广西北部湾经济区发展文化产业的战略选择——基于比较优势理论［J］．广西社会科学，2012（9）：155-158.

［397］黄蔚艳．海洋旅游危机事件的预防机制研究——基于海洋旅游者视角［J］．山东大学学报（哲学社会科学版），2010（4）：124-128.

［398］黄锡畴．德意志联邦共和国生态环境现状及其保护［J］．地理科学，1981（2）：181-182.

［399］黄翔，唐楠，成曦．基于传播视角的旅游广告语效果研究［J］．湖北民族学院学报（哲学社会科学版），2007（6）：106-109.

［400］黄向，陈雪宜．基于网络文本的旅游民宿主客互动研究［J］．旅游研究，2022，14（5）：

72-85.

[401] 黄裕芳，王淑霖，刘明菲．旅游新零售下基于顾客感知价值的旅游产品购买行为影响因素研究［J］．现代商贸工业，2020，41（8）：22-24.

[402] 黄正文，邓茂林，余波，等．城市旅游的驱动机制和突变发展模式研究——以都江堰市经济开发区为例［J］．资源开发与市场，2010，26（12）：1148-1150.

[403] 黄志刚．基于点轴理论的常州高铁旅游网络构建与发展研究［J］．常州工学院学报，2022，35（3）：67-73.

[404] 黄梓豪．国际贸易的理论依据：从比较优势到国际竞争优势［J］．环渤海经济瞭望，2018（2）：149.

[405] 惠志丹，程华东．地方农业高校产学研模式何以服务乡村振兴？——基于圈层式协同视角下的个案分析［J］．中国农业教育，2022，23（5）：29-40.

[406] 霍艳莲．产业融合视阈下文化产业与旅游产业的融合效应、机理与路径［J］．商业经济研究，2015（12）：126-127.

[407] 晋艺波．基于旅游形象屏蔽理论的武威城市旅游形象设计实证研究［J］．旅游论坛，2013，6（1）：77-80.

[408] 纪尽善．马克思供需平衡理论与扩大内需战略取向和现实选择［J］．当代经济研究，2002（9）：8-11.

[409] 贾洪琳．基于产权理论的西藏旅游资源法律保护制度研究［J］．法制与社会，2019（7）：174-175.

[410] 贾生华，陈宏辉．利益相关者的界定方法述评［J］．外国经济与管理，2002（5）：13-18.

[411] 贾艳芬．基于旅游地生命周期理论的乡村旅游可持续发展研究［D］．石家庄：河北师范大学，2016.

[412] 贾子玉，胡英娜．基于点轴理论的全域乡村旅游空间布局规划方法研究：以河南省南太行山区域为例［J］．世界建筑，2021（9）：120-124+136.

[413] 简兆权，令狐克睿，李雷．价值共创研究的演进与展望——从“顾客体验”到“服务生态系统”视角［J］．外国经济与管理，2016，38（9）：3-20.

[414] 姜爱萍．南通市域城镇空间结构演化过程与演化规律研究［D］．南京：南京师范大学，2008.

[415] 姜广义，席亚飞，刘欢欢，等．北京冬奥前期长春市冰雪休闲旅游发展对策分析——基于区位理论视角［J］．山东体育学院学报，2017，33（3）：48-53.

[416] 姜文博，王涵．旅游地屏蔽理论下的茶文化旅游纪念品开发研究［J］．福建茶叶，2016，38（3）：177-178.

[417] 蒋红星，韩锡斌，王兴辉．数字化转型下高职教师持续使用混合教学的影响研究：基于自我决定理论的视角［J］．中国职业技术教育，2024（14）：22-33.

[418] 蒋奇杰，柯繁，任佩瑜，等．基于动态能力理论的信息技术与旅游目的地竞争力关系实证研究［J］．经济问题探索，2018（7）：46-59+137.

[419] 蒋志勇．西部民族地区旅游驱动型城镇化发展研究——基于区域比较优势和竞争优势理论的分析［J］．广西民族研究，2015（5）：157-163.

［420］焦念涛．酒店管理者教练行为：影响因素及对员工服务绩效的作用机制［D］．泉州：华侨大学，2018.

［421］焦彦，陈冰．艺术家移民在乡村旅游社区的社会融合研究——基于场域理论［J］．旅游学刊，2022，37（8）：26-39.

［422］杰弗里·A. 迈尔斯．管理与组织研究必读的 40 个理论［M］．徐世永，李超平，等译．北京：北京大学出版社，2017.

［423］杰弗里·M. 佩洛夫．微观经济理论与应用——数理分析（第 2 版）［M］．谷宏伟，译．上海：上海人民出版社，2013.

［424］杰伊·B. 巴尼，德文·N. 克拉克．资源基础理论——创建并保持竞争优势［M］．张书军，苏晓华，译．上海：格致出版社，上海三联书店，上海人民出版社，2011.

［425］金帅岐，李贺，沈旺，等．用户健康信息搜寻行为的影响因素研究——基于社会认知理论三元交互模型［J］．情报科学，2020，38（6）：53-61+75.

［426］金万洲．景观生态学在森林公园总体规划中的应用研究［J］．陕西林业科技，2008（2）：142-145.

［427］金祥荣，朱希伟．专业化产业区的起源与演化［J］．经济研究，2002（8）：74-82.

［428］靳新媛，张雪梅．结构洞理论下企业集团财务共享中心信息传递机制探究［J］．财会月刊，2020（17）：26-32.

［429］荆小娜，赵立纯，刘敬娜．双曲型脐点突变模型的向量场分析［J］．鞍山师范学院学报，2021，23（4）：7-12.

［430］卡尔·维克．组织社会心理学［M］．贾柠瑞，高隽，译．北京：中国人民大学出版社，2009.

［431］康珂，倪鹏飞．经典文献中的国家竞争力理论：一个文献综述［J］．江淮论坛，2014（3）：54-61.

［432］康拉德·菲利普·科塔克．文化人类学——欣赏文化差异［M］．周云水，译．北京：中国人民大学出版社，2012.

［433］康明．我国六大文化产业带战略布局研究——基于点轴理论视角［J］．重庆与世界（学术版），2013，30（8）：52-55.

［434］康平，王亚楠．基于“RMP+STP”分析的贵州省盘州市“民族+民俗+民宿”旅游营销策略探究［J］．社科纵横，2022，37（2）：119-123.

［435］柯球．试论广告定位理论与旅游目的地营销创新［J］．商业时代，2011（27）：37-38.

［436］克里斯·安德森．长尾理论［M］．乔江涛，译．北京：中信出版社,2006.

［437］孔晓莉．基于门槛理论的城镇化水平研究——基于山西省的经验数据［J］．学术论坛，2015，38（9）：34-38.

［438］寇敏，马波，郭为．基于委托—代理理论的公共旅游资源管理制度分析［J］．旅游论坛，2009，2（4）：509-512.

［439］寇垠，任嘉浩．基于体验经济理论的图书馆创客空间服务提升路径研究［J］．图书馆学研究，2018（19）：71-78.

［440］匡林．关于旅游乘数理论的几个问题［J］．华侨大学学报（社会科学版），1996（3）：39-43.

[441] 赖力，黄贤金，刘伟良．生态补偿理论、方法研究进展［J］．生态学报，2008（6）：2870-2877.

[442] 赖叔懿，陈华芳．生态旅游资源的价值评价与最优开发路径选择［J］．生态经济，2007（2）：96-98+101.

[443] 赖文龙．大学生自我意识研究［J］．心理科学，2009，32（2）：495-497.

[444] 郎朗．"地方"理论视角下的网络游记研究——以北京三里屯游记分析为例［J］．旅游学刊，2018，33（9）：49-57.

[445] 郎咸平，王晓慧．郎咸平：房产税是企图堵住火山口的又一块石头［J］．新财经，2010（8）：100.

[446] 乐新军．基于役使原理的大型集群工程项目协同管理模式［J］．中国集体经济，2010（34）：98-99.

[447] 雷培莉，宋羽，曹建华．顾客感知价值对中学教育培训机构选择的影响研究［J］．北京化工大学学报（社会科学版），2012（3）：43-48.

[448] 雷振东，张鹏举，徐千里，等．西部践行：地域建筑文化与绿色建筑［J］．当代建筑，2023（2）：10-16.

[449] 黎洁，赵西萍．论国际旅游竞争力及其阶段性演进［J］．社会科学家，1999（5）：20-23.

[450] 黎玲．乡村文旅融合对游客满意度的影响研究——基于场景理论的实证分析［J］．技术经济与管理研究，2021（4）：100-104.

[451] 李彬．长尾理论对电视节目传播的启发［J］．中国电视，2018（3）：90-93.

[452] 李博，黄梓茜．"反规划"途径：理论、应用与展望［J］．景观设计学，2016，4（5）：18-29.

[453] 李丹，王茜．劳资关系困境与社会工作介入路径分析——以天津外资零售业 X 企业为例［J］．中国劳动，2015（8）：43-49.

[454] 李东，邢振超．四种营销传播理论的比较——从 USP 论、品牌形象论、定位论到 IMC 理论［J］．学术交流，2006（11）：91-94.

[455] 李栋．4R 危机管理理论视角下学校食品安全应急管理体系研究［D］．天津：河北工业大学，2023.

[456] 李芳．基于区位理论的农家乐发展对策研究［D］．武汉：华中师范大学，2018.

[457] 李菲菲，耿修林，袁少茹．高质量发展背景下新丝绸之路经济带省域旅游产业竞争力生态位演化研究［J］．经济问题探索，2019（9）：30-40.

[458] 李国平，王志宝．中国区域空间结构演化态势研究［J］．北京大学学报（哲学社会科版），2013，50（3）：148-157.

[459] 李国平，叶文．游客感知"灰度区"的旅游形象策划初探——兼曲靖市旅游形象策划［J］．人文地理，2002（4）：34-37.

[460] 李国茹．基于定位理论的吉林省民办高校旅游管理专业定位体系研究［J］．中国市场，2014（49）：194-196.

[461] 李华强，邹安琼，姚沁．乡村旅游开发中利益相关者行为的演化博弈分析［J］．农村经济，2020（2）：83-88.

[462] 李怀兰．旅游体验效用因素分析 [D]．南宁：广西大学，2004.

[463] 李会云，陈谨，张位中．符号学在旅游主题景观设计中的应用 [J]．西南民族大学学报（人文社会科学版），2011，32（5）：139-142.

[464] 李佳婧，陈朝隆．区域旅游系统与交通系统耦合关系的时空分异——以广东省为例 [J]．华南师范大学学报（自然科学版），2018，50（4）：90-96.

[465] 李建建，叶凌寒．马克思的供求理论在当代中国的发展与创新 [J]．福建论坛（人文社会科学版），2021（8）：5-17.

[466] 李洁真．产权理论的发展历程及其对我国国有企业改革的启示 [D]．长春：吉林大学，2017.

[467] 李金云．符号互动论述评 [J]．徐州工程学院学报（社会科学版），2020，35（4）：86-92.

[468] 李静，舒伯阳．国际游客目的地感知形象、积极情绪与行为意愿——基于五大古都城市的实证分析 [J]．科学决策，2023（4）：186-198.

[469] 李久华．基于心理契约理论的独立学院行政管理队伍建设 [J]．教育与职业，2016（8）：34-36.

[470] 李娟，吴成基，郝艳红．旅游屏蔽区的错位发展策略——以陕西三原为例 [J]．江西农业学报，2007（12）：151-153.

[471] 李娟．基于斜木桶原理的县级营销团队三角色结构 [J]．河北企业，2016（10）：86-87.

[472] 李军岩，刘颖．后疫情时期东北冰雪旅游产业差异化协同发展研究 [J]．沈阳体育学院学报，2020，39（3）：1-9.

[473] 李康．认知科学的符号系统范式 [J]．信息记录材料，2020，21（7）：239-241.

[474] 李柯漾，张东航．推拉理论视域下澳门长者中心老年人孤独感的机理研究 [J]．西北人口，2024，45（4）：73-87.

[475] 李仂．基于产权理论的城市空间资源配置研究 [D]．哈尔滨：哈尔滨工业大学，2016.

[476] 李磊，王雅莉．我国旅游产业宏观区位布局的空间统计分析 [J]．商业研究，2016（12）：171-178.

[477] 李玲，林君飞．基于中心地理论的中国入境旅游流空间形态解析 [J]．干旱区资源与环境，2013，27（8）：191-195.

[478] 李凌．消费需求、口碑传播对冰雪体育产业发展的影响研究 [D]．济南：山东大学，2020.

[479] 李露．基于双因素理论乡村旅游管理策略的探索——以常熟蒋巷村为例 [J]．江苏商论，2010（12）：112-114.

[480] 李敏．5W 理论视角下常州城市形象自媒体传播研究 [J]．新媒体研究，2023，9（3）：68-72.

[481] 李敏．基于 USP 理论下的山西汾酒差异化营销策略研究 [D]．长春：长春工业大学，2019.

[482] 李明瀚．基于资源基础理论的同质化旅游产品竞争策略研究 [D]．昆明：云南大学，2013.

[483] 李妮娜．基于中心地理论的城市快递服务网点选址研究 [D]．北京：北京交通大学，2015.

［484］李念遥．黑龙江省旅游业发展中的屏蔽现象研究［D］．哈尔滨：黑龙江大学，2017.

［485］李宁．中小企业“95后”新生代员工激励对策研究——基于心理契约理论［J］．现代商贸工业，2020，41（32）：66-68.

［486］李盼．旅游宰客现象治理中的政府责任与机制［J］．云南行政学院学报，2018，20（3）：61-69.

［487］李鹏虎，王传毅．委托代理理论视域下高校自设交叉学科政策执行研究：偏差、成因及治理机制［J］．清华大学教育研究，2024，45（2）：126-134.

［488］李其维．“认知革命”与“第二代认知科学”刍议［J］．心理学报，2008，40（12）：1306-1327.

［489］李勤，吕双宁，武仲豪，等．场景理论下传统村落文旅空间品质评价体系研究［J］．北京建筑大学学报，2024，40（2）：24-32.

［490］李琼．民俗旅游服务质量改善中服务剧场理论的运用［J］．江苏商论，2009（5）：67-68.

［491］李全生．布迪厄场域理论简析［J］．烟台大学学报（哲学社会科学版），2002（2）：146-150.

［492］李睿．前景理论研究综述［J］．社会科学论坛，2014（2）：214-222.

［493］李绍荣．西方经济学最优解概念新思考——纳什均衡、帕累托最优与一般均衡三大最优解透视［J］．经济学动态，2000（9）：61-64.

［494］李世涌，朱东恺，陈兆开．外部性理论及其内部化研究综述［J］．中国市场，2007（31）：117-119.

［495］李淑红，郭青霞，丁一，等．基于生态位理论的工贸型县域留白用地选取研究——以山西省和顺县为例［J］．中国土地科学，2023，37（12）：128-138.

［496］李曙光．作为认知目标与工具的翻译：概念隐喻理论视域下的翻译隐喻［J］．南京师大学报（社会科学版），2023（6）：125-135.

［497］李隋冰．意见动力学中基于赢者通吃网络的马太效应建模与分析［D］．兰州：兰州大学，2023.

［498］李天芳．基于产业耦合理论的我国生态农业与生态旅游业协调发展研究［J］．理论探讨，2016（3）：78-82.

［499］李天元．旅游学（第三版）［M］．北京：高等教育出版社，2011.

［500］李文华，刘某承．关于中国生态补偿机制建设的几点思考［J］．资源科学，2010，32（5）：791-796.

［501］李文君．省域旅游中心地及其影响区研究［D］．金华：浙江师范大学，2020.

［502］李文亮，翁瑾，杨开忠．旅游系统模型比较研究［J］．旅游学刊，2005（2）：20-24.

［503］李西建．以文化创意激活非物质文化遗产资源的旅游美学效用［J］．旅游学刊，2019，34（5）：9-11.

［504］李锡坤．空间生产理论视野下的城市社区更新研究［D］．上海：中共上海市委党校，2022.

［505］李娴．基于4P+4C理论的泸西县旅游市场营销策略研究［D］．昆明：云南师范大学，2016.

[506] 李小霞．基于资源基础理论国瓷材料连续并购价值创造研究［D］．宜昌：三峡大学，2022.

[507] 李晓东，巢欣，刘惠秋，等．雅鲁藏布江中游浮游植物群落优势种时空生态位［J］．生态学报，2023，43（18）：7746-7760.

[508] 李晓明，张辉．顾客品牌契合行为的心理机制研究：自我决定理论视角［J］．旅游学刊，2017，32（7）：57-68.

[509] 李晓琴．基于“产业融合”理论的低碳旅游业态创新路径研究［J］．西南民族大学学报（人文社科版），2016，37（2）：126-130.

[510] 李欣华，左芳．AIDMA视角下欠发达民族地区旅游发展对策探讨［J］．大连民族学院学报，2013，15（4）：444-448+453.

[511] 李欣洁．基于归因理论的上市公司盈余管理动机及经济后果研究［D］．昆明：云南财经大学，2021.

[512] 李秀玲，高鹤．基于分形理论的国内旅游收入规模结构研究——以吉林省为例［J］．税务与经济，2024（1）：106-112.

[513] 李旭东，张金岭．西方旅游研究中的“真实性”理论［J］．北京第二外国语学院学报，2005（1）：1-6.

[514] 李雪松．旅游形象屏蔽：基本性质与空间表现［J］．思想战线，2010，36（2）：147-148.

[515] 李雪松，田里．旅游形象屏蔽机理解析［J］．旅游科学，2009，23（4）：26-30.

[516] 李雪松，田里．旅游形象屏蔽理论研究［M］．北京：中国旅游出版社，2012.

[517] 李雪松，赵丽娜．旅游形象屏蔽理论研究［J］．北京第二外国语学院学报，2011，33（3）：1-7.

[518] 李亚荣．东西方决策理论比较分析［J］．现代交际，2010（7）：8+7.

[519] 李亚，吴明远，叶文．区域旅游发展规划中区位条件的分析——以龙陵县为例［J］．云南地理环境研究，2002（1）：37-42.

[520] 李娅．基于游客感知的秦皇岛旅游宰客现象及其政府监管研究［D］．秦皇岛：燕山大学，2014.

[521] 李燕琴，吴必虎．旅游形象口号的作用机理与创意模式初探［J］．旅游学刊，2004（1）：82-86.

[522] 李烨．资源基础理论下盈峰环境跨界连续并购的路径及效果研究［D］．泉州：华侨大学，2022.

[523] 李伊鑫．中国地方政府专项债的“马太效应”实证研究［D］．武汉：中南财经政法大学，2021.

[524] 李英．文化认同理论视域下中国美食类短视频跨文化传播研究［D］．沈阳：辽宁大学，2023.

[525] 李嬴铭．基于期望理论的东兴边境旅游发展研究［J］．玉林师范学院学报，2020，41（2）：80-88.

[526] 李颖，张振．“囚徒困境”与“斗鸡博弈”比较研究［J］．兰州教育学院学报，2014，30（6）：128-129.

［527］李永文．中国旅游资源地域分异规律及其开发研究［J］．旅游学刊，1995（2）：45-48+60.

［528］李宇．突发事件对外传播要善于转危为机——以中央广播电视总台抗击新冠肺炎疫情对外传播为例［J］．对外传播，2020（4）：20-22.

［529］李玉萍，刘亚男，杨晓霞．喀斯特旅游地虚拟旅游体验对实地旅游意愿的影响——以武隆喀斯特旅游区为例［J］．中国岩溶，2024，43（2）：463-475.

［530］李媛．有害生物数量生态调控中的突变理论研究与应用［D］．咸阳：西北农林科技大学，2020.

［531］李跃军，周秋巧，姜琴君．“旅游资源错位现象”与“旅游资源诅咒”辨析［J］．旅游论坛，2018，11（2）：43-50.

［532］李祯，赵惠燕，刘光祖，等．害虫种群动态的蝴蝶突变模型与分析［J］．西北农林科技大学学报（自然科学版），2012，40（9）：103-108.

［533］李志刚，徐婷．电子政务信息服务质量公众满意度模型及实证研究［J］．电子政务，2017（9）：119-127.

［534］李志勇．“双因素理论”分析框架下的博物馆旅游满意度影响因素［J］．社会科学家，2014（12）：74-80.

［535］李宗坤，葛巍，王娟，等．改进的突变评价法在土石坝施工期风险评价中的应用［J］．水利学报，2014，45（10）：1256-1260.

［536］梁彩荣，李淑媛，王美红，等．地方依恋对冰雪体育旅游者价值共创行为影响研究［J］．干旱区资源与环境，2023，37（5）：192-197.

［537］梁恒维．基于增长极理论的辽阳市弓长岭区旅游发展分析［J］．辽宁经济，2017（9）：71-73.

［538］梁江川．旅游动机与目的地偏好——以广东外来旅游者为例［J］．地域研究与开发，2013，32（5）：151-156.

［539］梁进社．中心地理论中市场原则的再讨论［J］．地理学报，2022，77（8）：1892-1906.

［540］梁柰，陈华伟．基于游客满意度的三亚南山文化旅游区可持续发展［J］．社会科学家，2015（3）：96-100.

［541］梁天祥．谈马克思的供求理论［J］．内蒙古社会科学，2000（2）：102-106.

［542］梁振然，程道品，任爽．“反规划”理论在旅游规划中的应用［J］．林业调查规划，2008（1）：103-106.

［543］廖培．基于利益相关者理论的旅游规划评价初探［J］．财经问题研究，2010（6）：135-139.

［544］廖巧云，高梦婷．分形理论视域下歇后语生成机制新解［J］．当代修辞学，2020（3）：61-70.

［545］林成．从市场失灵到政府失灵：外部性理论及其政策的演进［D］．沈阳：辽宁大学，2007.

［546］林德荣，陈莹盈．旅游业回扣/佣金问题的理论思考——新制度主义分析范式［J］．旅游科学，2012，26（6）：12-20.

［547］林光旭．基于USP理论技术路线的核心文化资源的发掘［J］．中华文化论坛，2011（4）：

163-168.

［548］林坤河，刘宵，钟正东，等．委托代理理论和管家理论融合视角下三明市紧密型医共体治理研究［J］．中国卫生经济，2022，41（8）：1-5.

［549］林瑶云，李山．旅游圈空间演化的嵌套模型与效用分析［J］．旅游学刊，2015，30（6）：17-29.

［550］林自新．马克思的供求理论与新古典供求理论之比较［J］．生产力研究，2004（11）：11-12+22.

［551］林祖锐，周维楠，常江，等．LAC 理论指导下的古村落旅游容量研究——以国家级历史文化名村小河村为例［J］．资源开发与市场，2018，34（2）：274-280.

［552］刘爱利，刘家明，刘敏，等．国内外旅游度假区孤岛效应研究进展［J］．地理科学进展，2007（6）：109-118.

［553］刘安国．捷克斯洛伐克的景观生态研究——中国科学院区域环境研究考察组访捷见闻［J］．地理科学，1981（2）：183-184.

［554］刘波，孙林岩．需求流动网：供应链创新模式［M］．北京：清华大学出版社，2005.

［555］刘春健，张慧雯．基于点轴理论的丝绸之路甘肃段旅游产业空间结构研究［J］．无锡商业职业技术学院学报，2020，20（3）：79-84.

［556］刘德光，刘苏衡．长江中游城市群旅游网络结构特征研究［J］．统计与决策，2021，37（20）：67-70.

［557］刘东风．高职院校高水平专业群持续竞争力的形成路径研究——基于动态能力理论的视角［J］．江苏高教，2023（1）：118-124.

［558］刘刚．基于定位理论的西部民族地区旅游经济发展研究——以凉山州普格县为例［J］．贵州民族研究，2015，36（4）：124-127.

［559］刘国炳，黄大学．比较优势理论与区域旅游资源开发——以荆门市为例［J］．华中师范大学学报（自然科学版），2009，43（1）：176-180.

［560］刘海龙．当代媒介场研究导论［J］．国际新闻界，2005（2）：53-59+75.

［561］刘海朦，胡静，吕丽．基于行动者网络的生态旅游地多元主体冲突的演变及形成机制——以湖北省神农架为例［J］．经济地理，2024，44（7）：214-222.

［562］刘海燕，彭先桃．具身认知理论视域中的智慧课堂［J］．教育导刊，2019（7）：67-71.

［563］刘红芳．基于环城游憩带理论的许昌城乡旅游发展研究［J］．黑龙江科学，2014，5（4）：272-274.

［564］刘宏盈，吴启萌，张娟．社交媒体对旅游消费者行为决策影响研究——基于符号互动理论视角［J］．旅游论坛，2019，12（4）：50-55.

［565］刘佳，李莹莹．国内外基于社会网络理论的旅游研究综述与启示［J］．资源开发与市场，2016，32（9）：1134-1138+1147.

［566］刘佳林．基于冲突理论的城市规划管理与法规实例分析［C］//中国城市规划学会．人民城市，规划赋能——2022 中国城市规划年会论文集（13 规划实施与管理），2023.

［567］刘静佳，韦明体．比较优势理论视角下的旅游类高职院校特色建设研究［J］．思想战线，2015，41（S1）：88-90.

［568］刘静艳，靖金静．宗教旅游体验对游客行为意向的影响研究——游客心境的中介作

用［J］. 旅游科学，2015，29（3）：36-48.

［569］刘军，吉敏 . 产业聚集理论研究述评［J］. 经济问题探索，2011（8）：34-39.

［570］刘军，谭艺平，邓文，等 . 创意休闲农业的理论体系［J］. 湖南农业科学，2012（10）：48-52.

［571］刘力钢，刘杨，刘硕 . 企业资源基础理论演进评介与展望［J］. 辽宁大学学报（哲学社会科学版），2011，39（2）：108-115.

［572］刘丽丽 . 基于核心—边缘理论新疆旅游目的地培育研究［D］. 乌鲁木齐：新疆大学，2015.

［573］刘丽丽，闫永新 . 西蒙决策理论研究综述［J］. 商业时代，2013（17）：116-117.

［574］刘丽，陆林，陈浩 . 基于目的地形象理论的旅游危机管理——以中国四川地震为例［J］. 旅游学刊，2009，24（10）：26-31.

［575］刘丽梅，吕君 . 基于生态位理论的内蒙古自治区旅游发展研究［J］. 生态经济，2019，35（11）：125-130.

［576］刘琳 . 基于产业结构理论的欠发达地区产业结构优化研究［J］. 学术论坛，2016，39（8）：58-62.

［577］刘敏 . 以文化认同理论为依据的草原节庆发展研究［J］. 社会科学家，2012（10）：74-77.

［578］刘溟辉 . 论电子政务对行政决策质量的影响［D］. 湘潭：湘潭大学，2005.

［579］刘荣增 . 共生理论及其在我国区域协调发展中的运用［J］. 工业技术经济，2006（3）：19-21.

［580］刘睿文 . 旅游形象不对称作用理论研究［J］. 地理与地理信息科学，2006（4）：75-79.

［581］刘润忠 . 试析结构功能主义及其社会理论［J］. 天津社会科学，2005（5）：52-56.

［582］刘帅 . H 公司邯郸地区红色文化旅游数字化营销研究［D］. 邯郸：河北工程大学，2021.

［583］刘苏萍 . 基于区位理论的贵州旅游业发展探析［J］. 特区经济，2011（7）：159-160.

［584］刘伟，龙雪城，樊琳 . 养生、旅游与养老产业融合研究——基于广西的实践［J］. 社会科学家，2023（4）：69-75.

［585］刘蔚 . 基于价值链（网络）理论的旅游产业竞争力分析［J］. 北方经济，2006（17）：39-40.

［586］刘肖梅 . 基于可持续发展理论的旅游门票提价问题探讨［J］. 特区经济，2007（11）：198-199.

［587］刘笑明，李同升 . 区域观光农业空间布局研究——以西安市为例的研究［J］. 西安石油大学学报（社会科学版），2005（1）：15-19.

［588］刘笑平，雷定安 . 论外部性理论的内涵及意义［J］. 西北师大学报（社会科学版），2002（3）：72-75.

［589］刘昕 . 木桶原理与反木桶原理在高校学生管理中的应用［J］. 经营与管理，2016（5）：155-156.

［590］刘轩，于晓琳，唐丁方 . 乡村振兴战略背景下返乡农民工创业能力的提升路径及对策——基于动态能力理论的视角［J］. 成人教育，2020，40（1）：40-46.

［591］刘学荣 . 基于分形理论的黑龙江省旅游景区空间结构演化研究［D］. 长春：东北师范大

学，2015.

［592］刘雪飞．基于心理契约理论的H公司“85”后基层员工激励改进研究［D］．邯郸：河北工程大学，2021.

［593］刘燕，蒲波，官振中．沉浸理论视角下旅游消费者在线体验对再预订的影响［J］．旅游学刊，2016，31（11）：85-95.

［594］刘祎，王玮．工业大数据资源转化为竞争优势的内在机理：基于资源编排理论的案例研究［J］．华东经济管理，2019，33（12）：163-170.

［595］刘益，张梦帆．世界自然遗产景区消费对区域经济的综合乘数效应与扩散路径研究［J］．产经评论，2017，8（4）：110-122.

［596］刘雨梦，刘学文，张文静．折叠突变的列车脱轨理论研究与仿真［J］．机械科学与技术，2023，42（6）：829-834.

［597］刘赵平．社会交换理论在旅游社会文化影响研究中的应用［J］．旅游科学，1998（4）：30-33.

［598］刘振海，魏永军，祖强，等．新媒体时代高校思政教育的高质量发展路径研究——基于社会认知理论的视角［J］．江苏高教，2023（10）：104-108.

［599］刘志林，王茂军，柴彦威．空间错位理论研究进展与方法论评述［J］．人文地理，2010，25（1）：1-6.

［600］刘志强，王明全，金剑．国内外地域分异理论研究现状及展望［J］．土壤与作物，2017，6（1）：45-48.

［601］刘子玲，张世英，吕永波．基于有效供求理论的非均衡模型对比研究［J］．生产力研究，2008（4）：11-13.

［602］刘梓远．教育结果公平追求的问题研究——基于双因素理论［J］．江苏高教，2023（12）：58-63.

［603］卢凤，朱传林，张嫡嫡，等．具身知觉符号理论视角下的情绪启动效应［J］．心理学探新，2020，40（4）：296-301.

［604］卢珊，蔡莉，詹天悦，等．组织间共生关系：研究述评与展望［J］．外国经济与管理，2021，43（10）：68-84.

［605］卢遵伟．基于旅游供应链的旅游宰客现象形成机理研究［D］．秦皇岛：燕山大学，2014.

［606］鲁小波，陈晓颖，郭迪．基于矛盾论与旅游地生命周期理论的我国自然保护区生态旅游发展阶段研究［J］．干旱区资源与环境，2015，29（3）：188-192.

［607］陆大道．论区域的最佳结构与最佳发展——提出“点-轴系统”和“T”型结构以来的回顾与再分析［J］．地理学报，2001（2）：127-135.

［608］陆大道．区域发展及其空间结构［M］．北京：科学出版社，1995.

［609］陆建城，罗小龙，张培刚，等．产权理论视角下景中村治理困境与优化路径——以西湖风景名胜区为例［J］．现代城市研究，2020（8）：75-80+131.

［610］陆学，陈兴鹏．循环经济理论研究综述［J］．中国人口·资源与环境，2014，24（S2）：204-208.

［611］路晨磊．结构功能主义视角下的驻村帮扶研究［D］．天津：南开大学，2020.

［612］罗伯特·斯考伯，谢尔·伊斯雷尔．即将到来的场景时代［M］．赵乾坤，周宝曜，译．

北京：北京联合出版公司，2014.

［613］罗伯特·希斯．危机管理［M］．王成，宋炳辉，金瑛，译．北京：中信出版社，2004.

［614］罗广文，刘英．旅游地屏蔽理论的实证研究——以达州市旅游为例［J］．四川文理学院学报，2007（5）：113-115.

［615］罗佳．旅游企业内部控制问题探讨——以湖北省为例［J］．财会通讯，2012（29）：104-106.

［616］罗佳宁，罗亮，石雪菲，等．场景理论视域下体育非物质文化遗产的文化传承空间建构［J］．体育文化导刊，2024（8）：1-7+21.

［617］罗景峰，安虹．红色旅游沉浸体验的发生机制及意义建构逻辑——基于双系统理论的视角［J］．华侨大学学报（哲学社会科学版），2022（5）：40-53.

［618］罗美娟，高扬，莫赞．基于长尾理论的在线旅游市场发展研究［J］．商业研究，2015（7）：178-184+72.

［619］罗秋菊，童娟娟．上海世博会对游客的国家形象认知效果研究——基于议程设置视角［J］．旅游学刊，2014，29（6）：46-56.

［620］罗时法．论马克思的供求理论——兼评西方经济学的供求学说［J］．贵州师范大学学报（社会科学版），2001（1）：38-41.

［621］罗涛，张天海，甘永宏，等．中外城市竞争力理论研究综述［J］．国际城市规划，2015，30（S1）：7-15.

［622］罗文哲，陈远生，李运生，等．基于 RMP 分析的渭南市盐碱地特色休闲农业旅游开发［J］．中国农业资源与区划，2019，40（1）：210-216.

［623］罗晓雯，李化树．地方高校学科建设新视角——基于品牌理论的启示［J］．黑龙江工业学院学报（综合版），2017，17（11）：4-7.

［624］罗意林，孙九霞．挣脱还是回归？返乡妇女的旅游参与和角色重塑［J］．旅游学刊，2022，37（12）：111-123.

［625］罗跃武．我国经济增长中的要素替代：基于后发优势理论的思考［D］．厦门：厦门大学，2007.

［626］罗兹柏．旅游规划的特殊性与专业依托探讨［J］．旅游学刊，2014，29（5）：7-9.

［627］吕光耀，蒋红缘，李雪萍，等．行动者网络理论视角下乡村景观演化解析——以大理市喜洲村为例［J］．南方建筑，2023（12）：58-67.

［628］吕婷，李师娜．旅游对老年人退休适应阶段自我负面体验的心理疗愈研究——基于镜像理论［J］．旅游学刊，2024，39（3）：48-59.

［629］吕宛青，葛绪锋．社区旅游经营者社会责任：驱动因素与表现形式——基于社会资本理论的视角［J］．思想战线，2020，46（5）：156-164.

［630］马斌斌．高铁时空压缩背景下文化旅游资源与旅游经济空间错位特征及影响机理研究［D］．兰州：兰州大学，2020.

［631］马达忠，项文也．湖州融入长三角经济圈的发展战略研究［J］．江南论坛，2011（10）：13-15.

［632］马凤芹．后发优势理论视阈下地方高职院校人力资源分析［J］．黑龙江高教研究，2011（10）：99-101.

[633] 马宏丽. 基于“长尾理论”的我国旅游景区盈利模式创新策略研究 [J]. 河南社会科学, 2014, 22 (10): 104-106.

[634] 马缓缓, 郭丽娜. 基于圈层结构理论的农村体医养融合健康服务模式研究 [J]. 老龄科学研究, 2022, 10 (1): 21-34.

[635] 马健. 产业融合识别的理论探讨 [J]. 社会科学辑刊, 2005 (3): 86-89.

[636] 马立强. 海洋文化旅游休闲产业竞争优势构建: 产业集聚的视角 [J]. 东南大学学报(哲学社会科学版), 2015, 17 (6): 84-91+147.

[637] 马凌. 本真性理论在旅游研究中的应用 [J]. 旅游学刊, 2007 (10): 76-81.

[638] 马鹏, 张威, 钮闻哲. 滨海旅游目的地形象屏蔽机理分析及其重构策略 [J]. 企业经济, 2016 (9): 142-149.

[639] 马腾. 基于分形理论的新疆旅游中心地体系结构研究 [D]. 石河子: 石河子大学, 2015.

[640] 马小晶, 孙烨, 刘畅. 基于门槛理论的南昌城市空间跨越发展研究 [J]. 城市规划学刊, 2012 (S1): 23-28.

[641] 马晓冬, 沈正平, 梁湖清. 区域旅游开发定位研究——以徐州市为例 [J]. 地理学与国土研究, 2000 (4): 31-36.

[642] 马子媛. 基于自我决定理论的中学教师工作动机研究 [D]. 哈尔滨: 哈尔滨师范大学, 2022.

[643] 迈克尔·波特. 竞争优势 [M]. 陈小悦, 译. 北京: 华夏出版社, 2000.

[644] 毛润泽. 沈阳环城旅游度假带空间结构研究 [J]. 社会科学家, 2004 (6): 97-99.

[645] 毛彦斌. 社区参与: 可持续旅游发展的途径选择 [J]. 经济研究导刊, 2008 (10): 198-200.

[646] 冒亚龙, 何镜堂. 分形建筑审美 [J]. 华南理工大学学报 (社会科学版), 2010 (4): 55-62.

[647] 孟凯, 李佳宾, 陈险峰, 等. 乡村旅游地发展过程中“公地悲剧”的演化与治理 [J]. 旅游学刊, 2018, 33 (8): 19-28.

[648] 孟凯, 张世泽. 乡村旅游地“公地悲剧”有效治理的路径与机制研究——以河南省重渡沟村为例 [J]. 资源开发与市场, 2022, 38 (4): 506-512.

[649] 孟思程. 体验经济视角下奥克兰历史建筑商业化再利用实践研究 [D]. 长沙: 湖南大学, 2020.

[650] 孟晓彤, 于晓宇, 李炜文, 等. 创业者幸福感的演化机制——基于自组织理论的纵向单案例研究 [J]. 管理案例研究与评论, 2024, 17 (2): 223-241.

[651] 孟泽鑫. SOR 理论视角下 QQ 用户不持续使用行为影响因素研究 [D]. 太原: 山西大学, 2023.

[652] 米哈里·契克森米哈赖. 心流: 最优体验心理学 [M]. 张定绮, 译. 北京: 中信出版社, 2017.

[653] 苗红. 基于 USP 理念的旅游营销研究——以甘肃省临潭县为例 [J]. 淮海工学院学报(社会科学版), 2006 (2): 57-60.

[654] 默顿·R.K. 科学社会学 (下册) [M]. 鲁旭东, 林聚任, 译. 北京: 商务印书馆, 2003.

［655］牟向前，于德山．身体何以成为媒介：ANT 下电子健身群体游戏实践探析［J］．新闻记者，2023（7）：78-88+100.

［656］缪诗巧．基于 STP 理论与 4P 理论的哔哩哔哩营销策略研究［J］．漯河职业技术学院学报，2022，21（5）：66-69.

［657］那守海，翟福生，赵希勇．基于生态位理论的哈尔滨环城游憩带空间布局研究［J］．中国农业资源与区划，2018，39（3）：212-219.

［658］南力瑛．5W 理论视角下共青团中央在哔哩哔哩平台的传播策略研究［D］．长春：吉林大学，2020.

［659］倪万．信息不对称理论下舆情反转乱象及媒体责任［J］．青年记者，2017（21）：45-46.

［660］聂承静，程梦林．基于边际效应理论的地区横向森林生态补偿研究——以北京和河北张承地区为例［J］．林业经济，2019，41（1）：24-31+40.

［661］聂康．基于共生理论的旅游企业绿色 GDP 共创行为研究［D］．广州：中山大学，2022.

［662］聂伟，邵春福，杨励雅．耗散结构及熵变理论在区域交通系统中的应用探讨［J］．公路交通科技，2006（10）：95-98.

［663］聂玉梅，顾东辉．增权理论在农村社会工作中的应用［J］．理论探索，2011（3）：80-83.

［664］聂子龙，李浩．产业融合中的企业战略思考［J］．软科学，2003（2）：80-83.

［665］牛进富，李东．旅游凝视：多视角下的互动［J］．河北旅游职业学院学报，2021，26（4）：33-37.

［666］牛克昌，刘怿宁，沈泽昊，等．群落构建的中性理论和生态位理论［J］．生物多样性，2009，17（6）：579-593.

［667］牛永革，赵平．独特的销售主张感知维度研究［J］．管理科学，2010，23（3）：41-52.

［668］欧进锋．新一代人工智能与中国产业结构优化：理论与实证［D］．广州：广州大学，2023.

［669］欧玉芳．比较优势理论发展的文献综述［J］．特区经济，2007（9）：268-270.

［670］潘冬南．共生理论视角下民族地区区域旅游竞合模式探讨——以广西北部湾为例［J］．广西民族研究，2016（4）：168-173.

［671］潘灵．制约 EPC 项目施工管理水平的若干要素探讨［J］．炼油技术与工程，2009，39（5）：61-64.

［672］潘秋玲，李蓓．基于旅游地生命周期理论下的旅游规划与开发研究——借鉴日本经验［J］．资源开发与市场，2011，27（10）：927-929+933.

［673］潘兴良，徐琳瑜，杨志峰．生态补偿理论研究进展［J］．中国环境管理，2016，8（6）：32-37.

［674］潘妍君．供求关系视角下南宁住宅房价与地价的关系研究［D］．南宁：广西大学，2016.

［675］潘燕．资源基础理论视角下高职院校产业学院可持续竞争优势创建：理论、困境与路径［J］．职业技术教育，2024，45（14）：6-11.

［676］庞亮．危机传播视野下的媒介素养教育［M］．北京：中国传媒大学出版社，2015.

［677］庞宇．定位理论：一种社会建构主义的方法［J］．新视野，2019（5）：119-128.

［678］裴丹，江飞涛．数字经济时代下的产业融合与创新效率——基于电信、电视和互联网

“三网融合”的理论模型［J］. 经济纵横，2021（7）：85-93.

［679］裴宏，李金凤．效用理论的百年流变、内在逻辑及其局限性［J］. 当代经济研究，2022（10）：51-63.

［680］朋礼青．SERVQUAL 理论视角下高校档案馆服务质量改进研究［D］. 合肥：安徽大学，2020.

［681］彭德胜．“反规划”理论在城市总体规划中的应用——以沅江市城市总体规划为例［J］. 城市发展研究，2005（1）：31-36.

［682］彭慧慧．后发旅游地赶超模式与路径研究［D］. 天津：天津财经大学，2022.

［683］彭雁．A 公司“S”产品线产品营销策略研究［D］. 上海：上海交通大学，2017.

［684］彭喆．旅游地屏蔽理论下的茶文化旅游纪念品开发研究［J］. 福建茶叶，2016，38（7）：139-140.

［685］皮埃尔·布迪厄，华康德．实践与反思：反思社会学导引［M］. 李猛，李康，译．北京：中央编译出版社，1998.

［686］皮常玲．民宿经营者职业价值观、情感劳动与获得感研究［D］. 泉州：华侨大学，2019.

［687］皮尔斯．皮尔斯：论符号［M］. 赵星植，译．成都：四川大学出版社，2014.

［688］亓顺红，王敏，李娟，等．滑雪旅游服务高质量供给路径与策略：一项滑雪游客忠诚度影响因素的实证研究［J］. 山东体育学院学报，2023，39（5）：70-79.

［689］齐雯，张晓梅．基于循环经济理论的枝丫资源综合利用研究［J］. 林业经济问题，2011，31（4）：357-360.

［690］仇保兴．小企业集群研究［M］. 上海：复旦大学出版社，1999.

［691］祁洪玲，刘继生，梅林．国内外旅游地生命周期理论研究进展［J］. 地理科学，2018，38（2）：264-271.

［692］祁黄雄，武易德，容月明．基于推拉理论的乡村旅游行为意向研究——以广东新会为例［J］. 五邑大学学报（社会科学版），2022，24（4）：53-57+91.

［693］祁凯，彭程．基于 SEIR 演化博弈模型的旅游公共危机演化与控制研究［J］. 运筹与管理，2022，31（3）：145-150.

［694］钱林晓．解决旅游宰客问题的探讨［J］. 桂林旅游高等专科学校学报，1999（2）：34-37.

［695］乔海燕，杨丹艳．环城游憩带（ReBAM）的开发模式研究——以西安市为例［J］. 乐山师范学院学报，2006，21（12）：63-65.

［696］乔纳森·H. 特纳．社会学理论的结构［M］. 吴曲辉，等译．杭州：浙江人民出版社，1987.

［697］乔治·赫伯特·米德．心灵、自我与社会［M］. 赵月瑟，译．上海：上海译文出版社，2008.

［698］秦蕾．民宿潜在用户的选择动机研究——基于自我决定理论的分析［J］. 旅游论坛，2022，15（1）：62-72.

［699］秦琳．基于旅游系统理论的边境旅游规划——以瑞丽市为例［J］. 河北旅游职业学院学报，2020，25（2）：17-21.

［700］秦启文，周永康．角色学导论［M］. 北京：中国社会科学出版社，2011.

［701］秦小红．外部性问题与适度政府干预［J］. 江西社会科学，2008（1）：211-216.

[702] 秦宗财．定位理论视角下乡村文创品牌塑造的方向和路径［J］．深圳大学学报（人文社会科学版），2019，36（5）：52-58.

[703] 覃业彬．基于“结构洞”理论的民族社会工作实务模型探索［D］．重庆：重庆大学，2017.

[704] 覃永晖，吴晓，谢国富．门槛理论与新农村整治规划——以湖南韶山市韶山村为例［J］．四川建筑科学研究，2009a，35（6）：275-277.

[705] 覃永晖，吴晓，张连彪，等．基于门槛理论的湘西北少数民族聚居地新农村整治规划［J］．广东农业科学，2009b（7）：334-337.

[706] 邱云涛，王菲．北京冬奥会视野下冰雪旅游发展研究［J］．冰雪运动，2018，40（1）：93-97.

[707] 全华，王丽华．旅游规划学［M］．大连：东北财经大学出版社，2003.

[708] 全千红，沈苏彦．基于扎根理论的乡村旅游可持续生计分析——以南京高淳大山村为例［J］．世界农业，2020（6）：110-119.

[709] 全香凝，张宏梅．自然融入动机对森林游客幸福感的影响机制［J］．干旱区资源与环境，2023，37（12）：182-191.

[710] 任红梅．马克思供给需求理论视角下中国供给侧结构性改革研究［D］．西安：西北大学，2018.

[711] 单菲菲，刘承宇．民族旅游村寨语言景观调查研究——基于社会符号学与文化资本理论视角［J］．广西民族研究，2016（6）：153-161.

[712] 单雅雯，史达．红色文化遗产活化的异质性增权网络——基于城市红色旅游资源的行动研究［J］．旅游学刊，2023，38（3）：92-106.

[713] 桑森垚，王世梅．中国志愿旅行者体验研究——基于旅游凝视理论的视角［J］．旅游研究，2018，10（6）：41-51.

[714] 尚前浪，陈刚．社会资本视角下民族地方乡规民约与旅游社区治理——基于泸沽湖落水村的案例分析［J］．贵州社会科学，2016（8）：44-49.

[715] 尚雪梅，王国强．基于社会网络理论的区域旅游空间结构研究——以京津冀地区为例［J］．特区经济，2010（11）：66-68.

[716] 邵炳军．文化变迁与“鸱鸮”意象的生成及演化——以《鸱鸮》《瞻卬》《墓门》《旄丘》《泮水》为中心［J］．中州学刊，2021（1）：142-151.

[717] 申晨．论数据产权的构成要件基于交易成本理论［J］．中外法学，2024，36（2）：346-365.

[718] 沈费伟．未来社区的空间实践与调适治理——基于空间生产理论的研究［J］．河南社会科学，2022，30（7）：88-96.

[719] 沈昊婧，荆椿贺．功能转型背景下城市存量空间更新中的空间治理——基于空间生产理论的分析框［J］．公共管理与政策评论，2021，10（5）：128-138.

[720] 沈惊宏．改革开放以来泛长江三角洲空间结构演变研究［D］．南京：南京师范大学，2013.

[721] 沈克．基于旅游地生命周期理论的乡村旅游成长性研究——以信阳郝堂村为例［J］．信阳师范学院学报（自然科学版），2018，31（1）：68-72.

［722］沈满洪，何灵巧．外部性的分类及外部性理论的演化［J］．浙江大学学报（人文社会科学版），2002（1）：152-160.

［723］沈四宝，刘刚仿，黄勇．中国商法、经济法概论［M］．北京：对外经济贸易大学出版社，2002.

［724］沈苏彦．四川省旅游市场灾后恢复模式研究——基于尖点突变模型的分析［J］．西南民族大学学报（人文社会科学版），2012，33（2）：142-145.

［725］沈小峰，吴彤，曾国屏．自组织的哲学：一种新的自然观和科学观［M］．北京：中共中央党校出版社，1993.

［726］沈莹．基于自组织理论的旅游产业融合研究［D］．西安：西北大学，2012.

［727］石佳佳．基于文化资本理论的“拔尖计划”学生学术志趣影响因素研究［D］．兰州：兰州大学，2021.

［728］石磊，李陇堂，张冠乐，等．基于LAC理论的沙漠型景区旅游环境容量研究——以宁夏沙湖旅游区为例［J］．中国沙漠，2016，36（6）：1739-1747.

［729］石益．基于生态位理论的咸安区耕地质量评价与空间特征研究［D］．武汉：华中师范大学，2022.

［730］时朋飞，徐艳清，龙荟冰，等．高质量发展背景下成渝地区双城经济圈旅游业竞争力时空特征演变研究［J］．湖南师范大学自然科学学报，2024，47（2）：71-79.

［731］时少华．权力结构视角下社区参与旅游的研究［D］．北京：中央民族大学，2012.

［732］史春云，张捷，尤海梅，等．四川省旅游区域核心—边缘空间格局演变［J］．地理学报，2007（6）：631-639.

［733］史锐蕊．长沙市综合公园休闲游憩距离衰减特征研究［D］．长沙：湖南农业大学，2022.

［734］宋佳，李军，徐红罡，等．基于核心—边缘理论的中国旅游发展水平时空演化分析［J］．资源开发与市场，2013，29（9）：989-993.

［735］宋玲．上海城郊旅游时空分异及其优化研究［D］．上海：上海师范大学，2010.

［736］宋蒙蒙，耿松涛，乔琳．少数民族地区旅游体验质量影响因素研究——以槟榔谷原生态黎苗文化旅游区为例［J］．湖北民族学院学报（哲学社会科学版），2018，36（2）：94-98.

［737］宋蒙蒙，乔琳，胡涛．基于SOR理论的社交网络互动对旅游行为的影响［J］．企业经济，2019（5）：72-79.

［738］宋明曦．旅游目的地网络整合营销传播研究［D］．北京：首都经济贸易大学，2012.

［739］宋奇．行为决策理论研究综述［J］．首都经济贸易大学学报，2010，12（4）：85-91.

［740］宋始殷．社区团购模式优势、现存问题与治理建议——基于4C理论框架的分析［J］．商业经济研究，2021（21）：37-39.

［741］宋书楠，郭子浈．现代性自我认同理论下抖音用户的旅游文化关注——以西安市为例［J］．中国名城，2022，36（7）：90-95.

［742］宋小龙，李陇堂，石磊，等．基于旅游屏蔽理论的固原市旅游地形象对策研究［J］．河北旅游职业学院学报，2017，22（3）：19-24.

［743］宋绪钦．中国资本市场中心对各地资本市场发展影响的距离衰减实证［J］．地域研究与开发，2010，29（3）：11-14.

［744］苏皑，陶向南，肖樱丹．突破“马太效应”的路径研究——基于资源分配的优化视

角［J］. 系统科学学报，2024（2）：86-91+113.

［745］苏晓艳，赖嘉伟，詹小慧. 旅游服务业中助人行为对于员工绩效评价的影响——基于动机归因与调节焦点的链式中介效应模型［J］. 旅游学刊，2021，36（8）：101-111.

［746］苏欣，林锦富. “可接受改变的极限”（LAC）理论与自然资源规划管理［J］. 资源与产业，2010，12（3）：109-112.

［747］苏雅婷，石玉. 基于地方理论的漳州城市旅游形象定位研究［J］. 长春师范大学学报，2017，36（8）：91-97.

［748］苏熠海. 基于4P理论的J银行Y分行“PH e贷”营销策略优化研究［D］. 昆明：云南师范大学，2022.

［749］孙放. 公地悲剧理论下集体诉讼的经济逻辑与制度构建［J］. 学术交流，2019（7）：74-83.

［750］孙海兵，段跃芳. 生计资本视角下水库移民的稳定发展［J］. 水电能源科学，2014，32（2）：151-154.

［751］孙浩，李淑蕾. 基于剧场理论的“送戏下乡”公共文化服务质量的重塑路径［J］. 学习论坛，2020（5）：55-62.

［752］孙华平，刘风芹. 旅游产业发展中的风险管理与控制［J］. 经济与管理，2008（10）：63-67.

［753］孙九霞，王淑佳. 基于超循环理论的乡村振兴推动共同富裕路径解构［J］. 自然资源学报，2023，38（8）：1955-1967.

［754］孙康. 高职院校突发事件及应急管理策略［J］. 开封教育学院学报，2015，35（3）：160-161.

［755］孙丽君. 文化资本理论视域中的文旅产业融合动因及路径［J］. 深圳大学学报（人文社会科学版），2022，39（3）：44-51.

［756］孙丽文，任相伟. 基于生态位理论的我国文化创意产业发展评价研究［J］. 北京交通大学学报（社会科学版），2020，19（1）：64-76.

［757］孙倩倩. 基于计划行为理论的舟山市老年人康养旅游行为影响机制研究［D］. 舟山：浙江海洋大学，2023.

［758］孙晓. 利益相关者理论综述［J］. 经济研究导刊，2009（2）：10-11.

［759］孙新章，周海林. 我国生态补偿制度建设的突出问题与重大战略对策［J］. 中国人口·资源与环境，2008，18（5）：139-143.

［760］孙艳红. 旅行社旅游线路定制问题的理论分析及模型研究［J］. 北京第二外国语学院学报，2006（3）：46-54.

［761］孙艳，李咪咪，李少华，等. 千禧一代出境游目的地决策过程叙事研究——良机驱动的发现及其理论意义［J］. 旅游学刊，2021，36（7）：92-103.

［762］谭海燕. 基于突变理论的北京市城市轨道交通运营安全风险评价［D］. 大连：大连交通大学，2023.

［763］谭宏. 论文化传播在旅游市场开发中的作用——基于“拉斯韦尔5W模型”的分析［J］. 新闻界，2008（5）：96-98.

［764］谭丽林. 论旅游企业竞争优势的创造［J］. 学术论坛，2005（11）：90-93.

［765］汤发庚．马太效应的测度方法研究［D］．南昌：南昌大学，2020.

［766］汤青，李扬，陈明星，等．半城镇化农民可持续生计与农村可持续发展——理论框架、研究进展及未来展望［J］．地理科学进展，2018，37（8）：1022-1030.

［767］汤啸．基于双因素理论的W医药公司员工激励优化研究［D］．南昌：江西财经大学，2023.

［768］汤喆．浅析心理噪音对电视广告传播的影响［J］．广告人，2006（12）：130-133.

［769］唐国建．可持续生计视阈下自然资本的变动对渔民生计策略的影响——以福建小链岛为例［J］．中国矿业大学学报（社会科学版），2019，21（1）：41-53.

［770］唐海军．长尾理论经济学原理探析［J］．现代管理科学，2009（1）：62-64.

［771］唐海军，李非．长尾理论研究现状综述及展望［J］．现代管理科学，2009（3）：40-42.

［772］唐泓凯，许先升，陈有锦，等．基于LAC理论的海南热带雨林七仙岭国家森林公园旅游综合容量研究［J］．海南大学学报（自然科学版），2020，38（2）：196-206.

［773］唐建兵．"反规划"理论视域下的森林公园旅游规划探讨——以自贡市飞龙峡森林公园旅游规划为例［J］．林业资源管理，2014（2）：26-30+34.

［774］唐建兵．试析"反规划"理论在成都乡村旅游规划中的应用［J］．绿色科技，2012（12）：224-227.

［775］陶天航．商业银行竞争力理论文献综述［J］．中国市场，2015（38）：130-131.

［776］陶婷芳，田纪鹏．特大城市环城游憩带理论与实证研究——基于上海市新"三城七镇"旅游资源价值的分析［J］．财经研究，2009，35（7）：110-121.

［777］滕咸惠．论王夫之诗论之贡献［J］．山东大学学报（哲学社会科学版），1990（2）：21-28.

［778］田凤琴．基于顾客满意度理论的全民健身公共服务满意度研究［D］．广州：广州体育学院，2021.

［779］田井泉，吕春成．产业聚集理论与产业国际竞争力［J］．理论探索，2005（3）：82-83+85.

［780］田里，刘亮．旅游孤岛效应演化机理研究——以云南普者黑旅游区为例［J］．地理科学，2021，41（1）：22-32.

［781］田里，宋俊楷．旅游孤岛效应：旅游区与周边社区的利益博弈［J］．思想战线，2020，46（6）：147-157.

［782］田里，闫子豪，张鹏杨．基于共生理论的中国边境省域旅游生态安全评价［J］．中国生态旅游，2024，14（2）：391-409.

［783］田里，钟晖，杨懿．旅游经济孤岛效应测度及调控研究［J］．中国人口·资源与环境，2016a，26（S1）：281-285.

［784］田里，钟晖，杨懿．旅游景区孤岛效应理论研究［J］．思想战线，2016b，42（4）：149-152.

［785］田利红．从个体心理认知结构角度解读电影《七月与安生》［J］．东南传播，2019（2）：52-54.

［786］田美玲，郝瑞君，寇圆圆．文旅融合背景下旅游专业"红"+"专"协同育人模式构建［J］．湖北文理学院学报，2023，44（2）：84-88.

[787] 田敏．民族旅游区文化变迁的实证研究与理论阐释——《湘鄂渝民族旅游区文化变迁研究（1980-2010）》评介［J］．中南民族大学学报（人文社会科学版），2019，39（3）：181.

[788] 童超程．协同理论视域下浙江省青少年防溺水安全教育实施路径研究［D］．武汉：武汉体育学院，2023.

[789] 童泽平．基于复杂科学管理的武汉光谷光电子产业集群研究［J］．科技管理研究，2010，30（7）：233-235.

[790] 万东玲．昆明市乡村旅游空间结构优化研究［D］．重庆：重庆师范大学，2017.

[791] 万剑敏．基于地方理论的田园综合体规划研究［J］．江西科学，2018，36（1）：183-188.

[792] 汪超．可持续生计理论对农民工资产贫困的理解与公共政策启迪［J］．理论月刊，2019（6）：123-130.

[793] 汪德根，陈田，陆林，等．区域旅游流空间结构的高铁效应及机理——以中国京沪高铁为例［J］．地理学报，2015，70（2）：214-233.

[794] 汪季清，孙海燕．旅游市场信息不对称的状况及对策研究［J］．资源开发与市场，2009，25（1）：87-90.

[795] 汪丽颖．乡村旅游中的游客中心感知价值层次模型研究——以临安大峡谷村为例［J］．旅游论坛，2018，11（6）：45-60.

[796] 汪侠，郎贤萍．旅游主客交往研究进展及展望［J］．北京第二外国语学院学报，2012，34（11）：19-29.

[797] 汪侠，甄峰，吴小根．旅游消费券效用差异及其成因分析［J］．财经问题研究，2012（8）：123-129.

[798] 汪延明，钱莹莹．特色农产品产业链协同发展研究——以贵州省紫云县葡萄产业链为例［J］．经营与管理，2020（9）：147-150.

[799] 汪莹．产业竞争力理论研究述评［J］．江淮论坛，2008（2）：29-38.

[800] 汪宇明．核心—边缘理论在区域旅游规划中的运用［J］．经济地理，2002（3）：372-375.

[801] 王必达．后发优势与区域发展［D］．上海：复旦大学，2003.

[802] 王昶，王三秀．相对贫困长效治理与政府扶贫能力转型——基于可持续生计理论的拓展应用［J］．改革，2021（5）：134-145.

[803] 王昶，章锦河．计划行为理论在国内旅游研究中的应用进展与启示［J］．山东师范大学学报（人文社会科学版），2017，62（1）：131-139.

[804] 王春蕊．基于具身理论的宁德市三都岛休闲渔业体验质量评价与提升研究［D］．厦门：集美大学，2024.

[805] 王丹彤．基于符号理论的旅游目的地品牌形象形成机理——以云南香格里拉为例［J］．林业建设，2015（6）：30-34.

[806] 王德胜，韩旭．社会化媒体时代的口碑营销模式研究——基于社会网络理论视角［J］．东岳论丛，2014，35（8）：165-169.

[807] 王佃凯．比较优势陷阱与中国贸易战略选择［J］．经济评论，2002（2）：28-31.

[808] 王东方．中国城市物流发展空间结构演化与机理研究［D］．西安：长安大学，2019.

[809] 王芳，姚崇怀．基于利益相关者的郊野型风景名胜区可持续发展评价研究——以湖北省为例［J］．自然资源学报，2014，29（7）：1225-1234.

[810] 王飞．基于 SWOT 与 STP 的旅游景区营销策略研究——以成都市大邑县新场古镇为例［J］．淮南职业技术学院学报，2023，23（3）：140-142.

[811] 王峰，温阳．场景理论视域下乡村体育旅游融合的理论逻辑、发展困境与纾解路径［J］．沈阳体育学院学报，2024，43（1）：93-99.

[812] 王海龙．地域分异规律在旅游地理区划中的作用研究［J］．辽宁科技学院学报，2016，18（4）：79-80+83.

[813] 王豪，李庆雷．基于信息不对称理论的"一日游"乱象治理研究［J］．黔南民族师范学院学报，2019，39（2）：94-98.

[814] 王浩镔．基于具身理论的历史文化街区旅游体验质量评价研究［D］．沈阳：沈阳师范大学，2023.

[815] 王红宝．基于旅游文化孤岛现象的旅游体验质量提升研究［J］．产业与科技论坛，2013，12（3）：27-28.

[816] 王红国，李娟文．我国旅游业综合实力评价及地域分异规律研究［J］．湖北大学学报（自然科学版），2004（4）：360-363.

[817] 王红艳，马耀峰．基于空间错位理论的陕西省旅游资源与入境旅游质量研究［J］．干旱区资源与环境，2016，30（10）：198-203.

[818] 王洪兵，汤卫东，范飞虎．体育旅游资源开发的代际公平内涵［J］．成都体育学院学报，2019，45（6）：33-38.

[819] 王华，梁舒婷．乡村旅游地空间生产与村民角色转型的过程与机制——以丹霞山瑶塘村为例［J］．人文地理，2020，35（3）：131-139.

[820] 王华平，吴波，陈骥江．论"长尾"现象所激发的社会化小生产［J］．中国经贸导刊，2010（24）：60-61.

[821] 王佳果，郑密，黄琼慧，等．文化距离何以影响旅游者？——文献反思与研究展望［J］．旅游导刊，2021，5（3）：1-37.

[822] 王嘉睿．基于分形理论的川渝山地聚落空间形态解析［D］．重庆：重庆大学，2017.

[823] 王江哲，王刚，李维维．观光旅游者地方依恋、满意度与忠诚度间关系研究［J］．地域研究与开发，2017，36（5）：115-120+145.

[824] 王靓喆．基于博弈论的智能网联自动驾驶车辆换道行为研究［D］．长春：吉林大学，2022.

[825] 王凯，何静，徐小凡，等．新型城镇化对旅游效率的空间溢出与门槛效应［J］．热带地理，2022，42（8）：1275-1287.

[826] 王凯，李志苗，肖燕．城市依托型山岳景区游客亲环境行为——以岳麓山为例［J］．热带地理，2016，36（2）：237-244.

[827] 王克岭，李刚．乡村旅游利益相关者冲突及互惠型治理机制——基于共生理论的探讨［J］．社会科学家，2023（2）：53-58+80.

[828] 王磊．社会力量参与公共危机治理的路径探究——基于社会资本理论［J］．辽宁大学学报（哲学社会科学版），2021，49（2）：50-57+185.

［829］王磊，周晓东．以4C理论为视角谈高职院校学生工作管理［J］．中国成人教育，2014（14）：44-46.

［830］王丽．基于AHP的城市旅游竞争力评价指标体系的构建及应用研究［J］．地域研究与开发，2014，33（4）：105-108.

［831］王丽．重庆市山地传统聚落景观网络构建研究［D］．重庆：重庆师范大学，2016.

［832］王联兵，杨新军，刘辉．基于“点—轴系统”理论的宁夏旅游空间结构优化研究［J］．生态经济，2009（6）：110-112+163.

［833］王驴文．基于木桶理论的城市群韧性水平评价研究［D］．重庆：重庆交通大学，2024.

［834］王美淇．基于社会认知理论的在线旅游社区用户信息分享行为影响因素研究［D］．长春：吉林财经大学，2023.

［835］王敏，马纯莉，朱竑．“互联网+”时代下的乡村地方品牌建构——以从化市良口镇三村为例［J］．经济地理，2017，37（1）：115-122.

［836］王萍，刘敏，刘慧娣．山西省非物质文化遗产资源旅游利用潜力评价［J］．地域研究与开发，2017，36（3）：92-98.

［837］王强．治理与社会资本问题研究［J］．内蒙古民族大学学报（社会科学版），2007（2）：74-77.

［838］王乔娅，黄奇．基于案例研究的价值网络理论在网络电视业中的应用［J］．情报杂志，2009，28（S1）：8-12+14.

［839］王钦安，郭爽，吴俏．基于错位理论的安徽省旅游业绩与影响因素空间组合分析［J］．地域研究与开发，2019，38（6）：91-96.

［840］王三秀．国外可持续生计观念的演进、理论逻辑及其启示［J］．毛泽东邓小平理论研究，2010（9）：79-84+86.

［841］王士君，冯章献，刘大平，等．中心地理论创新与发展的基本视角和框架［J］．地理科学进展，2012，31（10）：1256-1263.

［842］王仕勇，孙国徽．中国特色网络文化语境下网络公共空间的建构与升级——对人民网“强国论坛”的历史回顾与多维思考［J］．重庆工商大学学报（社会科学版），2011，28（6）：102-107.

［843］王韬．场景理论视角下广州市工业用地更新影响因素研究［D］．广州：华南理工大学，2020.

［844］王伟，于吉萍，张善良．顾客感知价值：研究述评与展望［J］．河南工业大学学报（社会科学版），2018，14（5）：33-41.

［845］王蔚．从识别形象到共创共享：品牌理论演进脉络与研究展望［J］．全国流通经济，2023（22）：20-23.

［846］王喜华．基于屏蔽理论的海洋旅游开发刍议——以漳州为视角［J］．漳州师范学院学报（哲学社会科学版），2013，27（4）：58-63.

［847］王小钰，曹淑艳，张莉．基于旅游系统理论：国内动漫旅游发展模式研究［J］．现代商业，2018（22）：45-47.

［848］王晓蓉，耿宝江．基于循环经济理论的区域生态旅游发展探索［J］．科技进步与对策，2006（11）：96-98.

［849］王晓艳．网络环境下中小企业合作营销模式及策略——基于长尾视角［J］．武汉商业服务学院学报，2013，27（5）：20-24.

［850］王晓焰．旅游资源的开发与可持续发展理论［J］．西南民族学院学报（哲学社会科学版），1998（S5）：103-107+126.

［851］王欣．基于信息不对称理论的国家科技计划项目风险管理研究［D］．北京：北京交通大学，2012.

［852］王欣梅．文化距离理论及其对跨文化教育的启示［J］．世界教育信息，2019，32（4）：15-20.

［853］王欣，周家铭，王孟．国外开源情报培训课程5W分析［J］．情报杂志，2023，42（3）：64-71.

［854］王鑫，郭迎清．基于边际效应理论的休闲体育旅游发展研究［J］．河北体育学院学报，2015，29（4）：45-48.

［855］王兴贵，杨荣金，税伟．突变视角下的海螺沟景区旅游危机管理研究［J］．国土资源科技管理，2013，30（2）：141-146.

［856］王旭科，宋健．城市景区的孤岛现象及其治理［J］．城市问题，2010（3）：34-37.

［857］王学彬．体育智库竞争力影响因素与评价体系研究［D］．上海：上海体育学院，2019.

［858］王衍用．孟子故里旅游开发研究［J］．地理学与国土研究，1993（2）：50-52.

［859］王勇，朱雅琴．行动者网络视角下江南水乡古镇空间演化路径——以周庄古镇为例［J］．人文地理，2020，35（6）：76-84.

［860］王媛媛．贵州省中小旅行社危机管理及其对策［J］．中国商贸，2011（20）：80-81.

［861］王长潇，刘瑞一．网络视频分享中的“自我呈现”——基于戈夫曼拟剧理论与行为分析的观察与思考［J］．当代传播，2013（3）：10-12+16.

［862］王兆峰．基于产业集群的旅游产业结构升级优化研究［M］．北京：中国社会科学出版社，2009.

［863］王肇飞，李微，叶志昊，等．基于前景理论的疫后旅游景区交通方式选择行为［J］．交通工程，2024，24（7）：67-72.

［864］王志芳．基于心理契约理论的青岛市旅游饭店员工忠诚研究［J］．青岛职业技术学院学报，2012，25（2）：14-16+20.

［865］王志海，王伟．创新扩散视域下的网络口碑再生产研究：以蚂蜂窝网为例［J］．中国地质大学学报（社会科学版），2018，18（4）：164-172.

［866］王志玲，王万军，邓倩．基于景观生态学理论的森林公园规划设计——以广西元宝山国家森林公园总体规划为例［J］．规划师，2016，32（S1）：22-26.

［867］王志敏，朱坚定．“议程设置”理论在诸暨电视台的应用解析［J］．浙江传媒学院学报，2005（2）：13-14.

［868］王忠，吴昊天．体验经济视角下的非物质文化遗产旅游开发研究——以澳门非物质文化遗产的旅游开发为例［J］．青海社会科学，2017（6）：146-152.

［869］王梓懿，张京祥，周子航，等．生态补偿的价值目标：国际经验及对中国的启示［J］．中国环境管理，2021，13（2）：27-32+19.

［870］王紫，殷志新．把握思想政治教育中边际效应规律的三重逻辑［J］．中国民航飞行学院

学报，2020，31（3）：72-76.

［871］韦福巍，黄荣娟，陆春林．基于共生理论的广西北部湾经济区旅游竞合关系研究［J］．河池学院学报，2020a，40（3）：61-71.

［872］韦福巍，黄荣娟，时朋飞．基于共生理论的广西区域城市旅游协同发展研究［J］．西北师范大学学报（自然科学版），2020b（3）：119.

［873］韦瑾．民族节事旅游场域中的主客权力感对其交往意愿及效应的影响［D］．广州：华南理工大学，2018.

［874］韦俊峰，明庆忠．侗族百家宴非遗文化旅游空间生产中的角色实践：基于“角色—空间”理论分析框架［J］．人文地理，2020，35（2）：48-54.

［875］韦小良，王英．基于旅游凝视理论的共同富裕背景下乡村旅游资源开发研究［J］．浙江农业学报，2023，35（8）：1950-1959.

［876］维克多·密德尔敦．旅游营销学［M］．向萍，等译．北京：中国旅游出版社，2001.

［877］魏凡俭．基于社会网络理论的艺术会展运营模式研究［J］．山东社会科学，2021（5）：109-115.

［878］魏雷，钱俊希，朱竑．谁的真实性？——泸沽湖的旅游凝视与本土认同［J］．旅游学刊，2015，30（8）：66-76.

［879］魏少华．光线传媒成功运营的“九力模型”面面观［J］．新闻大学，2013（5）：134-139.

［880］魏王倩．基于顾客感知价值理论的出境旅游购物体验评价研究［D］．广州：华南理工大学，2019.

［881］魏伟，陈金华．基于地理数学方法的浙江省旅游景区空间结构研究［J］．旅游研究，2012，4（3）：39-44.

［882］魏晓露，董进霞．旅游地屏蔽理论视域下河北茶文化旅游开发可行性探究［J］．福建茶叶，2017，39（6）：105-106.

［883］温锦英．论权变理论在高校旅游专业教学中的应用［J］．广东技术师范学院学报，2007（11）：138-141.

［884］温雯，戴俊骋．场景理论的范式转型及其中国实践［J］．山东大学学报（哲学社会科学版），2021（1）：44-53.

［885］温孝卿．马克思供求理论研究［J］．商业研究，2002（11）：1-6.

［886］文红，李建华．森林旅游生态补偿的理论思考［J］．湖南林业科技，2007（6）：73-75+82.

［887］文捷敏，余颖．基于扎根理论的滨海旅游体验研究——以广东省惠州市巽寮湾为例［J］．地域研究与开发，2023，42（2）：111-117.

［888］翁钢民，鲁超．基于突变级数法的旅游产业竞争力评价研究——以西北五省为例［J］．软科学，2009，23（6）：57-61.

［889］邬建国．景观生态学——概念与理论［J］．生态学杂志，2000（1）：42-52.

［890］吴必虎．区域旅游规划的理论与方法［R］．北京：北京大学，1998.

［891］吴必虎．区域旅游规划原理［M］．北京：中国旅游出版社，2001.

［892］吴必虎．区域旅游开发的 RMP 分析——以河南省洛阳市为例［J］．地理研究，2001

(1)：103-110.

［893］吴伯磊．旅游经济效应的理论与实证研究［D］．北京：中国社会科学院研究生院，2008.

［894］吴朝宁．基于签到数据的游客行为空间边界提取方法与时空演变研究［D］．石家庄：河北师范大学，2020.

［895］吴晨，李东和，汪燕．基于后发优势理论的县域旅游产业发展研究——以安徽省休宁县为例［J］．资源开发与市场，2011，27（8）：764-766.

［896］吴承忠，韩光辉．国外大都市郊区旅游空间模型研究［J］．城市问题，2003（6）：68-71+45.

［897］吴丹．基于长尾理论的旅行社农民旅游产品开发研究［J］．湖北农业科学，2011，50（24）：5274-5277.

［898］吴飞影，李宏．城乡结合带游憩设施空间布局研究综述［J］．首都师范大学学报（自然科学版），2014，35（3）：80-86.

［899］吴鸽，周晶，雷丽彩．行为决策理论综述［J］．南京工业大学学报（社会科学版），2013，12（3）：101-105.

［900］吴桂英．福建省乡村旅游规划博弈分析研究［D］．福州：福建农林大学，2010.

［901］吴季松．循环经济的由来与内涵［J］．科技术语研究，2006（1）：51-54.

［902］吴晋峰，包浩生．旅游流距离衰减现象演绎研究［J］．人文地理，2005（2）：62-65.

［903］吴鹏泽，杨琳．在线教育价值何在——基于价值共创理论的在线教育知识传播模式［J］．中国电化教育，2022（12）：61-67.

［904］吴启焰，王兆杰．布尔迪厄的文化资本理论在旅游规划中的应用［J］．人文地理，2011，26（1）：113-117.

［905］吴清，焦义彬，陈嘉琳，等．“粤桂画廊”区域旅游空间结构识别及协同发展模式［J］．经济地理，2022，42（9）：219-227.

［906］吴三忙，李树民．基于交易成本节约视角的旅游景区治理模式选择研究［J］．旅游科学，2006（4）：24-28+32.

［907］吴胜涛，张建新．贫困与反贫困：心理学的研究［J］．心理科学进展，2007（6）：987-992.

［908］吴水龙，宋书琦，袁永娜，等．顾客感知价值对顾客满意度的影响——自我—人工智能联结的中介作用［J］．北京理工大学学报（社会科学版），2023，25（3）：117-128.

［909］吴彤．自组织方法论研究［M］．北京：清华大学出版社，2001.

［910］吴文智，赵磊．旅游系统非线性成长机制［J］．经济管理，2012，34（3）：103-114.

［911］吴小霞，林开淼．游客不文明行为对社区居民交往意愿影响机制——基于相对剥夺理论［J］．长江大学学报（社会科学版），2020，43（6）：98-105.

［912］吴筱贞，陈瑾．基于品牌理论的高校档案品牌战略规划研究［J］．兰台内外，2020（5）：83-84.

［913］吴义杰．产业融合理论与产业结构升级——以江苏信息产业转变发展方式为例［J］．江苏社会科学，2010（1）：248-251.

［914］吴中堂，刘建徽，袁俊．大陆居民赴台湾自由行旅游流网络分析及演化研究［J］．旅游学刊，2016，31（10）：113-121.

［915］吴忠军，代猛，吴思睿．少数民族村寨文化变迁与空间重构——基于平等侗寨旅游特色小镇规划设计研究［J］．广西民族研究，2017（3）：133-140.

［916］吴左宾，程功．意境理论下的旅游景区空间营建方法探讨——以云南泸沽湖竹地片区为例［J］．中国园林，2019，35（1）：128-132.

［917］武俊伟．公地治理的制度途径与理论评述：三个竞争性的解释［J］．湖北社会科学，2023（4）：52-60.

［918］武艺，吴小根．试论 LAC 理论在国家地质公园规划管理中的应用［J］．江西师范大学学报（自然科学版），2004（6）：544-548.

［919］奚从清．角色论：个人与社会的互动［M］．杭州：浙江大学出版社，2010.

［920］夏皓．基于 STP 理论的绵阳湖畔别园酒店的定位策略研究［D］．绵阳：西南科技大学，2022.

［921］夏梦，钱小梅，赵媛．基于外部性理论的南京市旅游资源产权制度创新［J］．商场现代化，2005（27）：303.

［922］夏松洁，黄明儒．公共图像信息公民查阅权的生成逻辑与实现路径——基于帕累托最优理论视角［J］．广东社会科学，2020（6）：234-242.

［923］夏学英．反规划理论与城市内河旅游开发［J］．城市问题，2011（4）：22-24+41.

［924］肖欢．构建企业可持续竞争优势［D］．南昌：南昌大学，2019.

［925］肖宁，杨金华，徐元诏，等．网红博主与网红场景对出游意愿和口碑推荐的影响［J］．人文地理，2024，39（1）：184-192.

［926］肖欣向，杨卫，向珞宁．基于景观生态学理论的海绵城市应用研究——以雨水花园为例［J］．农业与技术，2021，41（10）：131-133.

［927］肖拥军，段梦怡，郑楚钰．具身视角下旅游者身心健康恢复的影响因素及组态路径［J］．华中师范大学学报（自然科学版），2024，58（3）：347-358.

［928］肖拥军，李必强．国内利益相关者理论应用研究回顾［J］．商业研究，2008（7）：36-39.

［929］谢海垚．基于圈层结构理论的物流园区货运量增长模式及预测研究［D］．北京：北京交通大学，2009.

［930］谢晗．符号理论视角下自媒体对民族村寨旅游影响研究［D］．贵阳：贵州民族大学，2021.

［931］谢彦君．基础旅游学［M］．北京：中国旅游出版社，1999.

［932］谢彦君．旅游体验的两极情感模型：快乐—痛苦［J］．财经问题研究，2006（5）：88-92.

［933］谢彦君，樊友猛．身体视角下的旅游体验——基于徒步游记与访谈的扎根理论分析［J］．人文地理，2017，32（4）：129-137.

［934］辛海鹏．增长极理论下河南省武术旅游产业发展研究［J］．体育科技文献通报，2016，24（9）：110-111.

［935］辛纪元，曹务坤，吴大华．旅游吸引物权的表达与实践［J］．云南师范大学学报（哲学社会科学版），2014，46（5）：111-115.

［936］邢启敏．基于旅游凝视理论的少数民族地区文化保护与传承［J］．学术交流，2013（4）：

142-145.

[937] 邢秀芳，蒋德明，张翠翠．高职教育助力脱贫攻坚成果巩固长效机制构建：基于复杂适应系统理论［J］．当代职业教育，2020（6）：27-33.

[938] 熊长江，姚娟，赵向豪，等．扩展计划行为理论框架下游客旅游生态补偿支付意愿研究——以天山天池世界自然遗产地为例［J］．地域研究与开发，2020，39（3）：111-117.

[939] 胥兴安，王立磊，高峰强．旅游广告与网络负面口碑对目的地形象的影响——次序效应和交互效应的实验检验［J］．旅游学刊，2017，32（12）：37-48.

[940] 胥兴安，王立磊，张广宇．感知公平、社区支持感与社区参与旅游发展关系——基于社会交换理论的视角［J］．旅游科学，2015，29（5）：14-26.

[941] 胥兴安，薛凯妮，王立磊．感知社区关爱对居民持续参与旅游发展的影响研究——基于心理契约理论的视角［J］．人文地理，2021，36（4）：80-87.

[942] 徐虹，李秋云．主题公园顾客体验质量的评价维度及前因后果研究——基于迪士尼和欢乐谷携程网上评论的分析［J］．旅游科学，2017，31（1）：57-68.

[943] 徐洪，涂红伟．道德认同还是道德推脱？——旁观者视角下国家公园游客环境态度与亲环境行为关系研究［J］．旅游学刊，2023，38（9）：156-168.

[944] 徐君，朱微笑，陈圣武．基于“刺激-机体-反应（SOR）”模型的新质生产力响应机制及提升路径研究［J］．科技管理研究，2024，44（6）：1-10.

[945] 徐康宁．产业聚集形成的源泉［M］．北京：人民出版社，2006.

[946] 徐蕾．基于GAP模型的服务质量功能展开［D］．杭州：浙江工商大学，2009.

[947] 徐林．景区开发中对景区资源的效用评价［D］．南京：南京理工大学，2004.

[948] 徐露．基于增长极理论的乡村旅游资源深度利用研究［J］．农业经济，2017（8）：88-90.

[949] 徐瑞，郭兴举．文化资本理论视阈中的教育公平研究——皮埃尔·布迪厄的教育社会学思想摭拾［J］．教育学报，2011，7（2）：15-20.

[950] 徐水太，陈美玲，袁北飞，等．社会资本、感知价值对农户参与农村人居环境整治意愿影响分析——基于SOR理论模型视角［J］．长江流域资源与环境，2024，33（2）：448-460.

[951] 徐玮．南京市环城游憩带空间结构研究［D］．南京：南京师范大学，2008.

[952] 徐兴良，于贵瑞．基于生态系统演变机理的生态系统脆弱性、适应性与突变理论［J］．应用生态学报，2022，33（3）：623-628.

[953] 徐艳．司空图“象外之象、景外之景”内涵的重新阐释［J］．南开学报（哲学社会科学版），2012（3）：57-64.

[954] 徐燕．基于旅游体验的海洋主题公园旅游产品设计［J］．云南地理环境研究，2009，21（5）：93-97.

[955] 徐燕，洪燕云．USP理论在旅游目的地品牌形象定位中的应用探析［J］．蚌埠学院学报，2012，1（6）：49-51+59.

[956] 徐颐．基于产业结构理论的上海旅游业转型发展研究［D］．上海：上海交通大学，2015.

[957] 徐益波，宣晓晏．主体在场性：基于剧场理论的公共图书馆服务效能提升策略［J］．图书馆，2024（5）：79-84.

[958] 徐尤龙．基于品牌理论的旅游目的地口号资产价值研究［D］．昆明：云南大学，2015.

［959］徐尤龙，黄维，明瑶．旅游景区价值共创模型与实现机制研究——以桂林龙脊梯田景区为例［J］．桂林理工大学学报，2025，45（1）：127-134.

［960］徐源廷．交易成本理论视域下四平市商事登记制度改革研究［D］．长春：东北师范大学，2021.

［961］许春晓．旅游地屏蔽理论研究［J］．热带地理，2001（1）：61-65.

［962］许春晓．旅游资源非优区适度开发与实例研究［J］．经济地理，1993（2）：81-84.

［963］许小卉．粤港澳大湾区旅游中心地规模和空间结构分布的实证分析［J］．嘉应学院学报，2021，39（6）：55-64.

［964］许孝君，臧晓文．融合价值共创的旅游信息生态系统模型研究［J］．情报科学，2021，39（10）：88-94.

［965］许悦，邵泽斌．基于松散耦合理论的职业教育产教联合体建构研究［J］．教育发展研究，2024，44（1）：49-57.

［966］薛秀青，白明刚，乔良，等．基于“点—轴”理论的京张体育文化旅游带建设研究［J］．地理与地理信息科学，2022，38（6）：68-75.

［967］薛玉梅．旅游形象感知模式的心理机制及相关营销策略［J］．贵州社会科学，2005（2）：27-28+32.

［968］薛正斌．义务教育城乡学校师资均衡高质量发展研究——基于场域理论的县域中小学教师流动样态分析［J］．教师教育研究，2024，36（4）：20-26.

［969］鄢方卫，舒伯阳，赵昕，等．世俗体验还是精神追求？——消费主义背景下网红打卡旅游的归因研究［J］．旅游学刊，2022，37（6）：94-105.

［970］闫华红，巩晓薇．家族企业利益相关者关系的协调——基于社会情感财富的视角［J］．会计之友，2018（4）：59-64.

［971］闫娜．管理者角色理论视角下女性领导能力提升策略［J］．领导科学，2021（8）：80-82.

［972］闫胜利．云南“走出去”的SWOT分析［J］．经济研究导刊，2014（21）：167-168+195.

［973］闫伟红．顾客期望理论在旅游体验中的应用［J］．连云港师范高等专科学校学报，2009，26（3）：58-61.

［974］闫宇，胡炜霞．基于资源基础理论的山西旅游产业发展研究［J］．河北旅游职业学院学报，2017，22（4）：1-4.

［975］闫志刚，李俊清，孙立．基于椭圆脐点突变模型的大熊猫生存状态研究［J］．生态学报，2018，38（13）：4556-4569.

［976］严鼎程．规划与保障：危机管理理论视角下应急领导的核心能力［J］．领导科学论坛，2021（9）：113-119.

［977］严军，王飞，蔡安哲，等．基于分形理论的城市滨水景观天际线量化分析——以南京玄武湖东岸为例［J］．现代城市研究，2017（11）：45-50.

［978］严潘承，陈飞飞．供求理论对体育赛事中“黄牛票”现象的阐释——以2017英雄联盟全球总决赛为例［J］．浙江体育科学，2020，42（1）：32-37+41.

［979］严奇春，和金生．基于层次与过程的产业融合形式探讨［J］．软科学，2012，26（3）：1-3+14.

[980] 严三九，陶冠男．长三角新闻工作者 ChatGPT 使用意愿的影响因素——基于创新扩散理论 [J]．现代传播（中国传媒大学学报），2024，46（3）：13-22.

[981] 阎文蓉．试论后认知主义的兴盛及其意义 [J]．学理论，2012（2）：29-30.

[982] 阎友兵．旅游地生命周期理论辨析 [J]．旅游学刊，2001（6）：31-33.

[983] 阎友兵，张颖辉．基于自组织理论的湖南旅游系统演化分析 [J]．经济地理，2012，32（1）：171-176.

[984] 颜冰．基于剧场理论的研学旅游优化策略研究 [D]．天津：天津财经大学，2020.

[985] 颜娟，李俊鹏．我国旅行社人才流失的问题及对策分析——基于员工心理契约的理论视角 [J]．中国集体经济，2011（6）：158-159.

[986] 阳晓伟，杨春学．“公地悲剧”与“反公地悲剧”的比较研究 [J]．浙江社会科学，2019（3）：4-13+38+155.

[987] 杨斌，尹皓，阳勇．基于圈层分析的职业教育城乡一体化空间布局模式设计 [J]．职业技术教育，2009，30（19）：18-22.

[988] 杨斌，尹皓，阳勇．职业教育城乡一体化模式研究——基于圈层结构理论 [J]．教育导刊，2009（8）：12-15.

[989] 杨博文，黄恒振．共生理论：组织演化研究的新基础 [J]．电子科技大学学报（社科版），2010，12（2）：29-32+49.

[990] 杨存栋．呼和浩特市观光农业开发条件、布局与措施研究 [J]．北京第二外国语学院学报，2007（1）：77-81+8.

[991] 杨光明，罗垚，陈也，等．川渝地区农业与旅游业耦合协调机理及优化研究——基于灰色系统理论 [J]．资源开发与市场，2021，37（8）：991-997.

[992] 杨国良，黄鹭红，刘波，等．城市旅游系统空间结构研究 [J]．规划师，2008，24（2）：58-62.

[993] 杨国男．帕累托最优中的伦理思想及其困境 [D]．贵阳：贵州大学，2015.

[994] 杨国廷．美食动机对游客满意度及行为影响的实证研究 [D]．太原：山西大学，2019.

[995] 杨晗．乡村旅游发展中利益相关主体行为博弈分析与对策建议 [J]．中华文化论坛，2017（7）：136-142.

[996] 杨怀宇．5W 理论视域下学校冰雪体育赛事网络传播文化影响力的研究 [D]．长春：吉林大学，2022.

[997] 杨辉，尚智丛．科技决策中的公共知识生产 [J]．自然辩证法研究，2014，30（9）：64-70.

[998] 杨继国．价值运行论纲 [D]．厦门：厦门大学，2000.

[999] 杨建永，张龙昌，张竞元．公众信息素养教育的多元主体协作模式研究——基于传播学的 5W 理论 [J]．图书馆研究与工作，2023（9）：24-30+76.

[1000] 杨晶，王佳．旅游者购买决策：不同市场信息下的分析 [J]．商业研究，2013（5）：113-118.

[1001] 杨军辉．居民视角下城市旅游景区“让景于客”倡议效用与影响因素研究——以西安景区春节倡议为例 [J]．干旱区资源与环境，2024，38（2）：200-208.

[1002] 杨丽，张志勇，兰卫国．基于委托代理理论的国内旅游市场利益冲突 [J]．中国流通经

济，2012，26（8）：98-103.

［1003］杨柳．基于SERVQUAL方法的IT外包服务质量综合评价体系的研究［D］．上海：东华大学，2011.

［1004］杨璐，程菲，谢红彬．福建武夷山风景区旅游舒适度评价——基于马斯洛需要层次理论［J］．山西师范大学学报（自然科学版），2021，35（2）：77-85.

［1005］杨宁，陈慧．虚拟品牌社群消费者公民行为缘何而来——基于社会资本理论的视角［J］．企业经济，2019（9）：31-38.

［1006］杨盛海，童中贤．现代社会管理的制度学分析［J］．信访与社会矛盾问题研究，2013（2）：21-29.

［1007］杨世箐，李飞．结构功能主义视角下乡村旅游的可持续发展［J］．西南石油大学学报（社会科学版），2018，20（4）：37-42.

［1008］杨新军，霍云霈，张祖群．旅游屏蔽区的城市空间拓展研究——以临潼为例［J］．地域研究与开发，2006（1）：74-77.

［1009］杨小全．基于STP理论湘潭市羽毛球俱乐部的市场营销策略研究［D］．湘潭：湖南科技大学，2022.

［1010］杨兴柱，苏云清，周玲，等．场域理论视角下城市文化空间旅游化的特征与机制——以合柴1972工业记忆小镇为例［J］．旅游学刊，2024，39（7）：54-70.

［1011］杨亚萍，王凯．环境规制对我国旅游业碳排放的门槛效应及区域差异［J］．地域研究与开发，2021，40（4）：118-122.

［1012］杨艳蓉．核心—边缘理论在川南与滇东北区域旅游合作研究中的运用［J］．生产力研究，2010（7）：109-112.

［1013］杨旸，刘宏博，李想．文化距离对旅游目的地选择的影响——以日本和中国大陆出境游为例［J］．旅游学刊，2016，31（10）：45-55.

［1014］杨懿，李秋艳．基于SERVQUAL模型的旅行社产品质量影响因素分析［J］．中国人口·资源与环境，2018，28（S1）：221-226.

［1015］杨颖．基于关联耦合理论的旅顺太阳沟历史文化街区公共空间整合研究［D］．大连：大连理工大学，2022.

［1016］杨颖秀．结构洞理论视阈下建设教育管理一流学科的深度思考［J］．现代教育管理，2023（7）：12-19.

［1017］杨永春，张从果．论落后地区的发展与后发优势［J］．兰州大学学报，2003（3）：112-117.

［1018］杨勇．集聚密度、多样性和旅游企业劳动生产率——兼对产业聚集理论观点的拓展研究［J］．财贸经济，2015（2）：148-161.

［1019］杨跃．教师教育课程改革的困境及其突围——基于委托—代理理论的分析［J］．湖南师范大学教育科学学报，2017，16（2）：6-12.

［1020］杨钊，朱其静，刘昌琪，等．共同富裕目标下廊道旅游地农户生计的脆弱性变化及其调控［J］．自然资源学报，2023，38（2）：529-544.

［1021］杨振之，陈谨．"形象遮蔽"与"形象叠加"的理论与实证研究［J］．旅游学刊，2003（3）：62-67.

［1022］杨中浩．道德教育是反腐之本——基于马斯洛需求理论［J］．陕西行政学院学报，2011，25（2）：69-73.

［1023］姚存卓．空间生产理论视角下的城市边缘区生态空间生产的辨析与启示——以上海市中心城外环绿带（宝山段）为例［J］．城市发展研究，2022，29（2）：56-64.

［1024］姚国荣，陆林．旅行社联盟形成的蜈蚣博弈模型分析［J］．管理世界，2014（5）：182-183.

［1025］姚琳琳．研究生导师指导责任的范畴与限度研究［D］．上海：华东师范大学，2019.

［1026］姚培君．基于顾客价值理论的蜀冈—瘦西湖风景名胜区营销战略研究［D］．扬州：扬州大学，2018.

［1027］姚永强，何丽芬．比较优势理论视角下的薄弱学校改造［J］．当代教育科学，2018（12）：35-38.

［1028］叶浩生．身心二元论的困境与具身认知研究的兴起［J］．心理科学，2011，34（4）：999-1005.

［1029］叶军．浅析传统文化元素在现代平面设计中的继承与运用［J］．艺术与设计（理论），2012，2（5）：53-55.

［1030］衣传华．基于公地悲剧理论的共生旅游资源开发研究——以环太湖旅游区为例［J］．特区经济，2011（10）：145-147.

［1031］易弘键．赣州市红色旅游综合开发研究［D］．长沙：湖南师范大学，2010.

［1032］易佳．武陵山片区旅游空间错位与溢出的演化格局及影响因素研究［D］．长沙：湖南师范大学，2019.

［1033］易开刚，厉飞芹．基于价值网络理论的旅游空间开发机理与模式研究——以浙江省特色小镇为例［J］．商业经济与管理，2017（2）：80-87.

［1034］易平，方世明．基于 LAC 理论的地质公园旅游规划管理研究［J］．湖北农业科学，2014，53（7）：1723-1728.

［1035］殷商莹．计及外部性的电化学储能综合价值计量及激励机制研究［D］．北京：华北电力大学（北京），2019.

［1036］殷治琼．巴泽尔产权理论视阈下渝东南少数民族特色村寨创建路径［J］．重庆行政（公共论坛），2015，16（6）：28-30.

［1037］尹罡，任国平，孙倩．创新扩散视角下乡村创客对乡村旅游发展的影响机理研究［J］．四川旅游学院学报，2023（1）：62-66.

［1038］尹少华．旅游消费行为与效用最大化［J］．旅游研究与实践，1997（1）：8-9.

［1039］尹兴宽．比较优势与竞争优势理论对我国茶产业发展对策研究［J］．福建茶叶，2015，37（6）：171-172.

［1040］游斌．分形理论、宗教对话与基督教中国化［J］．世界宗教研究，2022（10）：8-16.

［1041］游群林，卢政营．旅游资源吸引力距离衰减的实证研究——一个多维感知的视角［J］．江西财经大学学报，2010（3）：30-34.

［1042］游小艳．基于空间错位理论的湖南省区域旅游协调发展研究［D］．长沙：湖南师范大学，2018.

［1043］于超，樊治平，张晓晓．考虑小型团体游客多类型期望的旅游产品个性化定制方

法［J］. 旅游科学，2017，31（2）：32-41.
［1044］于潇宇. 基于5W理论的高校图书馆马克思主义经典阅读推广研究［D］. 大连：辽宁师范大学，2022.
［1045］余传鹏，林春培，姚聪. 旅游业新生代一线员工服务绩效的影响机制——社会交换理论视角［J］. 旅游学刊，2018，33（12）：53-65.
［1046］余光胜. 企业竞争优势根源的理论演进［J］. 外国经济与管理，2002，24（10）：2-7.
［1047］余航. 贵州省非物质文化遗产资源旅游利用潜力评价及发展策略研究［D］. 桂林：桂林理工大学，2023.
［1048］余骧. 品牌理论在旅游目的地营销中的应用［J］. 贵州民族学院学报（哲学社会科学版），2007（5）：14-17.
［1049］余明阳，张明新. 论"九力分析模型"［J］. 企业研究，2005（1）：40-43.
［1050］余世明.《秋声赋》的审美意境——以王国维"境界"理论为依据［J］. 长江小说鉴赏，2024（6）：88-91.
［1051］余义勇，杨忠. 价值共创的内涵及其内在作用机理研究述评［J］. 学海，2019（2）：165-172.
［1052］余韵，李霄鹤，董建文. 风景园林专业教育的竞争优势研究——基于"钻石模型"理论视角［J］. 西南师范大学学报（自然科学版），2018，43（9）：179-184.
［1053］俞晟. 城市旅游与城市游憩学［M］. 上海：华东师范大学出版社，2003.
［1054］俞孔坚，李迪华. 论反规划与城市生态基础设施建设［C］. 中国科协2002年学术年会第22分会场论文集，2022.
［1055］俞孔坚，李迪华，韩西丽. 论"反规划"［J］. 城市规划，2005（9）：64-69.
［1056］俞孔坚，李迪华，刘海龙，等."反规划"途径［M］. 北京：中国建筑工业出版社，2005.
［1057］喻国明，李健祺，靳江楠，等. 技术赋能：5G时代场景传播中用户角色的迭代［J］. 传媒经济与管理研究，2019（00）：15-25.
［1058］喻江平. 旅游业影响地方经济的传导机制和效应分析［J］. 统计与决策，2010（21）：113-115.
［1059］元媛，刘浩杰，路紫. 旅游网站信息流距离衰减及其空间形态研究［J］. 沈阳师范大学学报（自然科学版），2012，30（2）：241-244.
［1060］袁纯清. 共生理论——兼论小型经济［M］. 北京：经济科学出版社，1998.
［1061］袁广林. 香港科技大学何以成就大学传奇——基于后发优势理论的思考［J］. 高教探索，2013（2）：62-66+83.
［1062］袁有树，贾暄，朱嘉俊，等. 基于政策工具与5W理论二维视角下中医药文化传播政策量化分析［J］. 中国卫生事业管理，2024，41（3）：319-324.
［1063］袁周敏，李楚楠. 定位理论及其应用研究［J］. 中国外语，2022，19（1）：37-44.
［1064］原露露. 煤炭上市公司治理结构对社会责任影响研究［D］. 太原：山西财经大学，2013.
［1065］约瑟夫·派恩，詹姆斯·吉尔默，等. 体验经济［M］. 夏业良，鲁炜，等译. 北京：机械工业出版社，2002.
［1066］岳红记. 边际效应递减理论下的历史文化资源开发——以陕西省为例［J］. 资源开发与

市场，2009，25（4）：363-364.

［1067］岳贤锋．旅游期望理论对体育旅游消费动机的影响［J］．西安体育学院学报，2014，31（6）：679-682.

［1068］曾元祥，方卿．论媒体在文化产品创作生产引导中的功能［J］．中州大学学报，2014，31（5）：66-70.

［1069］曾展妃．师范生在顶岗实习中实践性知识的获得研究［J］．中国教师，2012（1）：33-36+42.

［1070］詹琳．品牌理论视域下旅游目的地口号经济价值研究［J］．现代经济信息，2019（14）：348-350.

［1071］张艾莲，刘柏．文化因素是否影响跨境投资选择？——基于投资引力模型的实证分析［J］．社会科学家，2019（5）：33-39.

［1072］张爱卿．归因理论研究的新进展［J］．教育研究与实验，2003（1）：38-41.

［1073］张朝枝，杨继荣．基于可持续发展理论的旅游高质量发展分析框架［J］．华中师范大学学报（自然科学版），2022，56（1）：43-50.

［1074］张春香．河南省文化旅游资源识别与竞争优势分析［J］．河南社会科学，2006，14（6）：91-93.

［1075］张丹宁，刘永刚．产业集群社会责任建设模式研究——基于共生视角的分析［J］．商业研究，2017（7）：148-162.

［1076］张法．从理论的多源上理解拉康的镜像理论和主体结构理论［J］．社会科学，2011（4）：124-130.

［1077］张刚．基于结构洞理论的日照市典型旅游社区治理研究［D］．曲阜：曲阜师范大学，2024.

［1078］张光生，力莎．博弈论视角下农业旅游品牌建设［J］．重庆社会科学，2018（5）：91-97.

［1079］张国良．现代大众传播学［M］．成都：四川人民出版社，1998.

［1080］张和平，汤发庚，熊宇．马太效应测度：一种新的方法与应用［J］．统计与决策，2021，37（3）：36-40.

［1081］张河清，苏斌．迟发展效应对我国建设红色旅游区的启示［J］．湘潭大学学报（哲学社会科学版），2006（5）：81-84+89.

［1082］张华．区域旅游系统空间结构模式研究［D］．上海：华东师范大学，2008.

［1083］张华威．景观设计中的山水映画——张家界西溪凤凰城经营中心景观中的山水意境［J］．艺术工作，2020（5）：100-101.

［1084］张怀英．旅游目的地意境营销战略研究——理论阐释与现实构建［J］．贵州社会科学，2013（7）：74-79.

［1085］张慧雯，刘春健．基于点轴理论的丝绸之路甘肃段旅游空间结构分析［J］．北京财贸职业学院学报，2020，36（2）：31-34.

［1086］张建民．试论区域技术创新机制与过程［J］．经济问题探索，2010（8）：75-80.

［1087］张江驰．旅游企业韧性领导力：测度、演化与作用机制［D］．厦门：华侨大学，2022.

［1088］张锦．“缺失”的垄断厂商供给曲线研究——对供求理论的新探索［J］．云南财经大学

学报，2011，27（3）：52-59.

［1089］张军谋，孙国军．竞争旅游市场条件下的帕累托最优分析［J］．兰州文理学院学报（自然科学版），2017，31（6）：55-58.

［1090］张军谋，周晓唯．旅游商业活动中欺客、宰客现象分析［J］．兰州学刊，2018（5）：142-157.

［1091］张岚，聂艳梅，陈宇恒．基于AIDMA模型的社区电梯广告传播效果研究［J］．科技传播，2022，14（24）：92-95.

［1092］张磊，刘钰，黄正均，等．基于突变理论的岩石刚性试验技术研究［J］．实验技术与管理，2015，32（10）：46-48+51.

［1093］张理英，薛跃规．生态旅游开发中生态补偿机制初探——阳朔龙颈河案例研究［J］．桂林旅游高等专科学校学报，2007（2）：231-234.

［1094］张立芳，郭华夏．试论乡村治理中村民内部利益主体博弈策略——基于智猪博弈分析［J］．农业经济，2017（4）：68-70.

［1095］张立生．城市RBD空间结构理论研究——以上海城隍庙和苏州观前街为例［J］．地域研究与开发，2007（5）：65-69+84.

［1096］张立生．旅游地生命周期理论的主要争议辨析［J］．地理与地理信息科学，2013，29（1）：96-100.

［1097］张立生．旅游地生命周期理论研究进展［J］．地理与地理信息科学，2015，31（4）：111-115.

［1098］张丽．基于小众群体的旅游地主客交往理论新探索［J］．地域研究与开发，2017，36（6）：82-86.

［1099］张利庠，刘开邦，张泠然．社会交换理论视角下“金字塔”型乡村治理体系研究——基于山东省J市S村的单案例分析［J］．中国人民大学学报，2022，36（3）：102-114.

［1100］张琳．沉浸理论在小学语文古诗词教学中的应用研究［D］．洛阳：洛阳师范学院，2024.

［1101］张琳．农村产业融合驱动乡村振兴路径研究［D］．济南：山东大学，2020.

［1102］张玲．四部热播国产剧植入式广告传播效果研究［D］．保定：河北大学，2014.

［1103］张铃．长沙市ZY瑜伽馆营销策略研究［D］．湘潭：湘潭大学，2019.

［1104］张凌云．旅游业乘数效应的几个问题［J］．南开经济研究，1988（3）：41-44.

［1105］张琦涓．基于社会交换理论的虚拟社区知识共享行为研究［D］．太原：中北大学，2015.

［1106］张强，李冬芹，黄翔．论4PCR市场营销组合在区域旅游产品体系构建中的运用——以湖北省远安县旅游发展规划为例［J］．华中师范大学学报（自然科学版），2012，46（5）：639-643.

［1107］张莎，徐梦晨，蒋佩琦，等．理解社区消费者：地点依恋和消费者厌腻理论视角［J］．心理科学进展，2022，30（7）：1482-1495.

［1108］张善超，李宝庆．信息不对称理论视域下新高考改革的困境及突破［J］．大学教育科学，2021（4）：70-77.

［1109］张世杰，周秀菊．基于前景理论的旅游目的地选择研究［J］．企业改革与管理，2015（3）：63-64.

［1110］张守一．对一般均衡论和帕累托最优的新解释［J］．经济问题，2010（11）：4-7.

［1111］张树民，钟林生，王灵恩．基于旅游系统理论的中国乡村旅游发展模式探讨［J］．地理研究，2012，31（11）：2094-2103.

［1112］张薇．中国陷入了比较优势陷阱吗？［D］．武汉：武汉大学，2017.

［1113］张文，丁佳叶．创新扩散视角下消费者对5G移动通信使用意愿的影响因素研究［J］．中外企业家，2020（3）：221-222.

［1114］张文杰．基于委托代理理论的合同节水管理收益分配［D］．邯郸：河北工程大学，2021.

［1115］张文瑞．农村休闲旅游开发中循环经济理论的应用研究［J］．农业经济，2014（5）：52-53.

［1116］张文馨，赵志刚．基于物联网的旅游景区垃圾分类智能管理系统的开发［J］．电脑与信息技术，2021，29（2）：82-85.

［1117］张五常．交易费用的范式［J］．社会科学战线，1999（1）：1-9.

［1118］张骁鸣，常璐．拟剧理论视角下的旅游网络社区人际互动研究——以豆瓣网“穷游”社区为例［J］．旅游学刊，2019，34（7）：98-109.

［1119］张小利．西部旅游扶贫的乘数效应分析［J］．商业时代，2007（7）：89-91.

［1120］张晓玲．可持续发展理论：概念演变、维度与展望［J］．中国科学院院刊，2018，33（1）：10-19.

［1121］张晓宇，曾德超．增长极理论视角下的中国区域经济划分研究［J］．经济研究参考，2013（61）：75-86.

［1122］张新成，高楠，王琳艳，等．文化和旅游产业融合发展成效评估研究综述：关系辨识、理论发展与体系重构［J］．旅游科学，2023，37（4）：19-36.

［1123］张新民，朱爽，王蓓．金融危机的“公地悲剧”现象解析——兼论资产负债表对企业边界的界定功能［J］．中国工业经济，2009（7）：34-43.

［1124］张新平．教育组织范式论［M］．南京：江苏教育出版社，2001.

［1125］张旭．基于可持续发展理论的资源型城市人居环境综合评价研究［D］．大连：辽宁师范大学，2021.

［1126］张亚林．旅游地域系统及其构成初探［J］．地理学与国土研究，1989（2）：39-43.

［1127］张洋，罗思明，徐莹，等．高校领导者产教融合能力研究［J］．高等工程教育研究，2024（3）：103-108.

［1128］张义祯．西蒙的“有限理性”理论［J］．中共福建省委党校学报，2000（8）：27-30.

［1129］张艺培，梁留科，许寿战，等．真实性理论语境下非物质文化遗产景区游客情感特征分析——以洛邑古城景区为例［J］．洛阳师范学院学报，2022，41（7）：34-38.

［1130］张意．文化与符号权力：布迪厄的文化社会学导论［M］．北京：中国社会科学出版社，2005.

［1131］张毅，焦秀红．迈克尔·波特的“国家竞争优势”理论［J］．商业研究，1998（3）：7-10.

［1132］张颖，任兴月．价格杠杆对旅游景区承载力影响研究——基于供求非均衡状态下的分析［J］．价格理论与实践，2016（12）：70-73.

［1133］张永强，才正，陈晓萌，等．基于产业聚集理论的水产业土地流转动力机制——以黑龙江省为例［J］．江苏农业科学，2014，42（9）：471-473.

［1134］张宇飞，张雅文．竞合理论下的东北地区冰雪产业协同发展与差异化营销策略［J］．辽宁体育科技，2021，43（2）：6-11.

［1135］张玉琨．4P 营销要素对消费者观影意愿的影响研究［D］．昆明：云南财经大学，2023.

［1136］张玉梅，胡燕琳，顾大国，等．掐尖对扁豆主要农艺性状和产量的影响［J］．上海农业学报，2013，29（6）：103-106.

［1137］张中华．地方理论在城市休闲空间研究中的应用［J］．城市发展研究，2012，19（3）：101-107.

［1138］张中华，张沛，王兴中．地方理论应用社区研究的思考——以阳朔西街旅游社区为例［J］．地理科学，2009，29（1）：141-146.

［1139］章柏成，刘迎．归因理论在外语教学中的作用［J］．广西社会科学，2004（8）：180-183.

［1140］章锦河，李佳佳，陈冬冬．风景名胜区旅游经济的孤岛效应分析［J］．安徽师范大学学报（自然科学版），2007，30（6）：712-717.

［1141］章云泉．门槛理论与珠江三角洲区域发展［J］．热带地理，2000（1）：38-42.

［1142］赵博．认知的具身性——自然主义哲学的一个潜在困难［J］．科学技术哲学研究，2017，34（6）：7-12.

［1143］赵丹华．大数据条件下我国个人所得税征管改革研究［D］．上海：中共上海市委党校，2020.

［1144］赵放．体验经济的本质及其成长性分析［J］．社会科学战线，2010（3）：24-27.

［1145］赵高辉．传统媒介组织“强制性通过点”地位的消解与重构——行动者网络理论视域下的媒介融合发展探析［J］．现代传播（中国传媒大学学报），2019，41（5）：57-63.

［1146］赵浩华．嵌入性理论视角下农村互助养老发展困境与破解［J］．当代经济研究，2024（2）：94-104.

［1147］赵静，双海军，高科佳，等．圈层理论视角下旅游产业巩固脱贫成果的机制与路径研究——以重庆武陵山片区为例［J］．四川旅游学院学报，2023（4）：57-60.

［1148］赵磊．基于网络视角的区域旅游系统概念体系辨析［J］．北京第二外国语学院学报，2011，33（7）：15-25.

［1149］赵黎明，王迈，辛长爽，等．信息不对称对旅游商品市场的影响及治理策略［J］．北京第二外国语学院学报，2002（1）：1-3.

［1150］赵刘柳．基于文化资本理论的留法艺术家研究［D］．上海：东华大学，2022.

［1151］赵然，吕海平，马瑞．河北休闲旅游目的地的品牌传播现状研究［J］．中国商贸，2011（20）：157-158.

［1152］赵仕红．休闲农业旅游市场供求特点分析［J］．江苏农业科学，2015，43（12）：584-587.

［1153］赵晓迪．基于游客视角的红色旅游资源效用价值评价体系构建与实证研究［D］．南昌：南昌大学，2019.

［1154］赵旭，胡斌．集成突变论和演化博弈的企业员工冲突行为研究［J］．运筹与管理，

2014，23（4）：228-237.

［1155］赵阳，郭照江．生命现象的复杂性与混沌［J］．自然辩证法研究，1991（4）：23-28.

［1156］赵银军，魏开湄，丁爱中，等．流域生态补偿理论探讨［J］．生态环境学报，2012，21（5）：963-969.

［1157］赵媛，徐玮．近10年来我国环城游憩带（ReBAM）研究进展［J］．经济地理，2008（3）：492-496.

［1158］赵子聪．基于协同理论的产教融合工程人才培养模式建构与路径分析［D］．杭州：浙江大学，2022.

［1159］郑柏武．体验经济视野下商业健身休闲体育俱乐部服务策略探究［J］．河北体育学院学报，2011，25（4）：27-29.

［1160］郑常龙．基于效用理论的城市居民出行方式选择分析［D］．北京：北京工业大学，2013.

［1161］郑成武，张奎霞，刘志强．高职校企合作下的马太效应及其对策分析［J］．教育与职业，2016（17）：39-42.

［1162］郑媚丹．我国体育旅游营销策略分析［J］．文化创新比较研究，2017，1（1）：93-96.

［1163］郑婷．基于昂普理论的非遗研学旅行产品开发研究［D］．贵阳：贵州师范大学，2022.

［1164］郑文博．新结构经济学与新兴古典经济学的理论融合：一个比较优势理论的扩展模型［J］．经济问题探索，2019（10）：22-33.

［1165］钟秉枢，金媛媛，汪海波．耦合理论视角下的北京2022年冬奥会与北京城市管理研究［J］．首都体育学院学报，2019，31（4）：292-297.

［1166］钟飞燕，姚凯宜，何慧．基于SERVQUAL-IPA模型的乡村民宿服务质量评价与提升路径研究［J］．科技和产业，2024，24（2）：124-131.

［1167］钟晖．旅游景区孤岛效应测度及逆变机理研究［D］．昆明：云南大学，2016.

［1168］钟晖，田里．旅游孤岛生态效应测度及调控研究［J］．生态经济，2017，33（6）：96-99+114.

［1169］钟家雨，柳思维．基于协同理论的湖南省旅游小城镇发展对策［J］．经济地理，2012，32（7）：159-164.

［1170］钟洁，冯蓉．论社会冲突理论视角的旅游社会冲突正负双重功能——基于对西部民族地区旅游业发展的考察［J］．民族学刊，2018，9（2）：59-64+117-118.

［1171］钟景元．警察公关危机管理中的媒体沟通策略研究［D］．广州：华南理工大学，2014.

［1172］钟栎娜，张小亚，谢廷宇．我国旅游业线上与线下企业的竞合理论构建——基于扎根理论的探索性研究［J］．旅游导刊，2020，4（2）：47-63.

［1173］钟顺昌，王德起．产城分离视野下对增长极理论的重新审视［J］．现代经济探讨，2015（11）：65-68+82.

［1174］钟炜菁，王德，谢栋灿，等．上海市人口分布与空间活动的动态特征研究——基于手机信令数据的探索［J］．地理研究，2017，36（5）：972-984.

［1175］周菲．现代决策理论的认知心理学基础［J］．社会科学辑刊，1996（5）：20-24.

［1176］周怀峰，廖东声．比较优势理论的发展逻辑研究［J］．求实，2007（2）：44-45.

［1177］周辉，陈淑凌，崔亚梅．基于演化博弈的旅游市场监管机制研究［J］．系统工程学报，

2016，31（5）：618-624+709.

［1178］周慧玲，檀子瑜，蒋亚军，等．民族村寨旅游短视频符号感知的量表构建与验证［J］．中国生态旅游，2024，14（2）：286-303.

［1179］周佳佳．基于心理契约理论的服务业员工离职倾向分析［J］．财富时代，2020（3）：113-114.

［1180］周坤，王进．信息利益与结构洞优化：乡村旅游精英成长研究［J］．四川师范大学学报（社会科学版），2022，49（6）：127-134.

［1181］周力．IT 服务质量评价研究［D］．上海：东华大学，2011.

［1182］周丽洁．基于外部性理论的生态旅游发展研究［J］．商业时代，2010（10）：114-116.

［1183］周玲．STP 理论视角下贵阳市乐动芒果儿童成长运动中心营销策略研究［D］．贵阳：贵州师范大学，2023.

［1184］周密．动态能力视角下旅游规划企业战略管理探析——以桂林七颗星旅游景观规划设计有限公司为例［J］．河北旅游职业学院学报，2019，24（4）：24-28.

［1185］周敏冬，陆诗妤，张兆慧，等．国内协同创新研究综述［J］．中国集体经济，2019（26）：71-73.

［1186］周三多，陈传明，鲁明泓．管理学：原理与方法（第五版）［M］．复旦大学出版社，2009.

［1187］周爽．非营利组织项目营销策略研究——以公募基金会为例［J］．经营管理者，2019（4）：77-79.

［1188］周思思，周发明．基于 4P 理论的生态农产品营销困境与对策［J］．农业经济，2020（8）：130-132.

［1189］周伟忠．木地板产品顾客满意度理论与实证研究［D］．南京：南京林业大学，2011.

［1190］周学军，向林娟，雷彩霞．社会交换理论视角下的网红旅游目的地游客环境友好行为研究［J］．干旱区资源与环境，2023，37（12）：172-181.

［1191］周亚杰．基于 GIS 分析和“点—轴”理论的赣东北体育旅游区域一体化探析［D］．长春：吉林大学，2021.

［1192］周亚庆，吴茂英，周永广，等．旅游研究中的“真实性”理论及其比较［J］．旅游学刊，2007（6）：42-47.

［1193］周优光，骆高远，秦颖．基于 4C 营销理论的金华旅游商品开发［J］．安徽农业科学，2011，39（9）：5499-5500+5587.

［1194］周振华．产业结构优化论［M］．上海：上海人民出版社，2014.

［1195］周子盈．基于点轴理论的兰州市乡村旅游空间结构研究［D］．兰州：兰州交通大学，2022.

［1196］朱耿平，刘国卿，卜文俊，等．生态位模型的基本原理及其在生物多样性保护中的应用［J］．生物多样性，2013，21（1）：90-98.

［1197］朱国栋．论两种供求理论［J］．华东经济管理，1994（4）：1-4.

［1198］朱国华．权力的文化逻辑：布迪厄的社会学诗学［M］．上海：上海人民出版社，2016.

［1199］朱劲松．中国农民和农民工的边缘化——基于农民工收入与数量等实证数据的分析［J］．西北农林科技大学学报（社会科学版），2010，10（4）：9-14.

［1200］朱盼玲．从“帮扶”到“增权”：学校社会工作介入贫困生就业的策略转变［J］．当代青年研究，2017（6）：24-28.

［1201］朱鹏．基于循环经济理论框架的生态文化旅游发展机制研究——以大湘西区域为例［J］．管理世界，2014（6）：180-181.

［1202］朱荣亮．T公司核心竞争力研究［D］．上海：上海财经大学，2020.

［1203］朱桃杏，任建新，张雪燕．基于效用函数的京津冀高铁旅游出行需求研究［J］．铁道工程学报，2018，35（3）：102-108.

［1204］朱桃杏，吴殿廷，李萍．基于新农村建设视角的旅游资源屏蔽区发展研究——兼论海南省保亭县毛感乡旅游发展思路［J］．农村经济，2010（10）：21-24.

［1205］朱晓翔，乔家君．乡村旅游社区可持续发展研究——基于空间生产理论三元辩证法视角的分析［J］．经济地理，2020，40（8）：153-164.

［1206］朱英明．产业集聚论［M］．北京：经济科学出版社，2003.

［1207］朱永文．平行数据模型下旅游产业聚集和经济流通关联探究［J］．商业经济研究，2018（15）：182-184.

［1208］朱镇，赵晶．企业电子商务采纳的战略决策行为：基于社会认知理论的研究［J］．南开管理评论，2011，14（3）：151-160.

［1209］朱志刚．景观生态学理论下的城市园林绿化规划实施方法［J］．中国林业产业，2023（10）：72-74.

［1210］庄宁宁．基于动态能力理论的Y市政务服务中心绩效管理体系的研究［D］．南京：东南大学，2022.

［1211］庄淑蓉，严祥，陈睿山．“公地悲剧”的研究进展及其对资源可持续治理的启示［J］．自然资源学报，2023，38（6）：1651-1666.

［1212］邹波．游客旅游意向影响因素——基于计划行为理论的分析［J］．社会科学家，2021（7）：40-45.

［1213］邹红梅．USP理论在广告中的运用［J］．新闻爱好者，2010（22）：70-71.

［1214］邹璐．基于“过滤器—衰减”原理的省域旅游口号传播作用机理研究［D］．西安：西安外国语大学，2017.

［1215］邹伟进，李旭洋，王向东．基于耦合理论的产业结构与生态环境协调性研究［J］．中国地质大学学报（社会科学版），2016，16（2）：88-95.

［1216］祖健．旅游形象屏蔽理论与实证研究［D］．上海：华东师范大学，2011.

［1217］祖强，马贺，乔宏志．协同学理论视角下虚拟教研室建设研究［J］．中国大学教学，2022（5）：51-55+74.

［1218］左冰．中国旅游产出乘数及就业乘数的初步测算［J］．云南财贸学院学报，2002（6）：30-34.

［1219］左冰，保继刚．从“社区参与”走向“社区增权”——西方“旅游增权”理论研究述评［J］．旅游学刊，2008（4）：58-63.

［1220］左冰，保继刚．旅游吸引物权再考察［J］．旅游学刊，2016，31（7）：13-23.